한국의 에너지 전환

관점과 쟁점

이 도서의 국립중앙도서관 출판예정도서목록(CIP)은 서지정보유통지원시스템 홈페이지(http://seoji.nl.go.kr)와 국가자료공동목록시스템(http://www.nl.go.kr/kolisnet)에서 이용하실 수 있습니다. CIP제어번호: CIP2019012078(양장), CIP2019012075(반양장)

한국의 에너지 전환

관점과 쟁점

Energy Transition in Korea:
Perspectives and Issues

김연규 엮음

한울 아카데미

발간사

『한국의 에너지 전환』 출간을 앞두고

김연규

우리나라는 현재 탈원전으로 대표되는 에너지 전환이 본격적으로 시작되는 국면에 처해 있다. 현재로서는 탈원전의 방향이 정해지더라도 그 이행 과정은 정치·사회 상황에 따라 다양하게 전개될 가능성이 크다. 피해와 비용을 최소로 줄이면서도 효과적으로 에너지 전환을 달성할 수 있는 최적의 에너지 전환 모델을 추구해야 한다.

이러한 최적의 에너지 전환 모델을 수립하기 위해서는 현 세대와 미래 세대, 원전과 비원전 사이의 이해 상충을 조정하고 비용 회피 차원의 균형을 잘 잡아야 한다. 본 연구는 탈원전으로 시작된 에너지 전환이라는 전인미답(前人未踏)의 한국의 미래 경제·사회 모델에 대한 해법을 모색함에 있어 우리보다 앞서 에너지 전환을 추진했던 선진국들의 사례를 연구해 가능한 다양한 변수와 시나리오를 구성해 최적의 조합을 찾아 한국형 전환 모델을 구축하는 것을 목표로 한다.

기후 대응과 에너지 전환을 이루어가는 궁극적인 수단은 친환경 에너지 기술이라 할 수 있다. 최근 기후 분야의 기술 발전 속도가 매우 빠르게 전개되고 있다. 한국형 모델의 모색과 성공적인 에너지 전환을 위해서는 방향 설정과 타이밍이 중요하다. 기술 개발을 가속화하고 관련 산업을 육성해야 하며 향후 우리가 지향할 산업은 저탄소형 산업이 되어야 한다. 이는 부가가치가 높은 사업이며 우리가 기술력에서 비교 우위를 보이는 산업이다. 4차 산업혁명과 신기후체제하에서의 한국형 모델을 찾고 지속적으로 적응해가는 노력은 일회성이 아닌 지속적인 노력을 통해 달성되어야 한다. 이 책은 이러한 문제의식에서 출발했으며 에너지 전환과 저탄소 사회로 가는 긴 여정에서 작은 질문들을 던져봄으로써 문제 해결의 실마리를 찾아보고자 한다.

2019년 3월

집필진을 대신하여

김연규

차례

3부

에너지 전환의 정치경제적 의의

서론

한국형 에너지 전환 모델의 개발

김연규·류지철

1. 서론

에너지 전환은 현 문재인 정부 에너지 정책의 기조이다. 구체적으로는 탈(脫)원전을 목표로 하고 화석연료인 석탄 발전을 축소하면서, 우리나라의 에너지 믹스를 신·재생에너지 확대 중심으로 전환해나가겠다는 내용이다. 이러한 에너지 전환 정책은 대선 공약으로 채택되었고, 2017년 문재인 정부 출범 이후 상당히 빠른 속도로 추진되고 있다.

에너지 전환은 기존에 우리가 범했던 에너지 수급 정책의 오류를 시정하는 시도로 해석될 수 있다. 우리가 범하는 오류는 일반적으로 두 가지로 분류된다. 먼저, 제1의 오류는 흔히 생산자 오류라고 불리는 것으로 '옳은 것을 채택하지 않는 것'이고, 제2의 오류는 소비자 오류로 불리는 것으로 '틀린 것을 채택하는 것'이다. 정책은 제1의 오류 또는 제2의 오류를 범하지 않을 수 있으면 가장 바람직하다. 즉, 맞는 것은 받아들이고, 틀린 것은 채택하지 않는 것이다.

그렇다면 우리는 여기서 다음 두 가지 명제를 살펴보며 현재 추진되고 있는 에너지 전환 정책에 대한 진단을 해볼 필요가 있다.

- 명제 1: 현재 우리나라에 형성되어 있는 한국의 에너지 수급 체계는 잘못된 선택이었는가?
- 명제 2: 현재 추진되고 있는 에너지 전환 정책이 우리나라의 미래 에너지 믹스 형성에 바람직한 선택인가?

명제 1이 참이라면 우리는 제1의 오류와 제2의 오류를 모두 범한 것이 된다. 즉, 이는 그동안 우리가 옳은 에너지 시스템을 채택하지 않고 잘못된 에너지 시스템을 구축해왔다는 결론으로 이어진다. 그렇다면 명제 2는 우리의 선택일 수밖에 없다. 앞으로는 제1의 오류와 제2의 오류를 피하기 위해 명제 2를 받아들이고 추진해야 할 것이다.

그러면 지금 국가 에너지 정책의 축으로 선택되어 추진되고 있는 '에너지 전환'은 오류인지 아니면 정책적으로 옳은 선택인지를 실증적으로 검증하고, 바람직한 우리나라의 미래 에너지 믹스로 구상해볼 필요가 있다. 이것이 이 책의 목적이다. 이 목적을 달성하기 위해 이 책은 과거와 현재의 에너지 수급 체계를 진단하기 위해 그동안 우리나라가 추구했던 에너지 수급 체계의 전환 정책을 검증하고, 앞으로 추구하려는 전환 정책을 분석하며 한국의 에너지 전환 정책의 나아갈 방향을 설정하려 한다.

이 글은 5개의 절로 구성되어 있다. 서론에 이어 2절에서는 그동안 우리나라가 구축해왔던 에너지 수급 체계를 진단하고, 3절에서는 현재 추진하고 있는 에너지 전환 정책의 실태를 살펴보고, 4절에서는 향후 바람직한 우리나라 에너지 전환 정책 방향을 도출하고, 마지막으로 5절에서는 결론을 맺는다.

2. 한국의 에너지 수급 체계 진단

1) 에너지 믹스의 다원화

우리나라의 에너지 소비는 지난 수십 년 동안 경제 성장에 따라 급속하게 증가했고, 총1차 에너지 소비는 1981년 4570만 석유환산톤(Ton of Oil Equivalent: TOE)에서 2016년 2억 9470만 TOE로 6.4배 이상 증가했다. 국내 에너지 자원이 전무한 우리나라는 대부분의 에너지 수급을 해외로부터 수입해 충당하고 있다. 국내 에너지 자원은 수력과 무연탄 그리고 일부 신·재생에너지에 국한되어 있고, 석유, 천연가스, 유연탄 등 대부분의 에너지 수급을 해외 수입에 의존하고 있다. 따라서 국내 에너지 자립도는 5% 내외에 그치고 있다.

우리나라는 경제 규모 확대 및 산업 구조 변화로 인해 에너지 소비 규모가 급증함에 따라, 다양한 에너지 수요를 충족하는 동시에 에너지 공급의 안정성을 제고하기 위해 에너지 다원화 정책을 지속적으로 추진해왔다.

에너지원별로는 먼저, 1990년대 들어서 중화학공업 육성 등으로 석유 비중이 급격히 상승하면서 석유가 주요 에너지로 등장해 그 이후에도 주 에너지원으로서의 위치를 견고하게 유지하고 있다. 1990년대 후반에 들어서면서는 사용이 편리한 액화천연가스(Liquefied Natural Gas, 이하 LNG)가 등장했고 전기 소비가 증가하면서 석유 소비 비중이 축소되기 시작해 2000년대에는 50% 이하, 2016년에는 40% 수준까지 하락했다. 1980년대 후반에 도입된 LNG는 1990년대 들어 수요가 급성장하면서 2016년에는

〈표 1〉 1차에너지 에너지원별 소비 구조의 변화 (단위: 100만 TOE, %)

구분	1981	1990	2000	2010	2016
석탄	15.2 (33.3)	24.4 (26.2)	42.9 (22.2)	75.9 (28.9)	81.9 (27.8)
석유	26.6 (58.1)	50.2 (53.8)	100.3 (52.1)	104.3 (39.7)	118.1 (40.1)
LNG	0 (0.0)	3.0 (3.2)	18.9 (9.8)	43.0 (16.4)	45.5 (15.4)
수력	0.7 (1.5)	1.6 (1.7)	1.4 (0.7)	1.4 (0.5)	1.4 (0.5)
원자력	0.7 (1.6)	13.2 (14.2)	27.2 (14.1)	31.9 (12.2)	34.2 (11.6)
신재생	2.5 (5.5)	0.8 (0.9)	2.1 (1.1)	6.1 (2.3)	13.6 (4.6)
합계	45.7 (100.0)	93.2 (100.0)	192.9 (100.0)	228.6 (100.0)	294.7 (100.0)

주: ( ) 내는 1차에너지 구성비(%)임.
자료: 산업통상자원부·에너지경제연구원(2017).

소비 비중이 15%로 확대되었다. 유연탄 소비는 1980년대 초반에 시멘트 산업에서 석유로부터 유연탄으로의 연료 전환이 이루어졌으며 제지, 화학, 섬유 및 식품 등 산업체에서도 유연탄으로 연료 대체가 활발하게 추진되었다. 발전 부문에서도 기존 화력 발전 중 석유 발전 비중이 축소되는 대신 유연탄 발전 비중이 대폭 늘어나게 되었다. 2016년 현재는 수입 유연탄 중심의 석탄이 총에너지 소비의 28%를 차지해 석유에 이어 제2 에너지원의 위치를 유지하고 있다. 1978년부터 시작된 원자력 발전은 발전 부문의 기저 부하용으로 지속적으로 건설되어, 원자력 소비 비중은 2016년 현재 12%를 기록하고 있다. 신·재생에너지는 총1차 에너지 소비에서 4.6%의 낮은 비중을 보이고 있다.

2) 기존 에너지 믹스 변화에 대한 평가

그동안 우리나라가 추구해온 에너지 수급 구조 다원화는 에너지 안보 기반 구축에서 중요한 의미를 지니고 있다. 이는 어느 에너지원의 공급에 차질이 발생했을 경우, 그 충격을 다른 에너지원의 이용을 통해 흡수 또는 최소화할 수 있고, 공급 중단의 충격에 유연하고 신축적으로 대응하고 장기적으로 지탱할 수 있는 경제 기반의 체질을 갖출 수 있기 때문이다. 이러한 이유에서, 우리나라에서는 2차 석유 위기 이후, 석유보다는 공급이 안정성이 높은 석탄과 원자력 등이 발전 부문에 도입되었고, 천연가스가 높은 가격에도 이용의 효율성과 편이성 등을 고려해 민생에 도입되었다.

발전 부문에서도 기존 화력 발전 중 석유 발전 비중이 축소되는 대신 유연탄 발전 비중이 대폭 늘어나게 되었다. 1978년부터 시작된 원자력 발전이 본격화되어 1983년 이후 원자력 발전소가 발전 부문의 기저 부하용으로 지속적으로 건설되어, 현재 24기의 원전이 운영되고 있다.

에너지원별 수급 구조는 각각의 에너지원별 특성에 맞게 그 용도와 수요가 정해짐에 따라 전체적인 에너지 믹스의 모습을 갖게 된다. 석유의 이용은 산업용 연료 및 원료, 가정·상업용 난방 및 취사용·수송용의 주된 연료, 발전용 연료 등으로 다양하게 이용되고 있다. 이러한 석유의 특성으로 인해, 석유는 경제 활동과 산업 발전에 있어 필수적인 에너지로 위상을 굳혀왔다.

우리나라의 에너지 믹스가 비교적 안정적이라고 평가받은 까닭은 1980년대 초 거의 석유에 의존했던 발전용 연료를 유연탄, 원자력, 천연가스로 다원화해 발전용 석유 소비가 대폭 감소했고, 공급이 안정적이고 경제적인 유연탄과 원자력이 대규모로 도입되었기 때문이다. 그러나 원자력은 높은 건설 비용과 높은 입지 소요, 장기간의 건설 기간 등의 문제가 있고, 석탄은 이

〈표 2〉 에너지원의 일반적 특성 및 용도

	장점	단점	이용 용도
석유	이용의 편이성 및 다양성, 설비의 신축성	공급 및 가격의 불안정성, 가채년수: 50년 정도, 대기오염 등 환경 문제	전 부문에 걸쳐 다양함
석탄	공급의 안정성, 가채년수: 300여 년	온실가스 배출 등 환경 문제	발전용, 산업용 연료 및 원료
천연가스	환경 친화성, 공급의 안정성 높음, 고효율 이용 가능	장기 계약의 경직성, 설비 투자의 자본 집약성, 높은 연료비	민생용, 수송용, 발전용, 산업용 등 다양함
원자력	준국산 에너지로 간주 가능, 공급 안정성 높음	입지 문제, 자본 집약성 및 장기성	발전용 기저 부하 설비로서 경쟁력
수력	환경 친화성 및 재생성, 장기간 발전 안정성	계절별 강우량 편중으로 이용률 저조	발전용
신·재생 에너지	환경 친화성 및 지역 친화력	가용 자원 제약성, 경제성 및 시장성	수요지 용도에 적합

산화탄소를 많이 배출하는 에너지원으로서 환경 친화적이지 않다는 문제를 지니고 있다. 신·재생에너지의 경우에는 우리나라와 같이 에너지 수요 밀도가 높고, 신·재생에너지 가용 자원이 제한적인 나라에서는 낮은 경제성의 문제를 지니고 있다.

우리나라의 총1차 에너지 공급에서 석유, 석탄, 천연가스가 차지하는 화석연료의 비중은 2016년에 83.3%를 기록하고 있다. 이렇게 높은 화석연료의 비중은 높은 이산화탄소 배출 요인으로 에너지 수급 구조의 환경 부하가 매우 높다는 사실을 나타내고 있다.

3) 에너지 정책 변화의 필요성 대두

지난 몇 년 동안 국내외 에너지 시장은 많은 변화를 겪은 바 있다. 이러한 대내외적 변화들은 한편으로는 과거 정부가 추진해왔던 에너지 정책 기조를 유지하는 측면이 있는가 하면, 또 다른 한편으로는 기존 정책과의 과감한 단절을 요구하고 있기도 하다.

최근 해외 에너지 시장 동향은 이러한 과거와 미래의 혼조 양상을 잘 드러내 보여준다. 우선 오바마 정부에서 시작된 미국의 셰일 혁명이 트럼프 정부의 규제 완화 정책에 힘입어 저유가임에도 불구하고 비전통 석유와 LNG가 대량으로 생산·수출되면서 저유가 기조를 더욱 부채질함으로써 석유 가스와 같은 화석연료의 부흥을 다시 가져오고 신·재생에너지와 경합을 벌이게 되면서 신·재생에너지의 보급 확대를 지연시키는 효과를 가져오고 있다. 2011년 일본의 후쿠시마 원전 사고의 여파로 원자력 발전의 시장적 가치는 크게 하락하는 듯했다. 최근 일본은 원전을 재가동하고 있으며, 원전은 전 세계적으로 독일과 이탈리아 등 일부 유럽 국가를 제외하고는 세계 30개국에서 지속적으로 가동이 유지되는 추세이다.

한편, 교토의정서 체제 와해 이후 2015년 12월 파리기후변화협약 당사국 총회에서 새롭게 등장한 파리협정은 범지구적인 화석연료 의존 탈피와 저탄소 사회로의 이동을 가속화시키고 있다. 국내적으로는 2011년 9월 발생한 순환 정전 사태가 국민들로 하여금 기존의 전력 수급 체계에 대한 의문을 제기하게 하는 결정적 계기가 되었고, 동시에 일본의 후쿠시마 사태에 이어 국내에서도 원전에 대한 국민적 수용성 문제가 본격적으로 촉발되기 시작했다. 발전소 입지 확보가 곤란해지면서 기존 발전 단지에 발전기를 추가 건설하고, 발전 설비 용량도 대용량화함에 따라 기존 송전망이 부족해지는 현상이 발생하고 송배전 설비의 포화 문제 등이 심각하게 제기되어왔다. 또한, 원전 주변 지역의 빈번한 지진 발생과 미세먼지 문제로 인해 석탄 화력에 대한 국민적 의구심 등이 심화되기 시작했다. 이와 같이 기후변화와 미세먼지 문제뿐 아니라 중앙집중형 발전 방식 구현에 있어 필수적 구성 요소인 대규모 전원 및 송배전 시설 건설을 위한 신규 입지 확보의 어려움과 중앙집중형 대규모 발전 방식에서 발생하는 여러 가지 추가 비용 문제 등으로 신·재생에너지 기반 분산형 전원의 확대에 대한 필요성이 에너지 전환이라는 정책 기조로 나타나게 되었다.

3. 에너지 전환 정책

1) 주요 정책 내용

2017년 5월에 출범한 문재인 정부는 '공론화위원회'를 구성해 신고리 5·6호기 건설 중단 여부를 결정하며 본격적으로 탈원전 정책을 추진하기 시작했다. 2017년 10월 공론화 위원회가 원전 건설 재개를 결정함에 따라, 이에 대한 후속 조치로 산업통상자원부는 에너지 전환 정책 전반에 대한 중장기 목표와 방향을 담은 에너지 전환(탈원전) 로드맵을 수립해 공표하는데, 그 주된 내용은 다음과 같다(산업통상자원부, 2017.10).

○ 원전의 단계적 감축
  - 신고리 5·6호기는 공론화 결과에 따라 공사를 재개하되, 현재 계획된 신규 원전 건설 계획은 백지화
  - 노후 원전은 수명 연장을 금지하며, 월성 1호기는 전력 수급 안정성 등을 고려해 조기 폐쇄
  - 원전은 2017년 24기에서 2022년 28기, 2031년 18기, 2038년 14기 등으로 단계적으로 감축되며, 이러한 원전의 단계적 감축 방안을 제8차 전력 수급 기본 계획(2017~2031년)과 제3차 에너지 기본 계획(2019~2040년)에 반영

○ 재생에너지 확대

- 현재 7%인 재생에너지 발전량 비중을 2030년 20%로 확대하고 원전의 축소로 감소되는 발전량은 태양광, 풍력 등 청정에너지를 확대해 공급
- 세부적으로 ① 폐기물·바이오 중심의 재생에너지를 태양광·풍력 등으로 전환, ② 협동조합·시민 중심의 소규모 태양광 사업에 대한 지원, ③ 계획 입지 제도 도입을 통해 난개발 방지, ④ 관계 부처, 공공 기관 협업을 통해 사업 발굴 확대
- 재생에너지 확대를 위한 구체적 추진 방안은 연내 '재생에너지 3020 이행 계획'에 반영

이어서 산업통상자원부는 2017년 12월에 다음과 같은 정책 목표를 담은 '재생에너지 3020 이행 계획'을 수립해 발표한다(산업통상자원부, 2017.12a).

- 2030년 재생에너지 발전량 비중 20%로 확대: 재생에너지 발전량 비중을 2017년 7%에서 2030년 20%로 증가
- 재생에너지 발전 설비 용량: 2016년 13.3GW에서 2030년 63.8GW로 확대
- 신규 설비 95% 이상을 태양광, 풍력 등 청정에너지로 공급: 태양광31GW, 풍력16.5GW

이와 같은 에너지 전환의 정책 목표와 방향은 2017년 12월에 확정된 '제8차 전력 수급 기본 계획'에서 구체화되어 실행 계획으로 나타나고 있다. 주된 내용은 다음과 같다(산업통상자원부, 2017.12b).

- 2030년 목표 수요인 100.5GW에 적정 설비 예비율인 22%만큼을 추가하면 2030년 적정 설비 용량은 122.6GW

〈표 3〉 제8차 전력 수급 계획 에너지원별 발전 기수 및 용량

	2017	2022	2030
원전	24기 (22.5GW)	27기 (27.5GW)	18기 (20.4GW)
석탄	61기 (36.8GW)	61기 (42GW)	57기 (39.9GW)
LNG	37.4GW	42.0GW	47.5GW
신·재생에너지	11.3GW	23.3GW	58.5GW
총발전 용량	107.8GW	111.0GW	122.6GW

자료: 산업통상자원부(2017.12b).

- 원전: 건설 중 5기(신고리 5·6호기 등 7GW)는 포함하되, 월성 1호기(0.68GW)는 2018년부터 반영 제외, 신규 6기 중단, 노후 10기(8.5GW) 수명 연장 금지
- 석탄: 노후 석탄 7기(2.8GW) 폐지, 6기 LNG 전환, 신규 7기(7.3GW) 건설
- LNG: 기존에 계획된 설비 및 LNG 전환 설비 반영
- 신재생: 재생에너지 3020 계획에 따라 태양광 및 풍력 중심으로 확충: 2030년 용량 58.5GW, 다만, 신·재생에너지의 간헐성 등을 감안, 최대 전력 시의 공급 기여도는 5.7GW만 반영

제8차 전력 수급 계획의 특징은 전원 믹스에서 원전과 석탄의 비중을 대폭 줄이고 신·재생에너지를 획기적으로 늘렸다는 것이다. 정격 용량 기준으로 원전과 석탄의 비중은 2017년 50.9%에서 2030년에 34.7% 수준으로 감소하고, 반면 신재생 설비 용량은 2017년 9.7%에서 2030년에 33.7%로 3.5배 늘어날 것으로 계획되고 있다. 또한 원전과 석탄 화력이 줄어드는 대신에 LNG 발전 용량도 증가하는 것으로 계획되고 있다. 발전량 믹스는 2030년 재생에너지 발전량 20% 목표로 설정하고 목표 시나리오 기준

〈표 4〉 제8차 전력 수급 계획의 설비 용량 및 발전량 비중 (단위: %)

	설비 용량 비중			발전량 비중		
	2017	2030	2040	2017	2030(배출전망치)	2030(목표치)
원전	19.3	11.7	7.6	30..3	23.9	23.9
석탄	31.6	23.0	14.6	45.3	40.5	36.1
LNG	31.9	27.3	28.9	16.9	14.5	18.8
신·재생에너지	9.7	33.7	45.2	6.2	20.0	20.0
기타	7.5	4.3	3.7	1.3	1.1	1.1

자료: 산업통상자원부(2017.12b).

으로 석탄 36.1%, 원전 23.9%, 신·재생에너지 20%, LNG 18.8% 순으로 계획되고 있다. 이에 따라 2017년에 비해서 원전과 석탄 발전은 총 15.6%p 감소하는 대신, 신·재생에너지·LNG 발전은 15.7%p 증가할 전망이다(산업통상자원부, 2017.12b).

2) 에너지 전환 정책의 시사점

앞에서 살펴본바, 현재 문재인 정부의 에너지 전환 정책 기조는 원자력과 석탄 발전을 획기적으로 줄이고 신·재생에너지 발전 설비를 대폭 늘려나가는 것이다. 이러한 정책 방향성은 우리나라의 에너지 수급 체계를 에너지 공급의 안정성 확보보다는 환경 친화적이고 국민의 수용성을 높이는 에너지원으로 전환해나가겠다는 의도로 해석된다.

이러한 에너지 전환 정책은 사실 이명박 정부에서 녹색 성장을 추구했던 저탄소 에너지 수급 체계를 위한 정책과 신·재생에너지를 확대한다는 측면에서는 유사한 점이 있다. 하지만 이명박 정부와 현 정부 정책의 가장 큰 차이점은 이명박 정부가 원자력을 탄소 배출이 없는 에너지원으로 간주해 원전 확대 정책을 추진했던 점에 있다. 현 정부의 정책은 원자력과 석탄을 우리나라 전력 수급 체계에서 기저 부하를 담당하는 것으로 고려하던 기존 정책과 크게 차별화된다.

원자력과 석탄은 우리나라 전력 수급 체계에서 기저 부하를 담당하는 중요한 발전원이다. 반면, 신·재생에너지는 우리나라에서 생태적 부존량이 상대적으로 열악한 것으로 잘 알려져 있다. 따라서 이명박 정부 이후에 정부에서 신·재생에너지 보급 확대 정책을 적극적으로 추진했음에도 불구하고, 우리나라의 신·재생에너지 보급은 답보 상태에 있어 왔다. 기저 부하용인 원자력과 석탄 발전을 축소하고, 신·재생에너지 발전을 확대하겠다는 에너지 전환 정책을 추진함에 있어 예상되는 가장 큰 도전 과제는 전력 수급 체계의 불안정성을 어떻게 극복할 것인가 하는 문제이다.

그동안 국내 신·재생에너지 기술 시장이 많이 발전하고 확대되었지만, 국내 신·재생에너지 발전원의 시장 침투 한계성에 대한 분석은 아직 미흡하다. 전원 구성에서 신·재생에너지가 20% 비중을 가진다는 목표치에 대한 객관적이고 설득력 있는 근거가 제시되고 있지 않으며, 이러한 목표가 단순히 정치적 의지에 따라 외부로부터 주어진 것이라면 이에 대한 실증적 검증이 제시될 필요가 있다. 이러한 과도한 신·재생에너지의 발전량 및 설비 비중의 확충은 전력 수급 안정에는 부정적 요인으로 작용할 것이며, 원전과 석탄 화력의 기저 설비 비중 감소 등을 고려할 때 향후 전기 요금 대폭 인상 가능성이 존재한다.

기저 부하용으로 높은 건설 비용을 들여 건설한 원전을 설계 수명을 기준으로 은퇴시키는 것에 대해서도 기술적 평가와 경제성, 안전성 등과 관련해 객관적인 평가가 선행되어야 할 것이다.

4. 바람직한 에너지 전환의 방향

1) 향후 에너지 믹스 결정 요인에 대한 평가 및 전망

(1) 원자력 발전

우리나라의 원전과 관련된 문제점은 입지 확보와 관련된 국토의 원전 수용성 문제와 사용 후 연료의 저장 및 처리 문제, 원전의 안정성 확보 강화 문제 등으로 요약될 수 있다.

우선 입지 문제를 살펴보면, 우리나라의 원전 단지는 고리, 월성, 울진, 영광 등 4개 지역에 분포되어 있고, 향후 건설될 원전 부지 확보를 위해 영덕과 삼척이 신규 원전 건설이 가능한 원전 부지 전원 개발 사업 예정 구역으로 지정·고시되어 있다. 그러나 향후 우리나라의 원전은 국민적 수용성이라는 도전적 문제에 직면할 가능성이 크다. 환경과 복지에 대한 의식이 고조되어 국민들이 주거 및 생태 환경에 대한 좀 더 높은 환경 수준을 요구함에 따라 환경 친화적이지 못한 에너지 시설에 대한 사회적 수용성이 크게 저하되어 사회적 문제로 부각될 가능성이 크기 때문이다. 특히 원자력 발전이 경제·사회에 미치는 영향에 대해서는 다양한 의견이 표출될 것으로 예상되어, 원자력 발전의 단계적 축소 또는 전면 폐기를 요구하는 의견도 점차 증가할 것으로 예상되고 있다.

이 외에도 우리나라 원전의 사용 후 연료의 저장 설비 문제는 당면한 문제다. 현재 우리나라는 원전 부지 내 사용 후 핵연료를 임시 저장하고 있다. 각 원자력 발전소는 대형 수조에 폐기물을 쌓아두는 임시 저장 방식을 사용하며, 월성 원전은 유일하게 건식 저장 방식을 활용하고 있다. 따라서 임시 저장 시설 포화 후 최종 처분장 마련 시까지 사용 후 핵연료 저장 공간 확보를 위한 별도의 중간 저장 시설이 필요하다. 주요 원전 운영국은 공통적으로 우선 중간 저장을 한 후에 최종 관리 방안으로 재처리 또는 직접 처분 방식을 채택하고 있다. 우리나라는 중간 저장을 위한 고준위 방사성 폐기물 처리장 부지 선정에 실패할 경우, 임시 저장소를 확충해도 2028년이면 공간이 포화 상태에 이르고, 가동 중인 원전을 전면적으로 중단해야 하는 상황이 올 수 있다고 전망되고 있다. 고준위 저장 설비의 사회적 공론화 및 중간 저장 시설 건설에 약 10년 이상이 소요되기 때문에 이는 매우 시급한 정책 과제로 판단된다.

(2) 국제 화석연료 시장의 변화

세계 화석연료 시장은 천연가스를 중심으로 대규모 변화가 진행되고 있다. 북미 지역의 셰일가스 등장, 아프리카, 지중해, 북극해 등 신규 전통 가스 자원 생산 지역의 확대 등으로 인해 세계적으로 천연가스 공급 능력은 크게 확대되고, 수급 시장의 유연성도 크게 증대되고 있다. 이에 따라, LNG 생산국 간의 공급 경쟁이 확대되고 있으며, 유럽·아시아 시장의 허브 가격 연동 물량 공급 증가로 LNG 교역 조건의 유연성과 가격 인하가 전망되고 있다.

LNG를 수입에 의존하고 있는 우리나라에 최근 세계 천연가스 시장의 대규모 변화는 매우 긍정적인 파급 효과를 줄 것이다. 즉, 대규모 LNG 도입 국가로서 우리나라는 저렴하고 유연한 LNG 도입 조건으로 수출국과 원활한 협상을 할 수 있을 것이며, 우리나라의 에너지 믹스에서 원자력과 신·재생에너지에 비해 천연가스가 경쟁력을 가지게 되는 결정적 요인이 될 수도 있다. 따라서 국내 가스 거래 활성화를 위한 제도 정비 및 도입 방식의 다변화 등의 국내 가스 산업의 효율성 제고를 위한 대책이 요구되고 있다.

제13차 장기 천연가스 수급 계획(산업통상자원부, 2018.4)에 의하면, 우리나라의 천연가스 수요는 2018년 3646만 톤에서 2031년에는 4049만 톤으

〈표 5〉 장기 천연가스 수요 전망 (단위: 만 톤)

구분	도시가스용(A)			발전용(B)	합계(A+B)
	가정용·일반용	산업용	소계		
2018년	1,185	809	1,994	1,652	3,646
2024년	1,231	886	2,117	1,294	3,411
2031년	1,329	1,011	2,340	1,709	4,049

자료: 산업통상자원부(2018.4).

로 증가할 것으로 전망된다.

(3) 에너지 가격 구조

안정적이고 합리적인 에너지 믹스를 구현하기 위한 강력하고 효율적인 정책 수단은 가격과 시장의 변동 사항이 소비자에게 제대로 전달되는 가격 결정 제도를 확립하는 것이다. 즉, 시장 변동 상황과 충격을 시장에 전달해 소비자들에게 가격 변동에 대비한 효율적인 소비 방식을 강구하게 하는 것이다. 가격의 변동이 제대로 시장에 전달되어야만, 에너지 공급 업체는 능동적으로 가격 위험을 완충할 수 있는 여건을 마련하고, 소비자들은 가격 급등에 대비해 소비 절감 및 수요 특성에 맞는 연료 전환 능력을 갖추게 된다.

따라서 우리나라의 에너지 정책 중, 시급한 대책은 철저한 원가주의에 입각한 전력·가스 등의 네트워크 에너지 요금 체계로의 전환이다. 또한 일관성 있는 세제 기준을 정립하고 과세 구조를 단순화할 필요가 있다. 에너지 과세 기준에 환경오염 등 사회적 비용을 종합적으로 반영해 단계적으로 개편해야 할 것이다.

2) 바람직한 에너지 전환을 위한 정책 제언

(1) 원자력과 신·재생에너지 대신 천연가스

향후 원자력은 기저 부하용으로 중요한 발전원임에도 신·재생에너지와 다른 화석연료에 비해 경쟁력을 크게 잃을 것으로 전망되고 있다. 특히 셰일가스의 등장은 국제 천연가스 수급과 가격 안정에도 크게 기여하고 있기 때문에 LNG의 대규모 수입국인 우리나라에서는 천연가스가 경제성과 경쟁력 측면에서 좋은 대안으로 부각될 것이다. 또한 우리나라에는 북미 중심으로 생산량이 늘어나는 셰일가스 LNG 외에도, 러시아의 파이프라인 천연가스(PNG), 모잠비크 탐사·개발이 예상되는 LNG 등 경쟁력 있는 공급 대안들이 있으며, 향후 중동과 호주 등지에서도 LNG 수출용 천연가스 개발 사업이 많이 예정되어 있어, 장기 천연가스 도입선 확보도 활력을 띠게 될 것이다.

원전과 석탄 화력은 기저 부하용이고 LNG는 피크 부하용인 반면, 신·재생에너지는 부하 조절이 불가능한 발전원이다. 피크 기여도 반영 기준으로 비중이 4.5% 밖에 안 되는 신·재생에너지 발전 설비를 정격 용량 기준으로 30% 이상 수준으로 설비를 확장하는 것은 전력 수급에 막대한 차질을 빚을 가능성을 내포하고 있는 것으로 판단된다. 원전과 마찬가지로 신·재생에너지는 정책성 전원이기 때문에 별도 평가 없이 목표 물량을 확정 반영했다는 사실은 전력 수급의 효율성·경제성·안정성에 대한 판단이 없었다는 사실을 나타내고 있는 것이다. 신·재생에너지에 대한 과도하게 의욕적인 전력 수급 계획은 2030년에 예비율 목표 22%를 달성하려는 전력 수급 안정에도 심각한 문제를 발생할 가능성을 충분히 내포하고 있다.

또 다른 심각한 문제는 전원 설비 계획에서 2030년에 설계 수명이 종료되는 원전의 연장 가동을 중지했다는 사실이다. 이는 원전에 대한 대내외 여건 변화를 감안할 때 전력 수급 계획이 대단히 불확실하고, 장기적인 전력 수급의 안정성을 확보하고 있지 못하다는 사실을 분명히 내포하고 있다. 원전과 신·재생에너지를 대체할 수 있는 방안은 LNG 발전 설비 이용을 확대하는 방안이다.

(2) 에너지 가격의 현실화 및 에너지 산업 구조의 개편

우리나라 에너지 산업과 시장 비효율성은 시장 원칙에 맞지 않은 정부의 정치적 개입에 많은 부분 기인하고 있다. 대표적인 예가 전력 가격 결정 메커니즘에서 정부의 개입으로 인해 에너지 시장이 왜곡되고 있는 것이고, 전력 산업과 LNG 도매 부문, 일부 지역 난방 사업을 공기업 형태로 유지하고 있는 것이다. 이러한 비효율성을 없애기 위한 정책적 시도가 과거에 있었으나, 노조 등 이익 단체의 반대로 인해 정책 이행이 부분적으로 이행되었거나 중단되었다.

우리나라와 같이 에너지 산업이 개방형 시장 경제 체제에 기반을 둔 제도하에서는 장기적이고 안정적인 에너지 수급 체계를 효율적으로 달성하는 것이 매우 중요한 의미를 가지고 있다. 시장 기능의 활성화와 시장 경쟁 원리 도입을 통해, 에너지 산업의 효율성을 증진시키면서 효율적인 자원 확보와 에너지 설비 투자가 이루어질 수 있기 때문이다.

전력 산업에 대해서는 단계적으로 가격 결정 체계의 개선, 도매 전력 시장의 단계적 선진화를 통한 경쟁 확대 및 가격 기능 제고, 소비자 선택권 확대와 비용 절감 유인을 위한 단계적 소매 경쟁 도입을 전문성 있는 검토를 거친 후에 추진할 필요가 있다.

가스 산업은 자가 소비용 및 발전용 LNG 직도입 허용 등으로 일부 시장 경쟁 제도를 도입했으나, 향후 경쟁 촉진을 위해 민간 직수입을 확대하는 방향으로 제도를 개선해 세계 가스 시장 흐름과 수요처의 다양한 요구에

부응하는 산업 구조로 개편을 추진해야 할 것이다.

(3) 에너지 계획 수립 및 추진 거버넌스의 개편

우리나라에는 정부가 수립하고 추진하는 에너지 관련 계획들이 많이 있다. 에너지 기본 계획, 전력 수급 계획, 장기 천연가스 수급 계획, 신·재생에너지 기본 계획, 에너지 이용 합리화 기본 계획, 해외 자원 개발 기본 계획, 등이 있으며, 모두 관련 법률에서 정한 법정 계획들이다. 이 중에서 에너지 기본 계획은 정책 시계가 향후 20년으로 중장기 에너지 정책 방향과 비전을 제시하는 최상위 계획이다. 그러나 현재 심각하게 제기되고 있는 문제는 이러한 계획들이 서로 연계되고 조정되어 일관성을 가지고 수립·추진되고 있지 않다는 현실이다.

우선, 정책 시계가 서로 다르다. 에너지 기본 계획과 신·재생에너지 기본 계획은 향후 20년, 전력 수급 기본 계획과 장기 천연가스 수급 계획은 15년, 에너지 이용 합리화 기본 계획은 5년, 해외 자원 개발 기본 계획은 10년이다. 또한, 계획 수립시점도 서로 연계할 수 있게 설정되어 있지 않다. 예를 들면, 최상위 계획인 국가 에너지 기본 계획이 하위 계획인 전력과 천연가스 수급 계획보다 시간적으로 늦게 수립된다는 것이다. 따라서 상위 계획인 에너지 기본 계획이 하위 계획에 얽매이는 형편이 된 실정이다. 또한 전력 계획이 먼저 수립되어 이후에 수립되는 천연가스 계획은 전력 계획 결과에 영향을 받고 있다. 그 외의 다른 계획들도 에너지 기본 계획과의 일관성 문제의 가능성을 내포하고 있다.

따라서 각각의 에너지 관련 계획들의 수립 단계에서 서로 연계해 수립되고, 추진 단계에서도 정책의 혼선이 없이 일관성 있게 추진되도록 계획의 거버넌스를 획기적으로 조정할 필요가 있다.

5. 결론

이 글은 그동안 우리나라가 추구했던 에너지 수급 체계의 전환 정책을 검증하고 앞으로 추구하려는 에너지 전환 정책을 분석하며, 한국의 에너지 전환 정책의 나아갈 방향을 제시하기 위한 목적으로 출발했다. 과거 우리나라가 추구해온 에너지 수급 구조 다원화는 에너지 안보 기반 구축에서 매우 중요한 의미를 지니고 있었다는 사실을 확인할 수 있었다. 즉, 어느 에너지원의 공급에 차질이 발생했을 경우, 그 충격을 다른 에너지원의 이용을 통해 흡수 또는 최소화할 수 있고, 공급 중단의 충격에 유연하고 신축적으로 대응하고 장기적으로 지탱할 수 있는 경제 기반의 체질을 갖추는 방향으로 에너지 수급 체계를 마련했음을 알 수 있었다. 한국 경제의 급속 확장기이기도 하고 국제 에너지 수급 위기가 고조되었던 1970년대와 1980년대에 석유보다는 공급 안정성이 높은 석탄과 원자력 등이 발전 부문에 도입되었고, 천연가스가 높은 가격에도 불구하고 민생에 도입되었다. 1990년대와 2000년대를 거치면서 이와 같은 전통적 에너지 수급 체계를 기반으로 우리 경제는 견실한 성장을 해왔다. 21세기의 첫 문턱에서 우리나라는 이제 전통적 화석연료 중심의 에너지 수급 체계를 개편하는 과정에 있다.

신기후체제와 최근 악화되고 있는 미세먼지의 파고를 어떻게 극복해야 하는가의 문제가 우리나라의 에너지 전환과 에너지 믹스를 어떻게 구성해야 하는가와 밀접히 관련되어 있음을 강조하고 싶다. 또한 국내 전환의 문제는 외부 에너지 안보와 밀접히 연계되어 있다. 한국은 95%의 에너지를 수입하고 있어 에너지 안보가 매우 취약하며 기존의 중동과 아시아 위주의 천연가스 도입을 다변화하는 등 에너지 안보 차원에서의 노력을 지속하는 것이 중요하다. 우리나라는 수입의 60% 이상을 차지하는 중동과

25% 내외를 차지하는 동남아시아 등 편중된 천연가스 수입 의존도를 해소하는 것이 시급한 문제이다.

에너지 전환이라는 전인미답의 한국의 미래 경제·사회 모델에 대한 해법을 모색함에 있어 우리보다 앞서 에너지 전환을 추진했던 선진국들의 사례를 연구해 가능한 다양한 변수와 시나리오를 구성해 최적의 조합을 찾아 이를 통해 한국형 전환 모델을 구축하는 것이 핵심적인 과제라고 생각된다.

참고문헌

류지철. 2013.10.「안정적인 중장기 에너지믹스 구축에 대한 정책적 고찰」. 국가미래연구소.

산업통상자원부. 2017.10.24.「신고리 5·6호기 건설재개 방침과 에너지전환(탈원전) 로드맵 확정」.

________. 2017.12a.「재생에너지 3020 이행계획」.

________. 2017.12b.「제8차 전력수급기본계획(2017~2031)」.

________. 2018.4.「제13차 장기 천연가스 수급계획(2018~2031)」.

산업통상자원부·에너지경제연구원. 2017.「에너지통계연보 2017」.

1부

주요 국가의 에너지 전환 사례

01

노르딕 국가들의 저탄소 에너지 전환에 관한 경합, 우연성, 정의의 문제*

벤저민 소바쿨

1. 문제 제기

이 장은 노르딕(Nordic) 국가들의 저탄소 에너지 전환의 역사와 동학을 탐구한다. 노르딕 지역은 성공적인 온실가스 배출 감축과 에너지 안보 증진을 위해 지역사회와 기업, 국가가 단합하는 모범적 사례라고 할 수 있다. 이미 학계에서는 오랫동안 노르딕 국가들의 사례가 에너지 및 기후 정책의 바탕이 되는 정치적·제도적 동학(Westholm and Lindahl, 2012; Nilsson et al., 2011)과 전력 거래 및 국가 간 연결 활성화(Unger and Ekvall, 2003), 나아가 기술 혁신과 재생에너지 활용의 청사진으로 제시되어왔다(Sovacool et al., 2008; Borup et al., 2008; Sovacool 2013).

---

* 이 글은 Benjamin K. Sovacool, "Contestation, Contingency, and Justice in the Nordic Low-Carbon Energy Transition," *Energy Policy*, 102(2017.3)을 저자의 허락 아래 나지원(leora1769@ gmail.com)이 번역했다.

오늘날 노르딕 지역에 속한 5개국, 즉 노르웨이, 덴마크, 스웨덴, 아이슬란드, 핀란드는 아마도 세계에서 가장 대담하고 진보적인 에너지 및 기후 정책을 펼치고 있다고 할 수 있을 것이다. 각국은 장기적이고 순차적인 정책 목표가 있고 법적 구속력이 있는 기후 목표가 있으며, 거의 완벽하게 "화석연료 없는(fossil fuel free)" 또는 "탄소중립적(carbon-neutral)"인 국가가 되려는 노력을 하고 있다. 재생에너지 보급률(renewable energy penetration) 목표에 관해서는 덴마크, 스웨덴, 노르웨이는 100%, 핀란드는 80%, 아이슬란드는 50~75%를 각각 공약했다. 국제에너지기구(International Energy Agency: IEA)와 노르딕에너지연구(Nordic Energy Research)의 2016년도 연구 내용에서는 노르딕 지역의 전체 전력 생산 중 87%가 이미 "탈탄소(carbon-free)"이며 "지난 수십 년간 이 지역 경제가 GDP와 에너지 관련 CO_2 배출 간의 탈동조화(decoupling) 및 에너지 공급에서 CO_2 원단위 감소 추세를 꾸준히 보였다"고 언급하고 있다.

이 연구는 서로 연결된 다음 세 개의 연구 질문을 통해 노르딕 지역의 에너지 전환을 살펴본다. "어떻게 하고 있는가?", "어떤 어려움들이 있는가?", "에너지 정책에서 더욱 보편적인 교훈은 무엇이 있는가?"가 그것이다. 이 장은 이에 대한 답을 찾는 과정에서 세 가지의 핵심적인 내용을 전달하고자 한다. 첫째는 노르딕 지역의 경험이 실제로 다른 국가들도 따를 수 있는 지침이 될 수 있다는 것이다. 지금까지 노르딕 지역의 탈탄소화가 성공할 수 있었던 주요인은 산업 에너지 효율에 대한 강조, 화석연료 중심에서 저탄소 중심 난방으로의 전환, 전력원의 다양화 및 재생연료원 사용의 확대, 그리고 무엇보다 화석연료를 사실상 완전히 폐기하고 (단시일 내에 폐기하기는 힘들 것으로 보이는) 원자력 비중을 일정 수준으로 낮추는 것과 동시에 탄소세를 과감히 부과하고 인센티브를 강력히 제공하는 등의 정책 환경이라고 할 수 있다. 노르딕 지역의 에너지 전환은 통념과 달리 잠재적으로 다양한 에너지원, 유럽 통합 전력망, 그리고 유연성에 기반을 두고 있는 에너지 공급 시스템이 완전히 중앙화된 화석연료 에너지원 중심의 에너지 시스템보다 저비용으로 운영될 수 있음을 보여준다. 이러한 기술과 정책적 함의는 다른 나라들도 참고할 가치가 충분하다.

이 장의 두 번째 핵심은 저탄소 에너지 전환의 우연성과 어려움 그 자체를 강조하는 부분이다. (그렇지 않을 수도 있지만) 저탄소 에너지 전환 계획이 온전히 실행된다고 해도 노르딕 지역의 전환은 지금부터 2050년까지 수십 년이 더 걸린다. 노르딕 국가들은 전력과 난방뿐 아니라 교통수단에 대한 탈탄소화 요구에도 대처해야 하고, 신규 전력 생산 용량에 인센티브를 줄 수 있도록 상호 연결 장치(interconnector)도 마련해야 하며, 에너지 집약적·탄소 집약적인 산업체뿐만 아니라 주거용 건물들까지도 녹색화해야 한다. 또한 노르딕 지역은 면적이나 인구 면에서 상대적으로 규모가 작고, 경제적으로 부유하며, 사회적으로 환경 관련 목표에 전념하는 국가들로 구성되어 있다. 노르딕 국가들은 자국 인구 수요를 충당하고도 남을 만큼의 청정에너지 자원을 보유하고 있지만 몇몇 경우에는 크고 작은 사회적 반대가 일어나고 있다. 또한 이 지역 국가들은 아직 원유와 가스의 순수출국이기도 하다. 따라서 그들의 에너지 전환은 경합적이고 우연적이며 그 결과로 승자와 패자가 발생하게 된다. 에너지 연구 분야에서도 전환이라는 소재가 점차 부각되고는 있으나 대부분의 연구는 다른 소재에 집중하고 있다. 최근의 연구는 역사적 경향(Grubler et al., 2016; Smil, 2016; Fouquet, 2016a; 2016b), 정치와 거버넌스(Kern and Rogge, 2016), 그리고 비용과 하위 분야 측면(Sovacool and Geels, 2016)과 함께 전환이 일어나는 속도, 즉 시간 역학(temporal dynamics) 측면(Sovacool, 2016)도 탐구하고 있다. 그러나 우연성, 경합 그리고 정의가 어떻게 탈탄소화의 경로에 영향을 주는지, 또한 선의에 기반을 둔 훌륭한 정책적 의도에도 불구하고 이를 가로막는 강고

한 저항을 끊임없이 일으키는지에 관해 살핀 연구는 아직 없었다.

이 장의 마지막 핵심 내용은 미래지향성과 실용성이다. 노르딕 지역의 에너지 전환은 지금까지 최소 수십 년간 지속된 것이 사실이지만 아직 완료된 것은 아니다. 노르딕 국가들이 세운 기후 및 에너지 관련 목표치는 2030년, 2045년, 2050년을 지나 이후까지 걸쳐 있기 때문에 이해당사자들의 영향을 받게 될 가능성은 여전하다. 따라서 이 연구가 향후 노르딕 지역 에너지 전환에 관한 담론에 당연한 듯이 따라오는 낙관론을 절제시키는 동시에 노르딕 지역 정책에 영향을 미칠 수 있기를 바란다. 이 과제의 막중함을 강조하고 기술, 정치, 사회 정의를 둘러싼 여러 가지 우려 중에 간과되고 있는 것 같은 부분들의 중요성을 부각시킴으로써 이러한 목적을 달성하고자 한다. 궁극적으로 말해, 노르딕 지역의 정책이 아무리 가장 진보적이라고 하더라도 다가올 수십 년간 일관된 경험적 성과 또한 그 정책에 부합해야만 의미가 있을 것이다.

2. 연구 방법

이 연구의 설계와 1차 데이터는 "국제 에너지 기구와 노르딕 에너지 연구소(International Energy Agency and Nordic Energy Research)"(2016)와 "국제 에너지 기구와 노르딕 에너지 연구소"(2013)에 상당 부분 의존하고 있다. 노르딕 지역의 에너지와 탄소 기술 경로에 집중하고 있는 두 보고서는 국제에너지기구의 에너지 기술 전망(Energy Technology Perspectives)에서 사용하고 있는 전반적인 방법론에 의거하고 있다. 이 방법론은 현재 시점에서 2050년까지 여러 가지 시나리오로 미래를 예측하고 과거를 재구성(backcast)하는 방식을 혼합하고 있다(첫 보고서는 2011년, 두 번째 보고서는 2013

년에 완성되었다). 이 접근법은 최적화 모델링을 통해 2050년까지 노르딕 지역이 화석연료에서 완전히 벗어나는 바람직한 결과에 도달하기 위해 가장 경제적인 방법을 찾아내는 시도이다. 전기나 교통과 같은 서로 다른 부문에 흩어져 있는 심층 분석과 지식을 반영하는 여러 가지 모델링 접근법을 통합함으로써 엄밀하고 신뢰성 높은 결과를 낼 수 있다는 의미이다. 이 장의 3절 "어떻게 하고 있는가?"에서는 이 모델이 제시하고 있는 모든 시나리오들을 분석했다. 이 시나리오들은 앞서 언급한 두 보고서의 저자이기도 한 벤저민 도널드 스미스(Benjamin Donald Smith)와 마르쿠스 브라케(Markus Wråke)와의 교신하면서 얻어낸, 더 견고하고 심화된 분석일 뿐만 아니라 두 보고서와 관련된 공개 데이터를 종합해 정리한 것이다.

좀 더 구체적으로 「노르딕에너지 기술전망(Nordic Energy Technology Perspectives: NETP)」 모델은 네 개의 하위 모델 즉, 에너지 전환, 산업, 교통, 그리고 (주거와 상업시설을 포괄하는) 건물의 데이터를 통합한다. 「노르딕에너지 기술전망」을 통해 노르딕 지역 온실가스 배출원 중 가장 큰 부분을 차지하는 세 분야(산업, 교통, 건물)의 에너지 수요 역학뿐만 아니라 (일부 재생에너지 전력원의 간헐도와 같은) 에너지 공급 변수 차이에 상응하는 다양한 결과와 시나리오를 탐구할 수 있다. 〈그림 1-1〉은 이처럼 다양한 요소들의 복잡한 상호작용과 함께 1차 에너지를 여러 부문 수요에 걸쳐 최종 에너지로 전환하는 절차를 「노르딕에너지 기술전망」이 어떻게 처리하는지 보여주고 있다. 국제에너지기구가 언급하고 있듯, 「노르딕에너지 기술전망」은 노르딕 에너지 시스템에 관해 "기술집약적·상향식 분석"을 할 수 있도록 설계된 비용 최적화 기반 모델이다.

「노르딕에너지 기술전망」이 국제에너지기구에서 여전히 사용하고 있는 최신 모델이기는 하지만 몇 가지 단점이 있다. 국제에너지기구와 노르딕에너지연구(2016)에서도 인정하고 있듯이 "비용 최적화 분석틀에는 잡

〈그림 1-1〉「노르딕에너지 기술전망」 모델

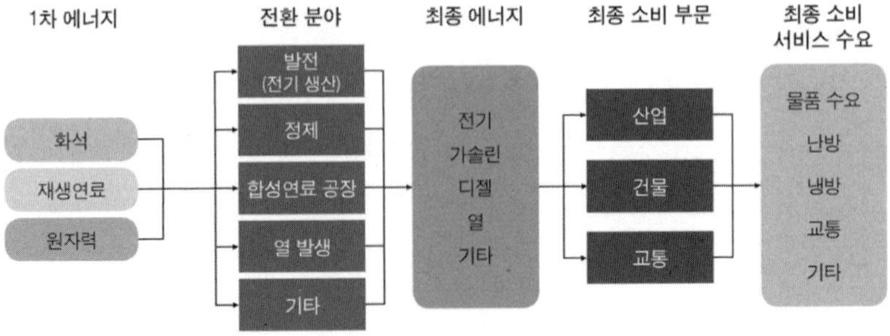

자료: International Energy Agency and Nordic Energy Research(2016)에서 수정.

히지 않는 여러 미묘한 부분이 있다. 예를 들면, 정치적 선호, 실현가능한 램프업 속도(ramp-up rates), 자본 제약, 대중의 호응 같은 것들이다." 따라서 이 모델은 현실을 완전히 정확하게 묘사하고 있다기보다는 특정한 면을 포착하는 도구 혹은 유용한 스냅샷 정도로 생각하는 것이 가장 적절하다. 다시 말해, 「노르딕에너지 기술전망」에서 얻어낸 장기 전망에는 상당한 불확실성이 있으며 분석의 바탕이 되는 가정들 중에는 미래에 달라질 수 있는 것들도 많고 따라서 정확도 또한 영향을 받을 수 있다는 것이다. 더욱이 「노르딕에너지 기술전망」은 적응과 원상회복 등에 대한 투자처럼 기후변화의 2차적 비용 중 일부를 고려하지 않는다. 끝으로 「노르딕에너지 기술전망」이 혁신, 기술 학습, 여러 에너지 시스템의 비용 감축 등을 고려하기는 하지만, 대체로 2016년 현재의 기술 수준(과 그에 맞는 시장 상황)에 의거하고 있다. 다시 말해, 「노르딕에너지 기술전망」은 급격한 기술 혁신의 등장을 가정하고 있지도 않고 2016년 현재로서는 상업성이 없다고 생각되는 시스템에 의거하지도 않는다. 덕분에 이 모델은 점증적 변화를 연구하기에는 적합하지만 혁신적 변환은 완전히 포착하기 어렵다. 그렇기는 해도, 「노르딕에너지 기술전망」은 '정책 중립'을 표방하는 미국 에너지 정보국(U.S. Energy Information Administration)과 같은 단체에서 내놓는 전망과 달리 노르딕 지역에서 이미 실행 중이거나 확약된 에너지 및 기후 정책은 인정하고 있다(Gilbert and Sovacool, 2016). 더불어 이 모델은 통합의 복잡성 또한 반영하고 있다. 즉, 2050년에 가까워지면서 노르딕 지역의 에너지 시스템이 더욱 다양한 기술 조합에 의존하게 될 것이며, 대체로 각국의 지역 사정에 따라 차이가 발생하면서 최적화에 필요한 노력도 더 커질 것이라는 점이다.

이 글의 후반부는 「노르딕에너지 기술전망」에서 추출한 분석을 넘어서, 우연성, 경합, 에너지 정의라는 주제를 중심으로 형성되는 여러 사회기술적 장애물의 발생 가능성을 평가한다(Geels, 2004). 이 연구만의 특징이라 할 수 있는 이러한 주제들은 2012년부터 2016년까지 해당 소재에 관해 전문가 심사(peer review)를 통과한 최근 문헌과 함께 유명 매체 및 언론 보도 자료(대체로 노르딕 5개국의 영어판 신문 기사 중심)를 귀납적·양적으로 조사해 수집했다.

지금까지 상술한 「노르딕에너지 기술전망」의 기본적 접근법과 방법론 그리고 한계를 바탕으로 이 장의 나머지 부분은 다음과 같이 구성된다. 3절 "어떻게 하고 있는가: 노르딕 국가들의 탈탄소화 경로" 부분에서는 노르딕 지역의 에너지 전환과 사용과 함께 네 가지 탈탄소화 경로, 즉 재생에너지, 효율성, 교통, 산업을 전체적으로 개괄하는 데 집중한다. 4절 "향후 과제: 우연성, 경합, 정의"에서는 그러한 경로를 복잡하게 만들 수 있는 도전 과제, 이른바 기술적 우연성, 정치적 경합, 에너지 정의에 대해 논의한다.

3. 어떻게 하고 있는가: 노르딕 국가들의 탈탄소화 경로

노르딕 5개국인 노르웨이, 덴마크, 스웨덴, 아이슬란드, 핀란드의 사정은 동일하지 않다. 각국에서는 서로 다른 시장의 특징이 나타나고 있다. 덴마크는 풍력의 가변성을 감당할 수 있도록 에너지 시스템의 유연성을 증진할 새로운 방법을 시급히 찾아야 한다. 바이오매스와 임산물이 에너지 경제 부문에서 지배적인 위치를 차지하고 있는 핀란드는 에너지 순수입국이며 중공업을 유치하고 신규 원자력 발전소를 건설하고 있다. 아이슬란드는 디젤을 연료로 쓰는 대규모 어선단이 있고, 본토에서 멀리 떨어진 패로 제도(Faroe Islands)와 그린란드는 디젤 전력 생산에 의존하고 있다. 노르웨이는 석유와 국내 수력 발전에 여전히 막대한 투자를 하고 있으나 수력 자원의 경우 이윤이 크게 남지 않아 현금화에 어려움을 겪고 있다. 스웨덴은 (현재로서는) 대체로 대규모 수력 발전과 원자력에 기대고 있으며 재생에너지와 관련해서는 역진성을 띨 우려가 있는 국가 녹색 인증 제도를 추진하고 있는데, 이는 「노르딕에너지 기술전망」이 제안하는 탄소세나 거래제 등 비용최적화 접근법과는 상충된다. 5개국 모두 교통수단 분야는 여전히 탄소 집약적이며 저탄소 교통수단을 위한 기반 시설이 절실히 필요한 상황이다. 또한 5개국 모두 철, 철강, 화학, 시멘트 산업 시설에서 탄소 포집 및 저장 장치가 필요하다.

그렇기는 하지만 지역적으로 보면 이 5개국에는 흥미로운 공통적 특징들이 있다. 〈그림 1-2〉에 나타나듯이 기후 목표가 수립된 지 오랜 시간이 지났음에도 누적 에너지 공급[단위: PJ(페타줄), 수출되는 석유 및 가스 자원 포함]을 보면 화석연료(3110PJ)가 여전히 압도적으로 공급되고 있는데 그중 대부분은 교통수단 및 기타 최종 사용을 위해 정제된 것이다. 재생에너지와 폐기물 재활용 에너지(2002PJ)는 그다음이었다. 두 번째로 주목할 만한 특

〈그림 1-2〉 2013년 연료, 경로, 최종 소비 부문별 노르딕 에너지 흐름 (단위: PJ)

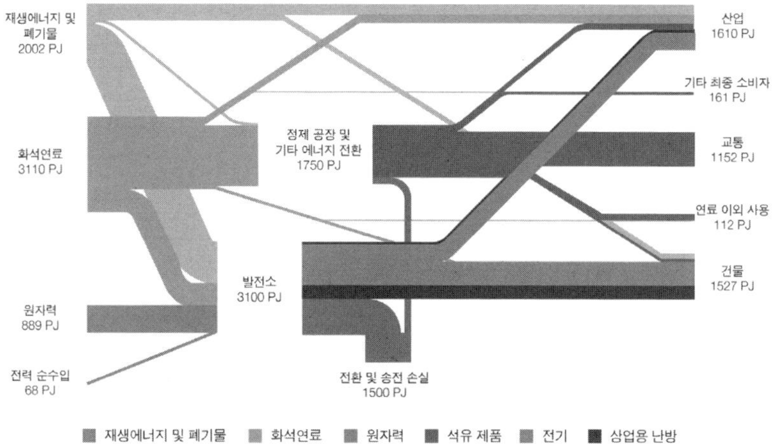

주: PJ=페타줄.
자료: OECD(2016)에서 수정.

징은 산업 수요(1610PJ)가 주거 및 상업 건물 수요(1527PJ)나 교통수단용 수요(1152PJ)를 근소하게 앞서고 있기는 하지만 거의 비슷한 수치라는 점이다. 노르딕 지역의 제조업 기반이 더 이상 강하지 않다는 통념을 반박하는 통계라고 할 수 있다. 마지막으로 두드러지는 추세는 (전체 공급인 6060PJ의 24.8%에 해당하는) 1500PJ의 전환 및 효율성 손실이다. 이는 노르딕 지역이 세계의 다른 지역에 비해서는 효율적이지만 여전히 상당한 효율성 제고의 여지가 있다는 의미다. 〈그림 1-3〉은 국가별·연료원별 1차 에너지 생산의 세부 항목을 보여주는데 총량으로 보면 노르웨이가 다른 나라들을 큰 격차로 따돌리고 있고, 천연가스와 석유가 여전히 이 지역 에너지 공급의 약 4분의 3을 담당하고 있음을 알 수 있다. 이어지는 부분에서는 노르딕 에너지 전환의 네 가지 주축인 재생에너지 발전 및 난방, 에너지 효율, 교통수단, 산업을 살펴보겠다.

〈그림 1-3〉 1990~2011년 노르딕 국가들의 1차 에너지 총생산

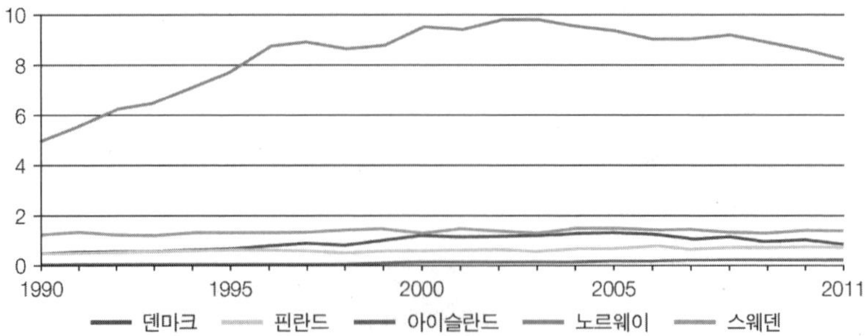

나라별 1차 에너지 총생산 (단위: EJ)

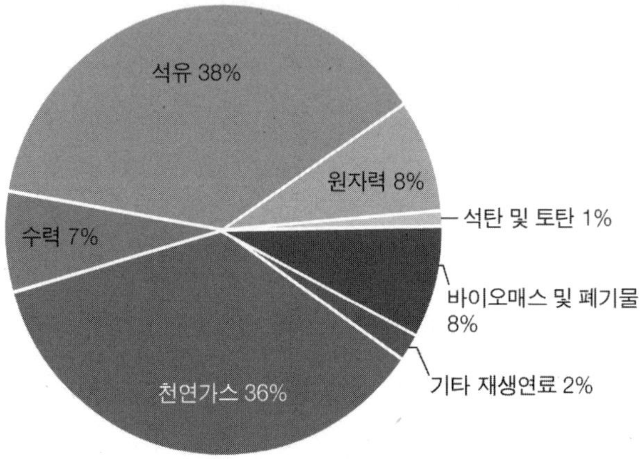

에너지별 1차 에너지 총생산 비율

주: EJ=엑서줄.
자료: OECD(2013)에서 수정.

1) 재생에너지 발전 및 난방

현재 노르딕 국가의 전기 생산 중 약 87%가 저탄소이며 이 중 63%는 순전히 재생에너지만을 사용한 발전이다. 그렇지만 재생에너지 비중이 확대될 여지는 상당하며 특히 풍력과 바이오매스와 폐기물, 수력 및 지열 발전 분야가 그러하다.

〈그림 1-4〉 2013~2050년 노르딕 국가들의 전력 생산과 1차 에너지 공급

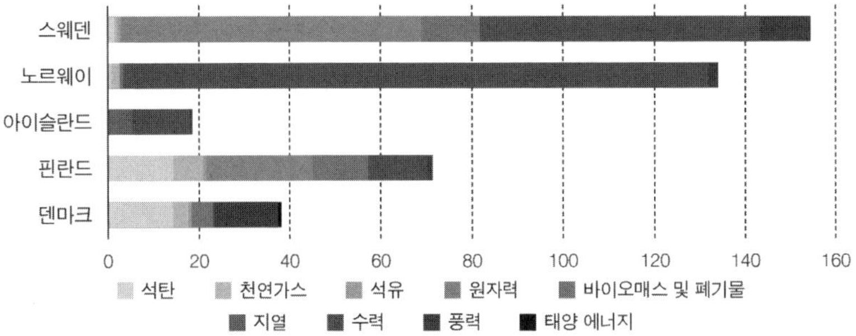

2013년 나라별 1차 에너지 공급량 (단위: TWh)

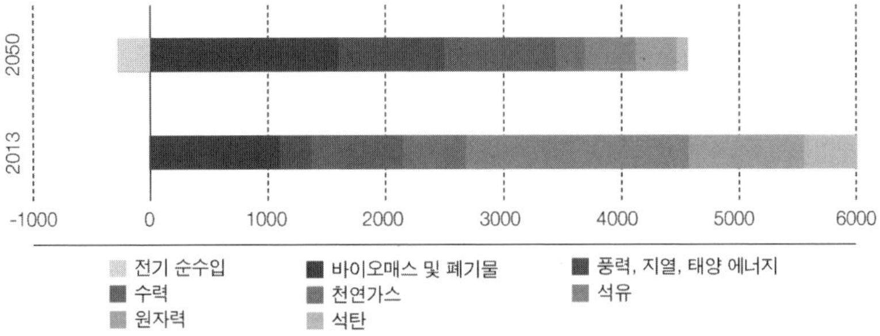

2013, 2050년 에너지별 1차 에너지 공급량 (단위: PJ)

주: TWh=시간당 테라와트. PJ=페타줄.

풍력은 이미 덴마크의 전력 생산에서 상당한 역할을 차지하고 있으며 2016년에서 2050년 사이에 빠르게 성장할 것으로 기대되지만, 운송과 배급 과정에서 일부 열손실이 있음에도 오히려 바이오매스와 폐기물이 더 큰 1차 에너지 공급원이 되고 있다. 생물에너지와 폐기물이 큰 비중을 차지하는 이런 경향은 (모든 재생에너지 중 바이오매스와 폐기물 비중이 가장 큰) 핀란드와 (바이오매스와 폐기물이 수력에 이어 두 번째로 큰) 스웨덴에서도 나타난다. 반면 〈그림 1-4〉에서도 나타나듯이 노르웨이는 거의 전적으로 수력 발전이, 아이슬란드는 지열이 주도적인 역할을 담당하고 있다.

〈그림 1-5〉 2030~2049년 육상 풍력과 해상 풍력의 최대 부하 시간 (단위: EJ)

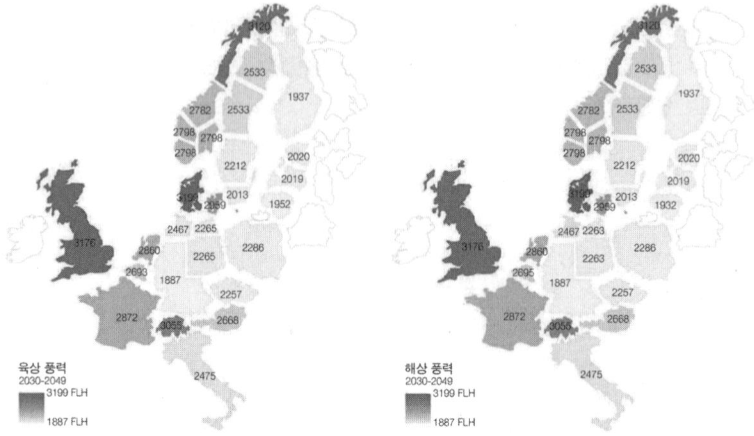

자료: OECD(2016)에서 수정.

〈그림 1-4〉의 아래 표는 탄소 감축 목표를 달성하기 위해 발전 분야에서 일어나야 하는 변화를 도식화한 것이다. 말하자면 공급 측면에서 6000PJ을 대략 4500PJ까지 줄이는 극적인 감축이 필요하다는 것이다. 전력 순수출, 바이오에너지와 폐기물, 풍력, 지열, 태양, 수력 발전은 모두 상당히 확대되는 반면 석탄, 석유, 천연가스, 원자력은 줄어든다. 바이오에너지가 1600PJ로 석유를 제치고 최대의 에너지원이 되며 (석유를 대체함으로써) 전체 배출 감축량의 40%를 책임진다. 노르딕 지역의 수력 발전 또한 대규모 저수지 발전 시설을 중심으로 '강물의 흐름' 또는 소형 수력 발전기가 보완하는 형태가 대체로 자리 잡으면서 확대된다. 풍력 또한 화석연료와 원자력 발전을 대체할 정도로 성장한다. 사실 노르딕 지역의 풍력 발전은 2050년이 되면 현재 7%에서 거의 다섯 배 상승한 30%에 이를 정도로 크게 증가해 국내 수요를 훨씬 웃돌게 된다. 이렇게 되면 원자력 발전이 감소하더라도 이 초과분을 유럽 시장에 수출해 상당한 이윤을 남길 수 있다. 풍력 발전의 상당 부분(70%)은 덴마크에서 나올 것으로 전망되며

〈그림 1-6〉 2013~2050년 노르딕의 전력 생산과 지역 열 공급

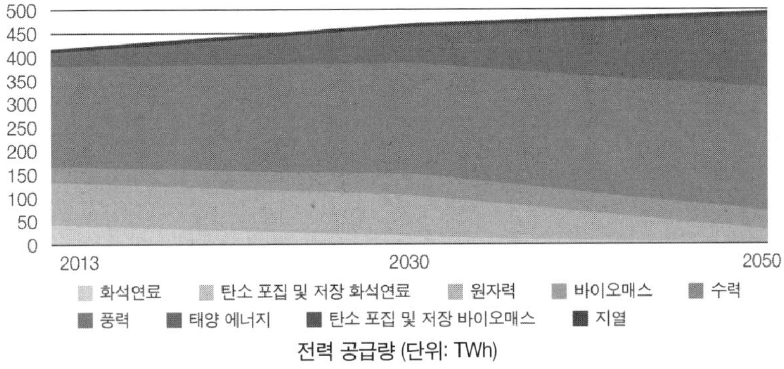

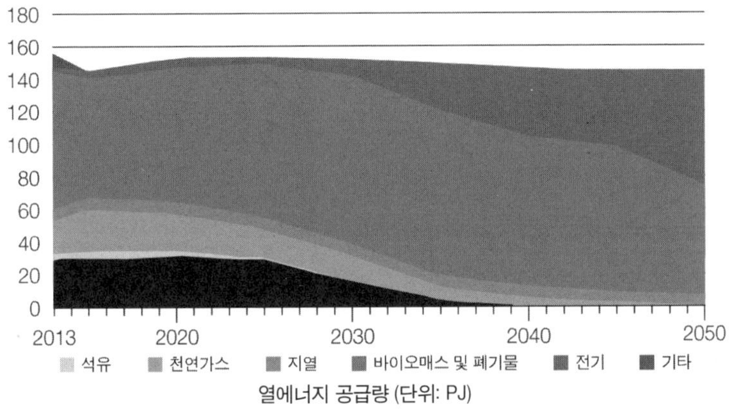

주: 두 표 모두 '탄소중립 시나리오'를 묘사. TWh=시간당 테라와트. PJ=페타줄.
자료: OECD(2016)에서 수정.

그중 3분의 2가 육상 발전일 것으로 예상되기 때문에 적절한 위치 선정과 국민적 승인이 필요하다고 할 수 있다. 〈그림 1-5〉는 육상 및 해상 (풍력) 설비의 예상 최대 부하 시간을 나타내고 있다. 풍력 발전 보급률이 높아짐에 따라 앞서 언급했던 수력 발전 확대, 탄력적 공급과 수요 대응 증가, 저장 시설 확충, 전기 거래 제도 확대를 혼합한 균형 잡히고 통합된 시스템이 수반된다.

〈그림 1-6〉은 전력 생산 조합의 대대적인 전환만으로는 탄소 감축이 충분히 이뤄지지 않음을 보여준다. 지역 난방용 발전과 열 공급에서 추가적인 탈탄소화 또한 반드시 진행되어야 한다. 더불어 석유, 석탄, 천연가스의 단계적 감축은 2040년까지는 완료되어야 한다. 바이오매스와 폐기물, 지열, 전기 난방 사용은 증가해야 한다. 난방 공급망 전환은 화석연료를 감축하는 것뿐만 아니라 열펌프 난방과 전기 보일러 사용 증가로 이어지므로 전력과 난방통합 시스템의 유연성을 증진해야 한다. 한편, 「노르딕 에너지 기술전망」은 2050년까지 지역난방의 비중이 건물의 최종 에너지 소비에서 절반 이상을 차지할 것으로 예측하고 있다.

2) 건물 에너지 효율

앞서 간략히 언급했듯이 저탄소 전력 및 난방 공급망의 확대는 에너지 전환의 네 기둥 중 하나에 불과하다. 이 부문의 성장은 반드시 건물(그리고 이후에 언급할 산업 부문)에서 최종 에너지 수요 및 공급의 상당한 감축과 동반되어야 한다. 하지만 (〈그림 1-7〉에서 볼 수 있듯이) 유일하게 덴마크만이 OECD 회원국 1인 평균보다 적은 에너지를 소비하고 있다는 점을 보면 이것이 얼마나 큰 도전 과제인지가 분명하게 드러난다. 특히 아이슬란드는 OECD 평균보다 몇 배 이상을 소비하고 있으며 핀란드와 노르웨이의 소비량도 평균을 훨씬 웃돈다. 이는 난방과 조명 수요가 높은 혹독하고 어두운 겨울 기후 때문만은 아니다. 코펜하겐, 헬싱키, 오슬로, 스톡홀름 등 대도시 지역을 벗어나면 인구밀도가 상당히 낮아진다는 점, 그리고 산업 부문의 에너지 수요가 성장하고 있다는 점도 원인이다.

이처럼 비교적 높은 1인당 에너지 사용량 때문에 노르딕 지역의 탈탄소화에서는 효율성이 지대한 역할을 담당한다. 노르딕 지역 건물의 효율성

〈그림 1-7〉 1970~2050년 노르딕 국가들의 1인당 에너지 소비량과 OECD 평균 (단위: GJ)

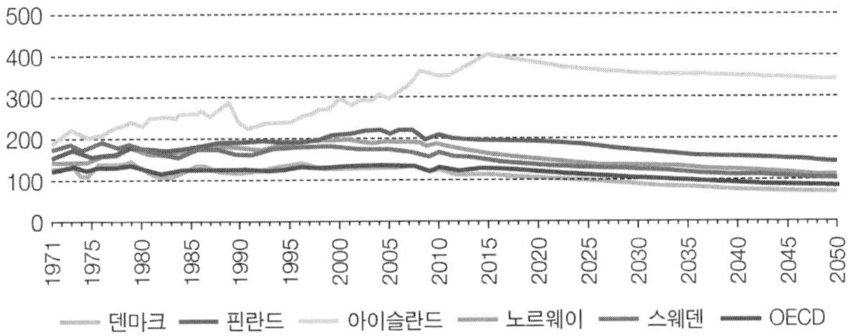

주: GJ=기가줄.
자료: OECD(2016)에서 수정.

이 높은 것으로 알려져 있기는 하지만 수요 부문의 관리와 에너지 효율성 프로그램에서는 여전히 개선이 필요하다. 2010년에서 2050년 사이에 1제곱미터 당 주거 및 상업 에너지 사용량에서 추가적으로 35% 감축이 일어나야 한다. 막대한 투자를 요하는 이 과제는 대부분 난방 부문에 집중되어 있다. 기준선 시나리오와 비교하면 「노르딕에너지 기술전망」의 전망은 건물에 대한 추가적 누적 투자가 대략 1700억 달러에 달할 것으로 보고 있다. 이 중 1550억 달러는 건물 외장에 투입되어 건물의 난방 수요를 극적으로 줄이는 데에 사용되어야 한다.

에너지 효율 개선(특히 건물 외장)과 난방망의 효율성 증진에 소요되는 이러한 투자를 통해 건물의 에너지 소비가 2013년에서 2050년 사이에 현저히 감소할 것으로 예상된다. 〈그림 1-8〉에서 볼 수 있듯이, 주거 및 상업 건물의 총에너지 소비는 약 1400PJ에서 1000PJ로 떨어져야 하며 그에 상응하는 탄소 집약도 및 에너지 집약도의 감소가 동반되어야 한다. 흥미로운 점은 노르딕 국가들의 도시 지역 건물 용적이 25% 이상 증가했음에도 에너지 수요는 2050년까지 1990년 수준으로 떨어질 것으로 예상된다는

〈그림 1-8〉 1990~2015년 노르딕 건물의 에너지 소비량, 에너지 집약도, 배출량 집약도

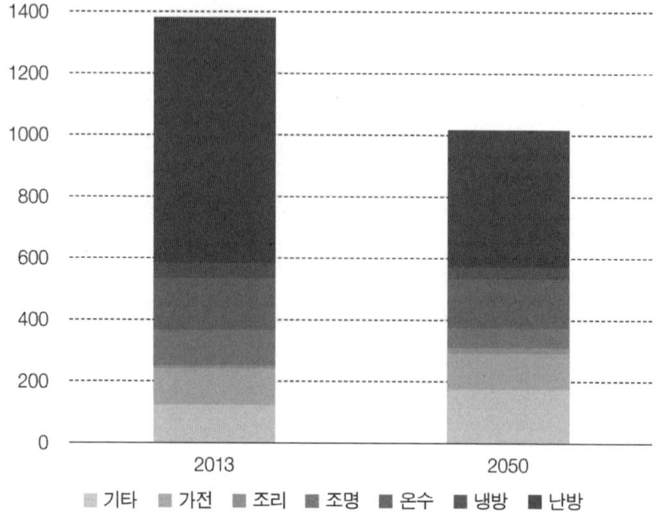

2013, 2050년 빌딩 에너지 소비량 (단위: PJ)

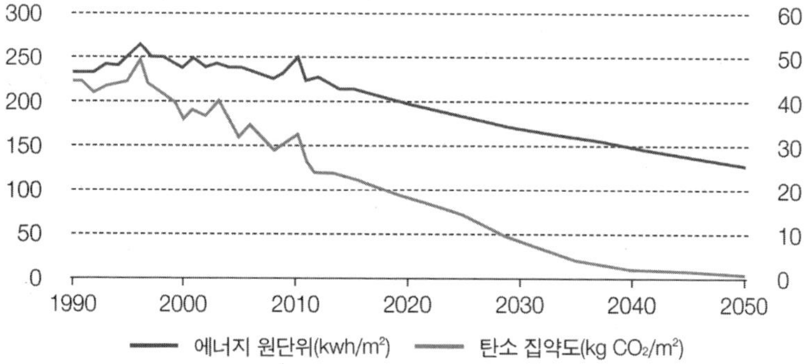

2013, 2050년 빌딩 에너지 소비량 (단위: PJ)

주: 두 패널 모두 '탄소중립 시나리오'를 묘사. PJ=페타줄, kWh=시간당 킬로와트.
자료: OECD(2016)에서 수정.

것이다.

이러한 전망에는 두 가지 암묵적인 전제가 있다. 에너지 효율성에 관련된 여타 정책과 통합이 일어나고 기술 개량에 따라 행동의 변화가 일어날

것이라는 전제다. 첫째, 2045년까지 건물의 배기가스 배출 집약도는 0으로 떨어진다고 했지만 이는 전력망 기반 시설에 대한 투자가 적절히 이루어지고(그 결과로 노르딕 국가들이 잉여 전력을 수출할 수 있게 됨으로써 효율성 개선 비용을 상쇄할 수 있고), 난방 부문에서 바이오에너지가 화석연료를 대체하며, 저온 지역 난방 등의 신기술이 확산될 때에만 달성 가능한 목표다. 장기적으로 건물 에너지 효율성 개선은 도시 계획의 일관성 있는 개선, 그리고 소비자의 역량을 증진하는 에너지 관리 시스템의 확산에 달려 있다. 둘째, 에너지 관리 시스템의 변화가 행동의 변화를 촉진해야만 한다. 도시 지역에서 떨어진 또는 집중 지역 난방망이 갖춰지지 않은 지역에 거주하는 소비자들은 가전제품과 건물 개량뿐만 아니라 난방 펌프와 태양광 난방을 채택해야 한다. 예를 들면, 모든 재래식 형광등과 할로겐 전구는 단계적으로 완전히 대체되어야 하며 가전제품과 장비에 대한 에너지 효율 기준도 강화되어야 한다. 도시 지역의 소비자들 또한 에너지 효율 개량에 동참해야 한다. 특히 단열, 차단, (3중창, 저복사 창호와 같은) 고성능 단열 창호 등의 초고효율 건물 외장재를 통해 최대 수요를 낮출 수 있는 방법을 추구해야 한다. 행태과학과 사회과학은 이러한 효율성 개량과 개선이 가정과 직장에서 소비자의 관행에 유의미한 변화를 수반한다는 점을 보여준다(Walker et al., 2014; Sdei et al., 2015; Kastner and Stern, 2015; Sunikka-Blank and Galvin, 2016; Staddon et al., 2016).

3) 수송

수송 분야는 노르딕 지역 탈탄소화의 네 가지 주축 가운데 특히 심각한 난제다. 현재 수송은 노르딕 이산화탄소 배출 요인의 거의 40%를 차지하고 있는데, 바꿔 말하면 가장 큰 배출가스 감축 잠재력이 있는 분야라는 뜻이기도 하다. 〈그림 1-9〉에 나타나듯이 그만한 감축을 달성할 수 있느냐는 재래식 가솔린과 잔류 연료를 단계적으로 완전히 감축할 수 있는지, 그리고 재래식 디젤과 제트 연료를 엄청나게 감축할 수 있느냐에 달려 있다. 반대로 전기, 바이오연료, 수소연료는 상당한 성장이 기대된다. 2013년 보고서의 결론과 같이 "대중교통의 전기 연료화는 노르딕 지역의 저탄소 교통체계 건설의 주춧돌" 중 하나다. 전망에 따르면 2030년까지 대중교통 수단 전체 판매량 중 30%가 전기 배터리 전용 차량이며 이 수치는 2050년이 되면 90%까지 오를 것이다. 재래식 내연기관 차량의 단계적 감축은 2050년까지 거의 완료되어야 한다. 2000년에 비해 2050년의 에너지 사용 총량은 20% 이상 감소하겠지만 대중교통 및 화물 운송 분야에서는 에너지 사용량이 무려 70%나 상승할 것이라는 예측을 보면 여기에 따르는 기술적 난제가 얼마나 큰지 알 수 있다.

그러나 〈그림 1-9〉에서 드러나듯이 전기를 사용한 동력이 모든 운송수단에 가능한 것은 아니다. 물론 개인용 경량 차량의 절반 이상과 철도교통에서 사용하는 에너지의 거의 전부를 차지하는 정도까지 확대될 것이다. 전기자동차는 주행거리가 비교적 짧고, 대기 공해와 소음 우려가 더 심각하며 충전 기반 시설이 더 잘 갖춰진 도시 지역에서는 특히 매력적인 대안이다. 그러나 버스나 화물 트럭, 장거리 열차, 항공기와 같은 중량 운송수단의 경우 전기로의 전환이 용이할 정도까지 기술이 아직 진보하지 않은 것이 현실이다. 이들 수송은 앞으로도 최소한 수십 년간은 여전히 제트 연료, 바이오연료, 디젤, 가솔린을 사용할 것이다. 2050년이 되면 버스는 디젤과 바이오연료를 함께 사용할 것으로 예상된다. 화물 트럭 분야에는 전기 보급률이 약간 더 높아질 것으로 보이지만 대부분은 공회전으로 상쇄될 것이다. 항공과 해상 교통은 운송 수요 대부분을 충당하기 위해 바이오연료에 의존하게 된다. 항공 교통의 경우 액체 연료가 배터리에 비해 여전

〈그림 1-9〉 2010~2050년 노르딕 수송 모델과 연료 믹스

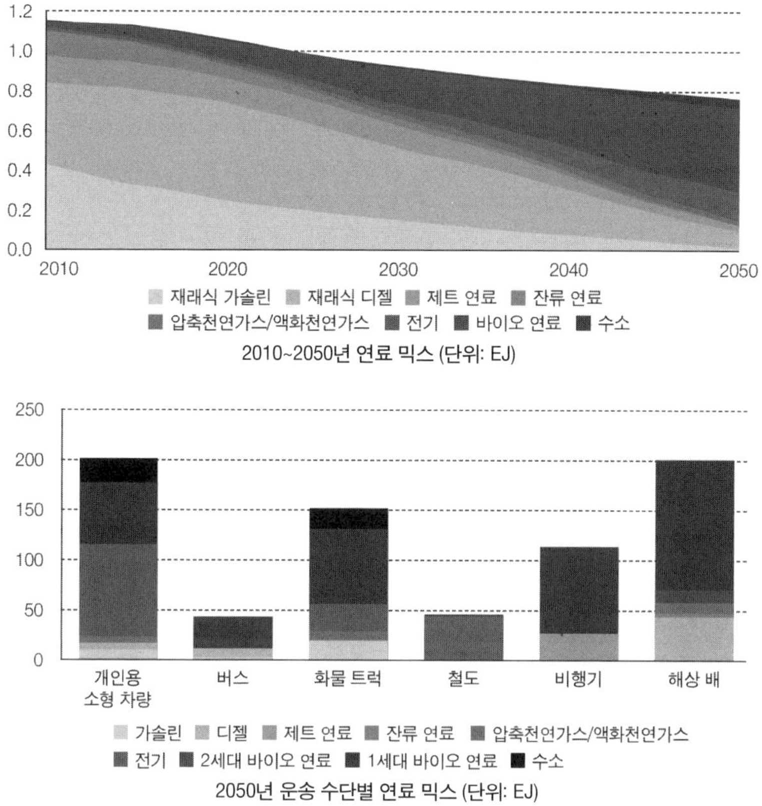

주: 두 패널 모두 '탄소중립 시나리오'를 묘사. EJ=엑서줄.
자료: OECD(2016)에서 수정.

히 에너지 밀도에서 우위에 있기 때문이며, 해상교통의 경우 대부분의 컨테이너 선박은 여전히 대형 1행정 혹은 2행정 디젤 기관으로 작동할 수 있기 때문이다(Smil, 2010). 이는 값비싼 엔진을 교체하는 것보다는 연료를 대체하는 것이 훨씬 비용을 줄일 수 있다는 생각에서 비롯된다. 이를 위해서는 바이오연료의 지속적인 개선이 필수적인데 특히 2050년이 되면 수송 부문에서 최종 에너지 총수요의 거의 3분의 2를 바이오연료가 충당할 것

으로 예상되기 때문에 이는 더 중요하다.

이 목표에 도달하기 위해서는 수송 연료가 바뀌어야 하는 것은 당연하지만 (높은 비용에 대한 정치적 허용 범위와 관련해) 정책과 시민들의 행동 양식 또한 변해야 한다. 예를 들면, 각 지역에서 생산된 첨단 바이오연료를 통한 수송의 탈탄소화는 기존 바이오연료 시장에 참여하는 것보다는 여전히 훨씬 더 많은 비용이 든다. 물론 향후 지속적인 연구와 기술 학습을 통해 노르딕 지역의 바이오연료 가격이 계속 하락할 것으로 예상되는 것은 맞지만, 바이오매스 자원을 사용해 수송의 에너지 수요 전체를 충당하려면 고부가가치 산업 제품과 거리를 두어야만 한다. 따라서 노르딕 국가의 행정가와 소비자들이 바이오연료를 지속가능한 방식으로 조달하거나 국내 생산을 우선시하려고 한다면 더 높은 비용을 감당할 수밖에 없다. 그뿐만 아니라 「노르딕에너지 기술전망」은 회피, 변화, 개량이라는 세 방향 전략이 필수적임을 강조한다. 더욱 효율적이고 덜 탄소 집약적인 수송으로의 전환과 연료 및 기반 시설의 개량뿐만 아니라 (소비자의 선호를 바꾸어) 수송을 사용하는 활동을 회피해야 한다는 것이다. 이 '회피' 부문은 추가적인 통행료, 주차료 부과, 주차 제한, 대중교통 장려, 자전거와 도보에 대한 인센티브 강화를 통해 운전 습관과 선호에 영향을 미치는 방식에 주로 의존하게 된다.

교통 부문의 탈탄소화를 보는 한 가지 단순화된 방식은 단거리 수송으로서 화석연료를 사용하는 자동차들이 빠르게 단계적으로 줄어들면서 연료전지 자동차, 전기자동차, 플러그인 하이브리드 자동차와 하이브리드 자동차로 대체되는 한편, 바이오연료의 확대와 수입은 기존 장거리 수송을 대체할 필요가 있다는 것이다. 〈그림 1-10〉은 이러한 경로를 묘사하고 있다.

〈그림 1-10〉 2010~2050년 노르딕의 차량 유형과 수송용 바이오연료 수요

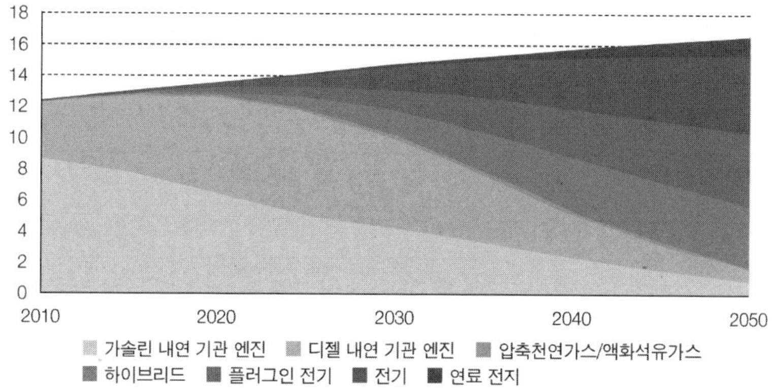

2010~2050년 노르딕 승용차 및 소형 상용차 대수 (단위: 100만 대)

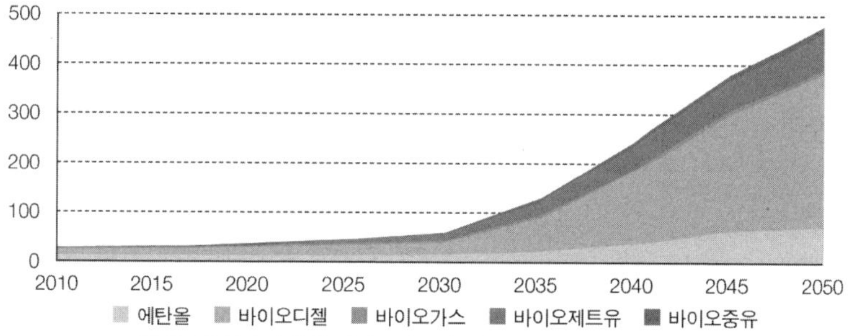

2010~2050년 수송용 바이오연료에 대한 노르딕 수요 (단위: PJ)

주: 두 패널 모두 '탄소중립 시나리오'를 묘사. PJ=페타줄.
자료: OECD(2016)에서 수정.

4) 산업과 탄소 저장

국제에너지기구와 노르딕에너지연구는 산업 부문이 기후 목표 달성에 "결정적 장애물"이 될 수 있다고 간명하게 표현하고 있다. 근본적인 이유는 나머지 3개 부문, 즉 전기·난방, 효율성, 교통에서는 상당히 급진적인 변화가 예상되는 반면, 노르딕 국가의 산업 구조와 자재 생산에서는 부차적인

〈표 1-1〉 노르딕 국가의 산업 자재 생산 (단위: Mt)

자재 생산	2013년	2050년	성장률(%)
조강(粗鋼)	8.5	9.9	16.5%
종이와 판지	25.7	26.7	3.9%
시멘트	7.4	8.3	12.2%
알루미늄	6.9	7.0	1.4%
고부가가치 화학제품	2.3	2.5	8.7%
암모니아	0.4	0.4	0.0%
메탄올	0.8	0.9	12.5%

주: 2050년 항목은 '탄소 중립 시나리오'를 가정한 결과임. Mt = 100만 메트릭 톤
자료: OECD(2016)에서 수정.

변화만이 예상되기 때문이다. 더욱이 노르딕 지역의 산업 생산이 일자리와 경제 발전에 긴밀하게 연결되어 있기 때문에 정책입안자들은 저탄소 사회가 되더라도 산업 활동이 반드시 중단 없이 계속되어야 한다고 강조한다. 노르딕 지역이 대체로 청정 경제와 서비스 경제에 의존하고 있다는 인식과 달리 덴마크를 제외한 모든 노르딕 국가들은 에너지 집약적인 제조업에 대한 의존도가 높으며 OECD 평균보다 GDP 단위당 에너지 사용량이 높다.

〈표 1-1〉을 보면 인구와 경제 성장과 관련된 전망을 고려할 때 산업 생산은 향후 수십 년간 오히려 증가할 것으로 예측되며 특히 제지 부문이 앞으로도 이 지역 전체에 걸쳐 가장 큰 생산량을 자랑하는 산업이 될 것이라는 추정이 가능하다. 즉, 매년 2670만 톤의 종이가 생산되고 철강, 시멘트, 알루미늄 생산이 뒤를 이을 것으로 보인다. 조강, 시멘트, 메탄올 또한 같은 기간 동안 두 자릿수 증가를 나타낸다. 이처럼 철과 강철, 시멘트, 화학, 알루미늄에서 상당한 생산량 증가가 예상되면서, 산업 가공 관련 가스 배출은 연료 전환이나 에너지 효율성 개선을 통해서는 제거가 불가능하다.

〈그림 1-11〉 2010~2050년 노르딕 국가별 이산화탄소 배출량 (단위: Mt)

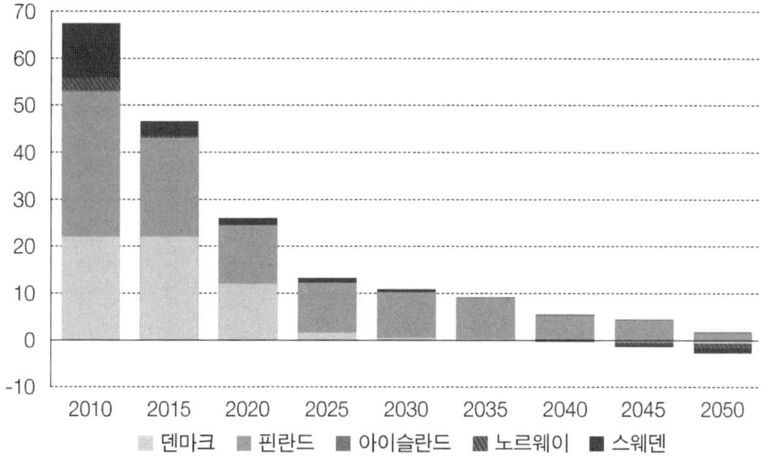

주: 두 패널 모두 '탄소중립 시나리오'를 묘사. Mt=100만 메트릭 톤.
자료: OECD(2016)에서 수정.

산업 생산의 이러한 성장 때문에 탄소 포집과 저장(Carbon Capture and Storage, 이하 CCS)이 탈탄소화 경로의 지속과 동시에 경제 발전을 촉진할 수 있는 핵심적인 분야가 된다. 〈그림 1-11〉에서 나타나듯이 노르딕 국가들은 적어도 2035년까지는 탄소 포집과 흡수를 시작해야 하며, 2050년까지는 배출하는 탄소보다 많은 탄소를 흡수·포집 및 격리해야 한다. 이러한 이유로 IEA와 노르딕에너지연구(2013)는 다음과 같이 언급하고 있다. "CCS가 2030년 이후 산업 부문 이산화탄소 배출을 줄이는 신기술 중에 가장 중요하게 될 것이다. 다만 현재로서는 CCS 실시 방법에 대한 불확실성이 여전히 존재하며 이를 극복하기 위해서는 CCS 시범 가동과 노르딕 국가 간의 긴밀한 협력이 모두 필요하다." 「노르딕에너지 기술전망」은 2050년까지 노르딕 지역 시멘트 공장의 최소 50%, 철과 철강, 화학제품 공장의 30%가 CCS를 전면적으로 사용해야 한다고 전망하고 있다. CCS가 이 정도로 보급되면 산업 부문 전체에서 이산화탄소 집약도 감축에 필요한 60%를 달성하는 데 큰 뒷받침이 될 것으로 보인다.

이와 같이 산업 부문 전망을 제시하는 과정에서 세 가지 추가적인 점을 좀 더 상세히 설명할 필요가 있을 것이다. 하나는 CCS가 산업 탈탄소화의 가장 중요한 방법이기는 하지만 활용 가능한 유일한 대안은 아니라는 점이다. 산업 부문 내의 에너지 효율 지표를 보면 산업 분야 최종 에너지 소비가 2013년에서 2050년 사이에 약 9% 가까이 줄어들 것으로 예상된다. (여러 개선이 있겠지만 우선적으로) 새로운 시멘트 가마, 철강 생산에서 전기 아크로(arc furnace), 화학제품 및 석유화학제품 생산에서 공급원료 및 연료 전환, 적극적인 종이 및 펄프 재활용, 비활성 양극 과정을 통한 알루미늄 생산과 같은 가공과 효율성 개량이 이 기간 동안 상용화될 것으로 예상된다. 두 번째로는 관련 분야의 자본 집약도와 과정을 볼 때, 노르딕 국가의 산업이 다른 모든 부문에 비해 훨씬 더 탈탄소화 속도가 느릴 것이라는 점이다. 세 번째로는 2050년까지는 노르딕 이산화탄소 배출의 거의 50%를 산업 부문이 차지하게 될 것이라는 점이다.

4. 향후 과제: 우연성, 경합, 정의

이상에서 설명한 것과 같은 노르딕 탈탄소화 경로는 그 자체로도 이미 단순하거나 쉬운 길이 아니다. 하지만 이 부분에서 보게 되는 것처럼 (〈표 1-2〉에 요약된) 우연성, 경합, 에너지 정의라는 세 분야에 걸친 상호 연관된 난제에도 대처해야 한다. 노르딕 에너지 전환은 기술 기반 시설의 전환과 더불어 정치 기구와 경제 구조, 지구적 압력, 나아가 소비자 선호까지 바꾸어야 한다는 점에서 '사회기술적'(Geels, 2004)인 과제다. 이 때문에 여러 가지 다양한 요인에 그 성과를 의존하게 되는데 여기에는 향후 기술 발전,

〈표 1-2〉 노르딕 에너지 전환이 직면한 사회기술적 과제

측면	과제	설명
기술적	우연성	· 재생에너지 전력 시스템, 난방, 효율성, 수송, (가장 중요한) 탄소 포집과 저장 전반에 걸쳐 지속적인 기술 혁신에 의존 · 화석연료 가격의 지속적 상승과 좀 더 강력하게 통합된 에너지망을 갖춘 유럽연합 공동 에너지 정책, 기후변화 완화와 대응을 위한 지속적인 세계적 노력에 의존
정치적	경합	· 불안정하고 예측불가능한 정책 환경의 위험성 · 탈중앙화된 에너지 시스템과 송전선 및 전선에 대한 사회의 수용 저하 · 탄소 및 에너지 목표에 대한 피로감 증가
사회적	에너지 정의와 인식	· 화석연료 산업에서의 실직과 재교육 필요성 · 높은 에너지 문맹률과 노르딕 에너지 및 기후 정책에 대한 낮은 이해도 · 재생에너지(와 기타 에너지) 관련 체화된 배출, 화석연료 수출 및 역외 이전

강력한 정치적 지지, 사회적 수용 등이 포함된다. 이러한 장애물 목록을 빠짐없이 작성하는 것은 불가능할 것이며 그 외에도 수많은 요인들이 있겠지만 직면한 과제의 범위와 종류를 파악하는 데는 도움이 될 것이다. 따라서 앞으로 보게 될 것은 여러 가능한 난점 가운데 추려진 일부에 불과할 것이다. 하지만 우연성, 경합, 정의라는 주제는 가장 긴급한 과제를 드러낼 뿐만 아니라 더욱 광범한 에너지 연구 분야에서 필요한 새로운 연구 과제가 무엇인지를 이해할 수 있게 해주기도 한다.

1) 기술적 우연성

노르딕 에너지 전환에는 역사적 우연성과 미래 우연성의 요소가 모두 있다. 전환의 실현 여부가 일련의 조건에 달려 있다는 뜻이다. 역사적으로 노르딕 국가들은 수십 년간 강력한 에너지 정책을 펼쳐왔으며 이는 1970년대 오일 쇼크에 영향을 받은 바가 크다. 특히 덴마크는 1970년대와

1980년대부터 풍력 발전과 더불어 열과 발전, 지역난방, (탄소세 부과 및 해당 세수를 에너지 연구에 투입하는 방법을 포함한) 에너지 효율 증진을 추진해왔다(Sovacool, 2013). 그뿐만 아니라 노르딕 국가들은 지속가능성과 기후변화가 중요한 문제로 대두하기 전부터 운 좋게도 풍부한 수력 발전과 (주로 삼림 지역의) 바이오 에너지 기반을 마련하고 있었다. 이처럼 노르딕 에너지 전환은 주요한 세계적 위기(OPEC 금수 조치)의 발생과 더불어 1990년대 들어 기후변화가 중요한 세계적 주제가 되기 전부터 저탄소 에너지원을 활용할 수 있었던, 어느 정도는 행운이라고 말할 수 있는 역사적 우연성에 힘입은 결과였다.

노르딕 에너지 전환은 또한 향후 다양한 시스템에 걸친 기술 혁신에 따라서도 달라질 수 있다. 즉, 전환의 성공은 미래에 일어날 기술 혁신에 달려 있지만 이것이 반드시 당연하거나 이미 예정된 일은 아니라는 뜻이다. 전기와 난방 분야에서 바이오 에너지 채취 기술은 전환 과정 및 효율성과 함께 개선되어야 한다. 수력 발전의 발달과 함께, 육상 및 해상 풍력 터빈은 노르딕 지역 전기 생산의 30% 이상을 공급할 수 있으려면 경쟁력이 더욱 높아져야 한다. 그러나 해상 풍력 발전은 (고정 터빈보다 유동 터빈 비용이 더 클 것으로 보이는) 높은 설치 및 유지 비용은 차치하더라도 덴마크 호른스레브(Horns Rev)에 관한 논란에서 볼 수 있듯이 철새 이동 경로에 놓일 위험이 있다(McCombie and Jefferson, 2016). 1년 중 대부분이 간접 복사열이고 부분적으로만 직접 복사열을 이용할 수 있는 노르딕 지역의 태양 복사열은 당연히 변변치 않은 수준이며(Haukkala, 2015) 노르딕 지역은 겨울철에 전력 부하가 최고에 도달하는데 하필 이 시기는 일조량이 가장 적은 시기다. 아이슬란드 역시 지열에너지 분야에서 세계를 선도하고 있지만 이 에너지의 상당 부분은 알루미늄 제련에 쓰이는데, 이는 결과적으로 탄소 배출량 관리 대상인 육플루오르황화물(sulfur hexafluoride)의 배출을 늘리게 된다(Krater and Rose, 2009).

건물과 효율성 분야에서는 건물주와 세입자들이 고성능 열펌프와 태양 난방 설비, 초고성능 외장재, 그리고 공기 차단, 단열, 고성능 단열 창호 및 고효율 통풍과 같은 신기술을 채택해야만 한다. 그러나 스웨덴과 같은 일부 국가에서는 열펌프 설치를 하려면 자연 복사열로부터 주택을 보호하기 위해 대대적인 기초 강화 공사가 필요하며 암반이 많은 노르웨이, 스웨덴, 아이슬란드의 하부구조는 기구를 설치하기 어렵게 만든다(Levesque et al., 1997; Mata et al., 2013).

교통 영역에서는 수소연료전지 성능이 높아져야 하지만 이해당사자들은 연구의 향후 진로에 관해 크게 대립하고 있는 상태다(Andreasen and Sovacool, 2015; Enevoldsen et al., 2014). 첨단 바이오연료의 공격적인 확대가 필요하지만 부지 사용 및 운송수단에 관한 우려가 있다(Fevolden, 2016; Fischer et al., 2010). 전기자동차 및 관련 충전 기반 시설에 대한 상당한 투자도 반드시 필요하다(Borén et al., 2016; Graabak et al., 2016). 전기, 난방, 건물, 교통 부문을 통합하려면 에너지 저장 시스템이 필요하지만 여전히 개발 초기 단계에 머물러 있다(Zafirakis et al., 2016; Beaudin et al., 2010). 무엇보다 결정적으로 사업 부문에서는 CCS 기술의 성공적 시연으로 충분치 않고 노르딕 지역 산업체들이 상업적으로 이 기술을 수용해야 한다는 점인데 여기에는 여전히 의문부호가 붙는다(Anthonsen et al., 2016; Lund and Mathiesen, 2012; Teir et al., 2010; Van Alphen et al., 2009). 그러므로 노르딕 지역의 경험은 기술 혁신과 저탄소 계획이 정치적 역량의 부족으로 좌절되는, 좀 더 일반적이고 흔한 경향이 아니라 오히려 그 반대로 기술 혁신 부족으로 정치적 목표 달성에 실패하는 반직관적인 사례라고 할 수 있다.

두 번째 우연성은 더욱 공간적이면서도 넓은 '주변 환경'의 압력을 가리킨다(Geels, 2004). 특히 유럽과의 전력망 통합과 관련해 탈탄소화 경로의 적절성이나 실현가능성을 좌우할 수 있는 부분이다. 현재 적절한 사례를 꼽는다면 「노르딕에너지 기술전망」의 가정 중에 화석연료 가격이 꾸준히 상승할 것이라는 전제를 들 수 있다. 사실 2016년 현재 유가는 과거 예측 가격보다 낮다. 주변 환경에 관한 또 다른 전제는 노르딕 지역을 둘러싼 정치 환경이 안정적이라는 것이다. 즉, 독일이 에너지 전환을 지속하고 (Zakeri et al., 2016) 유럽연합의 다른 회원국들도 노르딕 전력 풀(Nordpool)과의 상호 연결 강화를 촉진하는 공동 에너지 정책을 지속한다는 전제인 것이다. 그러나 영국의 유럽연합탈퇴(브렉시트)는 이러한 공동 정책에 관한 전제를 흔들고 있다. 유럽 대륙 전체적으로 보호주의 정책이 강화된다면 특히 문제는 더 어려워진다. 여기에서 또 다른 결정적인 측면은 유럽 대륙 지역과 연결을 용이하게 하는 송전망과 고압 직류전선이다. 샤피에이 외(Shafiei et al., 2014)가 경고하고 있듯이, "고도로 상호 연결된 지역 에너지 시장이 노르딕 에너지 시스템의 주춧돌이며 2050년까지 추가적인 배출가스 감축을 가능하게 하는 열쇠가 될 수 있다". 텐그렌 외(Tenggren et al., 2016)는 "노르딕 전력 시스템이 유럽 나머지 지역과 더욱 통합되려면 노르딕 국가들 사이에서만이 아니라 유럽의 협력국들과도 정책 기획 과정에 더 많은 조율이 필요하다"고 덧붙인다. 그뿐만 아니라 IEA와 노르딕 에너지연구(2016)는 유럽 전력 시장과의 통합 강화는 가격 상승을 초래하면서 노르딕 산업의 핵심 강점이었던 전통적으로 낮고 안정적인 가격이 아니라 높고 불안정한 가격으로 판도를 바꿀 수 있다고 경고한다.

2) 정치적 경합

노르딕 에너지 전환은 또한 정치적 결과와 안정에 달려 있다. 지방정부와 국가 차원에서만이 아니라 소규모 지역 사회 및 지방자치단체 수준까지 이어지는 강력한 정책과 정책 공약들이 이러한 탈탄소화 경로를 뒷받침하고 있다. 이러한 경로는 노르딕 국가의 하부행위자들이 계속해서 기후와 에너지 목표를 국가적 목표보다도 더욱 공격적으로 채택할 것이라는 전제에 바탕을 두고 있다. 또한 이러한 목표의 안정성과 예측가능성도 중요한 변수인데, 한 정책 분석가는 효과적 에너지 정책의 요소를 '3L', 큰 소리로(loud), 길고(long), 합법적으로(legal) 추진하는 것으로 요약한 바 있다. 즉, 큰 소리로 분명한 가격 신호를 보내고 대중의 참여를 적극적으로 장려하며, 장기적으로 일관성이 있고 예측 가능해야 하며, 강력한 정치적 지지를 바탕으로 위반에 대한 벌칙을 부과하는 법적인 조치가 있어야 한다는 것이다(Hamilton, 2009). 이러한 세 가지 정책 강령 중 하나만 바뀌어도 정책 결과가 달라지게 된다.

정치적 목표가 얼마나 빨리 변화할 수 있는지는 최근의 두 가지 사례를 보면 알 수 있다. 2015년 8월에 덴마크 정권이 교체된 후, 신임 기후 장관 라르스 크리스티안 릴레홀트(Lars Christian Lilleholt)는 덴마크의 과감한 탄소 감축 목표를 후퇴시키는 계획을 발표하면서 당초 목표가 덴마크 기업들에 너무 큰 비용 부담을 초래한다고 주장했다. 그는 "너무나 비싼 정책이기 때문에 기업계에 추가적인 비용 부담이 초래된다. 덴마크에 지금 필요한 것은 이런 것이 아니다"라고 언급했다(Bagger, 2015에서 인용). 더욱이 「노르딕에너지 기술전망」은 스웨덴과 같은 국가가 원자력에너지의 단계적 퇴출에 계속 전념하리라고 가정했지만 2016년에 스웨덴 정부는 신규 원자로 건설 계획을 발표했다(Milne, 2016)(한 가지 긍정적인 신호는 2016년 6월 종료된 의회 위원회가 스웨덴이 2045년까지 100% 재생에너지 시스템 전환을 목표로 해야 한다고 명시했다는 점이다).

이와 관련한 정치적 장애물 하나는 전기자동차, 전선 및 송전선뿐만 아니라 풍력에너지와 같은 탈중앙화된 에너지 시스템에 대한 사회적 수용이 하락하고 있다는 점이다. 예를 들면, 덴마크인들의 인식과 태도가 에너지 및 환경 정책에 관한 불만을 반영하는 쪽으로 바뀌기 시작했다는 몇 가지 증거가 있다. 야콥 라덴부르크(Jacob Ladenburg)와 옌스-올라프 달가르드(Jens-Olav Dahlgaard)의 연구(Ladenburg and Dahlgaard, 2012)와 라덴부르크의 2015년 연구(Ladenburg, 2015)는 역설적이게도 풍력 터빈을 반복적으로 접하게 될수록 오히려 풍력 터빈 수용 정도가 하락하는 경우가 있었다고 언급한다. 랜스 노엘(Lance Noel)과 벤저민 소바쿨(Benjamin K. Sovacool)은 ["사정이 더 나은 곳(Better Place)"에 관한 사례 연구를 통해] 노르딕 지역의 이동식 전력과 전기자동차 혁신 사업 모델의 전망을 연구한 결과, 녹색 교통에 대한 명시적인 공약에도 불구하고 소비자 관심의 부족으로 기업 행위자들이 프로젝트를 포기해야 했음을 발견했다(Noel and Sovacool, 2016). 최근 덴마크에서 실시된 또 다른 연구는 여러 운전자와 통근하는 직장인들이 녹색 교통수단에 관해 여전히 정보와 관심이 부족함을 발견했다(Nielsen et al., 2015; Klitou et al., 2015) 또한 노르딕 지역 전체에서 전기자동차의 보급이 비교적 느리기 때문에 충전 기반 시설의 활용이 적고 추가적인 투자 유인도 덩달아 없어지게 된다고 경고하고 있다. 노르웨이와 스웨덴 같은 곳에서는 신규 송전선 또는 전선 설치 계획에 대해 노골적 반대가 이뤄지거나 적어도 확고한 지지의 움직임이 쇠퇴하고 있다(Aas et al., 2014). 마지막으로 중요한 점은 탄소와 에너지 목표에 대한 사회적·정치적인 피로감이 커지고 있는 것으로 보인다는 문제다. 예를 들어, 야콥 클로크(Jacob Klok)는 과거 설문 조사 자료(Klok et al., 2006)에서 "대부분의 참가자들이 덴마크가 국제적인 환경과 사회 문제 주도의 비용을 이미 충분히 지불했으며 덴마크는 (다들 그렇게 생각하는 것처럼) 계속해서 다른 유럽연합 국가들보다 우위에 있을 수도 없고 이제 다른 국가들이 선도자의 짐을 함께 짊어져야 한다"고 느낀다는 점을 발견했다. 노조 및 고용주 연맹, 정부 조직과 비정부

기구를 포괄하는 비정부 단체인 환경경제평의회(Council of Environmental Economics) 또한 환경세와 같은 강력한 에너지 환경 정책이 가계와 기업에 피해를 주고 있다고 꾸준히 주장해왔다(Sovacool and Blythe, 2015에서 인용).

3) 에너지 정의와 인식

마지막 장애물은 에너지 정의와 인식이다. 이는 에너지 서비스의 혜택과 비용을 공정하게 배분하며 대표성과 공평함을 갖춘 에너지 의사결정 기구를 갖춘 지구적 에너지 시스템을 달성하는 것으로 정리할 수 있다(Sovacool and Dworkin, 2015; Sovacool et al., 2016a). 이러한 맥락에서 노르딕 저탄소 에너지 전환은 명백하고 가시적인 혜택이 있으며 여러 '수혜자'를 만들어내겠지만 에너지 정의의 관점에서는 소수의 '패자'와 부정적 파급 효과 또한 나타날 것이다. 또한 취약 집단을 충분히 명시적으로 인정하지 못할 수도 있다.

취약 집단 목록의 상단에는 석탄, 천연가스, 석유, (단계적 퇴출이 정말 일어난다면 잠재적으로) 원자력의 대체와 연관된 직업 종사자들이 있다. 이들 다수는 일자리를 잃을 것이다. 이러한 직업 종사자의 일부만이 다른 부문으로 전직이 가능할 것이다. 예를 들면, 해상 석유 굴착 플랫폼 기술자는 전문 기술을 사용해 해상 풍력 터빈 기반을 건설할 수도 있을 것이다. 하지만 기술자 다수는 전직이 불가능할 것이다. 또한 태양광 패널이나 전기 자동차, 특히 에너지 제로 주택이나 더욱 비싼 가전제품, 효율성 개선 등 노르딕 기후 정책이 장려하고 있는 기술 중 일부는 하류층이나 중하류층이 대체로 사용할 수 없다는 점도 문제다. 최신 에너지 시스템을 지역 전체에 보급하는 방법과 관련해 이는 불평등과 경제적 여력의 문제로 대두할 수 있으며 에너지 공급자와 사용자 간 권력 관계를 심화시킬 뿐만 아니라 이미 심각해진 빈부 격차를 더욱 확대할 수 있다.

두 번째 우려는 노르딕 기후 정책 기획에 관한 이해 부족 가능성과 대중의 반응에 관한 것이다. 소바쿨과 파스칼 블라이스(Pascal L. Blyth)는 덴마크 에너지 소비자들과 기업가들을 대상으로 설문조사를 진행한 결과, 에너지 분야의 어려움을 적절히 평가하고 에너지 관련 사실 관계를 이해하는 능력으로서의 대중적 지식이 대체로 부족한 경우가 압도적 다수임을 확인했다(Sovacool and Blyth, 2015). 이러한 결과는 덴마크의 에너지 전환은 사람들이 에너지와 기후 문제에 대한 지식이 없는 상태에 머무는 범위 안에서만 가능한 것일 수도 있다는 함의를 준다.

국가적 양심에 관련된, 더 심각한 우려 사항은 「노르딕에너지 기술전망」이 인정한 것으로서, 노르딕 탄소 배출을 다른 지역으로 수출 또는 역외 이전(offshore)할 수도 있다는 점이다. 지금까지 살펴본 노르딕 탈탄소화 경로가 화석연료 없는 지역 경제 건설을 추구하고 있으며 화석연료가 사회적·경제적·환경적으로 바람직하지 않음을 암시하고 있다는 것은 분명하지만 노르웨이 같은 국가들은 여전히 화석연료를 수출하고 있거나 해외에서 화석연료 사용을 촉진하고 있다. 이를테면 노르웨이의 양대 기업인 정부세계연금(Government Pension Fund Global)과 스타토일(Statoil)은 여전히 수억 달러를 수백 개의 석탄 및 석유 기업에 투자하고 있다(Jorde, 2013). 이는 분명히 노르딕 국가들이 달성한 탄소 부문의 성과를 상쇄하고 화석연료 주기 전체에 걸쳐 다른 국가와 사회를 외부 효과의 위험에 처하게 하는 일이다. 노르딕 국가들이 탄소 목표를 달성하기 위해서는 화석연료를 다른 곳에 수출할 수밖에 없다는 불가피한 사실은 「노르딕에너지 기술전망」에도 명시적으로 언급되어 있다. 〈그림 1-12〉에서 드러나듯이 노르딕 지역은 실제로 석유 제품, 천연가스, 원자재 교역에 주로 기반을 둔 1차 에너지의 순수출국들로서 (교역량 기준으로) 국내생산량의 두 배 이상을 수출하고 있다.

〈그림 1-12〉 2011년 노르딕 1차 에너지 수출 (단위: PJ)

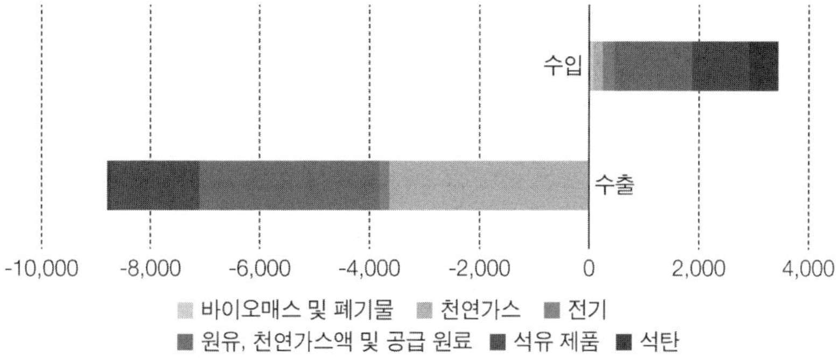

주: PJ=페타줄.
자료: OECD(2016)에서 수정.

이러한 세계적 탄소 역외 이전은 화석연료에만 국한되지 않는다. 소바쿨 등은 노르딕 지역에서 사용하는 해상 및 육상 풍력 발전 터빈 제조에서 비롯되는 외부 효과에 대한 연구를 통해 풍력 에너지가 건설 및 제조 전반에 걸쳐 외부 효과를 일으키며 이는 풍력 발전이 환경 문제에서 주는 이점을 (부분적으로) 상쇄하고 가스 배출의 상당량을 중국과 한국에 역외 이전하는 결과로 나타남을 밝혔다(Sovacool et al., 2016b). 이 연구는 '환경적 이득과 손실'을 고려하면 중국과 한국이 노르딕 지역 각종 터빈의 체현 배출가스(embodied emissions) 및 환경에 일으키는 피해의 80%가량을 떠안았다고 추정한다.

5. 보편적 교훈은 무엇인가? 결론과 정책적 함의

이러한 문제의식을 바탕으로 정책 입안자나 정책 결정자뿐만 아니라 에너지 분석가들에게 제시할 수 있는 결론은 다섯 가지이다. 첫째, 긍정적인

〈그림 1-13〉 2030, 2050년 노르딕 지역의 저탄소 전력 시스템 (단위: Mt)

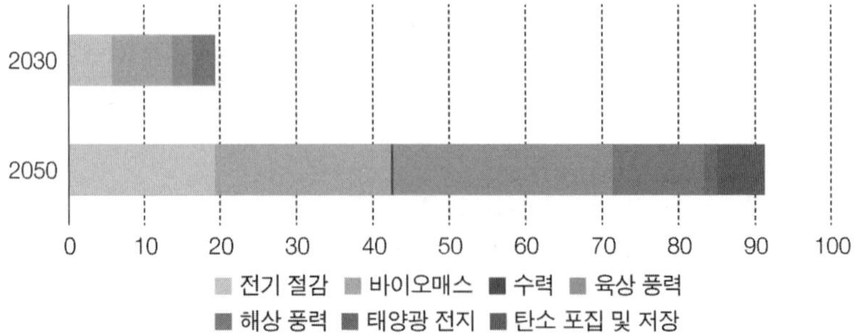

주: Mt=100만 메트릭 톤.
자료: OECD(2016)에서 수정.

면에서 노르딕 에너지 전환은 재생 저탄소 에너지 시스템의 비용 효능과 신뢰도를 결정적으로 증명하고 있다. 노르딕 지역은 이미 전력 생산의 막대한 비중을 저탄소 에너지원에서 충당하고 있으며 특히 덴마크는 전력 생산의 절반 가까이를 풍력 발전에서 얻고 있다. 〈그림 1-13〉은 에너지 효율, 바이오에너지, 수력 발전, 풍력, 태양력, CCS를 포함하는 저탄소 기술의 조합이 더욱 확대되어 전력 생산 부문에서 2030년까지 거의 2000만 톤, 2050년까지는 9000만 톤 이상의 배출가스를 줄일 수 있음을 보여준다. 특히 육상 풍력 발전은 이 기간 동안 기하급수적으로 증가해 2013년 24TWh에서 2050년에는 네 배 증가한 96TWh에 달할 것으로 예상되고 해상 풍력 발전은 40TWh로 여덟 배 성장할 전망이다. 그뿐 아니라 원자력 발전은 3분의 2가 감소하고 핀란드에만 원자로가 남아 있게 될 것이다. 노르딕 지역 전체 차원에서 원자력의 전력 생산 비중은 2013년 22%에서 2050년에는 6%로 떨어진다.

「노르딕에너지 기술전망」은 또한 탄소중립적 시스템이 정착되면 좀 더 중앙화된 원자력 및 화력 발전에 의존하는 시스템보다 광범하고, 통합되고, 유연한 시스템으로의 전환에 들어가는 비용이 낮아질 것으로 보고 있

〈표 1-3〉 2016~2050년 노르딕 지역 부문별 탈탄소화 누적 투자 (단위: 100만 US 달러)

부문	투자액
에너지 관련 건물 투자	326
산업	103
교통: 차량	1,674
교통: 기반 시설	1,121
전력: 생산	197
전력: 기반 시설	151
총계	3,572

자료: OECD(2016)에서 수정. '탄소중립 시나리오'를 가정했다.

다. 〈표 1-3〉에서 나타나듯이 노르딕 에너지 전환의 총 예상 비용은 대략 3570억 달러로 추산되는데, 이는 같은 기간 동안 누적 GDP의 1% 미만이며 연료 비용 절약으로 거의 전부가 상쇄된다. 물론 IEA와 노르딕에너지연구(Nordic Energy Research, 2016: 25~26)는 노르딕 지역의 대기오염이 건강에 미치는 영향과 관련된 외부 비용(연간 약 90~140억 달러로 추산)만으로도 탄소중립 시나리오 달성에 필요한 추가 투자에 거의 맞먹을 것으로 추정하고 있다. 달리 말하자면 노르딕 에너지 전환은 오염을 제거하는 것만으로도 이미 충분히 수지 타산이 맞는다는 것이다.

둘째, 노르딕 지역이 탄소와 에너지 목표치를 달성하기 위해서는 유럽과의 교역 및 상호 연결이 필수적이다. 유럽 대륙의 평균 전력 생산 비용이 노르딕 지역보다 높은 상태가 이어진다면 노르딕 지역은 2050년에 53TWh의 막대한 전기를 수출하게 된다. 〈그림 1-14〉가 보여주듯이 노르딕 전기 교역량은 상당한 확대를 앞두고 있다. 영국, 네덜란드, 독일, 폴란드, 리투아니아, 라트비아, 에스토니아와의 병렬·공조 전력망 개발과 상

〈그림 1-14〉 2015, 2050년 노르딕 전력 거래 (단위: TWh)

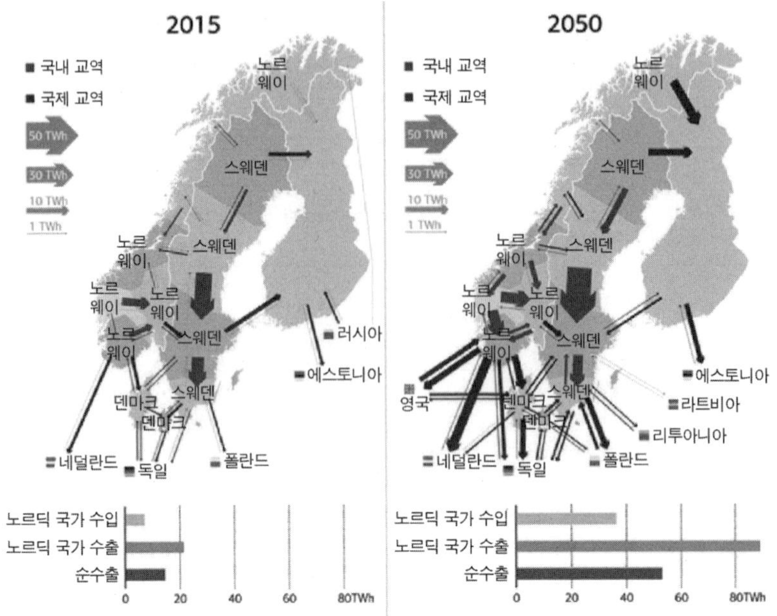

주: 두 패널 모두 '탄소중립 시나리오'를 묘사. TWh: 시간당 테라와트.
자료: OECD(2016)에서 수정.

호 연결 필요성이 커질 예정이다. 이와 더불어, 2050년까지 노르딕 지역 모든 부문(그중에서도 특히 바이오연료가 석유를 대체해야 하는 교통 부문)의 총 바이오매스 수요 중 16%를 수출로 충당해야 하는데 여기에는 노르딕 지역 항구에서의 연료 보급까지 포함된다. 에너지 성과 감사 기구와 관련해 유럽과 공동 원칙 수립 및 국제 탄소 가격 설정을 통한 국제 협력도 필요한 과제다.

셋째, 전기와 난방, 효율성, 수송, 산업이라는 네 가지 탈탄소화 경로는 국가 정책과 지역 거버넌스 원칙에 따라 상당 부분 좌우되는 것은 사실이나 실제로 이를 주도하는 것은 국가 하부 조직이다. 노르딕 지역의 도시화율이 지난 10년에 비해 두 배 빠른 속도로 진행될 것으로 예상되기 때문에 특히 도시와 지방자치단체가 행위 주체로서 주도적인 역할을 한다. 신규 건물에 대한 투자, 기존 건물 신규 설비 확충 지원, 전기자동차 충전 기반 시설 건립, 난방 네트워크 최적화 등을 담당하는 것은 도시다. 노르딕 국가의 수도는 규모의 경제, 기반 시설 가용성, 높은 인구 밀도 덕분에 이미 건물과 교통 에너지 효율 전체 평균에 비해 건물은 30%, 수송은 40%가 더 효율적이다. 에너지 시스템 통합 측면에서 독보적으로 발전하고 진보적인 것도 도시다. 난방과 냉방 네트워크가 잘 갖춰져 있고 중간 규모의 발전소 인근에 있는 도시들이 많기 때문이다.

넷째, 노르딕 사례는 에너지 전환이 여러 세대에 걸쳐 진행된다는 점을 부각시킨다. 비교적 부유하고 작으며 국민 참여도가 높은 국가들조차도 전환에 최소 30~40년이 걸린다. 성공 여부는 여러 가지 강력한 기술적 우연성과 혁신에 달려 있고 각각의 혁신에는 시간이 걸린다. 원자력 발전의 단계적 퇴출, 해상 및 육상 풍력 발전의 빠른 증가, 전기자동차의 급격한 확산, 바이오에너지 생산의 대규모 증가, 산업용 탄소 포집과 저장의 상업화 등이 혁신의 예다. 이에 더해 가정과 소비자들은 더 나은 에너지 관리 시스템을 채택해야 하며 산업 기획자들은 신형 시멘트 가마, 전기 아크로, 화학제품, 석유화학제품, 제지 및 펄프의 원료 교체 등을 채택해야 한다.

그러나 마지막으로는 무엇보다도 노르딕의 에너지 전환이 온갖 밝은 전망에도 여전히 우연적이고 경합적이며 잠재적으로 정의에서 벗어날 수 있다는 점을 언급해야 한다. 한 가지 제약 요인으로 노르딕 에너지 전환에는 이 지역의 사회기술적 환경에만 적용할 수 있는 고유한 요소들이 있다. 풍부한 화석연료 부존자원 덕분에 이를 수출함으로써 수입을 얻고 그 수입을 다시 국내의 탈탄소화에 투입할 수 있다는 점과 더불어 역사적으로 강력한 에너지 및 기후 계획, 높은 연료와 전기 가격을 이어왔다는 점이 그 내용이다. 더욱이 노르딕 지역의 청사진은 세계적으로 채택되지 못할 가능성이 매우 크며 특히 당파 정치가 주도하는 미국(Hess et al., 2016)이나 온갖 종류의 에너지원을 얻는 데 혈안이 되어 있는 중국(Green and Kryman, 2014), 에너지원의 종류에 무관하게 에너지 사용을 확대하는 데 집중하고 있는 인도(Palit et al., 2013) 같은 국가에서는 사실상 불가능하다. 이 외에도 우리는 화석연료가 퇴출되면서 일자리를 잃을 수밖에 없는 사람들, 에너지와 기후 문제에 관해 이해가 부족한 여러 시민들, 체화된 탄소 배출이 해외로 역외 이전되는 것과 같은 실로 심각한 정의와 인식 문제에 직면하고 있다. 요컨대 세계의 모범이라 일컬어지는 노르딕 탈탄소화의 역사와 미래는 사실 에너지 전환이 우리가 믿는 것보다 훨씬 더 기술적 우연성과 특정한 맥락, 정치적 과정에 좌우되고 있음을 일깨워준다.

참고문헌

Aas, Øystein et al. 2014. "Public Beliefs about High-Voltage Powerlines in Norway, Sweden and the United Kingdom: a Comparative Survey." *Energy Research & Social Sciences*, 2, pp.30~37.

Andreasen, K. P., B. K. Sovacool. 2015. "Hydrogen Technological Innovation Systems(TIS) in practice: comparing Danish and American approaches to fuel cell development." *Journal of Cleaner Production*, 94, pp.359~368.

Anthonsen, K. L., P. Frykman and C. M. Nielsen. 2016. "Mapping of the CO2 storage potential in the Nordic region." *Geological Survey of Denmark and Greenland Bulletin*, 35, pp.87~90.

Bagger, H. 2015.8.20. "Denmark Looks to Lower its Climate Goals." *The Local Denmark*. http://www.thelocal.dk/20150820/denmark-looks-to-lower-its-climate-goals

Beaudin, M. et al. 2010. "Energy Storage for Mitigating the Variability of Renewable Electricity Sources: an Updated Review." *Energy Sustain*. 14(4), pp.302~314.

Borén, S. et al. 2016. "A Strategic Approach to Sustainable Transport System Development– Part 2: the Case of a Vision for Electric Vehicle Systems in Southeast Sweden." *Journal of Cleaner Production*, 140(1), pp.62~71.

Borup, Mads et al. 2008. "Nordic Energy Innovation Systems - Patterns of Need Integration and Cooperation." Nordic Energy Research. Oslo: Norway.

Enevoldsen, P., B. K. Sovacool and T. Tambo. 2014. "Collaborate, involve, or defend? A critical stakeholder assessment and strategy for the Danish hydrogen electrolysis industry." *International Journal of Hydrogen Energy*, 39(36), pp.20879~20887.

Fevolden, A. 2017. "A fuel too far? Examining technological innovation systems and failed biofuel development in Norway." *Energy Research & Social Science*, 23, pp.125~135.

Fischer, G. et al. 2010. "Biofuel production potentials in Europe: Sustainable Use of Cultivated Land and Pastures, Part II: Land Use Scenarios." *Biomass and Bioenergy*, 34(2), pp.173~187.

Fouquet, R. 2016a. "Historical Energy Transitions: Speed, Prices and System Transformation." *Energy Research & Social Science*, 22, pp.7~12.

_______. 2016b. "Lessons from Energy History for Climate Policy: Technological Change, Demand and Economic Development." *Energy Research & Social Science*, 22, pp.79~93.

Geels, F. W. 2004. "From Sectoral Systems of Innovation to Socio-Technical Systems: Insights about Dynamics and Change from Sociology and Institutional Theory." *Research Policy*, 33(6~7), pp.897~920.

Green, Nathaniel, Kryman, Matthew. 2014. "The Political Economy of China's Energy and Climate Paradox." *Energy Research & Social Science*, 4, pp.135~138.

Gilbert, A., B. K. Sovacool. 2016. "Looking the Wrong Way: Bias, Renewable Electricity, and Energy Modeling in the United States." *Energy*, 94, pp.533~541.

Graabak, I. et al. 2016. "Optimal Planning of the Nordic Transmission System with 100% Electric Vehicle Penetration of Passenger Cars by 2050." *Energy*, 107, pp.648~660.

Grubler, A., C. Wilson and G. Nemet. 2016. "Apples, Oranges, and Consistent Comparisons of the Temporal Dynamics of Energy Transitions." *Energy Research & Social Science*, 22, pp.18~25.

Hamilton, Kirsty. 2009.12 "Unlocking Finance for Clean Energy: The Need for 'Investment Grade' Policy." Energy, Environment and Development Programme Paper: 09/04.

Haukkala, Teresa. 2015. "Does the Sun Shine in the High North? Vested Interests as a Barrier to Solar Energy Deployment in Finland." *Energy Research & Social Science*, 6, pp.50~58.

Hess, D. J. et al. 2016. "Red States, Green Laws: Ideology and Renewable Energy Legislation in the United States." *Energy Research & Social Science*, 11, pp.19~28.

International Energy Agency and Nordic Energy Research. 2013. "Nordic Energy Technology Perspectives 2013. Paris: OECD." www.iea.org/etp/nordic

________. 2016. "Nordic Energy Technology Perspectives 2016." Paris: OECD. www.iea.org/etp/nordic

Jorde, Sigurd. 2013.8.28 "Norway Invests in Controversial Coal, Oil, and Gas." *Framtiden.* http://www.framtiden.no/english/fund/norway-invests-in-controversial-coal-oil-and-gas.html

Kastner, Ingo, Stern, Paul C. 2015. "Examining the Decision-Making Processes Behind Household Energy Investments: A Review." *Energy Research & Social Science*, 10, pp.72~89.

Kern, F., Rogge, K. S. 2016. "The Pace of Governed Energy Transitions: Agency, International Dynamics and the Global Paris Agreement Accelerating Decarbonisation Processes?" *Energy Research & Social Science*, 22, pp.13~17.

Klitkou, Antje et al. 2015." The Role of Lock-In Mechanisms in Transition Processes: The Case of Energy For Road Transport." *Environmental Innovation and Societal Transitions*,

16, pp.22~37.

Klok, J. et al. 2006. "Ecological Tax Reform in Denmark: History and Social Acceptability." *Energy Policy*, 34, pp.905~916.

Krater, Jaap and Miriam Rose. 2009. "Development of Iceland's Geothermal Energy Potential for Aluminium Production - A Critical Analysis." in Abrahamsky, K(ed.). *Sparking a World-wide Energy Revolution: Social Struggles in the Transition to a Post-Petrol World*. Edinburgh: AK Press.

Ladenburg, J. and J.-O. Dahlgaard. 2012. "Attitudes, Threshold Levels and Cumulative Effects of the Daily Wind-Turbine Encounters." *Applied Energy*, 98, pp.40~46.

Ladenburg, Jacob. 2015. "Does More Wind Energy Influence the Choice of Location for Wind Power Development? Assessing the Cumulative Effects of Daily Wind Turbine Encounters in Denmark." *Energy Research & Social Science*, 10, pp.26~30.

Levesque, B. et al. 1997. "Radon in Residences: Influences of Geological and Housing Characteristics. Health Phys." 72(6), pp.907~914.

Lund, H. and B. V. Mathiesen. 2012. "The Role of Carbon Capture and Storage in a Future Sustainable Energy System." *Energy*, 44(1), pp.469~476.

Mata, É., A. S. Kalagasidis and F. Johnsson. 2013. "Energy Usage and Technical Potential for Energy Saving Measures in the Swedish Residential Building Stock." *Energy Policy*, 55, pp.404~414.

McCombie, Charles and Michael Jefferson. 2016. "Renewable and Nuclear Electricity: Comparison of Environmental Impacts." *Energy Policy*, 96, pp.758~769.

Milne, Richard. 2016.6.10. "Boost to Nuclear Energy as Sweden Agrees to Build More reactors." *Financial Times*. https://www.ft.com/content/b44e3214-2f13-11e6-bf8d-26294ad519fc

Nielsen, J. R. et al. 2015.8. "Of 'White Crows' and 'Cash Savers': a Qualitative Study of Travel Behavior and Perceptions of Ridesharing in Denmark." *Transportation Research Part A*, 78, pp.113~123.

Nilsson, M.åns et al. 2011. "The Missing Link: Bringing Institutions and Politics into Energy Future Studies." *Futures*. 43(10), pp.1117~1128.

Noel, L. and B. K. Sovacool. 2016. "Why did better place fail?: range anxiety, interpretive flexibility, and electric vehicle promotion in Denmark and Israel." *Energy Policy*, 94, pp.377~386.

Palit, D. et al. 2013. "The Trials and Tribulations of the Village Energy Security Programme (VESP) in India." *Energy Policy*, 57, pp.407~417.

Shafiei, Ehsan et al. 2014. "Potential impact of transition to a low-carbon transport system in Iceland." *Energy Policy*, 69, pp.127~142.

Sdei, Arianna et al. 2015. Social housing retrofit strategies in England and France: a parametric and behavioural analysis. *Energy Research & Social Science*, 10, pp.62~71.

Smil, V. 2010. Prime Movers of Globalization: The History and Impact of Diesel Engines and Gas Turbines. MIT Press, Cambridge, MA.

________. 2016. Examining energy transitions: a dozen insights based on performance. *Energy Research & Social Science*, 22, pp.194~197.

Sovacool, B. K. 2013. Energy policymaking in Denmark: implications for global energy security and sustainability. *Energy Policy*, 61, pp.829~831.

________. 2016. How long will it take? Conceptualizing the temporal dynamics of energy transitions. *Energy Research & Social Science*, 13, pp.202~215.

Sovacool, B. K., H. H. Lindboe and O. Odgaard. 2008. Is the Danish wind energy model replicable for other countries? Electr. J. 21(2), pp.27~38.

Sovacool, B. K. and M. H. Dworkin. 2014. Global Energy Justice: Problems, Principles, and Practices. Cambridge University Press, Cambridge.

________. 2015. "Energy justice: conceptual insights and practical applications." *Applied Energy*, 142, pp.435~444.

Sovacool, B. K and P. L. Blyth. 2015. "Energy and environmental attitudes in the Green State of Denmark: implications for energy democracy, low carbon transitions, and energy literacy." *Environmental Science & Policy*, 54, pp.304~315.

Sovacool, B. K. and F. W. Geels. 2016. "Further reflections on the temporality of energy transitions: a response to critics." *Energy Research & Social Science*, 22, pp.232~237.

Sovacool, B. K. et al. 2016a. "Energy decisions reframed as justice and ethical concerns." *Nature Energy*, 16024, pp.1~6.

________. 2016b. "Valuing the externalities of wind energy: assessing the environmental profit and loss of wind turbines in Northern Europe." *Wind Energy*. 19(9), pp.1623~1647.

Staddon, Sam C. et al. 2016. "Intervening to change behaviour and save energy in the workplace: a systematic review of available evidence." *Energy Research & Social Science*, 17, pp.30~51.

Sunikka-Blank, Minna and Ray Galvin. 2016. "Irrational homeowners? How aesthetics and heritage values influence thermal retrofit decisions in the United Kingdom." *Energy Research & Social Science*, 11, pp.97~108.

Teir, S. et al. 2010. "Potential for carbon capture and storage(CCS) in the Nordic region." VTT research notes 2556.

Tenggren, Sandra et al. 2016. “Transmission transitions: barriers, drivers, and institutional governance implications of Nordic transmission grid development.” *Energy Research & Social Science*, 19, pp.148~157.

Unger, Thomas and Tomas Ekvall. 2003. “Benefits from increased cooperation and energy trade under CO2 commitments - the Nordic case.” *Climate Policy*, 3(2), pp.279~294.

Van Alphen, K. et al. 2009. “The performance of the Norwegian carbon dioxide, capture and storage innovation system.” *Energy Policy*, 37(1), pp.43~55.

Walker, S. L., D. Lowery and K. Theobald. 2014. “Low-carbon retrofits in social housing: interaction with occupant behaviour.” *Energy Research & Social Science*, 2, pp.102~114.

Westholm, Erik and Karin Beland Lindahl. 2012. “The Nordic welfare model providing energy transition? A political geography approach to the EU RES directive.” *Energy Policy*, 50, pp.328~335.

Zafirakis, D. et al. 2016. “The value of arbitrage for energy storage: evidence from European electricity markets.” *Applied Energy*, 184.

Zakeri, Behnam et al. 2016. “Impact of Germany’s energy transition on the Nordic power market - a market-based multi-region energy system model.” *Energy*, 115(3).

02

독일의 에너지 전환

박상철

1. 서론

20세기 말부터 환경 및 에너지 문제가 글로벌 이슈로 부각되면서 21세기에는 환경과 에너지가 인류 최대의 글로벌 관심사로 자리 잡게 되었다. 따라서 에너지와 지구 환경, 이산화탄소(CO_2) 배출 문제는 지구의 지속가능한 성장과 미래의 지구 환경 보존, 인류의 생존을 위해 반드시 해결해야 할 보편적이며 필수적인 관심사가 되었다.

그러나 불행하게도 전 인류적인 관심에도 전 세계가 일정 기간 내에 이산화탄소 배출 삭감 대책을 강구할 수 있는 가능성은 적다. 동시에 에너지 부문의 획기적인 전환을 의미하는 화석연료 중심에서 환경 친화적인 재생에너지 부문으로의 이전에 필요한 경제적 비용은 증가했다. 즉, 지구 기온 상승을 섭씨 2도로 제한하는 저탄소 배출 환경으로 이행하는 조치가 1년씩 지연될 때마다 전 세계가 필요한 투자액은 매년 약 5000억 달러가 증가해 2010~2030년의 누적된 합계로 10조 5000억 달러에 달하게 된다. 이는

〈그림 2-1〉 2015년 세계 온실가스 배출 비중

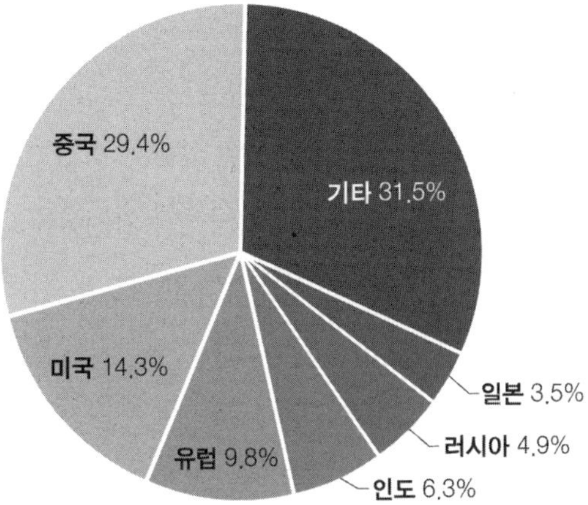

자료: PBL Netherlands Environmental Assessment Agency and EC Joint Research Center(2016).

세계 경제 성장률을 약 20% 감소시키는 결과를 초래하게 될 것으로 「스턴 보고서(Stern Report)」는 예측하고 있다(Stern, 2006).

이러한 최악의 시나리오에 도달하기 이전에 지구온난화 문제를 해결하기 위해 세계는 2015년 12월 파리에서 개최된 유엔기후변화회의에서 파리협약(Paris Climate Accord)을 채택했다. 이 협약은 산업화 이후 지구의 대기온도 상승을 섭씨 2도 이내로 제한하는 것을 목표로 설정했다. 197개 협약 당사국 중 미국, 중국, 유럽연합(EU), 인도 등 전체 온실가스 배출량의 55% 이상을 차지하는 55개국 이상이 비준을 마치고 2016년 11월 4일 발효되었다. 따라서 협약과 비준을 체결한 국가는 교토의정서가 만료되는 2020년부터 각자 제출한 계획에 따라 온실가스 감축에 참여하고 5년마다 이행 상황을 평가받는다. 그러나 교토의정서와 달리 파리협약은 모든 당사국들에 온실가스 감축 의무를 부여하고 있으나 각국의 이행 계획에 대한 강제성이 없는 것이 문제점으로 지적되고 있다(United Nations, 2015), (〈그림 2-1〉 참조).

유럽연합은 유럽연합 차원에서 파리협약에 부응하기 위해 이산화탄소 배출권 시장을 2005년부터 운영 중에 있다. 그러나 이산화탄소 배출권 시장에 대해 비판적인 시각을 갖고 있는 단체는 이러한 조치는 이산화탄소 배출량 절감에는 실질적으로 기여하지 못하고 현실적으로 이산화탄소 배출권이 국경이나 지역을 이동하는 결과만을 가져온다고 주장하고 있다.

이는 현실적으로 매우 설득력이 있는 주장으로 이해되고 있으며 이를 해결하기 위해서는 더욱 근본적인 조치가 뒤따라야 한다는 주장이 대두되고 있다. 이를 위한 대안으로는 궁극적으로 탄소 배출량을 감소시키기 위해서 탄소세(Carbon Tax)를 도입해야만 한다고 주장하고 있다. 이처럼 이산화탄소 배출권 제도 및 탄소세 시행은 해당 국가에 재생에너지 개발 및 사용을 촉진시키는 역할을 수행하고 있다.

따라서 독일은 지구온난화 현상에 직접적으로 영향을 미치는 이산화탄소의 배출을 억제하는 환경 친화적인 방향으로 에너지 정책을 설정했으며 이를 기초로 1980년대 초부터 지속가능한 성장 정책의 일환으로 환경 및 에너지 기술 개발을 통한 성장 정책을 실시해왔다. 즉, 독일의 에너지 정책과 지속 성장 정책의 핵심을 이루는 요소는 재생에너지 개발, 생태적 에너지세, 배출권 거래 제도 등이라고 할 수 있다. 특히 재생에너지 개발을 통해 화석연료 사용을 최소화하고 2020년부터 원자력에너지를 폐쇄시키는 정책을 추진해 독일 경제의 최대 약점 중 하나인 에너지 안보를 강화하는 에너지 전환 정책이 특징적이다. 동시에 재생에너지 개발을 위해서는 탄소세 도입 및 배출권 거래 제도를 실시해 재생에너지 개발을 정책적으로 지원할 필요가 있다(Federal Ministry of Economics and Technology and Federal Ministry for the Environment, Nature Conservation and Nuclear Safety, 2010).

이 장은 글로벌 기후변화에 적극적으로 대처하고 재생에너지 개발로 지속 성장을 가능하게 하는 독일 에너지 정책의 핵심인 '에너지 전환'이 시작된 근본적인 배경과 전략을 조사·분석한다. 이를 위한 접근 방법으로는 자료 수집 및 분석, 에너지 전략, 지속 성장 발전 전략 등을 집중적으로 논의한다. 동시에 수집된 데이터를 통해 에너지 전환의 과정과 의미, 현상에 대한 이해 등을 위한 질적 분석을 수행한다. 이를 기초로 에너지 전환을 전략적으로 실시한 독일의 에너지 정책을 합리적으로 분석해 결론을 도출한다.

2. 에너지 전환

1) 개념

한 국가가 운영하는 에너지 체제라는 것은 소속된 사회 및 정치체제가 구성하는 정치적 선택의 결과다. 따라서 에너지 체제 변화의 필요성은 에너지 자원과 기술 혁신 간의 상쇄·변화에 대한 절박감 등과 절대적으로 깊은 관계를 지니고 있다. 따라서 에너지 체제의 변화가 결정되면 한 국가 내 사회·경제·기술 구조가 변화하게 된다(Pellerin-Carlin and Serkine, 2016; Strunz, 2013).

에너지 전환은 특별한 사전적인 의미 이외의 것을 나타내고 있지 않으며 시기별로 매우 다양한 개념을 포함하고 있다. 에너지 전환 개념이 최초로 사용된 것은 1930년대 분자 분열 이후 에너지 상태가 변화하는 순수한 분자 변화의 과정을 의미했다. 그러나 1970년대 두 번에 걸친 세계 석유 파동으로 인해 에너지 자원의 가격적인 한계로 인한 대체재 사용이라는 개념으로 사용되었다. 그러나 엄밀하게 분석하면 1970년대의 에너지 대체재라는 개념도 화석연료를 시기별로 상이하게 사용해왔기 때문에 에너지 전환이 아닌 에너지 소비 증가의 개념이 더욱 강했다(Fressoz, 2013; Smil, 2010).

그러나 1990년대 이후 에너지 전환이라는 개념은 지구 환경에 유해한 오염 물질을 감소시키는 방향으로 에너지 체제를 변화시켜 국가 경제를 운영하는 의미로 사용되고 있다. 따라서 21세기의 에너지 전환은 석탄, 석유, 천연가스 등 화석연료 사용으로 발생하는 고탄소 체제(High Carbon System)의 에너지 체제에서 풍력이나 태양광 같은 재생에너지를 사용하는 저탄소 체제(Low Carbon System)와 에너지 효율성을 극대화시키는 에너지 체제로 이전하는 것을 의미하고 있다(Pellerin-Carlin and Serkine, 2016).

저탄소 체제로 이전하는 에너지 전환은 지역별·국가별 차이는 존재하지만 이미 전 세계적인 흐름이 되었다. 특히 국가 내에서 지구 환경 유해물질인 탄소를 제거하는 경제체제를 구축하는 것은 글로벌 기후변화를 억제하는 청정 기술 개발을 통해 가능할 것으로 전망되고 있다(Unruh, 2000; Gjonca, 2017).

2) 독일 에너지 전환

1970년대 두 번에 걸친 세계 석유 파동과 미국에서 발생한 최초의 원자력 발전소 폭발 사고로 인해 서유럽, 특히 독일에서는 환경 문제에 관한 관심이 높아지게 되었다. 그 결과 경제 성장을 달성하는 데 에너지 소비를 증가시키지 않고 추진할 수 있다는 과학적 연구결과가 1980년대에 발표되면서 화석연료 및 원자력에너지 사용을 점진적으로 금지할 수 있는 주장이 제기되었다(Öko-Institut e. V., 2016).

이러한 환경 문제에 대한 독일 국민의 커다란 인식 변화와 환경 의식의 향상은 에너지 전환 목표를 위한 정부의 공식적인 대응을 지속적으로 요구했다. 그 결과 독일 정부는 1980년대 중반부터 환경보호를 위한 제도 및 법률 체계를 정비하기 시작했다. 그 시발점이 1986년 보수당인 기독교민주당(CDU)과 자유민주당(FDP) 연합정부 아래에서 실시한 환경 친화적 생산 방식에 대한 인증 제도 및 전력 생산을 위한 청정에너지 자원 지원 등이다. 그 결과 1991년에 재생에너지 생산을 지원하기 위한 '전력차액지원법(Feed in Tariff Act)'이 제정되었다. '전력차액지원법' 제정은 독일 내 재생에너지 보급이 확산되는 데 크게 기여했다. 이 외에도 보수연합정부는 환경오염 억제를 위한 체제를 정비하기 위해 2005년까지 온실가스 배출 20% 감축을 목표로 독일 산업계가 자발적으로 참여하는 '산업계 자발적 참여법(Industry Self Committment Act)'을 1995년에 제정했다(Agora Energiewende, 2016).

그 이후 1998년부터 시작된 사회민주당(SPD, 이하 사민당)과 녹색당(Die Grünen) 연합정부 아래에서 재생에너지 보급 및 확산을 위한 정책이 강력하게 활성화되었다. 자동차 연료, 천연가스, 난방유, 전력 등에 환경세를 부과했으며 재생에너지 사용이 가능한 난방 시스템 확산을 위한 시장 친화적 인센티브제도와 재생에너지 보급 및 확산을 위한 재정 지원 제도(Renewable Energy Act: EEG) 등을 도입했다. 또한 2000년에는 진보연합정부와 원자력 발전소 대표가 22년 이내에 독일 내 원자력 발전소를 단계적으로 폐쇄하는 것에 합의했다. 이러한 내용을 담은 신규 원자력 발전소 설립을 금지한 '원자력법(Atomgesetz)'은 2002년에 제정되었다(Appunn, 2018; Gjonca, 2017)

이로써 독일은 21세기 들어 환경 친화적 에너지 자원 개발을 추진하면서 기존의 경제체제를 저탄소 경제체제로 전환시키도록 정책 방향을 확실히 다듬었다. 이를 위한 조치로 1990년 대비 2012년까지 탄소 배출을 23% 감축하기로 결정했는데 이는 유럽연합 내에서도 가장 많은 탄소 배출 감축 목표량이었다. 이처럼 높은 수준의 탄소 배출 감축 목표량을 설정한 이유는 제조업 중심의 독일 산업 구조가 높은 탄소 배출 집중도를 야기하는 경제구조였기 때문이다(Veith, 2010).

이후 2000년대 후반인 2007년에는 보수당인 기독교민주당(CDU)과 진보당인 사민당의 대연정 아래에서 에너지 및 기후변화 연계프로그램(Integrated Energy and Climate Programme)이 제안되었다. 이 프로그램은 2020년까지 총전력 생산 중 재생에너지로 생산하는 비율을 25~30%까지 증가시키는 것을 목표로 선정되었다. 이 외에도 글로벌 기후변화를 억제하기 위한 조치로서 2008년, 일반 기후변화 적응 전략(Deutsche Anpassungs-Strategie)과 기후변화 연계 프로그램을 위한 법률안을 소개했다. 그러나 이는 글로벌 기후변화를 억제하는 장기 시나리오에는 실질적인 참고사항이 되지는 못했다(BMU, 2007; IEA, 2016).

대연정 기간 보수 및 진보 정당 간 정책 협의가 원만하게 진행되지 않은 관계로 2009년에는 보수당인 기독교민주당(CDU)과 자유민주당(FDP)의 연합정부가 구성되었다. 보수연합정부는 진보연합정부가 추진한 원자력 발전소 폐기에 대해서 호의적이지 않았기 때문에 안전 문제를 이유로 원자력 발전소의 점진적 폐기 일정을 8년간 연장하도록 결정했다. 그럼에도 보수연합정부는 2010년 저탄소 경제체제를 구축하는 장기시나리오를 포함한 에너지 정책 계획인 '에너지 개념(Energy Concept, Energiekonzept)'을 2010년 승인했다(Jarass and Obermair, 2012).

3) 에너지 개념과 에너지 전환

에너지 전환을 효과적으로 추진하기 위해 독일 정부는 에너지 개념이라는 최초의 장기 에너지 정책 추진 계획을 수립했다. 즉, 에너지 개념은 독일의 에너지 미래를 개척하고 발전시키는 장기적 차원의 저탄소 경제

체제를 구축하는 것이 핵심이다. 이를 달성하기 위해서는 환경 친화적이며 안정적이고 지속적인 에너지 공급이 가능해야 한다. 이를 통해서 독일은 2050년까지 온실가스 배출을 1990년 대비 최저 80%에서 최고 95%까지 감축할 것을 약속했다(Federal Ministry of Economics and Technology and Federal Ministry of the Environment, Nature Conservation and Nuclear Safety, 2010).

독일이 이처럼 야심찬 장기 에너지 정책을 수립한 근본적인 이유는 세계에서 가장 에너지 효율성이 높고 환경 친화적인 경제체제를 구축하고 동시에 경쟁력 있는 에너지 가격을 확보하면서 지속적인 경제적 번영을 창출하기 위해서이다. 따라서 에너지 개념은 에너지 수요 및 공급에 관한 에너지 정책을 총망라하며 에너지 과잉 생산을 방지하기 위해서 에너지 생산을 중앙 집중적인 방식에서 지방 분산화 방식으로 변경했다. 이 과정에서 에너지 절약 및 에너지 효율 향상을 위한 다양한 방법을 제시했다.

에너지 전환을 위해, 에너지 개념에서는 다음과 같은 구체적인 목표를 설정해 접근한다. 첫째, 온실가스를 1990년도 대비 2020년까지는 40% 감축, 2030년에는 55% 감축, 2040년에는 70% 감축, 2050년에는 80~95%를 감축한다. 둘째, 총에너지 소비에서 재생에너지 소비 비중을 획기적으로 증가시키기 위해 최종 에너지 소비에서 재생에너지 비중을 2020년까지 18%로 설정하고 이를 2030년 30%, 2040년 45%, 2050년 60%까지 지속적으로 증가시킨다. 셋째, 1차 에너지 소비는 2008년을 기준으로 2020년에는 20%를 감소하고 2050년에는 50%를 감소한다. 넷째, 전력 소비는 2008년 기준 2020년 10%, 2050년 25%를 감소시킨다. 다섯째, 운송 부문의 최종에너지 소비는 2005년 대비 2020년에는 10%를, 2050년에는 40%를 감소시킨다(〈표 2-1〉 참조).

이러한 구체적인 목표치 이외에도 에너지 개념은 기존 화석연료 에너지원에 제공했던 정부 보조금을 금지하고 온실가스 배출 감축을 위한 청정

〈표 2-1〉 에너지 전환과 부문별 2050 목표

		현상 유지	2020	2025	2030	2035	2040	2050
온실가스 배출	1990년 대비 감축	-27% (2016)	-40%		-55%		-70%	-80~95%
원자력 폐쇄	점진적 폐쇄 (2022년)	11발전소 폐쇄 (2015)	8개 원자로 유지					
재생 에너지	최종 에너지 소비 비율	14.9% (2015)	18%		30%		45%	최소 60%
	전력 소비 비중	32.3% (2016)		40~45%		55~60%		최소 80%
에너지 효율성	일차 에너지 소비 감소 (2008년)	-7.6% (2015)	-20%					-50%
	총전력 소비 감소(2008년)	-4% (2015)	-10%					-25%

자료: Agora Energiewende(2017).

기술인 이산화탄소 포집 및 저장 기술(Carbon Capture and Storage: CCS) 개발을 세계적인 수준에 도달할 때까지 지원하기로 했다(Federal Ministry of Economics and Technology and Federal Ministry of the Environment, Nature Conservation and Nuclear Safety, 2010).

에너지 개념에서는 원자력에너지를 에너지 전환을 위한 일종의 징검다리 에너지 자원으로 간주하고 원자력 발전이 완전하게 폐쇄되는 기간 동안 유럽연합 국가와 긴밀한 연구 개발을 위한 협력 관계를 지속할 것을 명시하고 있다. 그러나 2011년 발생한 일본 후쿠시마 원자력 발전소 폭발 사고로 인해 독일 내 원자력 발전소 폐쇄를 2022년 초까지 완결 짓기로 의회에서 합의를 도출했다(Agora Energiewende, 2015).

이처럼 원자력에너지와 관련된 각 정당 간 이해관계를 의회에서 합리적으로 합의에 도달한 방식은 국민으로부터 강력한 지지를 받았으며 정부가 추진하는 에너지 전환 정책도 높은 지지를 받게 되었다. 즉 에너지 전환 정책은 의회에서 의원 중 85%가 지지를 했고 국민은 90%가 지지의사를 표시했다. 이처럼 절대다수가 지지한 에너지 전환 정책은 2010년과 2011년 법률 제정을 통해 실시되었다(Wettengel, 2017).

에너지 전환 정책은 혁신적이며 통합적인 정책 틀로서 역할을 정립했으며 네 가지 정책 목표를 제시하고 있다. 이는 기후변화에 능동적으로 대처하고 원자력에너지원으로부터 발생할 수 있는 위험을 극소화하고 에너지 안보를 강화시키는 것이다. 이 외에도 이를 기초로 국가 경제의 경쟁력을 향상하고 지속적인 경제 성장을 달성하는 것이다. 이를 위해 정부는 에너지 전환을 위한 모든 문제를 해결할 수 있는 개척자의 역할을 수행하고 있다(Federal Ministry of Economics and Technology, 2015).

3. 에너지 정책과 지속가능 정책

1) 배경

21세기 에너지 정책은 화석연료 사용 중심의 20세기 에너지 정책과는 근본적으로 상이한 형태로 진행되고 있다. 즉, 화석연료 사용중심의 20세기 에너지 정책은 공급자 위주의 중앙 집중적인 에너지 정책이었으나 친환경 중심의 21세기 에너지 정책은 수요자 중심 및 지방 분산형 정책으로 에너지 정책의 핵심이 전환되었다.

일반적으로 에너지 정책과 지속 성장은 매우 상이한 부문으로 이해할 수도 있으나 글로벌 경제제체에서는 두 요소가 매우 긴밀하게 연계되어 있는 것이 현실이다. 1970년대 두 차례 발생한 석유 위기와 2014년 중반 이후 글로벌 수요와 공급 격차에서 발생하는 석유 가격 하락이 글로벌 경제에 미치는 영향에서 이해할 수 있듯이 에너지 자원이 글로벌 경제에 미치는 영향은 매우 크다. 따라서 에너지 의존도에 관계없이 합리적이며 효율적인 에너지 정책을 추진하는 국가가 경제적으로 지속 성장을 달성할 수 있는 가능성이 높아지게 된다.

2) 에너지 정책 방향 및 전략

독일 에너지 정책의 기본 방향은 주요 에너지 자원의 절대적인 부족으로 인해 주요 에너지 수입 의존도가 매우 높은 상태를 장기적인 차원에서 지속적으로 감소시켜나가면서 대외 의존도를 극소화시키는 것이다. 이는 단순히 에너지 공급 안정에 정책적 초점을 맞추는 것이 아니라 장기적인 차원에서 주요 에너지 자원의 수입 의존도를 감소시키고 주요 에너지 소비 구성을 변화시켜 환경 친화적인 에너지 소비 구조를 정착시키는 것이다.

이러한 에너지 정책의 기본 방향을 추진하기 위해 독일 정부는 2010년 에너지 전환을 실현하기 위한 구체적인 장기 에너지 정책인 에너지 개념을 발표해 환경 친화적이며 지속가능하고 안정적인 에너지 공급을 위한 가이드라인을 제시했다. 이로써 독일은 재생에너지 시대를 위한 로드맵을 최초로 작성했다. 독일 정부가 발표한 에너지 개념은 2050년까지 장기적 전략을 디자인하고 이를 시행하는 것이다(Federal Ministry of Economics and Technology and Federal Ministry for the Environment, Nature Conservation and Nuclear Safety, 2010).

독일의 에너지 정책 안에는 독립국가로서 독일이 독자적으로 수행하는 부분도 존재하지만 유럽연합(EU)의 회원국으로서 유럽연합 28개 회원국이 전체적으로 합의한 에너지 정책 가이드라인도 포함되어 있다. 유럽연합의 에너지 정책 목표 및 방향성을 기초로 독일 에너지 정책은 지속적이며 안정적인 에너지 공급을 적정 수준의 가격에 확보할 수 있도록 정책적 노력을 기울이고 있다. 동시에 에너지 소비가 환경 및 기후변화에 최소한의 영향을 미칠 수 있도록 하고 있다. 따라서 에너지 정책은 외교 정책, 무역 및 경제 정책, 환경 정책 등 상이한 정책 부문과 긴밀한 협력 체제를 구축해 전반적인 정책 목표를 달성하기 위해 노력해야 한다(박상철, 2015).

독일에는 독자적인 에너지부는 없지만 에너지 정책을 주관하는 부서인 경제기술부(Federal Ministry for Economy and Technology)가 에너지 정책 방향을 설정하면 재무부(Federal Ministry of Finance), 환경·자연 보존 및 원자력 안전부(Federal Ministry for the Environment, Nature Conservation and Nuclear Safety) 외 총 14개 에너지 관련 부서와 공고한 협력 체제를 구축해 긴밀하게 에너지 정책을 시행하고 있다. 이러한 정책적 협력을 기초로 독일 에너지 정책 방향은 '유럽연합 20/20 전략적 종합 계획'을 바탕으로 적극적인 이산화탄소 배출 감소, 에너지 효율 향상, 재생에너지 사용비율 증대 등의 방향으로 운영되고 있다(Park and Eissel, 2010).

독일은 에너지 정책 및 기후 정책의 통합을 강화하고 있으며 국제적 에너지 관계에서도 유럽연합의 에너지 정책 목표를 공유하고 있다. 이를 위해 다자 간 협력 체제 구축에 적극적으로 동참하고 있으며 국가 간 에너지 교역에서 세계무역기구(World Trade Organization: WTO)의 규칙을 적용하는 핵심적인 역할을 수행하고 있다.

또한 유럽연합의 에너지 시장 연합체를 구축하기 위해 독일은 국내 에너지 시장 자유화 및 규제 완화를 단행해 경쟁 체제를 유도했다. 이로써 석유, 가스, 전력 등의 주요 에너지 자원 공급이 과거에는 국가, 지방정부,

국가기관 소유였던 석유, 가스, 전력 등의 주요 에너지 자원이 사유화 과정을 거쳤고, 1990년대 중반부터는 국내 에너지 시장 구조 개혁을 통해 에너지 시장에 경쟁 체제를 도입했다. 특히 에너지 시장의 자유화 및 규제 완화를 단행하면서 기존의 지역적 에너지 시장 영토가 소멸되고 소유권이 재구성되면서 전력 시장에 전력을 공급할 때 재생에너지 사용에 우선권을 부여하는 전략을 추진해 재생에너지 사용 비율을 획기적으로 향상시킬 수 있었다(Westphal and de Graf, 2011).

3) 친환경 에너지 정책

친환경 에너지 정책을 수행하기 위해 독일 정부는 1980년대부터 수요자 중심 및 지방분산형 에너지 자원인 태양광 및 태양열, 풍력, 바이오 등과 같은 재생에너지 자원 개발에 정책적인 관심을 갖고 시행하고 있으며, 자본과 기술을 축적해 국가경쟁력을 강화하고 있다. 또한 이를 통해 새로운 성장 산업의 진입을 가능하게 해 국가적 차원에서 신성장 동력의 역할을 수행하고 환경 친화적인 국가이미지 향상에 크게 기여하고 있다(박상철, 2015).

또한 친환경 에너지 정책을 추진하기 위해 생태적 에너지세(Ecological Energy Tax)를 운영하고 이산화탄소 배출권 시장을 설립했다.[1] 이는 재생에너지 자원 개발에 박차를 가하는 요인으로 작용해, 재생에너지 자원의 핵심인 태양광 및 태양열, 풍력, 바이오산업 부문에서 2016년까지 33만 4000명의 신규 노동 인력을 창출해 국가 경제에 크게 기여하고 있다. 또

1 독일에서는 생태적 에너지세라는 명칭이 사용되고 있으나 북부인 스웨덴, 핀란드, 덴마크, 노르웨이, 네덜란드 5개 국가에서는 탄소세(Carbon Tax)라는 명칭을 사용하고 있다.

〈그림 2-2〉 2016년 세계 주요 국가 재생에너지 고용 창출

자료: IRENA(2017).

한 독일은 유럽연합 내에서 재생에너지 관련 고용을 가장 많이 창출한 회원국이다. 나아가 재생에너지의 보급 및 확산을 통해 이산화탄소 배출량 감축에도 직접적으로 핵심적인 역할을 수행하고 있다. 즉, 독일은 제조업 중심의 산업 국가이자 세계 4위 경제 국가이지만 이산화탄소 배출 감축을 성실하게 수행해 1990년 이후 2016년까지 지속적으로 이산화탄소 배출량을 감축하고 있다[2](International Renewable Energy Agency, 2017; Amelang et al., 2017)(〈그림 2-2〉 참조).

친환경 에너지 정책은 지속 성장 정책뿐 아니라 기후변화 정책과도 매우 밀접하게 연관되어 있다. 에너지 정책이 에너지 수요와 공급에 관한 전

2 2017년에는 경제 활성화와 극심한 추위로 인해 이산화탄소 배출이 약 2% 상승할 것으로 예측되고 있다. 따라서 2016년까지는 1990년 대비 이산화탄소 배출 감축을 32% 달성했으나 2020년 목표치인 40%에 도달하는 것이 어려울 수 있다는 우려가 대두되고 있다. 독일이 2020년 이산화탄소 배출 감축 목표를 달성하지 못할 경우 글로벌 기후변화에 대처하는 글로벌 선도 국가로서의 지위를 상실할 수 있다는 독일 환경장관의 경고도 전해지고 있다.

반적인 사항을 취급하는 반면에 기후변화 정책은 지구 온난화 현상에 대비해 이를 유발하는 주요 원인인 이산화탄소, 메탄, 이산화질소 등의 배출을 감축하는 사항에 정책적인 초점이 맞추어져 있다.[3]

따라서 배출권 거래 제도 실시에 따른 사회적·경제적 부작용에 선제적으로 대응하기 위해서는 대표적인 성공 사례로 인정받고 있는 독일의 에너지 정책 및 지속 성장 정책, 특히 생태적 에너지세 도입, 재생에너지 보급 및 확산 그리고 이산화탄소 배출권 거래 시장 제도에 정책적인 관심을 가지고 지속적으로 추진하는 과정이 필요하다.[4]

(1) 재생에너지 개발 전략 및 수단

지속가능하고 안정적인 에너지 공급 및 재생에너지 개발을 위해 독일은 2010년 9월 정치적 결정을 단행했다. 독일 연방정부가 장기적 관점으로 상호 연계된 에너지 자원 경로를 구축해 2050년까지 지속가능한 에너지 정책을 위한 종합적 에너지 수급 전략인 에너지 전환(Energiewende)을 확정한 것이다. 이 전략은 재생에너지를 미래 에너지 공급에 핵심적인 역할로 만드는 것이 주요 내용이다(OECD and IEA, 2013).

독일의 에너지 정책은 거시적 차원에서 지속 성장과 밀접한 관계를 갖고 있으며 에너지 정책의 전반적인 접근 방법, 정책 수행의 목적, 정책 수단의 변화 등과 긴밀하게 연계되어 있다. 따라서 에너지 정책이 국가 전략

---

3 지구온난화 현상을 발생시키는 온실가스(Green House Gas: GHG)는 이산화탄소, 메탄, 이산화질소 등으로 이루어졌다. 이 중 온난화를 가속화시키는 요인으로는 메탄의 위험성이 가장 높으나 배출량은 대량이 아니다. 다만 온실가스에는 이산화탄소가 약 90% 이상을 차지하고 있기 때문에 편의상 '이산화탄소 배출 감축'을 중요한 목표로 설정하고 있는 것이다.

4 이산화탄소 배출권 거래 제도는 정확하게 표현하면 온실가스 배출권 거래 제도다. 지구온난화 현상을 발생시키는 주요 물질은 이산화탄소 이외에도 메탄, 이산화질소 및 3종의 프레온 가스 등 6종류로 구성되어 있다. 이 중 이산화탄소 배출량이 가장 많아서 이산화탄소 배출권 거래 제도라고 표현된다.

산업인 에너지 및 환경 산업에 미치는 영향 정도를 파악해, 에너지 정책과 지속 성장의 실질적인 연관 관계를 파악할 수 있다.

이 외에도 독일 에너지 정책에서 재생에너지 자원을 개발하기 위해 중요한 정책 수단으로 활용되었던 발전차액지원제도(Feed-in-Tariff: FIT)와 재생에너지원 의무할당제도(Renewable Energy Standard Portfolio: RSP), 생태적 에너지세와 이산화탄소 배출권 거래 시장 등이 재생에너지 개발 전략의 핵심적인 역할을 수행했다.

독일의 에너지 정책 및 지속 성장 정책의 핵심적인 양대 축은 에너지 사용 효율화 및 재생에너지 개발 전략이다. 이 중 재생에너지 개발 전략을 추진하기 위해 실시한 생태적 에너지세 및 배출권 시장 거래 제도는 이산화탄소 배출 감축과 함께 에너지 및 환경 산업 부문의 비교 우위를 확보해 지속 성장에 크게 기여했다(박상철, 2015).

(2) 재생에너지 정책 수행 방법 및 정책 수단

에너지 정책을 수립하고 설정한 목표를 수행하기 위해 다양한 접근 방법이 활용되고 있다. 특히 21세기는 주요 에너지 자원의 지속적이며 안정적인 확보뿐만 아니라 이를 통한 경제 활동의 활성화에도 충분히 기여해야 하며 동시에 환경에 부정적인 영향을 미치지 않아야 하는 복잡한 전제 조건도 충족시켜야 한다. 따라서 이러한 조건을 충족시키기 위해서는 특정 중앙 부서가 단독으로 에너지 정책을 수립하고 목표를 설정해 이를 수행하는 것은 적절하지 않다. 그 이유는 에너지와 관련된 이슈가 단순히 개인의 소비나 산업계에만 영향을 미치는 것이 아니라 국가 경제 활동에 전반적으로 영향을 미치고 있기 때문이다.

따라서 독일에서는 이미 설명한 것처럼 에너지 정책을 수립하는 경제기술부와 기후변화에 대응하고 환경보호를 주관하는 환경·자연보존 및 원자력안전부 등 총 14개 정부 기관이 협력해 수행하는 공동 수행 방식을 채택하고 있다. 이처럼 환경 친화적이며 산업계의 경쟁력을 지속적으로 유지하기 위한 에너지 정책을 수행하기 위해 가장 중요한 요소는 미래 에너지 수급 체계를 위한 중추적 정책 목표를 설정하는 것이다. 이를 위해 독일 정부는 에너지 개념을 수립해 시행하기로 결정했다(Federal Ministry for Economy and Technology, 2010; Federal Ministry for the Environment, Nature Conservation and Nuclear Safety, 2010).[5]

에너지 정책을 수행하는 기본 방법은 에너지 시장의 경쟁력 강화와 시장 중심의 접근 방법을 통해 지속적인 경제 성장을 달성하고 관련 일자리를 창출하며 에너지 기술의 혁신을 유도하는 것이다. 독일은 에너지 수입 의존도가 유럽연합 회원국 중 가장 높은 국가 중 하나이며 전체 에너지 소비량의 80%가 기후변화의 주범인 지구온난화를 유발하는 이산화탄소를 배출하고 있다. 따라서 현재의 에너지 공급 구조를 중장기 차원에서 획기적으로 변화시켜 에너지 안정을 달성하기 위해서는 기후 정책(Climate Policy)과도 긴밀하게 협력해 운영해야 한다.

이를 위해 에너지 관련 장기 로드맵을 작성해 각 주요 과정마다 에너지 기술 혁신 창출, 신규 고용 창출 등을 달성하려 하고 있다. 에너지 정책을 수행하기 위해 독일 정부가 작성한 에너지 개념은 친환경적 에너지 정책을 수행하기 위한 가이드라인으로서 지속적이며 안정적인 에너지 공급뿐만 아니라 재생에너지 시대로의 진입에 관한 장기적 로드맵을 담고 있다. 따라서 에너지 개념은 2050년까지 에너지 전환을 달성하기 위한 독일 에너지 정책의 핵심이다.

5 독일 에너지 정책에서 에너지 개념(Energy Concept)은 2010년 이후 장기에너지 정책 시나리오인 에너지 전환을 달성하기 위한 핵심 정책이다.

즉, 에너지 개념은 2050년까지의 장기 전망 아래 에너지 관련 이슈에 대한 전반적인 디자인을 설정하고 이를 실행하는 방안을 설정하고 있다. 수행 방법으로는 우선 장기적 안목에서 에너지 이슈에 전반적으로 접근하면서 동시에 기술 개발과 경제 성장을 달성할 수 있도록 정책 수행의 유연성을 도입해 운영하도록 하고 있다.

또한 장기 에너지 정책으로는 재생에너지 사용 비율을 획기적으로 향상하는 것을 가장 중요한 수행 과제로 삼고 있다. 특히 기존 에너지 자원과 비교했을 때, 에너지 배합(Energy Mix) 부문에서 가장 높은 비율을 차지할 수 있도록 하는 것에 초점을 두고 있다. 이로써 화석연료인 기존 주요 에너지 자원 사용을 점진적으로 감소시켜나가면서 그 부족분을 2022년까지 사용할 수 있는 원자력에너지로 대체하는 방법을 채택한 에너지 계획을 수립해 시행하기로 결정했다(Federal Ministry for Economy and Technology, 2010; Federal Ministry for the Environment, Nature Conservation and Nuclear Safety, 2010).

이를 수행하는 방법론은 앞서 설명한 것처럼 시장 중심의 에너지 정책을 채택하는 것이며 이는 전력, 운송, 난방 등 에너지 사용 전 분야와 과정에 현존하는 모든 기술 부문에 개방되어 있는 에너지 자유 경쟁 시장 구축을 의미하는 것이다. 또한 독일 에너지 정책 수행은 중앙정부와 지방정부와의 분명한 역할 분담이 설정되어 있다. 우선 관련 중앙정부 부서는 에너지 정책을 기획해 이를 수립하고 지방정부는 이를 전반적으로 수행한다. 그리고 중앙정부 기관은 중앙정부 부서가 에너지 정책을 수립하는 데 중요한 싱크탱크(Think Tank)의 기능을 수행하며 동시에 지방정부와 협력해 에너지 정책이 충실하게 수행될 수 있도록 지원하는 역할을 맡고 있다(Park and Eissel, 2010).

에너지 정책을 수립하는 주요 중앙정부 부서로는 전반적인 에너지 정책을 수립하는 경제기술부(Federal Ministry for Economics and Technology), 재생에너지 부문의 시장 진입 및 연구 개발 부문의 정책을 수립하는 환경·자연보존 및 원자력 안전부(Federal Ministry for the Environment, Nature Conservation and Nuclear Safety), 주택 및 건물 등의 에너지 사용 효율화에 관한 정책을 수립하는 운송 주택 도시부(Federal Ministry for Transportation, Building and Urban Affairs), 바이오연료와 관련된 모든 정책을 담당하는 산림 농업 문화부(Federal Ministry of Forest, Agriculture and Culture), 에너지 관련 세금 정책을 담당하는 재무부(Federal Ministry of Finance) 등이다(Dickel, 2014).

에너지 정책을 지역 차원에서 직접적으로 수행하는 지방정부 기관으로는 독일 중앙정부 상원에서 에너지 정책과 관련해 결정되는 최종 에너지 정책을 직접 수행하는 각 지방정부, 지방정부위원회, 정책 수행 실무 그룹, 에너지 산업의 사업 수행을 감시하는 연방 카르텔국(Fedearl Cartel Office) 등이 있다. 이 외에도 중앙정부의 에너지 정책 수립을 기획하고 지방정부의 에너지 정책 수행을 지원하는 중앙정부 기관으로는 독자적인 규정을 확보하고 있는 연방네트워크청(Federal Network Agency), 오염 규제를 담당하는 연방환경청(Federal Environment Agency), 에너지 사용 효율성을 담당하는 연방에너지청(Federal Energy Agency) 등이 있다.

재생에너지 사용 비율을 증대시키기 위해 독일 정부는 2000년 '재생에너지자원법(Renewable Energy Resources Act: EEG)'을 제정했으며 이를 2004년 개정했다. 이 법률의 제정으로 2007년 유럽연합위원회가 결정한 2020년 주요 총에너지 자원 공급에서 재생에너지 사용이 차지하는 목표 비율을 10%로 확정할 수 있었으며 이는 가장 중요한 정책 수단으로 활용되고 있다. '재생에너지자원법'은 2014년과 2017년에 재개정되었다. 2014년 개정에는 재생에너지 부문에서 관세 경매 참여를 태양광 발전에만 의무화했으나 2017년 개정에는 풍력 발전도 포함시켰다. 따라서 신규 '재생에너지 지원법'에서 전력 시장 프리미엄을 확보하기 위해서는 기술 부문 경매에 입찰해야 한다(Norton Rose Fulbright, 2017.3).

이 외에도 정책 수단으로 활용되는 것은 난방 및 교통 부문에 적용되고 있는 재정적 인센티브가 있다. 특히 교통 부문에서 바이오연료 사용을 증대시키기 위해 이를 적극적으로 장려하고 있다. 그 결과 2000년도 바이오연료 사용 비율이 0.5%에서 2005년 4.5%로 증가되었다. 독일 정부는 유럽연합이 제정한 2020년 바이오연료 사용 비율 10%를 달성하기 위해 2007년 바이오연료 일정 비율 의무사용제도(A Bio Fuels Quota)를 도입했다.

전력 부문에는 1990년에 제정된 법령에 의해 적용되는 발전차액지원제도가 있다. '발전차액보조금지원법'에 의하면 이는 재생에너지 자원으로 생산한 전력 공급자에게 의무적으로 재정 지원을 하는 것으로서 전력 회사는 이들에게 전력 소매가격의 65~85%를 지불하도록 규정했다. 이후 10년 후인 2000년 '재생에너지자원법'이 채택되면서 재생에너지 자원과 지역, 자원 기술 설치 규모 등에 따라서 전력 생산량에 대한 보장을 발전 차액으로 지원해주고 있다.

'재생에너지자원법'은 세 단계를 거치면서 발전해왔다. 제1단계(2000~2009년)에서 독일 정부는 재생에너지로 국내 전력 생산량을 증가시키는 데 정책적 초점을 맞추었다. 특히 첨단 기술 부문과 밀접한 연관이 있는 태양광 전력 생산 단가가 기존의 화석연료 사용 전력 생산 비용보다는 월등하게 높은 관계로 발전 차액 지원 정책은 투자자들에게 투명성과 지속성, 확실성 등을 제공하는 데 치중했다. 제2단계(2009~2011년)에서는 지속적인 연구 개발 결과 태양광 전력 생산 비용이 급격하게 낮아지게 되어 발전 차액 지원 정책을 태양광 전력 생산을 극대화시키는 데 초점을 맞추었다. 제3단계(2012년 이후)에서는 태양광, 풍력, 바이오매스 등 재생에너지 전력 생산 비용이 지속적으로 감소되어 화석연료 사용 전력 생산 비용과의 격차가 현격하게 줄어들어 발전 차액 지원 비율을 낮추는 데 정책적 초점을 맞추고 있다(Fulton and Capalino, 2012).

4. 에너지 전환 실현 가능성 검증

1) 배경

독일이 추진하고 있는 에너지 전환은 2050년을 목표로 장기 계획 및 로드맵을 설정해 진행하는 매우 야심찬 에너지 정책이다. 1990년 대비 이산화탄소 배출을 80~95%까지 감축하는 것이 실제로 가능할 것인가에 대한 의문이 대두되는 것은 자연스러운 현상이다. 그럼에도 독일 정부는 에너지 전환을 이룩하기 위해 에너지 생산, 소비, 절약 부문에 최선을 다하고 있다.

목표를 달성하기 위한 최선의 방법은 재생에너지 보급 및 확산과 에너지 효율성 증대다. 즉, 재생에너지와 에너지 효율성 증대는 국내 경제 구조를 저탄소 경제 구조로 전환하게 하고 이는 지속가능한 청정에너지 체제를 구축할 바탕이 되기 때문이다. 또한 자체적인 에너지 생산 및 효율성 향상으로 에너지 공급의 안정성을 극대화시킬 수 있다. 따라서 에너지 전환이 실현되면 장기적으로 청정하고 안전하며 신뢰할 수 있는 에너지 공급이 가능해지고 에너지 공급의 지속성과 안전성을 확보할 수 있게끔 한다(Federal Ministry for Economy and Technology, 2010; Federal Ministry for the Environment, Nature Conservation and Nuclear Safety, 2010).

에너지 전환은 단순히 안정적이며 지속적인 에너지 공급만을 추구하는 것이 아니다. 에너지 안보를 확보하게 되면 지속적인 경제 성장을 통한 사회 안정을 구축할 수 있고 전반적인 삶의 질 향상을 도모할 수 있다.

2) 에너지 배합 현황

독일의 에너지 소비 중 에너지 배합을 보면 2016년까지도 화석연료 소비가 가장 높은 비율을 차지하고 있다. 주요 에너지 자원은 석유로서 2016년 총에너지 소비에서 34%를 차지하고 있으며 운송 및 난방용으로 주로 사용되고 있다. 그러나 현대 경제 구조에서 중요한 역할을 하는 전력 생산 부문을 보면 에너지원이 매우 다양하게 소비되고 있다는 것을 알 수 있다. 특히 전력 생산에서 석유는 높은 가격으로 인해 비중이 0.9%에 불과한 매우 미미한 상황이다(AG Energiebilanzen, 2017).

독일은 유럽연합 내 최대 경제 국가로 전력 소비도 가장 많이 하고 있으며 생산하는 전력은 천연가스, 석탄 및 갈탄, 원자력, 재생에너지 등으로 구성되어 있다. 2016년 전력 생산 에너지원 중 가장 많이 사용되는 에너지원은 석탄 및 갈탄으로 40%를 차지하고 있다. 두 번째로 많이 사용되는 에너지원은 재생에너지로 29.5%에 이른다. 이 외에도 원자력 발전이 13%, 천연가스가 12%, 기타가 5%다. 2015년도와 비교했을 때 재생에너지와 천연가스 발전 비중을 증가하고 석탄과 원자력 발전 비중은 감소하는 경향을 보이고 있다.

따라서 전력 생산을 위한 에너지 자원 소비 변화를 분석하면 저탄소 경제 체제를 구축하기 위한 에너지 전환 추이를 이해할 수 있다. 특히 에너지 자원 중 소비가 감소하고 있는 석탄과 원자력 발전 그리고 증가하고 있는 재생에너지 및 천연가스 소비를 종합적으로 분석하면 에너지 배합을 통해 이산화탄소 배출 감축을 위한 에너지 개념의 추진 전략을 이해할 수

〈그림 2-3〉 전년 대비 전력 생산 배합 (2016년 기준)

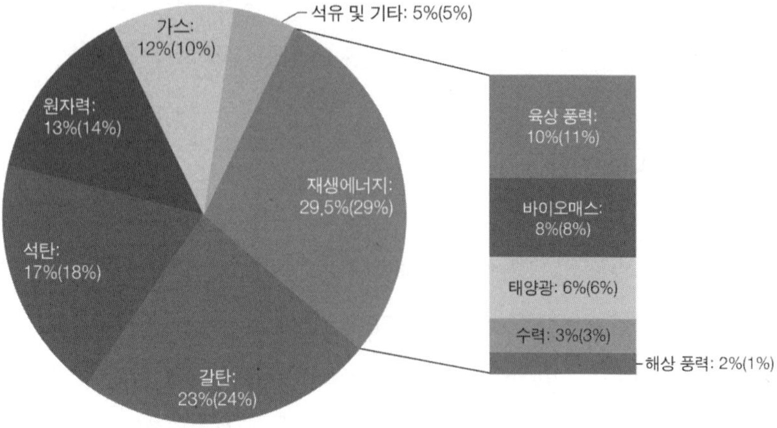

주: 괄호 안은 2015년도 전력 생산 배합.
자료: Agora Energiewende(2017).

있다(Agora Energiewende, 2017)(〈그림 2-3〉 참조).

(1) 석탄 및 갈탄 발전

석탄 및 갈탄은 2015년 총발전 부문에서 42%를 차지했으나 2016년에는 40%로 감소했다. 발전 부문에서 이산화탄소 배출을 가장 많이 하는 것으로 알려진 화력발전의 주요 에너지 자원인 석탄 및 갈탄 발전의 비율이 감소한 것은 저탄소 경제체제를 구축하는 데 매우 긍정적인 신호다. 일반적으로 석탄은 전력 1kW를 생산하는 데 0.34kg의 이산화탄소를 배출하고 갈탄은 석탄보다도 많은 0.36kg을 생산한다. 따라서 총전력 생산 비중이 42%에서 40%로 감소한 것은 이산화탄소 배출을 감축하는 데 중요한 역할을 하고 있음을 알 수 있다.

석탄은 주로 독일 서부 및 남서부에 집중적으로 매장되어 있으며 채굴 비용 상승으로 국내 수요를 충족시키는 데 한계가 있다. 독일 정부는 석탄 채굴을 위한 정부보조금으로 1970년부터 2014년까지 5380억 달러를 지

〈그림 2-4〉 1990~2015년 석탄 발전 생산 변화 추이

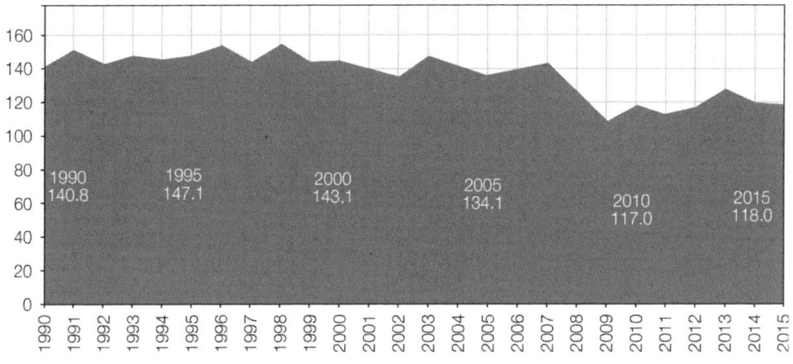

자료: Agora Energiewende(2015).

급했으며 이 보조금은 2018년 말에 중지된다. 따라서 정부보조금이 중단되면 독일 내 석탄 산업은 수입산 석탄과 가격 경쟁력을 지속할 수 없게 된다(Jungjohann and Morris, 2014).

독일 석탄 산업의 수익성 악화에도 석탄을 소비하는 전력 생산량은 에너지 전환을 선언한 직후인 2011년에는 117TWh였으나 이후 2015년에는 118TWh로 지속적으로 증가하는 현상을 나타내다가 2016년에는 감소세를 보이고 있다. 이는 2008년 글로벌 경제위기 및 2010년과 2011년 유럽연합 재정 위기로 인해 발전 단가가 가장 저렴한 석탄 발전량이 증가한 것으로 추정할 수 있다(Küchler and Wronsky, 2015; BAFA, 2017)(〈그림 2-4〉 참조).

석탄 발전을 에너지 배합에서 구조적으로 감소시키기 위한 에너지 전환 계획이 2018년부터 석탄 생산에 지급하는 보조금을 폐지하기 결정한 것은 매우 커다란 변화다. 그러나 동시에 정부는 폐쇄하는 석탄 발전소에 대해서는 경제적 지원을 강화했으며 수입산 석탄을 발전용으로 사용하는 것에도 직접적으로 관여하지는 않았다. 말하자면 석탄 산업계는 2015년까지 수입 석탄 가격 및 이산화탄소 배출 비용에 대한 시장 원칙에 적응할 수 있도록 최선을 다했다(Gjonca, 2017).

발전용 에너지 자원 중 이산화탄소를 가장 많이 배출하는 갈탄은 전력 생산을 위한 연소 시 60%의 이산화탄소를 배출한다. 이는 석탄은 물론이고 다른 화석연료인 석유 및 천연가스에 비해 매우 높은 비율이다.[6] 또한 갈탄은 독일이 국내에 가장 많이 보유하고 있는 에너지 자원으로 가격도 가장 저렴한 장점을 갖고 있다. 이러한 이유로 2012년 이전에는 독일 내 47개의 갈탄 발전소가 존재했으나 유럽연합의 '대기오염규제법'에 의해 35개로 축소되었다. 그럼에도 독일은 러시아와 오스트레일리아 다음으로 많은 갈탄 발전소를 운영하고 있다. 또한 1970년부터 2014년까지 정부가 석탄 및 갈탄 산업에 지원한 보조금은 5380억 달러에 달했으며 이는 같은 기간 재생에너지에 지원한 보조금인 1300억 달러의 4배 이상의 규모였다. 이처럼 갈탄 발전소에 대규모 경제적 지원이 지속된 가장 커다란 이유는 갈탄 산업 부문이 탄광 지역 2만 5000명의 직접 고용과 관련 산업 부문 6만 3000명의 간접 고용을 창출하고 있기 때문이다(Küchler and Wronsky, 2015).

석탄 산업의 강력한 노동조합, 에너지 자원으로서의 가격 경쟁력, 국내 유일한 에너지 자원으로 인한 에너지 안보를 위해 독일 정부는 지속적으로 석탄 산업을 보호하려고 노력했다. 유럽연합 내에서도 석탄 산업을 보호하기 위해 석탄을 생산하는 유럽연합 회원국인 스페인, 영국, 루마니아 등과 석탄 연맹을 구성해 유럽연합 집행위원회에 자국의 석탄 산업 보조금 지급에 대한 정당성을 주장하고 있다. 그 결과 석탄 산업에 대한 정부 보조금 지급이 2018년까지 연장되었다(Harrison, 2010).

그러나 2014년 이후에는 사민당과 사회당 연합정권에서 추진하고 있는 기후활동프로그램 2020(Climate Action Program 2020)에 따라서 산업계가 배

6 1kW의 전력을 생산하는 데 석유는 0.26kg 그리고 천연가스는 0.20kg의 이산화탄소를 배출한다.

출하는 이산화탄소 감축을 강력하게 추진하고 있는 관계로 갈탄 발전소의 수를 감소시킬 것을 결정했고 이에 따라 2021년까지 갈탄 발전소 중 노후 갈탄 발전소 13%를 감축하기로 했다. 또한 정부는 2015년 노후 갈탄 발전소의 이산화탄소 배출 감축을 위해 배출가스를 규제할 수 있는 발전기를 설치하기로 했다. 이 외에도 노후 갈탄 발전소 폐쇄를 위한 4년이라는 기간 동안 발전 용량을 기준으로 하는 비용(Scheme of Capacity Payment)을 보장하는 경제적 지원도 실시했다. 이러한 갈탄 발전소 지원은 안정적인 전력 공급을 제공하는 전력 회사만 이를 요구한 것이 아니다. 지역 경제와 긴밀하게 관련이 있는 사항으로써 노동조합 및 지방정부도 강력하게 요구한 결과이다(Appunn, 2018; Schlandt, 2015).

노후 갈탄 발전소 폐쇄가 제한적으로 진행되고 있기 때문에 에너지 전환을 추진하는 독일 정부가 이산화탄소 배출을 획기적으로 감축하는 데는 현실적으로 한계가 있다. 이렇듯 갈탄 발전소를 폐쇄하는 장기 계획을 위한 로드맵을 작성하는 전략 등에 대해서는 독일 정부가 확실한 비전을 제시하지 못하고 있기 때문에 2016년 전력 생산 비중에서 갈탄 발전소는 가장 높은 23.1%를 차지했다. 아직까지는 갈탄 발전소에서 배출되는 배출가스가 탄소 저감 비용인 톤당 4.99유로(2017년 기준)로 상대적으로 낮은 관계로 경제성을 확보하고 있고 전력 생산 후 전력선에 공급할 수 있는 가능성이 원자력 발전보다는 낮지만 천연가스보다는 높은 기능적 장점도 동시에 보유하고 있다. 이러한 이유로 인해 갈탄 발전소 전력 생산은 2010년 145.9TWh에서 2015년 155TWh로 증가하는 경향을 나타내고 있다(AG Energiebilanzen e.V., 2017; EEX, 2017)(〈그림 2-5〉 참조).

〈그림 2-5〉 1990~2015년 갈탄 발전소 전력 생산 추이

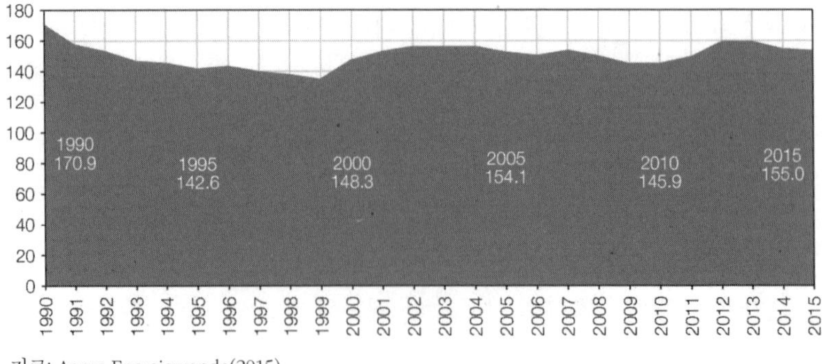

자료: Agora Energiewende(2015).

(2) 원자력 발전

원자력 발전은 한편으로는 온실가스를 거의 배출하지 않기 때문에 기후변화를 억제하기 위한 에너지 자원으로 역할을 할 수 있지만 원자력 폐기 물질이 환경을 오염시키면 장기간 치명적인 손상이 발생하기 때문에 매우 위험한 에너지 자원으로 간주되고 있다. 독일은 세계 제1차 석유 위기가 발생한 1972~1973년부터 원자력 발전소 건설을 위한 국가적 역량을 집중한 결과 1975년 최초 상업화에 성공했다. 이후 1970년대 및 1980년대 원자력 발전소를 집중적으로 건설해 17개를 운영하고 있다(World Nuclear Association, 2016).

2010년까지 146TWh를 생산해 총전력 생산의 약 25%를 차지했으나 2011년 일본 후쿠시마 원자력 발전소 폭발 사고로 인해 원자력 발전 안전에 대한 독일 국민의 부정적인 시각으로 2022년까지 점진적으로 원자력 발전소를 폐쇄하는 것으로 결정되었다. 이러한 독일 정부의 결정으로 원자력 발전소를 운영하고 있는 에너지 대기업인 독일 알뵈에(RWE), 에온(E.On), 에엔뵈두불뵈(EnBw)와 스웨덴의 바텐팔(Vattenfall)은 정부 정책 변경으로 인한 경제적 손실에 대해서 240억 유로에 달하는 배상을 요구하며

〈그림 2-6〉 1990~2015년 원자력 발전소 전력 생산 추이 변화

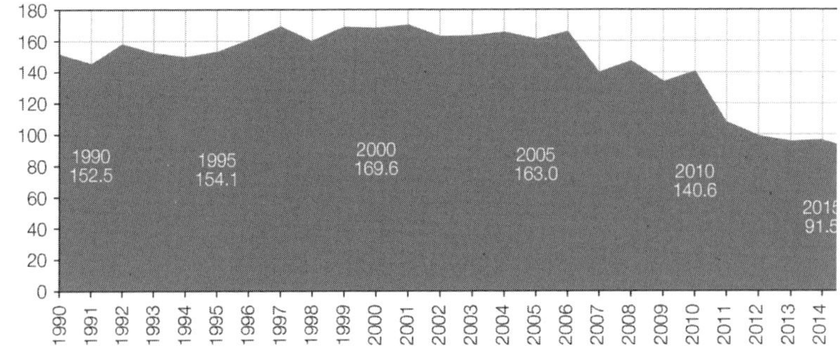

자료: Agora Energiewende(2015).

법적 투쟁을 지속하고 있다(Bernasconi-Osterwalder and Brauch, 2014).

이러한 독일 원자력 발전소 폐쇄 정책으로 2015년까지 9개의 원자력 발전소가 폐쇄되었으며 2017년부터 2022년까지 나머지 8개가 점진적으로 폐쇄될 예정이다. 그 결과 2010년 원자력 발전소 전력 생산은 140.6TWh에서 2015년 91.5TWh로 크게 감소했다(Agora Energiewende, 2015)(〈그림 2-6〉 참조).

(3) 재생에너지

1980년대 이후부터 독일 정부가 지속적으로 재생에너지 개발에 투자를 한 이유는 다음과 같은 세 가지로 설명되고 있다. 첫째는 재생에너지 자원이 부족한 에너지 안보를 강화하고, 둘째는 재생에너지 개발을 위한 기술 부문에 선도적인 역할을 수행하고, 셋째는 이를 기초로 재생에너지 기술을 세계 시장에 수출할 수 있는 역량을 강화할 수 있다는 것이다. 이를 위해서 1980년대부터 재생에너지 기술 개발에 착수한 독일은 기존의 화석연료 에너지 시장이 보유하지 못한 틈새시장을 적극적으로 개척하면서 시장성을 확보하기 시작한다. 또한 독일 정부는 재생에너지를 보급 및 확산시키기 위해서 다양한 재생에너지 보급 정책을 추진했으며 대표적인 것이

재생에너지 생산자에게 경제적 인센티브를 제공하는 발전차액지원제도 및 발전소가 재생에너지를 일정 부분 의무적으로 구매하는 재생에너지 의무할당제도(Renewable Portfolio Standard: RPS) 등을 실시했다(Jacobsson and Lauber, 2006; Park and Eissel, 2010).

재생에너지 개발은 에너지 공급에 커다란 구조적 변화를 발생시켰다. 기존의 화석연료 및 원자력 발전소는 대규모 발전을 생산하는 것이 경제적이기 때문에 특정 지역에 집중되는 경향이 매우 강했으나 재생에너지는 소규모 생산이 이루어지기 때문에 지역 분산형 발전 형태를 나타내고 있기 때문에 지역 주민에게 긍정적으로 인식을 전환시킬 수 있었다. 그 결과 재생에너지 정책이 환경적인 측면뿐만 아니라 지역 및 수요자 중심의 전력 공급이 가능하기 때문에 지지를 획득할 수 있었다.

그럼에도 불구하고 재생에너지 보급 및 확산 정책을 반대하는 화석연료 중심의 전력 회사 및 이해당사자들의 국회에 대한 로비 등은 매우 강력하게 진행되었다. 이러한 조직적인 반대에도 재생에너지의 개발, 보급, 확산을 위한 재정 지원은 2000년 50억 유로에서 2010년 270억 유로로 약 5.5배 증가했다. 그 결과 재생에너지가 생산하는 전력은 총전력 생산에서 1990년 3%에서 2011년 20%로 증가했다(Jarass and Obermair, 2012; BMU, 2012).

이처럼 지속적인 대규모 투자를 재생에너지 개발에 투자한 결과 재생에너지 발전 비율이 빠르게 증가해 2050년에는 총발전량에서 80%를 차지하는 야심찬 에너지 개념을 추진할 수 있게 되었다. 2050년 재생에너지 발전 비율이 80%를 차지하게 되면 에너지 전환의 최저 목표치는 달성하게 되는 것이다. 재생에너지 부문 중 풍력과 태양광 발전 비중이 최근에 빠르게 성장하고 있으며 바이오 비중은 최근 정체 상태이며 수력은 감소하는 추세다. 재생에너지 발전량은 2010년 104.8TW에서 2015년 193.9TW로 약

〈그림 2-7〉 1990~2015년 재생에너지 발전 추이 변화

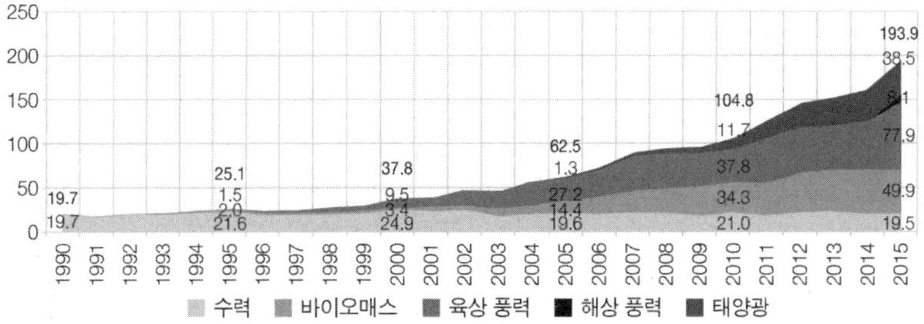

자료: Agora Energiewende(2015).

두 배 증가했다(Agora Energiewende, 2015)(〈그림 2-7〉 참조).

(4) 천연가스

천연가스는 화석연료 중 온실가스 배출이 가장 낮은 에너지원으로서 상대적으로 환경 친화적이라는 인식이 높다. 따라서 가정의 난방용뿐만이 아니라 전력 생산을 위한 발전용으로도 사용되고 있다. 천연가스는 2016년 독일 내 주요 에너지원 중에서 33%인 석유 비중 다음으로 22.6%를 차지하는 중요한 에너지 자원이며 발전 부문에서도 재생에너지 발전과 동일하게 2015년 대비 2016년에 증가한 에너지 자원이다(AG Energiebilanzen e.V., 2017).

독일 내 천연가스 소비 중 전력 생산을 위한 발전용 소비는 8.8%에 불과하나 온실가스 배출이 낮은 관계로 2011년까지 지속적으로 증가하고 있는 추세를 보이고 있다. 이후 유럽연합 내 재정 위기로 2015년까지 천연가스 발전용 소비는 다시 감소하는 추세다. 이처럼 2011년 이후 발전용 천연가스 소비가 감소하는 이유는 천연가스 소비 증대를 위한 천연가스 저장소 등의 각종 인프라와 천연가스 발전소를 건설하지 않았기 때문이다. 따라서 천연가스 가격이 하락했음에도 2011년에는 천연가스 발전 비

〈그림 2-8〉 1990~2015년 천연가스 발전량 변화 추이

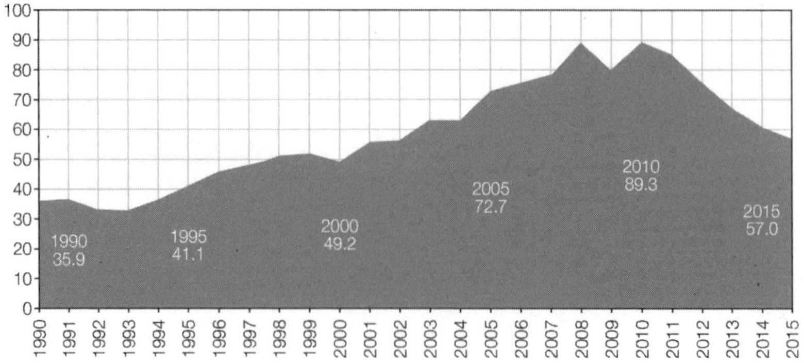

자료: Agora Energiewende(2015).

중이 14.5%에서 2016년 12.4%로 감소했다(AG Energiebilanzen e.V., 2017; Eurostat, 2017).

천연가스 발전소의 전력 생산은 1990년부터 지속적으로 증가해 2008년 정점에 도달한 후 글로벌 경제위기로 2009년 크게 감소한 후 2010년 89.3TWh를 생산해 2008년 수준을 회복했다. 그러나 이후 지속적으로 감소해 2015년에는 57TW를 생산해 약 36% 감소했다. 그러나 2016년에는 다시 소폭 증가해 총전력 생산 중 10%에서 12%로 증가했다(〈그림 2-8〉 참조).

그러나 에너지 전환에서는 천연가스와 관련해 소비 및 개발에 대해 재생에너지와 달리 특별한 인센티브를 제공하지 않고 있다. 또한 천연가스를 에너지 시장 내 자유경쟁의 원칙 아래 경쟁 수단으로 천연가스 시장으로 외부 경쟁자에 개방하는 방법을 취하고 있다. 따라서 타 발전 부문과 달리 천연가스 발전은 국내 전력 회사뿐만이 아니라 외국 기업에도 개방해 자유 경쟁 체제를 유도하고 있다(Powell, 2016).

5. 결론

21세기 인류에게 가장 중요한 화두는 분명히 환경과 에너지이다. 20세기 말까지 전 세계에서 진행된 산업화의 영향으로 지구온난화 현상을 유발하는 탄소가스 배출이 증대되어 다양한 형태의 환경 문제가 대두되기 시작했다. 따라서 이러한 전 지구적 문제를 해결하기 위해서 에너지 자원 생산 및 소비 부문에서는 커다란 전환이 요구되었다. 탄소 배출이 많은 화석연료 에너지 자원에서 환경 친화적 에너지 자원인 재생에너지 자원을 개발하고 소비하는 것이 그 핵심이었다. 동시에 에너지 소비가 경제 성장과 비례한다는 일반적인 이론에서 벗어나 에너지 소비를 감소시키면서도 경제 성장을 달성하는 에너지 소비 효율화를 꾀하는 것 또한 에너지 전환의 중요 주제이다.

따라서 유럽연합 최대 경제국이면서 가장 많은 에너지를 소비하는 독일의 경우 타 회원국보다 높은 에너지 의존도를 줄이고 지구 환경 변화를 초래하는 기후변화 문제에 적극적으로 대처하고 지속적인 경제 성장을 가능하게 하기 위해 2010년 에너지 전환을 위한 에너지 개념을 도입했다. 그리고 독일 정부는 이를 에너지 정책을 추진하는 핵심 프로그램으로 결정했다. 에너지 개념의 골자는 2050년까지 재생에너지로 전력 생산의 80%를 달성하고, 사고 시 환경에 치명적인 영향을 끼치는 원자력 발전소를 2022년까지 폐쇄하는 것이다.

또한 2016년 총전력 생산 중 40%를 차지하는 석탄 및 갈탄 발전소를 점진적으로 감소시키는 계획도 포함되어 있으나 석탄 산업의 강력한 노조, 정부의 보조금 지원 정책, 관련 이해당사자들의 지속적인 반대 등으로 인해 2011년 이후 석탄 및 갈탄 발전소에서 배출되는 이산화탄소의 양은 감소하는 것이 아니라 소폭 증가하고 있는 상태다. 따라서 2020년까지 탄소 배출 감축 목표치를 달성하기 위해 독일 정부는 석탄 및 갈탄 발전소에 지급하는 보조금을 2018년에 중단하고 노후 갈탄 발전소를 폐쇄하는 정책 방향을 채택했다.

동시에 재생에너지 보급 및 확산을 강화하기 위해 다양한 정책을 추진하고 재원을 투자해 2025년에는 총전력 생산 중 재생에너지 전력 생산 비중을 40~45%로, 2035년에는 55~60%로, 2050년에는 최소 80%로 증가시키는 로드맵을 확정했다. 2016년 재생에너지 전력 생산 비중은 29.5%로 지금으로서는 2025년 목표치를 달성할 수 있는 가능성이 높다고 판단된다.

따라서 정리하자면 독일의 에너지 전환은 에너지 개념 정책로드맵을 충실하게 이행한다는 전제 아래 이산화탄소 배출 비중은 2020년 목표치에 근접할 수 있으며, 재생에너지 전력 생산 목표치는 2025년에 문제없이 달성할 수 있으리라 판단된다. 또한 에너지 효율성도 지속적으로 증가해 유럽연합 에너지 2020의 목표치인 10% 향상 또한 무사히 달성할 수 있으리라 여겨지며 2022년 원자력 발전소 폐쇄도 계획대로 진행될 것으로 보인다. 현재 상태로 에너지 정책이 지속적으로 진행된다면 2025년에는 에너지 전환의 분기점을 맞을 수 있을 것이며 2050년 목표를 달성하게 되면 독일은 에너지 전환을 달성하는 최초의 국가가 될 것이다.

참고문헌

박상철. 2015. 『독일 재생에너지정책과 지속가능 발전전략』. 이담.

AG Energiebilanzen e.V. 2017. "Stromerzeugung nach Energieträgern 1990-2016." http://www.ag-energiebilanzen.de/4-1-Home.html(검색일: 2018.3.12)

Agora Energiewende. 2015. "Report on the German power system." Version 1.0. Country Profile Study. Brussels: Agora Energiewende.

_______. 2016. "Die Energiewende im Stromsektor: Stand der Dinge 2015: Rückblick auf die wesentlichen Entwicklungen sowie Ausblick auf 2016." Berlin: Agora Energiewende.

_______. 2017. "Energy Transition in the Power Sector in Europe: State of Affairs in 2016." Berlin: Agora Energiewende.

Amelang, S., B. Wehrmann and J. Wettengel. 2017.11.13. "Germany's Energy Use and Emissions Likely to Rise yet Again." https://www.cleanenergywire.org/news/germanys-energy-use-and-emissions-likely-rise-yet-again-2017(검색일: 2018.3.11)

Appunn, K. 2018.1.2. "The History behind Germany's Nuclear Phase-Out: Clean Energy Wire Factsheets." https://www.cleanenergywire.org/factsheets/history-behind-germanys-nuclear-phase-out(검색일: 2018.3.8)

BAFA. 2017. "Bundesamt für Wirtschaft und Ausfuhrkontrolle. Drittlandskohlepreis." http://www.bafa.de/DE/Energie/Rohstoffe/Drittlandskohlepreis/drittlandskohlepreis_node.html(검색일: 2018.3.15)

Bernasconi-Osterwalder, N. and M. D. Brauch. 2014.12. "The State of Play in Vattenfall v. Germany II: Leaving the German public in the dark." International Institute for Sustainable Development.

BMU(Federal Ministry of Environment, Nature Conservation and Nuclear Safety). 2007.12. "The Integrated Energy and Climate Programme of the German Government."

BMU. 2012. "Act on granting priority to renewable energy sources." http://www.bmu.de/files/english/pdf/application/pdf/eeg_2012_en_bf.pdf(검색일: 2018.3.17)

Dickel, R. 2014. *The New German Energy Policy: What Role for Gas in a Decarbonization Policy?* Oxford: The Oxford Institute for Energy Studies.

EEX. 2017. "European Emissions Allowances Global Exchange." EU Emission Allowances, Secondary Market. https://www.eex.com/en/market-data/environmentalmarkets/spo

t-market/european-emission-allowances#!/2017/05/25(검색일: 2018.3.17)

EUROCOAL. 2015. "Coal in Europe 2015, lignite production, hard coal production and lignite."

Eurostat. 2017. "Natural Gas Prices Statistics." http://ec.europa.eu/eurostat/statistics-explained/index.php/Natural_gas_price_statistics(검색일: 2018.3.17)

Federal Ministry of Economics and Technology and Federal Ministry for the Environment, Nature Conservation and Nuclear Safety. 2010. "Energy Concept for an Environmentally Sound, Reliable and Affordable Energy Supply." https://cleanenergyaction.files.wordpress.com/2012/10/german-federal-governments-energy-concept1.pdf(검색일: 2018.3.5)

Federal Ministry of Economics and Technology. 2015. "The Energy of the Future: Fourth "Energy Transition" Progress Report –Summary." Berlin: MOET.

Fressoz, J. B. 2013. "Pour une histoire déesorientée de l'énergie, Entropia Revue d'éude thérique et politique de la déroissance, n°5, automne, L'histoire désorienté." CAK - Centre Alexandre Koyré.

Fulton, M. and R. Capalino. 2012. "The German Feed in Tariff: Recent Policy Changes." New York: DB Research.

Gjonca, O. 2017. "The German Energy Transition in European Perspective: An Analysis of Power Sector Decarbonization Process." Master thesis at University of Twente. The Netherlands & Westfälische Wilhelms Universität Münster.

Harrison K. 2010. "The Comparative Politics of Carbon Taxation." *Annual Review of Law and Social Science*, 6, pp.507~529

International Energy Agency(IEA). 2016. Energy and Climate Change; World Energy Outlook Special Report. Paris: IEA

International Renewable Energy Agency(IRENA). 2017. "Renewable Energy and Jobs: Annual Review 2017." http://www.irena.org/documentdownloads/publications/irena_re_jobs_annual_review_2017.pdf(검색일: 2018.3.11)

Jarass, L. and G. M. Obermair. 2012. *Welchen Netzumbau erfordert die Energiewende? unter Berücksichtigung des Netzentwicklungsplan*. Münster: MV-Verlag

Jacobsson, S. and V. Lauber. 2006. "The Politics and Policy of Energy System Transformation Explaining the German Diffusion of Renewable Energy Technology." *Energy Policy*, 34, pp.256~276

Jungjohann A. and C. Morris. 2014. "The German Coal Conundrum: The Status of Coal Power in Germany's Energy Transition." Washington DC: Heinrich Böll Stiftung.

Küchler, S. and R. Wronsky. 2015. "Was Strom wirklich kostet: Vergleich der staatlichen Fö rderungen und gesamtgesellschaftlichen Kosten von konventionellen und erneuerbaren Energien - Langfassung, überarbeitete und aktualisierte Auflage 2015." Forum Ökologisch-Soziale Marktwirtschaft.

OECD and IEA. 2013. "Energy Policies of IEA Countries: Germany." Paris: OECD and IEA

Öko-Institut e.V. 2016. "Institute for Applied Ecology, Halbzeit Energiewende Jahresbericht des Öko-Instituts 2015."

Park, S. C. and D. Eissel. 2010. "Alternative Energy Policy in Germany with Particular Reference in Solar Energy." *Journal of Contemporary Studies*, Vol. 18, No. 3, pp.323~340.

PBL Netherlands Environmental Assessment Agency and EC Joint Research Center. 2016. "Trends in Global Co2 Emissions 2016 Report." The Hague: PBL Netherlands Environmental Assessment Agency & European Commission.

Powell, W. 2016. "Nord stream 2 and the role of the EC." https://www.naturalgasworld.com/nordstream-2-and-the-ambiguous-role-of-the-ec-30548(검색일: 2018.3.17)

Pellerin-Carlin, T. and P. Serkine. 2016.6.8. "Energy Union Innovation strategy." Paris: Notre Europe Jacques Delors Institute.

Schlandt, J. 2015. "New power market design without capacity mechanism in ministry plans. Clean Energy Wire." https://www.cleanenergywire.org/news/new-power-market-design-without-capacity-mechanismministry-plans(검색일: 2018.3.16)

Smil, V. 2010. *Energy Transitions: History, Requirements, Prospects, Santa Barbara.* California: Praeger.

Strunz, S. 2013.10. "The German Energy Transition as a Regime Shift." UFZ Discussion Papers Department of Economics. Leipzig: Helmholtz-Zentrum für Umweltforschung GmbH –. UFZ.

United Nations(UN). 2015. "Adoption of the Paris Agreemen." https://unfccc.int/resource/docs/ 2015/cop21/eng/l09r01.pdf(검색일: 2018.3.5)

Unruh, G. C. 2000. "Understanding Carbon Lock." *Energy Policy*, 28, pp.817~830

Veith, S. 2010. *The EU Emission Trading Scheme: Aspects of Statehood, Regulation and Accounting, European University Studies.* Series V Economics and Management. Frankfurt am Main: Peter Lang.

Westphal, K. and T-V. de Graf. 2011. "The G-8 and G-20 as Global Steering Committee for Energy: Opportunities and Constraints." *Global Policy*, Vol.2, No.1, pp.19~30.

Wettengel, J. 2017. "A (very) Brief Timeline of Germany's Energiewende." Factsheet: Clean Energy Wire, https://www.cleanenergywire.org/factsheets/very-brief-timeline-germanys-energiewende(검색일: 2018.3.9)

World Nuclear Association. 2016. "Nuclear power, energy and the environment." http://www.world-nuclear.org/getmedia/68227dc6-7997-4887-930a-02139166dee4/Pocket-Guide-Environment.pdf.aspx(검색일: 2018.3.17)

Sustainable Development Goals. "Climate Change Affects Everyone." http://www.un.org/sustainabledevelopment/climatechange/(검색일: 2018.3.5)

Norton Rose Fulbright. 2017.3. "Energy storage in Germany: what you should know." https://www.nortonrosefulbright.com/de-de/wissen/publications/1d322179/energy-storage-in-germany---what-you-should-know(검색일: 2018.3.11)

03

중국의 에너지 전환

조정원

1. 서론

중국의 에너지 전환의 방향은 다른 선진국들과 마찬가지로 전체 에너지 믹스와 전력 생산량에서 석탄의 사용 비중을 축소하고 화석연료 중에서 오염 물질 배출량이 상대적으로 적은 천연가스의 사용을 확대하며 신·재생에너지의 비중을 높이는 것이다. 그러나 중국이 에너지 전환 정책을 추진하는 방식은 유럽의 선진국들이나 한국 등과는 대조적이다. 시민사회와 비영리조직이 정부의 에너지 전환 정책의 수립과 실행에 영향을 미치는 독일, 덴마크, 한국 등과는 달리 중국은 중앙정부가 주도하는 하향식(top-down) 정책을 따르고 있다. 또한 중국 중앙정부는 원자력 발전의 비중을 높이는 방향으로 에너지 전환 정책을 추진하고 있다.[1]

---

1 2018년 3월 중국 중앙정부의 조직 개편 과정에서 환경보호부와 국무원 국가발전개혁위원회의 기후변화 관련 부처를 합병해 만들어진 생태환경부의 장관에 원자력 전문가인 리간제(李干杰)가 취임하면서 원자력 발전의 확산을 에너지 전환의 영역에 포함하고 있다.

중국 중앙정부가 주도하는 에너지 전환 정책은 정책 수립과 집행 과정의 효율성을 끌어올리는 데 도움이 될 수 있다. 그러나 에너지 전환을 추진하는 과정에서 각 지역의 지방정부, 기업을 비롯한 이해관계자들이 모두 중앙정부의 정책에 동의하고 따라올지는 장담하기 어렵다. 표면적으로는 중국 중앙정부가 에너지 전환 정책을 강력하게 추진하고 있는 것으로 보이지만 실제로 나타나는 결과는 이상적이지 않다. 특히 석탄, 석유의 지속적인 사용으로 인한 스모그가 중국과 인접한 한국에 지속적으로 영향을 주고 있고 한국의 경기도와 유사한 역할을 하고 있는 허베이성이 자동차와 공장의 매연으로 인한 스모그에서 자유롭지 못하다. 이러한 상황이 계속되는 것을 보면 중국의 에너지 전환 정책이 성과를 내고 있다고 보기 어렵다.

그렇다면 중국의 에너지 전환 정책은 구체적으로 어떤 내용들을 담고 있는가? 중국의 에너지 전환 정책의 현재까지의 성과와 문제점은 무엇인가? 이 글에서는 이 두 가지 질문을 중심으로 중국의 에너지 전환 문제에 접근하고자 한다. 이를 위해 2절에서는 중국의 에너지 전환 관련 정책들의 주요 내용을 소개·분석할 것이다. 3절에서는 중국의 에너지 전환 정책의 성과와 정책 추진 과정에서 나타나는 문제점들을 다루게 될 것이다. 그리고 4절에서는 글을 마무리하면서 중국의 에너지 전환 정책이 앞으로 어떻게 전개될 것이며 문제점을 해결하는 데 어떤 어려움이 있을지 예측해 보고자 한다.

2. 중국의 에너지 전환 관련 정책

1) 재생에너지의 보급과 재생에너지 산업의 발전

(1) 재생에너지 산업목록과 '재생에너지법'

중국 중앙정부는 재생에너지 산업의 발전과 재생에너지의 보급을 통해 에너지 전환을 추진하고자 했다. 이를 위해 2005년 '재생에너지 산업 발전 지도 목록'을 내놓았다. 2006년 1월에 나온 '재생에너지법'은 '재생에너지 산업 발전 지도 목록'을 법적으로 뒷받침하기 위해 만들어졌다. '재생에너지법'에서는 중국의 전력망 기업들의 재생에너지 이용 전력 의무 구매, 재생에너지 전용 기금 설치, 재생에너지 발전소의 송전선 접속 지원을 명시했다(원동아, 2011: 40). 또한 재생에너지 전력 매입 가격은 정부가 정한 가격과 입찰에 의한 낙찰 가격을 중심으로 운영하도록 했다(Daiwa Institute, 2010: 5). 중국의 재생에너지 산업과 재생에너지 기업들의 발전에 필요한 자금을 지원하고 재생에너지 발전소들이 중국의 전력 공급망에 좀 더 쉽게 들어올 수 있도록 한 것이다.

(2) 11차 5개년 계획 (2006~2010년)

11차 5개년 계획 기간에 중국공산당과 중국 중앙정부는 환경 규제 강화와 재생에너지를 중심의 에너지 전환을 통해 환경 문제의 개선과 경제 성장을 병행하고자 했다(Yuan·Zuo, 2011: 3856). 이를 위해 11차 5개년 계획 실행 이후 두 번째 해인 2007년 6월 25일, 당시 국가주석이었던 후진타오는 공산당 간부들의 교육 기관인 베이징 중앙당교에서 과학적 발전관(科學發展觀)을 주장했다. 후진타오는 과학적 발전관에 필요한 공업화의 완성을 위해 자원과 환경의 제약에서 벗어나야 함을 지적했고 인간 중심의 지

〈표 3-1〉 11차 5개년 계획 기간의 재생에너지 정책

분류	주요 내용
발전 목표	· 재생에너지 개발 · 에너지 생산 구조에서 재생에너지의 비중 제고 · 농촌의 재생에너지 보급을 통한 · 농촌 전력 비공급 지역의 생활 개선 · 재생에너지 기술 및 산업 발전 · 재생에너지 연구개발 투자 확대 및 · 산업화 수준 제고
주요 재생에너지의 연간 생산 목표	· 수력 발전: 6,650억 kW · 풍력 발전: 210억 kW · 태양광 발전: 5억 4,000만 kW · 바이오+지열 등: 240억 kW
정책	· 전면적인 〈재생에너지법〉 관철, 시행 · 재생에너지 관련 전문 기금 조성 및 관리, 국가차원 R&D 지원 등 · 재생에너지 이용(할당제, 세금우대 등) 제고를 위한 시장 환경 조성 · 재생에너지 기술 발전 및 산업 발전 시스템 구축

자료: 박상도·조원권(2017: 226).

속가능한 경제 발전을 추구해야 함을 주장했다(지만수, 2007: 7). 동년 10월 15일부터 22일까지 열린 중국공산당 17차 전국대표대회에서는 중국공산당 당장(黨章)에 과학적 발전관이 삽입되면서 중국공산당의 경제 사회 발전 이념으로 부각되었다. 중국 중앙정부는 과학적 발전관의 실현을 위해 〈표 3-1〉에 나온 바와 같이 재생에너지 산업의 발전과 재생에너지의 확산을 위한 정책들을 시행했다.

(3) 12차 5개년 계획 (2011~2015년)

12차 5개년 계획 기간에 중국 중앙정부는 재생에너지 시장의 활성화를 통해 산업과 시장의 규모를 키우는 방향으로의 발전을 추진했다. 그리고 〈표 3-2〉에 나온 바와 같이 수력 발전, 풍력 발전, 태양광 발전과 바이오,

〈표 3-2〉 12차 5개년 계획 기간의 재생에너지 정책

분류	주요 내용
발전 목표	· 재생에너지 산업 발전을 위한 사회적 환경 개선 · 재생에너지 정책 추진의 시장화, 전방위, 다원화, 규모화, 산업화 발전 추진
주요 재생에너지의 연간 생산 목표	· 수력 발전: 9,100억 kW(연 생산량) · 풍력 발전: 1,900억 kW(연 생산량) · 태양광 발전: 250억 kW(연 생산량) · 바이오, 지열 등: 780억 kW(연 생산량)
정책	· 재생에너지 발전 목표 평가제도 건립 및 재생에너지 전력 분배 제도 구축 · 재생에너지 보조금 및 금융지원 정책 추진, 세금 우대 정책 시행 · 재생에너지 산업 관리 시스템 구축(프로젝트 관리) 및 조직 보완 · 재생에너지 정보 관리 시스템 구축

자료: 박상도·조원권(2017: 228).

지열 등의 전력 생산량을 상향 조정하고 재생에너지 발전 목표의 평가 제도, 재생에너지 전력 분배 제도를 구축하기로 했다. 아울러 재생에너지의 확산과 재생에너지 기업들의 발전을 위해 보조금 및 금융 지원 정책을 추진하기로 했다. 중앙정부와 지방정부 차원의 재생에너지 보조금 정책은 보조금 지원 혜택을 보고 재생에너지 산업에 많은 기업들이 참여하면서 부실 기업이 양산되었다. 그러나 태양광의 트리나솔라, 풍력의 진펑과기 등의 우량 기업이 나오면서 중국 재생에너지 산업의 발전과 국제 경쟁력 강화에 기여했다.

(4) 13차 5개년 계획 (2016~2020년)

중국 중앙정부는 13차 5개년 계획 기간에 재생에너지 산업의 목표 관리 체계를 정비하고 산업 고도화 전략을 추진하면서 시장이 주도하는 정책 메커니즘을 갖추는 것을 목표로 했다. 그리고 주요 재생에너지의 연간 생산

〈표 3-3〉 13차 5개년 계획 기간의 재생에너지 정책

분류	주요 내용
발전 목표	· 재생에너지 산업의 목표관리 및 산업고도화 전략 추진 · 시장이 주도하는 재생에너지 정책 메커니즘 완비 · 재생에너지 관련 기술 업그레이드 및 국제 교류, 협력 확대
주요 재생에너지의 연간 생산 목표	· 수력 발전: 1조 2,500억 kW(연 생산량) · 풍력 발전: 4,200억 kW(연 생산량) · 태양광 발전: 1,245억 kW(연 생산량) · 바이오+지열 등: 900억 kW(연 생산량)
정책	· 재생에너지 개발 및 이용, 목표지향적 관리체계 정비 · 재생에너지 발전 전력 전액 보장성 정부구매 제도 관철 · 재생에너지 거래 시장 활성화 · 배출권 거래 시장 활성화 · 재생에너지 관리감독 강화

자료: 박상도·조원권(2017: 228).

목표의 상향 조정의 실현을 위해 재생에너지 발전 전력의 전액 보장성 정부구매 제도를 추진하기로 했다. 또한 재생에너지 거래 시장의 활성화, 재생에너지 관리 감독 강화도 2020년까지 추진할 정책의 주요 과제로 선정했다.

2) 에너지 발전 전략 행동계획 (2016~2020년)

중국 중앙정부는 에너지 발전 전략 행동계획을 통해 단기적으로 천연가스와 수력, 원자력, 태양광 및 풍력의 사용을 늘리려 하고 있다.

(1) 천연가스

석탄을 중장기적으로 대체할 수 있는 가장 현실적인 대안인 천연가스는 생산과 소비 모두 늘어날 것으로 보인다. 행동계획에 따르면 2020년까지 중국의 연간 천연가스 생산량은 1850억 m^3, 셰일가스 생산량은 300억

m^3, 하이드레이트 생산량은 300억 m^3까지 끌어올려서 천연가스가 1차 에너지에서 차지하는 비중을 10% 이상으로 높일 것으로 보인다. 국무원 자원환경연구소에서도 2020년까지 천연가스 소비량을 약 4100억 m^3(2015년 천연가스 소비량으로 예상되는 2000억 m^3의 2배 정도 수치)로 끌어올리고 같은 기간 천연가스가 1차 에너지에서 차지하는 비중을 2015년 전망치(6~6.5%)보다 2배 정도(12%)까지 높이는 것이 가능할 것으로 예측했다.

(2) 수력, 원자력, 태양광 및 풍력

수력 발전 분야에 대한 행동계획의 내용을 살펴보면 서남 지역의 진사강(金沙江), 야룽강(雅砻江), 다두허(大渡河), 란창강(瀾滄江) 등에 대형 수력 발전소를 건설하고 지형 조건에 적합한 중소형 수력 발전소와 펌핑 스토리지 발전소 건설을 병행하기로 했다. 이를 통해 수력 발전소의 설치 용량을 3억 5000만 kW까지 늘리는 것을 목표로 하고 있다.

연해 지역 중심으로 발전소가 건설되어 사용되었던 원자력은 행동계획과 원자력 발전 중장기 발전 계획(核電中長期發展規划)에서 2020년까지 용량을 5800만 kW까지 늘리고 3000만 kW를 추가로 건설할 것으로 언급되어 있다. 중국은 이를 위해 내륙 지역을 중심으로 새로운 원자력 발전소들의 건설을 준비하고 있다.

태양광과 풍력 발전 분야의 행동 계획에서도 태양광 발전은 13차 5개년 계획 기간에 설비 발전 용량 1억 kW, 풍력 발전의 설비 발전 용량은 2억 kW까지 늘리는 것을 목표로 하고 있다.

3) 에너지 생산과 소비 혁명 전략 (2016~2030년)

2016년에 중국 중앙정부의 국가에너지위원회에서 내놓은 에너지 생산과 소비 혁명 전략(能源生產和消費革命戰略, 2016~2030)은 에너지 전환을 위한 단기 전략인 에너지 발전 전략 행동 계획과 달리 중장기 전략의 역할을 하고 있다. 에너지 생산과 소비 혁명 전략에서는 에너지 사용, 에너지 소비, 에너지 생산, 에너지 과학기술 분야에서의 변화를 위한 방향과 과제를 제시했다.

(1) 에너지 사용과 에너지 소비

에너지 사용에 있어서는 2030년까지 재생에너지와 천연가스, 원자력의 이용을 지속적으로 늘리고 탄소 배출량이 많은 화석연료의 이용을 대폭 줄이기로 했다. 이를 위해 재생에너지와 원자력을 포함한 비화석 에너지는 중국의 전체 에너지 소비 비중의 약 20%, 천연가스는 중국의 전체 에너지 소비 비중의 15% 이상으로 제고하기로 했다. 또한 화석연료의 이용 효율과 청정화를 통해 단위 GDP 소모는 세계 평균 수준으로 끌어올리고 에너지 과학기술 수준도 세계 상위권으로 끌어올리는 것을 목표로 했다(國家能源委員會, 2016: 8). 아울러 2050년에는 비화석연료 중심의 녹색, 저탄소, 고효율 에너지 시스템 구축을 통해 비화석연료를 중국의 전체 에너지 소비 수준에서 차지하는 비중을 50% 이상으로 끌어올리는 것을 목표로 했다(國家能源委員會, 2016: 9).

에너지 소비에서는 절약과 고효율을 위한 에너지 전환을 추진하기로 했다. 이를 위해 석탄, 석유의 소비 증가를 줄여서 2020년 에너지 소비 총량은 표준 석탄 기준 50억 톤 이내, 2030년 에너지 소비 총량은 표준 석탄 기준 60억 톤 이내로 억제하기로 했다. 또한 도시와 농촌에서 사용하는 석유와 석탄을 모두 전기로 교체해 도시와 농촌의 탄소 배출량을 줄이기로 했다. 그리고 건물에서 직접 연소를 할 때 석탄 사용을 중단하고 냉난방 공급에서 재생에너지의 사용을 늘리기로 했다. 민간에서는 전기자동차를 비롯한 신에너지 자동차의 사용을 늘리기로 했다. 아울러 농촌의 전기 생산과 태양열 공급을 늘리고 태양열, 지열, 생물 에너지, 고체 폐기물의 사용을 늘림으로써 농촌에서의 신·재생에너지 사용을 강화하기로 했다(國家能源委員會, 2016: 9).

(2) 에너지 생산, 에너지 과학 기술

에너지 생산에서는 청정 저탄소 에너지 생산을 통한 에너지 생산 혁명을 추진하기로 했다. 이를 위해 석탄의 청정 고효율 개발을 추진하고 오염 물질 배출을 최소화한 청정 석탄의 이용을 늘리기로 했다. 또한 민간에서의 석탄 사용을 가스, 전력으로 교체하는 작업을 진행하기로 했다. 그리고 화력 발전소의 설비를 탄소 배출량이 적은 설비로 교체함으로써 화력 발전소의 오염 물질 배출 수준을 가스 발전소 수준으로 낮추기로 했다. 재생에너지 생산 증대를 위해서 중국 중앙정부는 태양열, 풍력, 수력의 중국 국내 전력망으로의 진입을 늘리기로 했다.

에너지 과학기술에서는 고효율 에너지 절감 기술, 에너지 청정 개발 및 이용 기술, 스마트 에너지 기술(인터넷 및 분산형 전원 기술 포함), 스마트 그리드 기술, 에너지 저장 기술(물리 에너지 저장 및 화학 에너지 저장)의 심도 있는 융합을 추진하는 데 초점을 맞추고 있다. 또한 재료 과학과 정보 기술 등을 중심으로 에너지 과학기술 기초 연구 강화를 통한 융합과 혁신을 추구하고 과학기술과 관리 수준의 제고를 위한 국제 교류 및 협력을 강화하기로 했다. 중국 중앙정부는 이와 같은 연구와 국제 협력의 강화를 통해 중국의 에너지 전환에 필요한 과학기술 혁명을 중장기적으로 추진할 계획이다. 또한 전 국민 에너지 절약 행동, 농촌 신에너지 행동을 통해 중국 중앙정부가 수립한 전략을 도시와 농촌 지역으로 확산할 예정이다.

3. 에너지 전환 추진 과정에서의 성과와 문제점

1) 성과

(1) 에너지 수요와 탄소 배출량 증가세 둔화

중국의 에너지 전환 정책은 에너지 수요와 탄소 배출량 증가폭을 줄이는 데 기여하고 있다. 중국은 2000년부터 2010년까지 에너지 수요가 연 8% 속도로 증가했으나 2010년 이후 연 3% 이하로 증가세가 둔화되었다(맥나마라, 2018: 1). 탄소 배출량 증가세도 같은 기간 연 9%에서 연 3% 수준으로 크게 줄어들었으며 2016년에는 사상 최초로 전년 대비 탄소 배출이 감소했다(맥나마라, 2018: 1). 이러한 성과는 중국이 탄소와 각종 오염 물질 배출을 줄일 수 있는 태양광과 수력, 천연가스의 사용을 늘리면서 나타난 결과다.

(2) 전기자동차와 충전소 네트워크의 확산

중국은 배터리 전기자동차와 하이브리드 플러그인을 중심으로 하는 신에너지자동차의 확산을 통해 에너지 전환과 오염 물질 배출 감소를 시도하고 있다. 중앙정부와 지방정부의 배터리 전기자동차 판매 보조금과 차량 번호판 등록 비용 면제, 차량 요일별 운행 제한 면제, 공공 부문의 전기 버스와 전기차 택시, 물류용 전기 차량의 구매로 인해 중국의 배터리 전기자동차(純電動汽車) 판매량은 2015년 24만 7000대에서 2017년 65만 2000대로 2년 사이에 2배 넘게 증가했다(王政, 2018: 1).

2017년에 플러그인 하이브리드 차량 등을 포함한 중국의 신에너지자동차 판매량은 77만 7000대로 전년 대비 53.3% 증가를 기록하면서 신에너지자동차 판매 부문 세계 1위를 기록했다(王政, 2018: 1). 전기자동차 판매가 늘어나면서 광둥성(廣東省) 선전(深圳)의 전기 버스, 전기 택시 보급을

〈표 3-4〉 2015~2017년 중국의 배터리 전기자동차 판매량

연도	판매량(단위: 만 대)	전년 대비 증가율(단위: %)
2015	24.7	450
2016	40.9	65.1
2017	65.2	59.6

자료: 王政(2018.4.17).

중심으로 발전한 로컬 업체인 비야디(BYD) 외에도 국내외 유명 업체들이 전기자동차 모델을 내놓으면서 중국의 전기자동차 시장의 활성화를 유도하고 있다. 또한 중국이 구축한 전기자동차용 공공 충전소도 2017년 기준 21만 개로 세계 1위를 기록했는데 그중 도시 간 고속도로 충전소는 3만 1000개로 전체의 약 14.8%를 차지했고 약 3만 1000km의 고속도로에서 전기자동차 충전이 가능하게 되었다(王政, 2018: 1).

(3) 태양광 산업의 발전

중국 중앙정부의 재생에너지 산업화를 위한 보조금과 재정 지원, 거대한 내수 시장으로 인한 매출의 안정적 확보, 기업들의 역량 강화로 인해 중국의 태양광 산업은 셀과 모듈을 중심으로 세계 태양광 시장을 주도하게 되었다. 〈표 3-5〉에 나온 바와 같이 세계 10대 태양광 기업 목록에 셀 분야에는 8개, 모듈 분야에는 6개의 중국 기업들이 포함되었다.

중국은 국내 태양광 시장의 규모가 전 세계 태양광 시장의 약 45%인 45GW에 달해 자체적으로 많은 물량을 소화할 수 있으며 태양광 투자를 유치하기 위해 신규 공장을 설립하면 설비 보조금을 주거나 2~3년간 소득세를 감면해준다(오광진, 2018.3.1: 1). 또한 기존에 설립된 공장에 대해서는 경영이 악화됐을 때 토지세를 감면하거나 기술혁신 보조금, 에너지 절감

〈표 3-5〉 2018년 세계 10대 태양광 기업

순위	셀	모듈
1	한화큐셀 (한국)	진코솔라 (중국)
2	퉁웨이 (중국)	한화큐셀 (한국)
3	JA 솔라 (중국)	캐나디안 솔라 (중국)
4	진코 솔라 (중국)	JA 솔라 (중국)
5	캐나디안 솔라 (중국)	GCL (중국)
6	트리나 솔라 (중국)	룽이 (중국)
7	룽이 (중국)	트리나 솔라 (중국)
8	펑 (중국)	비나 솔라 (베트남)
9	퍼스트 솔라 (미국)	잉리 그린 (중국)
10	GCL (중국)	퍼스트 솔라 (미국)

자료: 오광진(2018.3.1).

보조금 등을 지원하면서 경영 개선을 도와주고 있다(오광진, 2018.3.1: 1). 중국 내수 시장의 활성화와 중국 중앙정부의 태양광 기업들에 대한 강력한 지원으로 인해 중국은 국제적 규모와 경쟁력을 갖춘 태양광 기업들을 육성하고 태양광 산업을 발전시키는 데 성공했다. 중국 중앙정부의 재정 지원과 중국 기업들의 연구 개발이 현재와 같이 지속된다면 태양광의 확산에 있어서도 다른 나라들보다 더 나은 성과를 창출할 수도 있다.

2) 문제점

(1) 화석연료 사용 감소의 어려움

중국 중앙정부의 단기 에너지 전환 전략인 에너지 전략 행동계획에서는 중국의 1차 에너지에서 차지하는 석탄의 비중을 2016년부터 2020년까지 62%로 줄이고 석탄 소비량은 42억 톤 이내로 관리하는 것을 목표로 하고 있다. 2014년 중국의 1차 에너지 사용 비율에서 석탄이 차지하는 비율이 65%였던 점을 감안하면 13차 5개년 계획 기간 동안 3% 감소를 목표로 하는 것이다. 중국이 단기적으로 석탄의 사용을 대폭 줄이기 어려운 것은 화력 발전소보다 더 저렴하게 전력을 생산·공급할 수 있는 대안이 없기 때문이다. 그리고 화력 발전소에서 생산하던 전기를 신·재생에너지를 이용해 공급하는 과정에서 나타날 수 있는 문제도 중국의 중앙정부와 지방정부에 부담이 될 수 있다. 예컨대 기존의 화력 발전소를 폐쇄하고 덴마크에서 운영하고 있는 바이오매스 발전소로 전환할 경우 운영 인력이 2명 정도만 필요한 바이오매스 발전소의 환경에 의해 화력 발전소에서 일했던 인원들의 고용 승계가 보장되지 않는다는 점이 그것이다. 환경 문제 해결을 위해 화력 발전소를 없애고 석탄 사용을 줄이려다가 실업자들을 늘리게 될 수 있는 것이다. 그렇기 때문에 중국공산당과 중앙정부는 석탄의 1차 에너지에서 차지하는 비중을 큰 폭으로 줄일 수 없는 것이다. 중국의 2017년 석탄 소비량은 약 27억 1100만 톤으로 같은 해 중국 전체 에너지 소비량의 60.4%를 차지하면서 같은 기간 석탄이 중국의 전체 에너지 소비에서 차지하는 비중을 전년 대비 1.6% 줄이는 데 성공했다(中國煤炭資源網, 2018: 1). 그러나 2017년 중국의 석탄 소비량은 전년 대비 0.4% 증가해, 석탄 소비를 줄이기가 쉽지 않음을 보여주고 있다(Emily Feng, 2018: 1).

행동계획에 따르면 석유 또한 중국의 자동차 수요 증가와 석유화학 산업의 발전으로 인해 13차 5개년 계획 기간에 국내 생산이 늘어날 수밖에 없다. 행동계획은 중국의 자동차 수요 증가와 석유화학 산업의 발전으로 인해 13차 5개년 계획 기간에 국내에서의 석유 생산을 늘리는 것을 목표로 했다. 이를 위해 중국은 헤이룽장성의 다칭(大慶), 랴오허(遼河), 서부

지역의 신장(新疆), 타리무(塔里木), 셩리(胜利), 창칭(長慶), 보하이(渤海), 난하이(南海), 옌창(延長)에 1000만 톤 규모의 유전을 개발하고 건설을 추진할 예정이다(王爾德, 2015: 1).

특히 중국 로컬 자동차 업체들이 1000만 원대의 SUV를 중국 시장에 내놓으면서 중국 소비자들이 휘발유 소모량이 많은 SUV를 많이 사들이고 있다. 중국의 연간 SUV 판매량은 2013년 299만 대, 2014년 408만 대, 2015년 621만 대, 2016년에는 904만 7000대를 기록했는데 특히 2016년 중국 로컬 업체들의 SUV의 판매량은 529만 9881대로 중국 전체 SUV 판매량의 약 58.6%를 차지했다(中國經濟网, 2017: 1). 또한 2017년 중국의 SUV 판매량은 전년 대비 약 13.3%가 늘어난 1025만 2700대로 중국 내 SUV 판매에서 최초로 1000만 대를 돌파하는 기록을 세웠다(愛卡汽車网, 2018: 1). 특히 중국 로컬 업체들의 SUV 판매량은 2016년에 비해 약 18%가 늘어난 동년 중국의 SUV 판매량의 60.6%(621만 7000대)를 차지하면서 중국 소비자들의 SUV 붐을 주도했다(愛卡汽車网, 2018: 1). 그로 인해 중국 석유화학 업체들의 휘발유 생산량이 늘어나게 되었고 중국 내 자동차, 석유화학 업체들의 원유 수요를 감당하기 위해 중국의 원유 수입이 늘어날 수밖에 없게 되었다.

중국이 전기자동차 확산에서 의미 있는 성과를 거두고 있지만 전기자동차에 필요한 전기를 공급하는 수단을 석탄 화력 발전소에 의존할 경우 대기오염 물질 배출량 감소에 큰 도움이 될 수 있을지도 의문이 제기될 수밖에 없다. 산시성의 전기자동차 택시 교체를 중심으로 추진한 전기자동차 확산 사례는 이러한 의문이 실제로 제기될 수 있음을 입증하는 사례이다. 산시성이 2013년 1월부터 2016년 8월까지 전기자동차 택시 교체 정책을 포함한 전기자동차 보급과 확산에 나서게 된 데는 산시성의 주요 에너지원인 석탄을 이용한 화력 발전소들에 새로운 전력 공급, 소비 수요를 창출

〈표 3-6〉 2015~2017년 중국의 국가별 원유 수입량

국가	2015년 수입량 (비중)	2016년 수입량 (비중)	2017년수입량 (비중)
러시아	4,243 (12.7)	5,238 (13.8)	5,970 (14.2)
사우디아라비아	5,055 (15.1)	5,100 (13.4)	5,218 (12.4)
앙골라	3,870 (11.5)	4,343 (11.4)	5,042 (12)
이라크	3,211 (9.6)	3,622 (9.5)	3,682 (8.8)
오만	3,207 (9.56)	3,507 (9.2)	3,101 (7.4)
이란	2,661 (7.9)	3,130 (8.2)	3,115 (7.42)
브라질	1,392 (4.2)	1,873 (4.9)	2,308 (5.5)
베네수엘라	1,601 (4.8)	1,805 (4.7)	2,177 (5.2)
쿠웨이트	1,443 (4.3)	1,634 (4.3)	1,824 (4.3)
아랍에미리트연합	1,257 (3.8)	1,218 (3.2)	1,016 (2.4)

주: 수입량 단위는 만 톤이고, 전체 수입량에서 차지하는 비중 단위는 %이다.
자료: 조정원(2018).

하고자 함에 있었다. 당시 산시성 성장이었던 리샤오펑(李小鵬)은 1989년 6월 4일 천안문 시위 때 시위의 강경 진압을 옹호하는 보수파였던 리펑(李鵬) 전 총리의 아들이며 리펑과 함께 중국 화력 발전 산업에 오랫동안 종사해왔다. 그렇기 때문에 리샤오펑은 산시성 성장으로 재직하면서 산시성의 석탄 화력 발전소들의 유지 문제에 관심이 많았다. 산시성의 석탄 화력 발전소 중에는 2015년부터 진행된 중국 중앙정부의 석탄 산업 구조조정에 따른 폐광과 탄광 인력 감축으로 인해 산시성 경제가 위축되면서 화력 발전소 가동에 따른 수익성 유지 여부가 불투명한 곳들이 나올 수 있었다. 이러한 상황에서 전기자동차 택시 보급을 중심으로 전기자동차의 운행 대수가 늘어나고 전기자동차 충전 수요가 늘어나면 산시성 화력 발전소들의 새로운 전력 공급 수요 창출이 가능해지게 된다.[2]

(2) 태양광, 풍력, 원자력 발전소의 전력 손실

중국은 재생에너지와 원자력 발전소의 국내 전력망 편입을 통해 석탄 화력 발전의 전력 생산량을 점진적으로 줄이려 하고 있다. 그러나 태양광 발전소들과 풍력 발전소가 전력망 연계를 추진하는 과정에서 발생하는 기광(弃光) 문제를 기술적으로 해결하지 못하고 있다.[3] 중동의 자연 환경과 유사한 곳들이 많은 중국의 서북 지역인 중국의 서북 지역인 칭하이성(青海省), 닝샤회족자치구(宁夏回族自治區), 간쑤성(甘肅省), 산시성, 신장위구르자치구(新疆維吾爾自治區)는 면적이 넓고 일조량이 풍부해 최근 태양광 발전 설비 증강 속도가 상당히 빠른 편이다(集邦新能源网, 2017: 1). 그러나 지역 내에서의 전력 소비량이 많지 않고 서북 지역 내 전선의 외부 수송 용량이 넉넉하지 않아서 서북 지역의 태양광 발전소와 풍력 발전소에서 생산된 전기의 공급 과정에서 전기의 손실이 발생하고 있다. 국가전력망공사의 통계에 따르면 2016년 중국의 기광 전력량은 465억 도였는데 주로 서북 지역의 간쑤성(성 전체 전력량에서 기광률이 차지하는 비중: 약 30.5%)과 신장위구르자치구(자치구 전체 전력량에서 기광률이 차지하는 비중: 약 32.2%), 동북 지역에서 발생했다(集邦新能源网, 2017: 1).

중국의 원자력 발전 설비와 전력 생산량은 늘어났지만 전력 생산 계획 대비 실제 생산과의 차이, 시장 거래를 통한 소비의 부진으로 인해 생산된 전력의 손실을 막지 못하고 있다. 2016년 중국의 35개 원자력 발전 설비에

---

2 산시성에서는 2016년 4월 26일부터 동월 27일까지 900여 대의 전기자동차 충전소에서 15만 6000도의 전기가 충전되었다. 이러한 상황에서 8292대의 전기차 택시가 운행되면 매일 90만 도의 전기 사용 수요가 발생한다. 그렇게 되면 산시성의 석탄 화력 발전소들은 매일 많은 양의 전력 공급, 소비 수요가 있기 때문에 화력 발전소들의 가동과 운영, 수익 확보 문제를 해결할 수 있다. 盖世汽车网, "太原发力电动汽车 打造全球首个纯电动出租车城市", 今日头条, 2016.5.13, p.1. http://www.toutiao.com/i6283938391373382146/(검색일: 2016.5.21)

3 기광(弃光) 현상은 전력 공급의 불안정성, 송전망의 접속 능력과 수송 용량 부족으로 기존의 태양광 발전 설비가 가동되지 못하거나 생산된 전력이 활용되지 못하는 것을 의미한다.

서 실제 생산한 전력량은 1829억 도(목표 전력 생산량: 2428억 도)였지만 그중 시장 거래량은 137억 도에 그쳤다(宋鐵軍, 2017: 1). 또한 2016년 중국의 35개 원자력 발전 설비에서의 전력 손실 발생량은 462억 도로 동년 전력 생산량의 19%를 차지했다(宋鐵軍, 2017: 1). 중광핵그룹(中廣核集團) 허위(賀禹) 이사장, 중국핵공업그룹 왕서우쥔(王壽君) 이사장, 국가전력투자그룹 천즈민(錢智民) 이사장은 2016년 중국의 원자력 발전소에서 손실이 발생한 전력량이 430억 kWh이며 이는 중국의 35개 원자력 발전 설비 중 20%에 해당하는 7개가 가동을 중단한 것과 다름없는 상황임을 지적했다(李俠, 2017: 1).

이와 같은 기핵 현상과 원자력 발전소에서 만들어진 전력 거래의 부진을 해결하기 위해 중국 중앙정부와 각 지역의 지방정부는 지역 간 전력 거래의 활성화를 추진하고 있다. 이러한 움직임은 중국의 남방 지역에서 구체화되고 있다. 2017년 6월 광저우 전력거래센터가 남방 지역 간 월별 전력 거래 규칙 시행안[南方區域跨區跨省月度電力交易規則(試行)]을 내놓으면서 광둥성, 광시좡족자치구, 윈난성(雲南省), 구이저우성(貴州省), 하이난(海南) 간의 지역 간 전력 거래를 추진하려 하고 있다(溫穎然, 2017: 1). 남방 지역의 5개 성, 자치구 간의 전력 거래가 시행되면 중국 최초의 지역 간 전력 거래가 성사되고 다른 지역들에서도 권역별 전력 거래를 추진할 수 있는 계기로 작용할 수 있다(溫穎然, 2017: 1). 그러나 서전동송(西電東送, 서부 지역에서 생산된 전기를 동부 지역으로 공급하는 것) 프로젝트를 통해 중국 서남부의 윈난성에서 만들어진 전기를 동부 지역으로 공급하면서 전력 공급량이 수요를 초과하는 현상이 나타나고 있다(溫穎然, 2017: 1). 그로 인해 기존의 발전소들이 생산한 전력에 대해 모두 시장 거래를 시도한다 해도 각지에서 거래가 성사되기가 쉽지 않게 되었다. 그중에서도 특히 기존의 수력·화력 발전소에서 생산된 전력량과 원자력 발전소들에서 생산된 전력량 간의 시장 거래량의 조정이 어려울 수 있다. 그렇기 때문에 남방 지역을 시작으로 중국 각지에서 지역 간 전력 거래를 시도한다하더라도 원자력 발전소에서 생산된 전력의 시장 거래량을 늘리고 기핵(弃核)현상[4]의 발생을 줄일 수 있을 지는 미지수다. 또한 내륙 지역에서 건설을 추진하는 원자력 발전소들도 완공된 후 지역의 전력 수요에 실제로 얼마나 도움이 될지에 대한 경제적 타당성 조사가 필요하다. 그러나 내륙 지역의 원자력 발전소 건설 문제는 가동 후 안전 문제에 대한 논쟁에 좀 더 초점이 맞춰져 있다. 그러므로 중국의 원자력 발전 확대에 따른 기핵 현상은 단기간에 완화되기가 쉽지 않을 것이다.

(3) 배출권 거래제와 신·재생에너지 투자 연계 미비

중국 중앙정부는 2013년 하반기부터 베이징, 상하이, 톈진, 충칭, 선전, 광둥성, 후베이성에서 지역별 배출권 시범 거래 시장을 운영하다가 2017년 12월 전국 배출권 거래제 시행을 선언했다. 배출권 거래제의 활성화는 중국 중앙정부의 12차 5개년 계획에서 추진하고자 했던 주요 정책 중 하나이기도 했다.

배출권 거래제 시범 거래 기간, 7개 시범 지역의 배출권 거래 시장의 전반적인 특성을 살펴보면 우선 중국의 전체적인 경제 발전 단계가 공업화와 도시화를 지속하는 상황이기 때문에 아직 배출량의 최고치에 이르지 않았다는 것을 알 수 있다. 그러나 석탄이나 석유와 같은 원재료 사용량과 온실가스 배출량이 많은 제조업 기업들이 시범 거래의 주요 참여 대상으로 지정되어 있다. 그리고 청정개발체제(CDM) 실적에 따른 상쇄 배출권 거래를 공통적으로 허용하고 있다. 그러나 전국 배출권 거래제 시행 이후

---

4 기핵(弃核)현상은 송전망 접속 능력 부족, 전력 공급의 불안정으로 인해 이미 만들어진 원자력 발전 설비가 가동되지 못하거나 생산된 전력이 유휴되는 것을 의미한다.

지역별 배출권 거래 시장과의 연계, 기업들의 재생에너지 투자 확대를 통한 배출권 거래 시장의 크레딧 증가 유도는 잘 되지 않고 있다.

중국 국무원 국가발전개혁위원회 기후변화대응사(國家發展改革委員會 應對氣候變化司) 리가오(李高) 사장이 2016년 국무원 심의 계류 중인 배출권 거래 관리조례를 제정해서 관련 법규를 강화하겠다고 했지만 구체적인 방안을 내놓지는 않았다. 중국 중앙정부가 지역별 배출권 거래 시장 간의 연계를 통해 전국적인 배출권 거래를 표면적으로 시행하더라도 개인과 외국인의 배출권 거래 참여가 제한되고 오염 물질을 배출하는 제조업 기업들 중심으로만 배출권 거래를 추진하게 된다면 중국의 배출권 거래 활성화와 신·재생에너지 투자 활성화와의 연계를 통한 시너지 효과 창출은 기대하기 어려울 것이다.

4. 결론

중국 중앙정부는 석탄의 소비 비중과 전력 생산량에서 차지하는 비중을 줄이고 재생에너지와 천연가스의 비중을 점진적으로 높이는 방향으로 에너지 전환을 추진하고 있다. 이를 위해 석탄을 이용한 화력 발전과 산업, 민간에서의 석탄 소비를 줄이기 위해 중국 국내 석탄 산업의 구조조정과 생산량 감소를 시도하고 있다. 또한 중국 중앙정부의 강력한 지원과 거대한 내수 시장으로 인해 전기자동차의 확산, 경쟁력 있는 태양광 기업들의 등장과 태양광 산업의 발전에서 의미 있는 성과를 창출했다. 그러나 중국 중앙정부의 에너지 전환 정책이 단기적으로 실질적인 성과를 거두기는 쉽지 않다. 국내 석탄 소비가 줄어들지 않고 있으며 전력, 철강 산업에서의 해외 석탄 수입도 계속되고 있기 때문이다. 또한 태양광, 풍력 발전은 자연 환경의 영향을 받기 때문에 일조량이 적거나 바람이 세게 불지 않는 곳으로 확산하기가 쉽지 않다. 그로 인해 중국에서 에너지 전환을 통한 대기오염 물질 배출량 감소를 위해 단기적으로 가능한 방안은 천연가스의 사용량 증대이다. 그러나 천연가스는 해외 수입선의 다변화 노력에도 불구하고 2017년 12월과 2018년 1월 투르크메니스탄의 천연가스 공급 중단으로 중국 북부 지역의 천연가스 수급에 어려움을 겪은 바 있다(周程程, 2017: 1). 또한 중국 국내 천연가스의 안정적 공급에 필요한 지하 저장소도 여전히 부족하다. 2018년 5월까지 운영하고 있는 중국의 천연가스 지하 저장소는 25개에 불과하다(于曉蘇, 2018: 1). 그렇기 때문에 중국 국내 천연가스 사용을 늘리려면 중국 국내 천연가스 공급 인프라의 확충이 필요하다.

이와 같은 장애 요인들로 인해 중국 중앙정부가 추진하는 에너지 전환은 5년 이내에 가시적인 성과를 거두기가 어렵다. 이러한 어려움을 타개하기 위해 중국 중앙정부는 원자력 발전의 확산을 시도할 것으로 보인다. 2018년 4월 중국 중앙정부의 조직 개편으로 인해 생태환경부가 만들어진 후 원자력 공학 전문가인 리간제(李干杰)의 장관 취임은 중국 내 원자력 발전을 통한 에너지 전환 정책 드라이브 추진 가능성을 보여주는 사례이다. 그러나 원자력 발전의 확산을 통한 에너지 전환을 시도하더라도 전기자동차와 자율주행 자동차의 확산, 운행에 필요한 전력을 석탄 화력 발전소들을 통해 보충하려는 국유 전력 기업들과 석탄 산지 지방정부들의 시도가 계속될 가능성이 있다. 그렇게 되면 석탄의 사용량 감소와 대기오염 물질 배출량 감소도 어려움에 직면할 수 있다. 그러므로 중국의 에너지 전환이 중국 중앙정부가 의도한 대로 대기오염 물질 배출량 감소에서 성과를 거두려면 중국의 석탄 산업 관련 행위자들과 비석탄 부문 간의 이해관계 조정, 재생에너지와 천연가스의 원활한 공급과 확산이 이뤄져야 할 것이다.

참고문헌

맥나마라, 키런. 2018.3.2. "[Biz Focus] '석탄은 그만' 중국의 변신 … 청정에너지 구축 성과 눈 앞에". ≪매일경제≫. http://news.mk.co.kr/newsRead.php?no=139333&year=2018(검색일: 2018.5.11)

박상도·조원권. 2017.「중국 재생에너지 정책담론 확산 연구: 빅데이터 분석을 중심으로」. ≪중국연구≫, 제73권, 221~241쪽.

지만수. 2007.「중국의 꿈?: 과학적 발전관의 내용과 의미」. ≪KIEP 오늘의 세계경제≫, 제07-48호, 대외경제정책연구원, 2~13쪽.

전희정. 2017.「중국 2017년 에너지 부문 핵심 정책」. ≪세계 에너지시장 인사이트≫ 제17-13호, 에너지경제연구원, 21~26쪽.

조정원. 2018.「중·러 석유·가스 협력 강화요인과 장애요인: 국내적 요인을 중심으로」. ≪현대중국연구≫, 제19집 4호, 50~51쪽.

오광진. 2018.3.1. "태양광도 中 독식 … 글로벌 '탑10' 중 8곳이 중국". ≪조선비즈≫, 1면. http://biz.chosun.com/site/data/html_dir/2018/03/01/2018030100076.html(검색일: 2018.5.12)

원동아. 2011.「한·중 신재생에너지 정책 비교와 시사점」. ≪경제현안분석≫, 제61호, 국회예산정책처, 2~50쪽.

양의석·석주헌·김아름·김정인. 2016.「중국 신재생 발전부문 棄風·棄光의 원인과 대책」. ≪세계 에너지시장 인사이트≫, 제16-2호, 에너지경제연구원, 1~13쪽.

盖世汽車网. 2016.5.13. "太原發力電動汽車 打造全球首个純電動出租車城市." 今日頭條, 1. http://www.toutiao.com/i6283938391373382146/(검색일: 2016.5.21)

國家能源委員會. 2016. "能源生産和消費革命戰略(2016~2030)". pp.1~41.

吉哲鵬. 2017.12.12 "國際能源署: 中國能源結构將逐步轉換到淸洁發電". 新華网. http://www.xinhuanet.com/fortune/2017-12/12/c_1122100406.htm(검색일: 2018.2.12)

杜祥琬. 2016. "對我國 ≪能源生産和消費革命戰略(2016~2030)≫的解讀和思考." 中華人民共和國 國家發展与改革委員會, 1. http://www.ndrc.gov.cn/zcfb/jd/201705/t20170504_852047.html(검색일: 2018.3.21)

李俠. 2017.7.13. "核電站投産后電賣給誰?" 中國核网, 1. http://www.nuclear.net.cn/portal.php?mod=view&aid=12763(검색일: 2017.7.19)

鳳凰財經. 2015.10.29. "除了二胎. 五中全會這些信息也不能錯過". http://finance.ifeng.com/a/

20151029/14047979_0.shtml(검색일: 2015.10.30)
宋鐵軍. 2017.3.29. "深度: 中國核電發展之路 崎嶇中前行". 能源新聞网, 1. http://news.bjx.com.cn/html/20170329/817282.shtml(검색일: 2017.5.21)
新華网. 2015.10.29. "中國共產党第十八届中央委員會第五次全体會議公報". http://news.xinhuanet.com/politics/2015-10/29/c_1116983078.htm(검색일: 2015.10.30)
新華社. 2017.6.23. "南方五省區跨省區月度電力交易規則出台". 國家能源局, 1. http://www.nea.gov.cn/2017-06/23/c_136389352.htm(검색일: 2017.7.26)
愛卡汽車网. 2018.1.18. "持續增長 2017年SUV銷量首次突破千万". 人民网, 1. http://auto.people.com.cn/n1/2018/0118/c1005-29771957.html(검색일: 2018.4.12)
溫穎然. 2017.6.19. "全國首个跨區跨省月度電力交易規則印發". 21世紀經濟報道, 1. http://m.21jingji.com/article/20170619/herald/26ad538089e867c6729e4b1e4ab5550a.html(검색일: 2017.7.28)
王爾德. 2015.10.29. "十三五能源規划清單: 煤炭過剩仍嚴重". 21世紀經濟報道. 1. http://energy.southcn.com/e/2015-10/29/content_135788720.htm(검색일: 2015.10.30)
王政. 2018.4.17. "中國新能源汽車銷量連續三年全球第一 市場份額最高". 新華网, 1. http://www.xinhuanet.com/auto/2018-04/17/c_1122692994.htm(검색일: 2018.5.9)
于曉蘇. 2018.5.2. "揭秘深埋地下2500米的天然气"倉庫"". 人民网. 1. http://energy.people.com.cn/n1/2018/0502/c71661-29960123.html(검색일: 2018.5.9)
周程程. 2017.12.16. "中亞管道咳喘致气价劇震 LNG供應恢夏后漲勢基本歸零". 新浪財經, 1. http://china.caixin.com/2017-12-16/101186026.html?sourceEntityId=101193804(검색일: 2017.12.17)
中國經濟网. 2017. "2016年SUV: 銷量超900万輛 自主品牌占据大半". 新華网, 1. http://news.xinhuanet.com/2017-01/22/c_1120359523.htm(검색일: 2017.3.20)
中國煤炭資源网. 2018.3.1. "2017年中國煤炭消費量增長0.4% 2013年以來首次增長". 中國煤炭資源网, 1. http://www.sxcoal.com/news/4569234/info(검색일: 2018.5.9)
集邦新能源网. 2017.3.21. "中國電网投資創新高 弃光量未見緩解". 1. http://guangfu.bjx.com.cn/news/20170321/815574.shtml(검색일: 2017.3.23)

Daiwa Institute. 2010.「중국 신재생에너지 시장 동향」. ≪해외녹색산업 정책보고서≫, 제19-2호, 2~9쪽.
Emily Feng. 2018.3.1. "中國去年煤炭消費量微幅增長". 英國 金融時報 中文版. 1. http://www.ftchinese.com/story/001076516?full=y&archive(검색일: 2018.5.12)
Yuan, Xueliang and Jian Zuo. 2011. "Transition to low carbon energy policies in China—from the Five-Year Plan perspective." *Energy Policy*, 39(6), pp.3855~3859.

2부

한국 에너지 전환의 쟁점

04

에너지 전환과 분산형 에너지 거버넌스

문재인 정부의 신·재생에너지 정책을 중심으로

한희진

1. 서론

에너지 전환이란 기존에 주로 사용되어온 석유나 석탄과 같은 화석연료나 원자력 발전과 같은 지속 불가능한 에너지원에 의존하는 에너지 수급 구조에서 태양에너지 및 풍력과 같은 재생 가능한 에너지원을 확대하는 과정을 일컫는다. 또한 에너지 거버넌스의 측면에서 보면 대규모 중앙집중식 에너지 관리 방식 및 공급 위주의 에너지 정책에서 소규모 지역 분산형 에너지 공급 방식 및 수요 관리 중심의 에너지 체계로 전환하는 것을 의미한다(최승국, 2016; 최병두, 2013; 이정필 외, 2015). 화석에너지와 원자력에너지가 전자의 방식으로 생산·관리·공급된다면 저탄소 에너지인 재생에너지는 그 특성상 소규모 발전이 가능해 시민 참여 및 분권형 에너지 생산과 관리에 더욱 적합하다고 볼 수 있다.[1] 이와 더불어 에너지 전환은 에너지 사용의 절대량을 줄이거나 효율을 향상시켜 지속가능한 에너지 체제를 만드는 과정을 포함한다.

2017년 12월 문재인 정부는 대한민국의 탈원전, 탈석탄 미래 에너지 체제로의 전환을 그 목표와 비전으로 하는 '제8차 전력 수급 기본 계획'과 '재생에너지 3020 이행 계획'을 발표했다. 이로써 문 정부는 경제적 효율성과 에너지 안보라는 기치하에서 석탄과 원자력 발전에 치중했던 기존 정부들의 에너지 정책에서 기후변화 시대의 지속가능한 발전과 안전 문제들에 더 큰 방점을 둔 중장기 에너지 정책으로의 이행을 천명했다.

또한 신·재생에너지 발전의 확대를 중심 내용으로 하는 에너지 정책을 효과적으로 이행하기 위한 방법론의 일환으로 문재인 정부는 기존의 중앙집중식 에너지 체제에서 지방자치단체, 시민, 업계가 참여하는 분산형 에너지 거버넌스로의 전환과 에너지 민주주의를 꾀하고 있다. 이는 다양한 이해관계의 당사자들로 하여금 에너지 정책 과정 전반에 참여함으로써 정책의 성공적 이행을 달성할 수 있을 뿐만 아니라 촛불혁명에 의해 창출된 정권하에서 한국의 민주주의를 심화하는 간접적 효과도 있을 것이다.

이 글은 문재인 정부가 추진하고 있는 신·재생에너지 발전 및 확대 정책을 이전 정부들과 비교해 소개하고 시민과 지자체가 참여하는 에너지 민주주의 및 분산형 에너지 체제를 실현함에 있어 한국이 당면하고 있는 도전 과제들을 비판적으로 분석해본다.

이 글은 다음과 같이 구성된다. 우선 다음 절에서는 대한민국의 신·재생에너지 정책들이 정권에 따라 어떻게 변화해왔는지 그 역사적 흐름을 정리하면서 본 글의 배경 지식을 제공한다. 다음 부분에서는 '재생에너지 3020 이행 계획'으로 대표되는 문재인 정부의 신·재생에너지 발전 및 확

1 에너지 전환과 유사한 표현으로 강지윤·이태동(2016)은 에너지 레짐 전환을 사용하고 있는데 이는 재생에너지 중심 기술, 참여적 거버넌스, 능동적 에너지 생산자 규범으로의 전환을 의미한다. 즉 레짐의 전환은 기술적 전환뿐만 아니라 거버넌스와 규범의 전환을 포함한다.

대 정책들을 소개한다. 이 부분에서는 문재인 정부의 에너지 정책에 있어 분산형 에너지 거버넌스와 에너지 민주주의가 어떻게 중요한 목표로 녹아들어 있는지도 함께 논의한다. 본문의 마지막 섹션에서는 앞에서의 논의들을 요약하고 문재인 정부의 신·재생에너지로의 전환 정책이 당면한 도전 과제들을 분석한다.

2. 한국의 신·재생에너지 정책: 문재인 정부 이전

이 절에서는 기후변화와 미세먼지로 대표되는 대기오염 등 환경 문제에 대한 정부 및 시민사회의 관심과 우려가 증가함에 따라 한국의 신·재생에너지 정책들이 어떻게 점차 출현하고 발전해왔는지 간략하게 소개한다. 이 부분의 배경 지식은 독자들에게 탈석탄, 탈원전 및 친환경 에너지 패러다임으로의 전환을 표방하는 문재인 정부의 신·재생에너지 정책들이 전 정부와 비교해 어떻게 변화했는지 비교 분석해볼 수 있는 토대를 제공해준다.

세계는 지구온난화와 에너지 이용의 지속가능성을 동시에 해결해줄 수 있는 주요한 에너지원으로 태양광, 풍력, 바이오매스 등의 신·재생에너지에 점차 주의를 기울이기 시작했고 선진국 중심으로 이들의 개발 및 확대를 위한 정책 프로그램들을 마련해왔다. 최근의 실증적 연구들은 2050년까지 139개국에서 모든 전력을 재생에너지로 전환하는 것이 기술적·경제적 측면에서 가능하며 이는 5200만 개의 새로운 일자리의 창출과 산업적 성장을 야기할 것(Jacobson et al., 2017)이라고 예측하는 등 재생에너지의 미래에 대해 낙관적 전망을 제시하고 있다. 재생에너지가 고비용의 에너지라는 인식에도 불구하고 실재 재생에너지의 발전 단가는 2010년에서

2016년 사이 태양광 70%, 풍력 25%, 배터리 40% 등의 비율로 지속적으로 낮아졌으며 앞으로도 지속적으로 낮아져 재생에너지 확산이 가속화될 것이란 예측이다(IEA, 2017).

신·재생에너지에 대한 지구촌의 관심이 선진국을 중심으로 점차 증가하면서 한국도 이러한 국제사회의 에너지 전환 흐름에 동참하게 되었다. 특히 기후변화 등 국제적 환경 문제가 점차 국제정치의 주요 의제로 대두됨에 따라 세계 10위권의 에너지 소비국이자 1인당 에너지 소비량에서 상위권을 기록해온 한국에도 화석연료 의존도를 낮추고 국제사회의 지속적 발전 운동에 동참하라는 요구가 국내외적으로 거세어졌다. 또한 한국은 70년대 석유 파동 등을 겪으며 외부 환경과 요인들에 연계된 한국 에너지 구조의 취약성을 뼈저리게 경험하면서부터 에너지 안보(energy security)를 에너지 정책의 중점 방침으로 추구해왔고, 석탄, 석유와 같은 화석연료 의존도를 탈피하고자 하는 열망 속에서 원자력, 액화천연가스(Liquefied Natural Gas, 이하 LNG), 또한 신·재생에너지의 개발과 확대를 촉진해왔다.

이와 같이 한국은 지구온난화 문제 등 전 지구적 환경 문제에 대응하고 에너지 안보를 제고하며 미래의 성장 동력을 창출할 주요한 국가기간산업으로서 신·재생에너지에 주목하기 시작했다. 1987년 12월 한국 정부는 '대체에너지 기술 개발 촉진법'을 제정, 1988년부터 2001년까지 태양열, 태양광 등 11개 분야에서 연구 기초 기술 개발, 실용화 방법 구체화, 기술 자립 등을 목표로 대체에너지 기술 개발을 3단계로 구분해 추진했다. 또한 1997년부터 2006년까지 10개년 계획을 실행하면서, '대체에너지 기술 개발 촉진법'을 1997년 12월에는 '대체에너지 개발 및 이용·보급 촉진법'으로 개정·공표했다. 이 법에서는 태양열, 폐기물 에너지, 바이오매스 등을 중심으로 대체에너지 보급 사업을 구축하기 위한 좀 더 자세한 방안들이 제시되었으며 2003년까지 총에너지 수요의 1.4%, 2006년까지 2%,

2013년까지 5%를 대체에너지로 이용한다는 목표를 설정했다.

이렇듯 1990년대부터 신·재생에너지에 대한 관심이 서서히 등장하기 시작했지만 한국에서 이 분야에 대한 법률, 제도, 정책적 지원이 더욱 본격적으로 활기를 띤 것은 2002년 '신에너지 및 재생에너지 개발 이용 보급 촉진법'(이하 '신·재생에너지법')을 입안하면서부터다(정연부, 2010). '신·재생에너지법'의 도입 이후 정부는 신·재생에너지 보급 촉진 및 확대를 위한 보조 사업의 일환으로 신·재생에너지 고정가격매입제도인 발전차액지원제도(Feed-In-Tariff: FIT)를 실시해왔고 태양광 주택 보조 사업, 신·재생에너지 시설을 대상으로 한 세제 우대 조치 등 신·재생에너지 개발과 확산을 위해 다양한 정책과 제도들을 도입해왔다. 풍력과 태양광전지 등 기술면에서도 유럽이나 일본의 선진 기술과의 간극을 따라잡기 위한 노력과 투자가 이루어졌다.

한국은 '신·재생에너지 기술 개발 및 이용 보급 기본 계획'과 '신·재생에너지법'의 제정을 통해 신·재생에너지 분야의 기술 개발 및 보급에 관한 지원 체제를 점차 정비했고, 제2차 기본 계획에서는 2011년까지 1차 에너지의 5%를 신·재생에너지로 충당한다는 목표를 설정하고 신·재생에너지 모델 보급 및 일반 보급 보조 사업, 태양광 주택 10만호 보급 사업, 국민임대주택 태양광 보급 사업 등을 진행했다. 2008년 8월에는 1차 에너지 중 신·재생에너지 비율을 2030년까지 11.5%로 확대하는 목표를 담은 중장기 국가 에너지 기본 계획을 마련했다(이수철·박승준, 2008: 4).

이명박 정부(2008~2013)에 들어서 녹색 성장(green growth) 및 녹색 산업 발전을 국가 발전의 기치로 내걸면서 신·재생에너지 부문에 대한 기대 역시 높아졌다. 이 정부는 지속가능한 발전(sustainable development)의 개념에 기존의 성장이라는 목표를 더해 녹색 산업을 신성장 동력의 발판으로 삼아 환경과 경제 성장이라는 두 가지의 목표를 추구하고자 했다. 이명박 정부에서 말한 녹색 성장은 에너지와 환경에 관련된 기술과 산업을 포함하는 개념이었다. 이명박 정부에서는 에너지 자립을 위해 석유와 가스의 자주 개발률을 40%, 신·재생에너지의 보급률을 11%까지 올리고 재생에너지 기술과 장비를 국산화해 에너지 자립 사회, 녹색 사회를 추구하고 새로운 일자리들을 창출하겠다는 목표를 세웠다. 그러나 이명박 정부에서도 2030년까지 원자력을 14.9%에서 27.8%까지 확대한다는 방침을 세우는 등 에너지 부문에서 신·재생에너지보다 원자력을 더 적극적으로 추진하는 정책이 지속되었다.

박근혜 정부(2013~2017)에서는 국정 이념으로 창조 경제의 실현을 내걸었다. 다소 모호한 의미의 이 개념은 경제사회 발전에 있어 창조적 혁신을 꾀한다는 것을 골자로 신·재생에너지 발전도 창조경제 실현이라는 프레임을 통해 추진되었다.

녹색 성장과 창조경제라는 전직 대통령들의 국정 목표가 신·재생에너지 정책에도 반영되었으나 이 분야의 성과는 정작 미비했다. 2002년 '신·재생에너지기본법'의 입안 이후 신·재생에너지에 대한 개발과 확산이 본격적으로 이루어졌고 진보·보수 정권들 교체를 겪으며 다양한 정책과 전략이 수립되었다. 실제 한국에서 신·재생에너지의 보급량은 〈그림 4-1〉과 같이 점진적으로 확대되어왔다. 또한 태양광, 풍력, 바이오, 태양열, 지열, 연료전지 등 6개 분야의 국내 신·재생에너지 제조업체 수는 2004년 49개에 불과하던 것이 2007년 101개, 2011년 224개 업체로 연평균 24.2% 증가했다. 이 중에서 태양광이 가장 빨리 증가해 2004년 24.5%에서 2011년 43.8%의 비중을 차지했다(곽대종, 2013: 25). 신·재생에너지 분야에 대한 정부의 지원 예산도 2004년 1771억 원에서 2008년 7844억 원, 2015년에는 8698억 원으로 꾸준히 확대되어왔다. 정부는 2004년부터 2011년까지 총 8조 3600억 원을 신·재생에너지 발전에 투자해온 것으로 보고된다(Yoon

〈그림 4-1〉 신·재생에너지 보급 증가 현황 (단위: 1000TOE)

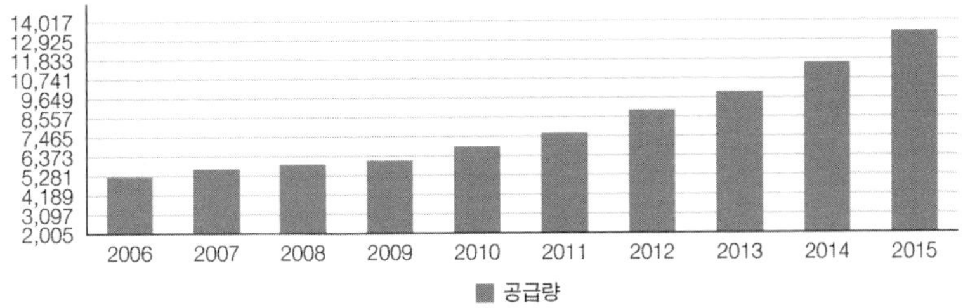

자료: 산업통상자원부(2018).

and Sim, 2015: 370).

그러나 2000년대 초반 이후 신·재생에너지에 대한 국가적 관심이 본격적으로 확대되며 정책적·제도적·재정적 지원이 뒤따라 이루어졌음에도 불구하고, 그림들이 제시하듯이 한국의 신·재생에너지 공급 비중은 OECD 평균에 훨씬 못 미칠 정도로 낮은 수준을 기록해왔다(〈그림 4-2〉, 〈그림 4-3〉 참조). 세계 10위 안팎의 경제 규모를 가진 한국으로서 이는 신·재생에너지 발전 및 확대 정책의 실패를 의미하는 수치이다(Yoon and Sim, 2015). 일례로 태양광 분야만 보더라도 2008년 잠깐 태양광 설비가 급격히 늘어났다가 이명박 정부 후반부로 가면서 많이 줄어든 것을 볼 수 있다(〈그림 4-4〉 참조).

또한 위의 지표들은 한국의 신·재생에너지 통계가 선진국들과 국제 에너지 기구 등에서 채택하는 재생가능에너지보다 더욱 느슨한 기준을 사용해 연료전지, 폐기물 등을 포함하는 치수라는 점을 고려할 때 더욱 절망적이다. 예를 들어, 총발전량 대비 신·재생에너지 발전량의 비중은 2002년 0.07%에 불과했으나 2003년 1.56%로 증가했다. 그러나 이는 신·재생에너지 발전량이 실질적으로 늘어났다기보다 2003년부터 수력을 신·재생에너지 통계에 반영하기 시작했기 때문에 나타난 결과이다. 2015년 신·재

〈그림 4-2〉 주요 국가와 지역의 신·재생에너지 공급 TPES 비중 (단위: %)

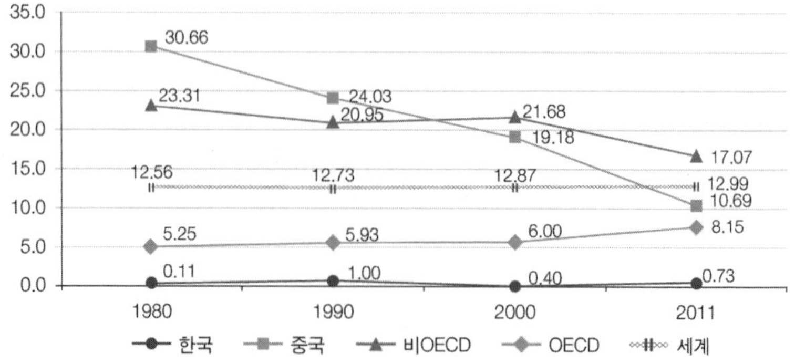

자료: 곽대종(2013: 27).

〈그림 4-3〉 2015년 주요 국가의 신·재생에너지 발전 비중

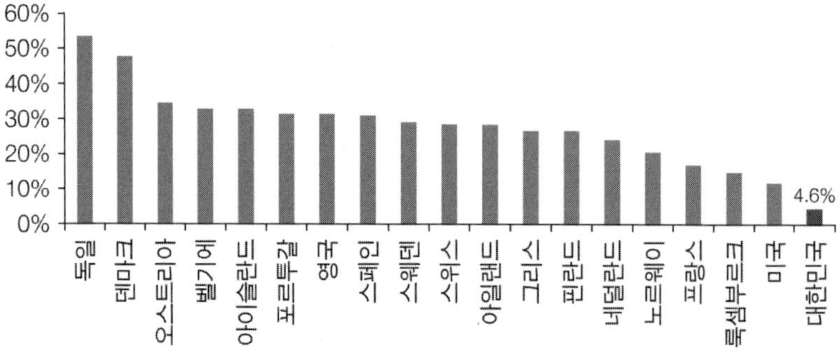

자료: 전지성(2017).

생에너지 공급량도 폐기물이 63.5%, 바이오 20.8%, 수력이 3.4%였고 태양광은 6.4%, 풍력은 2.1%의 점유율을 기록했다.

2000년대 초반부터 2017년까지 신·재생에너지 정책이 입안되고 시행되어왔음에도 위에서 제시된 그림들이 보여주듯이 에너지 전환 면에서 유의미한 결과가 창출되지 않은 이유는 몇 가지가 있다. 여기에는 국제적 요인들과 국내적 요인들이 동시에 작용했는데, 예를 들어 국제적 요인으로는 2008년 글로벌 금융 위기와 뒤따라 발생한 유럽의 재정 위기로 신·

〈그림 4-4〉 국내 연도별 태양광 설비 설치 추이 (단위: MW)

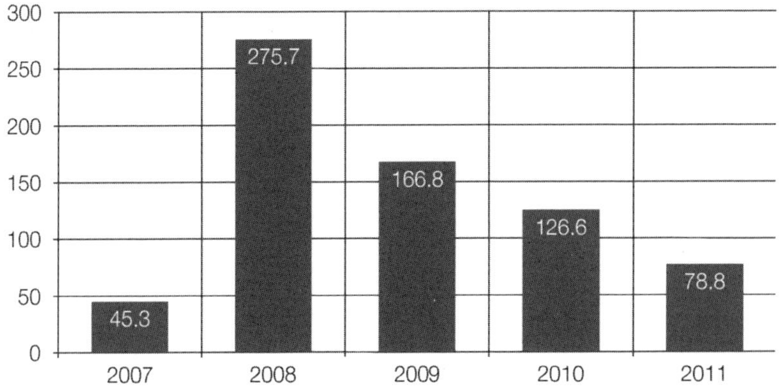

자료: 곽대종(2013: 24).

재생에너지에 대한 수요가 급격히 위축한 점 등을 들 수 있다. 또한 중국의 부상에 따라 국가 재정이 태양광 및 풍력 분야의 투자로 이어지면서 공급 과잉 현상이 나타났고 이에 따라 국내 재생에너지 업계들이 글로벌 생존 경쟁에서 위축된 점도 작용했을 것이다.

이런 국제적 요인 외에도 다양한 내부적인 요인들이 복합적으로 작용했다. 우선 신·재생에너지의 정책을 일괄적으로 통괄하는 부처가 부재하다는 것이다. 에너지 분야는 중앙정부에서 산업통상자원부가 담당해왔고 이 외에도 지방정부, 한국에너지관리공단과 공단에 소속된 신·재생에너지 센터 등이 협력해왔다. 또한 신·재생에너지 기술의 개발·이용·보급 촉진 사업은 지식경제부 소관으로 다루어져 왔다. 그러나 이러한 다양한 주체들 간에 신·재생에너지 확대를 위한 정책 조율이 효율적으로 이루어지지는 않았다. 이는 중앙정부가 장기적인 전망을 바탕으로 재생에너지 유형별 발전 전략을 유기적이고 체계적으로 수립하는 데 실패했기 때문이다. 또한 신·재생에너지 발전 과정과 설비 등을 모니터링 함에 있어서도 정부는 체계적인 시스템을 만들어내지 못해 부적격한 영세 사업자들이 시장에 참여하는 등의 행위를 규제할 방법이 없었다. 체계적 모니터링 과정과 그에 바탕을 둔 피드백 생산의 결여로 인해 정부는 신·재생에너지에 대해 신뢰성과 타당성을 갖춘 데이터마저 축적하지 못했다(Yoon and Sim, 2015: 376).

신·재생에너지 거버넌스에서 컨트롤 타워의 역할을 전담하는 정부 기구의 부재와 더불어 지적되어온 문제는 이 분야 주무 부서인 산업통상자원부가 전통적으로 산업 경쟁력의 성장과 발전을 위해 기존의 화석연료 및 원자력 발전을 선호해왔다는 점이다. 화력 발전과 원자력 발전의 이해당사자인 기업들은 정부와 유착하거나 이익 집단을 통한 압력을 가해 한국의 재생에너지 발전과 확대를 통한 에너지 전환에 대해 반대의 입장을 취해왔다. 지속가능한 발전 목표에서 경제 발전에 방점을 두어온 정부도 이러한 이익과 압력으로부터 독립적이지 못했다. 예를 들어 정부 재정 자원의 투자에 있어서도 신·재생에너지에는 원자력 등에 비해 상대적으로 소홀히 다루어져 왔다. 정부는 2003년부터 2013년까지 신·재생에너지 분야의 개발 및 연구(R&D) 사업에 매년 평균 1628억 원을 할당했는데 이는 같은 시기 원자력 발전 분야에 정부가 투자한 연 평균액 2816억에 비하면 훨씬 낮은 수치다(Yoon and Sim, 2015: 374). 또한 박근혜 정부는 신·재생에너지 분야에서 보조금 등을 줄이고 신·재생에너지 산업에 대한 우호적 세제 등의 혜택도 낮추면서 신·재생에너지 업체들의 불만을 야기했다.

또한 신·재생에너지 정책의 집행에 있어 제도와 정책들이 일관적으로 지속성 있게 집행되지 않은 점도 이 분야의 발전과 확산을 더디게 만든 요인이다. 예를 들어 정부는 2000년대 초 신·재생에너지 개발을 본격적으로 실행하면서 발전차액지원제도를 채택했으나, 2008년도에는 갑자기 2012년부터 발전차액지원제도에서 발전사업자에게 전력 판매량의 일정 비율을 신·재생에너지로 공급할 것을 의무화하는 제도인 의무할당제도

(Renewable Portfolio Standard: RPS)로 이행할 것을 선언했다. 2002년부터 2011년까지 FIT는 재생에너지로부터 생산된 전기를 고정가격에 매입하도록 함으로써 재생에너지 시장의 안정적인 성장을 촉진해왔다. 그러나 재정 부담이 증가한다는 이유로 정부가 의무할당제도로 선회하면서 아직 신·재생에너지 시장이 충분히 형성되지 않은 상태에서 업체들 및 사업자들에게 불안감을 초래했다. 특히 의무할당제가 보통 규모가 큰 발전사업자들에게 유리한 측면이 있고 에너지원 간에 무한 경쟁을 촉발하면서 태양광 가격이 폭락하고 소규모 발전사업자에게는 혼선과 위기를 야기했다(최승국·최근희, 2016: 286). 이에 따라 추후에 태양광 등에 대해서는 FIT를 유지하도록 예외가 적용되는 등 정부의 정책 집행과 정책 수단의 운용에 있어 일관적이고 지속적인 태도가 결여되었다. 이러한 점은 신·재생에너지 시장이 참여자들의 미래에 대한 예측 가능성과 안정성을 바탕으로 성숙·발전해 간다는 점을 고려할 때 큰 장애 요인으로 작용했다.

또한 에너지 민주주의 측면에서는 정부가 신·재생에너지에 대한 정책 결정 및 집행 과정에서 시장과 사회의 다양한 이해당사자들인 에너지 산업 업계, 시민사회, 학계를 포함한 전문가 및 전력 소비자들인 시민들과 의견을 타협하고 조율함이 없이 중앙집권적이고 일방적인 태도로 일관해왔다는 점도 신·재생에너지 정책의 실패 원인으로 분석된다(Yoon and Sim, 2015). 정부 주도 정책들은 정책에 대한 폭넓은 지지와 수용성을 바탕으로 에너지 전환에 대한 사회적 합의를 이끌어내는 데 실패했다.

3. 문재인 정부의 에너지 전환 정책: 신·재생에너지 정책을 중심으로

이 절에서는 신·재생에너지 확대를 골자로 한 문재인 정부의 에너지 전환 정책 입안 배경과 상세한 계획 및 현재까지의 이행 상황 등에 대한 개요를 살펴본다. 신·재생에너지와 관련해 문재인 정부 전반의 이행 성과에 대한 총괄 평가는 정부의 임기가 중반부 정도를 지날 때까지 보류하는 것이 타당하다고 본다.

1) 배경

탄핵으로 인한 박근혜 정권의 조기 퇴진으로 2017년 5월 10일 문재인 대통령에게 정권이 이양되었다. 문재인 정부는 에너지와 관련한 다양한 정책들을 국정 과제 및 목표로 설정했다(〈표 4-1〉 참조).

에너지 분야에서 문재인 정부의 국정 과제의 핵심은 대한민국의 지속가능한 미래를 위한 전면적 에너지 전환을 꾀한다는 것이다. 첫째로 문재인 정부는 친환경 미래 에너지를 발굴하고 육성하기 위해 재생에너지를 2030년까지 20%로 확대한다는 소위 재생에너지 3020의 방침을 밝혔다. 이로써 한국은 에너지 선도 국가로 더욱 도약하고 저탄소, 고효율 사회로 전환할 것이다. 또한 기존의 대한민국 에너지 믹스에서 상당 부분을 차지해왔던 원자력 발전에 대해서도 탈원전의 목표를 제시했다.

이렇듯 탈석탄, 탈원전을 방향으로 하는 에너지 전환 정책이 수립된 배경에는 여러 가지 원인이 있다. 첫째, 국제적 차원에서는 기후변화 문제를 들 수 있다. 2015년 12월 세계 197개 국가들은 프랑스 파리에서 열린 유엔기후변화협약 당사국총회(COP21)에서 2020년 이후 온실가스 감축을 약속한 합의 문서인 파리기후변화협약에 참여하며 신기후체제를 발족시켰다. 이는 1997년 구축된 교토의정서와는 달리 선진국과 개발도상국까지 거의 모든 국가들이 참여해 감축을 약속하는 합의로, 협약의 골자는 산업화 이전 수준 대비 지구의 평균 온도가 2도 이상 오르지 않도록 각국이 목표를

〈표 4-1〉 문재인 정부의 에너지 관련 국정과제 및 목표

친환경 미래에너지 발굴·육성	산업부	• 재생에너지 발전 비중을 2030년까지 20%로 대폭 확대 • 에너지 신산업 선도 국가 도약 및 저탄소·고효율 구조로 전환
미세먼지 걱정 없는 쾌적한 대기 환경 조성	환경부	• 미세먼지 발생량을 임기 내 30% 감축하고 민감 계층 적극 보호
탈원전 정책으로 안전하고 깨끗한 에너지로 전환	산업부 원안위	• 탈원전 로드맵 수립을 통해 단계적으로 원전 제로 시대로 이행 • 에너지 가격 체계의 합리적 개편 및 분산형 전원 보급 확대
신기후체제에 대한 견실한 이행 체계 구축	환경부	• 2021년까지 온실가스 배출 전망 대비 상당한 수준 감축 실현 • 기후변화 리스크를 예측·관리하고 피해를 최소화하는 안전사회 구현

자료: 국정기획자문위원회(2017).

세워 온실가스를 감축하는 노력을 기울이겠다는 것이다. 협약 당사국들은 대기 중 온실가스 배출을 21세기 후반까지 제로 수준으로 만들겠다는 목표를 세웠고 각국은 자발적 감축 목표인 국가결정기여(Intended Nationally Determined Contributions, 이하 INDC)를 상향 제출하고 충실히 이행키로 약속했다. 대한민국 정부 역시 파리기후변화협약의 성공적인 이행을 위해 온실가스를 2030년까지 배출전망치(Business as Usual, 이하 BAU) 대비 37% 감축하겠다는 INDC 목표를 채택했고 온실가스 감축의 로드맵을 구상했다. 전력 부문만 보면 BAU 대비 19.4%인 64.5MtCO_2를 저감하는 것으로 계획되어 가장 많은 감축량을 담당하게 되었다(권필석·김성진, 2017: 134). 이는 한국의 온실가스 배출원 중에서 에너지 부문이 86.6%의 압도적 비중을 차지하는 것(권필석·김성진, 2017: 132)을 반영한 것이다.

국제 사회에서 새로이 합의된 기후변화 협약은 한국의 에너지 정책이 급격히 선회해야 함을 의미하는 것이었다. 국제에너지기구에 따르면 한

국은 2012년 기준으로 1차 에너지 공급량 대비 신·재생에너지 비중이 0.9%에 그쳤다. 이는 OECD 평균인 19.7%에 한참 못 미치고 미국(6%), 영국(4.4%), 일본(4.1%)과 비교해도 턱없이 낮은 수준이다. 또한 기후행동망(Climate Action Network)과 저먼워치(Germanwatch)가 공동 발표하는 기후변화성과지표(Climate Change Performance Index)에서도 한국은 2016년 가장 낮은 등급인 '베리 푸어(very poor)'를 받아 평가 대상인 60여 개국 중에서 하위권을 기록하는 등 기후변화 대응에 대한 한국의 국제적인 평판도 악화되어 가고 있다(권필석·김성진, 2017: 132). 이는 기후변화라는 전 지구적 위기의 해결을 위해 책임 있는 국가로서 한국이 화석연료에 대한 의존도를 대폭 낮추어야 한다는 것을 의미한다. 이러한 국제적 차원의 압력은 한국 정부로 하여금 저탄소 사회로의 전환이 시급함을 상기시켜주었다. 문재인 정부도 2021년까지 온실가스 배출량을 상당 수준 감축하는 등 신기후체제 아래 한국이 파리기후변화협약의 효과적인 목표 달성을 위해 힘쓸 것을 국제 사회에 약속했다.

문재인 정부는 또한 국내에서 그 심각성이 날로 높아가는 각종 환경 문제들의 해결을 위해서도 에너지 전환이 불가결함을 자각했다. 특히 미세먼지는 최근 몇 년 들어 가장 심각한 환경 문제이자 보건 문제로 대두되었고 이에 대한 정책적 대응이 시급하다는 여론이 거세어져 왔다. 이에 미세먼지 배출원에 대한 근본적 처리 요구가 거세지면서 이에 대한 대응으로 문재인 정부는 미세먼지 발생량을 임기 내 30%로 감축한다는 계획을 세웠다. 국내 미세먼지 대책의 일환으로 30년 이상 된 노후 화력 발전소 10기를 2022년까지 폐쇄하기로 공약했다. 이렇듯 환경오염에 대한 대응 및 예방책으로 저탄소 사회로의 에너지 전환의 필요성이 높아졌다. 또한 스리마일, 체르노빌, 후쿠시마로 이어지는 원전 관련 재앙들은 사고에 의한 방사능 유출과 오염, 핵폐기물 관리 문제 등을 제기하며 한국 사회에 원전이 가진 위험성에 대한 경각심을 일깨워주었다. 특히 2011년 3월 발생한 일본의 후쿠시마 원전 사고 이후 국제 사회에서는 탈원전의 움직임이 두드러졌다. 일례로 유럽연합(EU)은 2020년까지 1차 에너지의 20%를 재생가능에너지로 충당하겠다는 목표를 세웠다. 독일은 후쿠시마 원전 사고 이후 2022년까지 모든 핵발전소 가동을 중단한다는 급진적 정책을 채택했으며 2015년에 이미 전력 생산의 32% 이상을 풍력과 태양광을 통해 달성했고 2035년까지 55% 이상의 전력 생산을 이들 재생에너지로 충당할 것을 목표로 하는 등 급격한 탈원전의 움직임을 보였다(최승국·최근희, 2016: 276). 원전 대국인 프랑스 역시 종전 발전량의 75%를 담당하던 원자력 발전을 2026년까지 50% 수준으로 삭감할 것을 발표했다. 가까이는 대만 정부가 2025년까지 탈원전을 달성하겠다는 목표를 발표했다.

지리적으로 가장 가까운 이웃나라이자 수산물 등의 수입국이기도 한 일본에서 발생한 원전 사고와 그것이 초래한 경제적·사회적 손실을 목격하며 한국 내에서도 원자력 발전을 둘러싼 여론이 급격히 악화되었다. 한국원자력문화재단에서는 원자력에 대한 국민 의식을 전국의 성인 1000여 명을 대상으로 정기적으로 조사해 발표하는데, 2009년 조사에서는 원자력 발전소가 안전하다는 의견이 61.1%였으나 2015년 3월에는 39.1%로 떨어졌고 원자력 증설을 지지하는 비율도 2009년 50.6%에서 2015년 29.9%로 급감했다(권태형·전영준, 2015: 251). 후쿠시마 원전 사고라는 외부적 충격을 겪으며 에너지 소비자인 국민들 사이에 원자력이 정말 깨끗하고 안전한 에너지원인가에 대한 의문이 증폭하기 시작한 것이다. 또한 원전 밀집 지역에 근접한 경주 및 포항에서 발생한 지진 등 국내에서도 최근 들어 여러 차례의 지진이 발생하면서 안전에 대한 욕구가 증가해 원전 축소 여론이 확대되기 시작했다. 이에 전 사회적으로 원전의 방사물 폐기 처리, 원자로 해체 비용, 건강 및 환경 영향, 원전 사고 등 외부 비용을 고려한 원전 정책이 시급하다는 인식이 확대되었다.

문재인 정부는 이러한 국제 사회의 탈원전 흐름과 국내의 원전 반대 여론을 바탕으로 탈원전 사회로의 점진적 이행 및 재생에너지 확대 사용을 골자로 하는 에너지 정책을 수립하기에 이르렀다. 안전하고 깨끗한 에너지로의 전환을 위한 탈원전 정책으로는 신규 원전 건설 금지, 노후 원전 수명 연장 금지 등 단계적 원전 감축 계획이 담긴 탈원전 로드맵의 내용이 담겼다.

이명박 정부 이후 저탄소 녹색 성장을 꾸준히 외쳐왔지만 한국의 에너지 전환은 매우 느린 속도로 진행되어왔다. 기존 화석연료 및 원자력에 대한 의존도는 계속해서 높은 수준을 기록해왔다. 박근혜 정부에 들어서는 이명박 정부에서 추진해온 녹색 성장 프로그램들이 창조경제라는 이름으로 새롭게 포장되었지만 신·재생에너지 분야에서 이렇다 할 성과가 없었고 오히려 후퇴된 측면이 있었다. 문재인 정부는 이러한 기존의 신·재생에너지 정책보다 더욱 급진적이고 실효성 있는 에너지 전환 정책을 표방했다.

정치적으로 문재인 정부는 박근혜 정부의 탄핵과 퇴진을 추동한 촛불시민 혁명이 만들어낸 정부라 해도 과언이 아니다. 촛불혁명은 새로운 정치와 시민 참여에 대한 갈망이 대중적으로 광범위하게 분출되고 표현된 사회운동이었고 그러한 시민의 열망을 반영하며 출범된 새 정부는 정치 및 정책 과정에서 국민과 시민사회의 더욱 폭넓고 지속적인 참여를 약속했다. 이러한 정치적 배경은 문재인 정부로 하여금 에너지 거버넌스 문제에 있어서도 기존의 중앙 집중식 공급 중심의 에너지 체제에서 소규모 지역 분산형 에너지 공급 방식 및 수요 관리 중심 체제로의 전환을 꾀하는 원인으로 작용했다. 따라서 정부는 시민과 지역사회가 더 폭넓게 참여하는 에너지 거버넌스를 모색해왔다. 실제로 문재인 정부는 신고리 원자력 발전소 5·6호기 건설에 관한 정책 결정 과정에서 한국 정부로서는 처음으로 숙의민주주의에 그 이론적 바탕을 둔 시민참여단을 결성해 다양한 국민의 목소리를 공론화하고 수렴해서 원자력에너지 정책 결정 과정을 민주적으로 변화시키고자 했다.

2) 문재인 정부의 신·재생에너지 확대 정책

문재인 정부는 에너지 정책의 기본 과제로 기후변화 대응을 위한 국내 온실 가스 감축, 미세먼지 대응, 탈원전, 안정적 전력 공급을 통한 산업 및 경제 활성화를 채택했다. 에너지 정책에서의 이러한 기본 목표들은 점차 상세한 정책 프로그램으로 구체화되었다. 2017년 10월 24일 문재인 대통령은 신규 원자력 발전소 백지화와 노후 원전 수명 연장 금지 등이 담긴 '에너지 전환 로드맵'을 발표했다. 이어 산업통상자원부는 12월 20일 전체 발전량의 7%를 차지하는 신·재생에너지 비중을 2030년까지 20%까지 확대하는 '재생에너지 3020 이행 계획'을 발표했다.

문재인 정부가 2017년 12월 14일과 20일 '탈원전·탈석탄' 밑그림으로 공표한 '제8차 전력 수급 기본 계획(2017~2031)'과 '재생에너지 3020 이행 계획'의 골자는 2017년 전체 발전량의 23.1%에 불과한 신·재생에너지·LNG의 비중을 2030년 38.8%까지 확대한다는 방침이다. 이 중에서 신·재생에너지가 차지하는 비중은 2017년의 6.2%에서 2030년 20%까지 대폭 확대될 예정이다. 이는 발전 설비 용량으로 보면 2017년의 15.1GW에서 2030년까지 63.8GW까지 확대된다는 것을 의미한다.

이명박·박근혜 정부에서는 지난 9년간 경제성과 수급 안정 논리를 앞세워 원자력 및 석탄 발전 확대에만 집중했다. 이와 달리 문재인 정부는 환경과 안전을 중요한 변수로 포함시켜 청정에너지를 늘리는 방향으로 중장기 에너지 정책을 수립했다. 전력 수급 계획에서 환경에 대한 요인들을 고려하고 반영하는 '환경급전(環境給電)'의 원칙이 향후 15년간 국내에 전기가 얼마나 필요한지, 필요한 전기를 어떻게 충당할 것인지에 대한 청사진을 밝히는 계획인 전력 수급 기본 계획에서도 강조된 것이다.[2] 이는 이전 정부들에서 '경제급전(經濟給電)'의 원칙에 따라 연료가 상대적으로 저렴한 원자력·석탄 발전소를 먼저 가동하고 전력 공급이 부족하면 신·재생에너지·LNG 발전소를 가동하는 방식을 취한 것과는 대비되는 계획이다. 문재인 정부가 발표한 8차 기본 계획은 2017년 3월 '전기사업법' 개정 당시 전력 수급 기본 계획에서 경제성뿐만 아니라 안전성과 환경에 대한 영향도 고려해야 한다는 '전기사업법' 제3조의 원칙을 반영한 것이다(산업통상자원부, 2017).

문재인 정부의 신·재생에너지 발전과 확산에 대한 관심은 정부의 예산 편성에도 고스란히 반영되었다. 산업통상자원부가 발표한 2018년 신·재생에너지 관련 예산 총액은 1조 409억 원으로 이 항목에 대한 예산이 사상 처음으로 1조 원을 넘어섰다. 연도별 신·재생에너지 예산 추이를 보면 2013년 8279억 원에서 2014년 8304억 원, 2015년 8466억 원, 2016년 8900억 원으로 소폭 성장하다가 2017년에는 오히려 15.9% 줄어든 7481억 원에 그쳤다. 이런 추세에서 2018년 이 부문의 예산을 2배 정도로 확대한 것은 신·재생에너지 및 탈원전 관련 공약을 적극 실현하기 위한 문재인 정부의 의지의 반영이라고 볼 수 있다(한익재, 2017).

재정적 측면에서는 오는 2030년까지 정부가 18조 원, 또한 공공·민간

---

2 전력 수급 기본 계획은 전력 수급 안정을 위해 '전기사업법' 제25조 및 시행령 15조에 따라 매 2년마다 15년을 계획 기간으로 수립·시행된다. 전력 계획의 주요 내용은 전력 수급의 장기 전망, 발전 설비 및 주요 송·변전 설비 계획에 관한 사항, 전력 수요의 관리에 관한 사항 등이다. 2002년 1차 계획이 처음 발표되었다.

부문에서 총 100조 원을 투입해 대표적인 신·재생에너지인 태양광·풍력 발전소를 건설하겠다는 계획도 수립했다. 또한 산업통상자원부는 2018년도 신·재생에너지 금융 지원에 1760억(2017년 860억), 신·재생에너지 보급 지원에 2017년의 두 배인 1900억 원의 예산을 편성했다(산업통상자원부, 2017). 또한 소규모의 재생에너지 생산만으로는 에너지 전환 3020의 목표를 달성하는 데 한계가 있을 것이므로 한국전력공사(이하 한전) 같은 공기업을 중심으로 대형 프로젝트를 진행하고 한전이 2030년까지 54조 원을 투자해 산업부의 2030년 발전량 목표의 약 20% 정도에 해당하는 13.5GW를 생산하도록 유도할 예정이다(박정민, 2017).

탈석탄·탈원전 사회로 이행하는 속도를 내기 위한 8차 전력 수급 기본계획에 따라 한국의 전력 생산에서 원자력과 석탄 발전 의존도는 단계적으로 감소할 것이다. 원자력에 대해서는 가동 중인 24기의 원자력 발전소를 2030년이 되면 18기로 감축하며 운전 승인 만료일이 2022년 11월 29일인 월성 1호기는 2018년부터 발전 설비에서 조기 제외한다는 방침을 밝혔다. 또한 원전 6기 건설 계획은 백지화됐고, 가동 중인 노후 원전 10기의 수명 연장도 금지하는 방침을 세웠다. 이를 통해 원자력 발전 비중은 2017년 30.3%에서 2030년 23.9%로 급감하게 된다.

석탄 발전의 경우 문재인 정부는 발전소의 가동 자체에 제약을 가하는 정책을 구상했다. 30년 이상 된 모든 노후 석탄 발전소의 봄철(3~6월) 가동 중지를 정례화하고 석탄 발전과 LNG 발전의 가격 경쟁력 격차를 줄이기 위해 석탄 발전 생산 단가에 배출권 거래 비용, 약품 처리비, 석탄 폐기물 비용 등 환경 비용을 추가해 부과한다는 방침이다. 또한 정부는 발전 연료 세제 조정을 통해 LNG 발전의 가격 경쟁력을 높임으로써 석탄 발전 비중을 2017년 45.3%에서 2030년 36.1%로 줄인다는 계획도 마련했다.

신·재생에너지의 확대를 위해 문재인 정부는 다양한 정책들을 고려해

〈표 4-2〉 신·재생에너지 3020 이행 계획안 주요 내용

대규모 신·재생에너지 발전 추진	• 신·재생에너지 전담 기구 설립 • 한전의 대규모 신재생 발전사업 참여 검토(산업부는 부정적)
태양광 발전소 건설 입지난 해소	• 폐염전, 저수지 등에 대규모 태양광단지 건설(계획입지) • 주민이익공유 형태로 진행 • '영농형 태양광 발전'은 부작용 많아 포함 안 될 듯
소규모 신재생 발전사업자 수익 안정 방안	• 발전차액지원제 재도입 (일정 규모 이하 소규모 태양광 발전사업자 대상)

자료: 매일경제(2017).

왔다. 예를 들어 발전차액지원제를 다시 도입해 태양광 등 소규모 재생에너지 사업자를 안정적으로 확보하는 방안, 풍력 개발의 속도를 높이기 위해 정부 주도로 사업 입지를 계획·발굴하고 진행되고 있는 RPS 의무 비율을 2023년 이후는 10%까지, 2030년에는 28%까지 상향 조정하는 방안, 에너지 저장 기술 등의 신산업 육성 방안, 에너지 효율 제고, 에너지 가격 체계 및 에너지 세제 개편 등 다양한 방법과 정책 수단을 통해 저탄소 에너지 사회로의 급속한 전환을 꾀하고 있다(〈표 4-2〉 참조). 또한 재생에너지의 전력망 접속 지연의 문제 등을 해소하기 위해 송전 및 변전 인프라를 보강하고 재생에너지 유망 지역에 선제적으로 투자할 계획을 세웠다(산업통상자원부, 2017). 또한 정부는 지난 정부들에서 신·재생에너지 부문을 총괄하는 부서를 설립하지 않아 신·재생에너지 발전과 성장을 지연시켰다는 점을 인식하고 신·재생에너지 전담 기구를 설립한다는 계획을 세웠다.

또한 재생에너지 사업에 있어 폭넓은 국민 참여를 촉진하기 위해 발전차액지원제도를 통해 발전 공기업 6개사에서 협동조합 및 농민(100kW 미만)과 개인 사업자(30kW 미만) 등 소규모 태양광 사업자가 생산한 전력을 20년간 의무적으로 구매해 이들에게 안정적인 수익을 보장할 계획이다. 이 외에도 자가용 태양광으로 생산한 전력이 다 사용되지 못하고 남을 때는 한국전력

공사에서 구매를 보장한다.

'재생에너지 3020 이행 계획'의 첫 번째 '액션 플랜'도 등장했다. 정부는 강원 정선의 함백 폐광 부지에 총사업비 33억 4800만 원을 투입해 태양광 발전소를 건설한다는 계획을 세웠다. 이 사업은 폐광 부지를 활용해 태양광 발전을 한다는 점에서 일명 '태양광 광산'으로 불린다.

이러한 재생에너지 3020으로 대표되는 신·재생에너지 확대 정책을 펼침에 있어 문재인 정부가 중시하는 또 하나의 목표이자 에너지 전환을 이루는 방법론으로 거론된 것이 분권형 에너지 거버넌스와 에너지 민주주의다. 신·재생에너지 설비 용량이 15.1GW에서 63.8GW로 확대되는 이러한 에너지 전환 추진 과정에 문재인 정부는 국민 참여를 내세웠다. 이는 특히 태양광 발전과 같은 분야에서 시민들과 그들로 구성된 협동조합에서의 소규모 전력 생산을 촉진함으로써 대기업 및 정부 중심의 기존 에너지 체제를 개편하겠다는 의지가 반영된 것이다. 태양광 촉진 정책을 통해 정부는 태양광 발전기를 설치한 가정에 요금 혜택을 주고, 시민들이 만든 협동조합에서 생산된 전력은 발전 공기업 6곳에서 의무적으로 구입하도록 함으로써 안정적 수익 구조를 창출한다는 방침이다. 이들 가정과 협동조합, 농가 태양광을 이용해 19.9GW를 공급하고 나머지 28.8GW는 공공기관 중심의 사업으로 충당될 것이다. 또한 지역자치단체 및 지역 주민들이 펀드와 채권을 구입해 사업에 직접 투자하는 방안도 계획 중이다(반기웅, 2018). 이러한 정책들은 기존의 대형 사업자들과 기업, 중앙정부 주도의 중앙집권적 에너지 구조를 분산해 분권형 에너지 거버넌스를 이룩하고 광범위한 주체들이 에너지 거버넌스에 소비자이자 생산자로 참여함으로써 에너지 민주주의의 실현을 앞당기는 데 도움이 된다.

문재인 정부는 또한 에너지 전환에서 지방정부가 더욱 적극적인 역할들을 담당하도록 지원하고 있다. 2017년 8월 24일 산업통상자원부는 차

관을 협의회장으로 제1회 재생에너지 정책 협의회를 개최하면서 지자체 재생에너지 보급 계획 수립 및 전담 기구 설립 지원 방안에 대해 논의했다. 이 정책협의회와 같은 기구의 역할은 재생에너지 확대에 국민적 관심과 참여를 이끌어내고 중앙정부 중심의 에너지 거버넌스에서 벗어나 지차체, 시민단체, 업계와 학계를 아우르는 분권형 거버넌스를 구축하기 위함이라고 산업통상부는 설명했다(최우영, 2017). 참석자들은 협의회를 중앙과 지방정부 간의 정기적 협의 채널로 사용하면서 서울시 등의 우수 사례를 확산하고 지역 간 협력 사업을 발굴하는 방안을 토론했다. 또한 지역 중심 재생에너지 확대를 위해 서울과 제주 에너지 공사, 경기 에너지 센터와 같이 지자체별 지역 맞춤형 사업 개발이 필요하며 주민 참여를 촉진하고 재생에너지 개발을 둘러싼 보급 계획을 수립하고 각종 갈등 발생 시 중재 역할을 담당할 전담 기구의 설립이 요구된다는 등 다양한 문제에 대한 인식을 같이했다(최우영, 2017).

지역 주민 중심의 재생에너지 사업을 지원하고 재생에너지 3020 이행 계획의 현장 사업을 지원하기 위해 에너지 공단은 2017년 7월 12개 지역 본부 내에 신·재생에너지 종합지원센터를 설치했다. 이들 지원센터들은 2019년부터는 지역 내 신·재생에너지 정책, 제도, 입지, 인허가, 안전 관리 등 사업 전반에 관한 원스톱 정보를 제공할 예정이다. 또한 이들 센터들은 지역 내 신·재생에너지 사업과 관련한 사회적 갈등을 해소하고 지역 현안을 주도적으로 해결하는 컨트롤 타워의 역할도 수행할 것이다.

위와 같은 정책들을 통해 문재인 정부가 의도하는 바는 국민들과 지방자치단체 중심으로 신·재생에너지에 대한 이해도 및 수용성을 높이자는 것이다. 또한 누구나 손쉽게 지붕에 태양광을 설치하거나 유휴 부지에 태양광 발전사업을 시작하도록 하는 등의 방법으로 이들 주체들이 에너지 전환 정책의 단순 수혜자의 지위에서 벗어나 신·재생에너지 사업으로부터 직접적 혜택을 누리는 동시에 에너지 거버넌스 과정에 좀 더 적극적인 참여자가 되도록 고무함으로써 민주적인 에너지 체제를 구축하는 것이다.

현 문재인 정부의 정책들은 가까이는 원전하나줄이기 사업과 햇빛도시 서울만들기 등의 에너지 전환 정책을 적극적으로 추진해온 서울시와 또 멀리는 독일, 네덜란드 등 유럽의 에너지 전환 사례들에 영향을 받은 것이라 여겨진다. 예를 들어, 서울시는 부지 제공, 보조금 지원 등을 통해 가정의 베란다 등에 설치하는 미니 태양광과 도시형 분산형 연료전지 발전소를 확대하고, 다수 시민이 태양광 사업의 수익을 가져갈 수 있도록 시민 펀드를 조성한 바 있다. 그 결과 2017년 6월 기준으로 2012년에 비해 태양광은 5배(26MW→132MW), 연료전지는 17배(5MW→83MW) 증가하는 성과를 거뒀다(송승온, 2017). 독일은 이미 120개 이상의 지자체에서 100% 재생가능에너지 목표에 도달했다(최승국·최근희, 2016: 276). 독일에서는 10여 년 전 4개의 주요 에너지 다국적 기업이 몰락하면서 몇 백만 개의 소기업들과 젊은 농부들, 밀레니엄 세대 중심으로 전기조합들이 결성되고 이들 중심으로 태양열·풍속·지열 에너지를 생산하는 에너지 생산 비즈니스 모델이 탄생했다. 독일의 에너지 전환에서 중요한 요소는 결국 연방정부, 지방정부, 기업, 시민사회의 유기적인 연결이었다. 시민사회 및 산업계의 목소리가 정책 결정 과정에 반영되는 오랜 조합주의(corporatism)적 전통에 따라 사회적 합의에 바탕을 두고 탈원전과 신·재생에너지 확대의 분위기가 자연스럽게 조성된 것이 독일 에너지 전환을 성공적으로 이끈 정치적 배경이었다.

4. 결론 및 도전 과제

대한민국은 1980년대부터 기후변화와 같은 전 지구적 환경 문제 및 미세먼지와 같은 복합적 환경 문제들에 직면해 석탄과 원자력 중심의 에너지 구조에서 신·재생에너지와 LNG를 중심으로 하는 에너지 체제로의 전환이 필요함을 인식하기 시작했다. 한국 정부는 또한 신·재생에너지가 에너지 정책에 있어 가장 중점적 고려 사항인 에너지 안보를 향상시킴과 동시에 저성장의 궤도에 들어선 한국 경제에 기술 발전과 함께 새로운 성장 동력으로 작용할 것이라는 기대감에 힘입어 이 분야의 발전과 확대를 위한 정책과 제도들을 도입해왔다.

그러나 본론에서 설명한 다양한 정책들의 시행에도 불구하고 재생에너지 부문에서 한국의 실적은 10위 안팎의 경제 규모와 그에 상응하는 기술 수준에 비해 상당히 저조한 것이었다. 2017년까지 재생에너지가 전체 발전량에서 차지하는 비율은 고작 6.2%에 불과한 것이었고 이마저도 폐기물 등 국제사회에서 재생에너지라고 간주하지 않는 분야가 상당 비율을 차지해왔다.

2017년 5월 문재인 정부가 출범하면서 대한민국 정부는 탈석탄, 탈원전을 표방하며 야심찬 신·재생에너지 정책을 공표했다. 이에 따르면 6.2%에 불과한 신·재생에너지의 비율을 2030년까지 20%까지 확대하고 원전과 화력 발전의 비중을 상대적으로 삭감하겠다는 것이다. 이러한 신·재생에너지 정책은 대한민국 정부가 2015년 발족한 신기후체제의 성공을 위해 한국이 공표한 온실가스 삭감 목표를 달성하고 미세먼지 등 점차 심각성을 더해가는 국내 환경 문제들에 더 적극적으로 대응하기 위한 에너지 전환 정책이다. 또한 국제사회의 유럽을 포함한 다른 나라들에서와 마찬가지로 후쿠시마 원전 사고 이후 원전이 안전하고 깨끗한 에너지원이라는 소위 원전 신화에 금이 가기 시작하면서 탈원전 여론이 확대되며 에너지 전환에 대한 필요성이 절실해졌다. 이러한 배경하에서 문재인 정부는 탈원전, 탈석탄 사회 및 경제로의 효과적 전환을 위해 더욱 분산적이고 민주적인 에너지 거버넌스의 구축을 하나의 방법론으로 채택했고 신·재생에너지 분야의 발전과 확대를 위한 다양한 정책들을 구상하고 발표해 왔다.

2017년 출범한 문재인 정부가 이전 정부들에서 신·재생에너지 정책들이 실패한 이유들을 극복하고 한국의 에너지 전환을 효과적으로 달성하기 위한 토대를 임기 내에 구축하고 정착시킬 수 있을지 판단하기에는 시기상조다. 이에 이 장의 결론에서는 문재인 정부에서 신·재생에너지 3020이라는 비전을 향해 성공적 토대를 마련하기 위해 해결되어야 할 몇몇 문제들을 도전 과제로 제시한다.

우선, 신·재생에너지 발전 등을 위한 에너지 시설의 신설은 설치비용이 크고 운영비용은 상대적으로 낮아 가동될수록 경제성이 증가한다는 장점이 있다. 다만 새로운 시설은 안전성, 환경에 대한 영향, 부지 선정의 문제 등을 늘 수반하며 이러한 문제들에 있어 사회적 합의를 도출하는 것은 에너지 전환에서 난제로 남아 있다. 신·재생에너지 확대에는 그에 따른 사회적 갈등이 수반되며 갈등을 조정하고 해결하는 기제가 우리 사회에는 아직 부족하다. 예를 들어 태양열에 비해 비용이 많이 들고 규모가 큰 풍력 발전은 자연환경의 훼손, 생태계의 파괴, 소음 문제, 저주파 등의 문제 등으로 인해 발전사업자와 주민들을 포함한 시민사회 간에 갈등을 유발해왔다. 2014년 박근혜 정부가 발전업계의 요구를 받아들이며 생태자연도 1등급 지역에도 풍력 발전사업을 할 수 있도록 규제를 풀었고 공기업과 민간 기업이 사업을 추진했지만 위에서 언급한 다양한 갈등 요소들로 인해 무산되거나 지연되었다(반기웅, 2018). 이러한 갈등은 민주주의가 심화되고 있는 대한민국에서는 자연스러운 일이나 중요한 것은 갈등을 조정하고 중재하는 거버넌스의 기제가 작동하는가이다. 문재인 정부에서는 신·재생에너지 개발을 둘러싼 갈등을 효과적으로 관리하고 사회적 비용을 최소화하면서 합의를 도출해낼 수 있는 다양한 기제들과 정책, 제도 등을 마련할 필요가 있다. 정부가 적절한 계획 입지 제도를 이용해 절차에 따라 해당 지역의 주민들의 수용성과 환경적 수용성 등을 사전에 확보하고 개발에 따른 이익을 지역 사회 및 지자체와 공유하기로 한 것은 갈등을 줄이는 최소한의 방법으로 고무적이다.

풍력 발전 등이 다양한 갈등과 그러한 갈등의 효과적 해결 및 관리 기제의 결여로 인해 그 개발 속도가 더뎠다면 태양광 발전은 오히려 과열과 투기의 양상이 관찰되고 있다. 태양광은 민간에서 발전 설비를 갖춰 생산한 전력을 판매하는 형태이고 발전차액지원제도 등의 제도적 지원하에서는 장기간 안정적 수익을 확보할 수 있는 장점이 있다. 문재인 정부에 들어 발전차액지원제도가 재도입되면서 지방정부에서 벌써 과열된 개발이 난개발의 양상으로 번지고 있다. 일조량이 많은 전남과 같은 지역에서는 '햇빛 농사'라고 부르며 투기를 유도하는 분위기이다. 실제 전남의 발전사업 허가 용량은 2015년 260MW, 2016년 603MW, 2017년 2115MW로 2년 만에 8배 이상으로 늘었고 해남군에는 2017년 900건 이상 태양광 발전 허가 신청이 접수됐다. 고흥군도 같은 해 개발 행위 허가만 800건을 처리했다(연합뉴스, 2018). 충남과 서해안, 호남을 중심으로 태양광 발전 허가 대기 건수도 1000건에서 2000여 건에 이른다. 또한 발전사업 허가 기준도 지방정부에 따라 어떤 곳은 조례가, 어떤 곳은 운영지침이 적용되는 등 주먹구구식의 양상을 보여왔는데, 이는 아직 신·재생에너지 발전사업들이 정부의 통일된 에너지 정책하에서 기준을 가지고 체계적으로 추진되고 있지 않음을 반영한다.

태양광 사업자들의 '꼼수 발전'도 문제가 되고 있다. 이들은 임야, 유휴지 등을 싼값에 사들이고 99kW를 한 구획으로 나누어 투자자를 모집해 분양하는 방식을 취한다. 100kW이하 발전 설비에서 나오는 전력에는 가중치를 붙여 팔 수 있다는 정책을 이용해 햇빛을 재테크로 포장해 투자자들에게 판매하는 것이다. 주민과 마을의 갈등 등은 3억 원의 마을 발전 기금을 민원 무마 비용으로 내면 된다는 식의 불투명한 돈거래가 성행한다. 보도에 따르면 한 해 1000여 개씩 짓던 100kW 규모 태양광 발전소는 2015년 한 해에만 6340개가 새로 생겼다. 전국 태양광 발전소 2만 3000여 곳 가운데 20만 여 곳 이상이 100kW 미만 소규모 발전소이고 이로 인해 태양광 분양 업체는 호황을 누리고 있다(반기웅, 2018).

태양광이 쉬운 이익 창출 수단으로 전락하면서 태양광 발전사업 허가와 관련해 한전과 태양광 업자들 간에 뇌물 거래 등의 부패 행위도 발생하고 있다. 감사원은 한국전력과 8개 지자체가 2014~2016년 진행한 태양광 발전사업을 점검한 결과, 한전 직원과 시공업체 측이 금품을 주고받는 등 각종 비리 행위를 적발해 10명을 뇌물수수·공여 혐의로 수사 의뢰하고 47명에 대해 징계 요구를 했다고 밝혔다(김승범, 2018). 한전 직원들은 태양광 발전 허가 요건인 기술 검토 권한이 한전에 있음을 악용해 시공업체의 편의를 봐주고 가족의 명의로 발전소를 싸게 구입하는 등의 편법을 사용했다. 그뿐만이 아니었다. 생산된 전기는 한전의 전력 시스템에 연결되어야 공급·판매가 가능한데, 지역별로 한전의 송·배전 용량이 제한되어 있음에도 적발된 한전 직원들은 지역별 용량 제한을 무시한 채 각각 10~40곳의 태양광 발전소를 한전의 전력 시스템과 부당하게 연결시켰다(김승범, 2018). 한전은 자체특별감사를 실시하고 정보를 투명하게 공개하며 소규모 태양광 사업에서 발생하는 전기도 무조건 계통 연계 접속을 허용하는 등의 방침을 세웠다.

따라서 위에서 설명한 난개발과 부패를 방지하고 신·재생에너지 부문 전체의 투명하고 합법적인 발전을 꾀하며 기존의 환경 및 생태계에 대한 영향을 최소화할 수 있는 체계적인 신·재생에너지 발전 및 개발 시스템이 구축되어야 한다.

발전 공기업 등 재생에너지 발전을 담당하는 기업들의 공공성과 사회적 책임, 에너지 전환에 대한 장기적 비전과 계획의 부족도 도전 과제다. 정부는 발전 공기업을 포함해 18개 대형 발전사의 발전량 일정량을 의무적으로 재생에너지로 채우도록 하고 있으나 오랜 시간 화력과 원자력을 중심으로 운영해온 이들 기업은 재생에너지 분야의 전문성을 결여하고 있다. 따라서 발전 공기업들은 민간 기업과 특수목적법인을 세워 지분을 투자하고 투자 지분만큼 발전량을 인정받아 할당 목표를 비교적 손쉽게 달성하는 방식을 취한다(반기웅, 2018). 이렇듯 발전 공기업들이 중앙정부로부터 할당된 발전량을 가장 싸고 손쉬운 방법으로 채우기에만 급급하다 보니 대한민국의 에너지 전환에 있어 공기업이 장기적 목표와 계획을 가지고 재생에너지 발전을 위해 선도적 역할을 하리라 기대하기 어렵다.

또한 신·재생에너지 3020이라는 분권형 에너지 체계로 이행하기 위해서 특히 문재인 정부는 지자체와 주민기구 등의 적극적인 참여와 역할을 고무해왔다. 지방자치단체들은 지역 특색 반영과 주민 참여를 골자로 한 '2018년도 재생에너지보급계획'을 수립했다고 강조해왔지만 재생에너지와 관련한 전문 지식이나 업무에 필요한 인력과 조직이 턱없이 부족한 것이 현실이다. 행정안전부 등 중앙정부 차원에서 지방자치단체가 신·재생에너지 정책을 추진하고 규제 등을 알맞게 개선하고 이행할 수 있도록 필요한 인력과 조직 확대를 지원하고 확충해야 할 것이다. 이로써 지방정부들은 에너지 전환에 있어 중앙정부의 조력자가 아닌 주체로 거듭나며 분산형 에너지 거버넌스의 실현을 이끌 수 있을 것이다.

탈석탄, 탈원전 및 신·재생에너지의 확대로 특징지어지는 에너지 전환에서 시민과 시민사회의 역할을 강조하지만 이들의 적극적인 참여를 어떻게 유도할 것인가에 대해서 정부는 다양한 전략을 구사하지 못하고 있다. 발전차액지원제도 등을 통해 지역 주민들을 중심으로 한 주민 참여 사업에 전력 값을 더 높게 매겨주겠다는 식의 재정적 유인책을 주는 방법으로 참여를 유도할 수는 있으나 이는 매우 소극적 의미에서의 참여 형태이고 정부 주도의 정책에 시민이 긍정적으로 반응한다는 것 이상을 의미하지 않는다. 한국 정부가 분산형 에너지 거버넌스가 에너지 전환을 유도하는 중요한 요소라고 생각한다면 시민과 지자체의 참여를 더욱 적극적으로 제도화하고 확대하는 방안을 마련해야 할 것이다. ≪주간경향≫과의 인터뷰에서 이유진 녹색전환연구소 연구원은 "정부가 숫자를 정해놓고 농가 얼마, 대규모 기업은 얼마 이렇게 발전량을 할당해주는 접근 자체가 요즘 시대와 맞지 않는다"며 "주민 참여에 대한 구체화된 내용이 아무 것도 없다"고 평가했다(반기웅, 2018). 따라서 분산형의 에너지 거버넌스를 창출해 내기 위해 정부는 시장과 사회의 다양한 주체들이 참여하는 좀 더 구체적인 플랫폼과 방안들을 구축해낼 필요가 있다. 에너지 자립 마을이나 협동조합 등 시민들에 의해 주도적으로 만들어진 조직들을 어떻게 하면 신·재생에너지 확산의 능동적 주체이자 에너지 전환의 사회적 토대로 조성하면서 시장과 정부의 역할과 연계할 것인지에 대한 진지한 고민이 이루어져야 할 것이다.

참고문헌

강지윤·이태동. 2016.「중간지원조직과 에너지 레짐 전환: 한국 에너지자립마을의 사례 비교」. ≪공간과 사회≫, 26(1), pp.139~176.

곽대종. 2013.「태양광, 풍력 및 연료저장 장치의 융합 비즈니스모델 활성화를 위한 정책과제」. ≪이슈페이퍼≫. pp.2013~2332.

국정기획자문위원회. 2017. 문재인 정부 국정운영 5개년 계획.

권태형·전영준. 2015.「후쿠시마 원전사고와 국내 원자력정책의 변화: 정책옹호연합모형의 적용」. ≪행정논총≫, 53(4), pp.245~269.

권필석·김성진. 2017.「2030년 한국 온실가스 감축목표 달성을 위한 전력 부문 시나리오 분석」. ≪환경정책≫, 25(2), pp.129~163.

김승범. 2018.2.9 "태양광 '비리 복마전'". ≪조선일보≫. http://news.chosun.com/site/data/html_dir/2018/02/09/2018020900161.html(검색일: 2018.3.1).

≪매일경제≫. 2017.12.27 "탈(脫)원전에 태양광 발전소 열풍-연 10% 수익기대에 50~60대 소액투자 몰려 평야 많은 충청과 호남 일부 땅값 5배 뛰기도". http://news.mk.co.kr/newsRead.php?year=2017&no=854840(검색일: 2018.4.16)

박정민. 2017.8.31. "'청정에너지 활성화' 장애물 첩첩 … 인식 전환·시장 확대가 관건". ≪문화일보≫. http://www.munhwa.com/news/view.html?no=2017083101032021087001(검색일: 2018.4.1)

반기웅. 2018. "재생에너지 빛과 바람 언제쯤 시민 품에 안길까". ≪주간경향≫. 1258. http://weekly.khan.co.kr/khnm.html?mode=view&code=114&artid=201712261859291&pt=nv(검색일: 2018.1.30)

산업통상자원부. 2018. "신재생에너지 보급현황." http://www.index.go.kr/potal/main/EachDtlPageDetail.do?idx_cd=1171(검색일: 2018.4.17)

________. 2017.12.29. 제8차 전력수급기본계획.

송승온. 2017.8.24. "재생에너지 확대 위한 '분권형 거버넌스' 구축". ≪지앤이타임즈≫. http://www.gnetimes.co.kr/news/articleView.html?idxno=42331(검색일: 2018.4.2)

연합뉴스. 2018.2.3. "돈 되는 햇빛농사? … 온 동네가 패널로 뒤덮일 판". http://www.yonhapnews.co.kr/bulletin/2018/01/31/0200000000AKR20180131151100054.HTML?input=1179m(검색일: 2018.4.3)

오광진. 2018.3.1. "태양광도 中 독식…글로벌 '탑10' 중 8곳이 중국". ≪조선비즈≫. http://biz.chosun.com/site/data/html_dir/2018/03/01/2018030100076.html(검색일: 2018.5.12)

이수철·박승준. 2008. 「한국의 신재생에너지전력 지원정책 - EU와 일본의 제도 비교분석을 통한 지원정책의 현상과 과제」. ≪환경정책연구≫, 7(4), pp.1~34.

이정필·한재각·조보영. 2015. 「재생가능에너지 보급에서의 갈등과 해결방안 연구」. 에너지기후정책연구소·프리드리히에버트재단.

전지성. 2017.3.15. "대선 후보들의 에너지 정책? 재생에너지 앞으로!" ≪이코노믹리뷰≫. http://www.econovill.com/news/articleView.html?idxno=311023(검색일: 2018.4.16)

정연부. 2010. 「녹색성장을 위한 〈신에너지 및 재생에너지 개발, 이용, 보급 촉진법〉의 문제점과 개선방안」. ≪조선대 법학논총≫, 17(2), pp.543~570.

조미성·윤순진 2016. 「에너지전환운동 과정에서의 생태시민성 학습: 서울시 관악구 에너지자립마을에 대한 질적 사례 연구를 바탕으로」. ≪공간과 사회≫, 26(4), pp.190~228.

최병두. 2013. 「대구의 도시 에너지 전환과 에너지 자립」. ≪한국경제지리학회지≫, 16(4), pp.647~669.

최승국. 2016. 「에너지전환을 위한 태양광발전 활성화 방안 연구」. 서울시립대학교 도시과학대학원 도시행정학 석사학위 논문.

최승국·최근희. 2016. 「에너지전환을 위한 태양광발전 활성화 방안 연구」. ≪도시행정학보≫, 29(3), pp.275~295.

최우영. 2017.8.24. "탈원전 정책 가속화 … 지역 재생에너지센터 인원 3배로↑." ≪머니투데이≫. http://news.mt.co.kr/mtview.php?no=2017082409264112625&outlink=1&ref=https%3A%2F%2Fsearch.naver.com(검색일: 2018.1.30)

한익재. 2017.11.27. "에너지전환 정책 점검 3: 재생에너지 확대 정책에 신중론 제기 … 오히려 환경파괴 가능성까지?" ≪녹색경제≫. http://www.greened.kr/news/articleView.html?idxno=41375(검색일: 2018.4.17)

International Energy Agency(IEA). 2017. World Energy Outlook 2017. Executive Summary.

Jacobson, Mark Z. et al. 2017. "100% Clean and Renewable Wind, Water, and Sunlight All-sector Energy Roadmaps for 139 Countries of the World." *Joule*, 1(1), pp.108~121.

Yoon, Jong-Han and Sim, Kwang-ho. 2015. "Why is South Korea's Renewable Energy Policy Failing? A Qualitative Evaluation." *Energy Policy*, 86, pp.369~379.

05

전환이론과 다층적 관점으로 본 한국의 에너지 전환

이광호

1. 서론

최근 4차 산업혁명 대응이 국정 어젠다로 자주 언급되고 있다. 산업혁명은 본래 동시대에 살고 있는 사람이 인지할 정도로 짧은 기간에 일어나는 사건은 아니다. 하지만 최근의 기술 발전 속도가 워낙 빠르고 이에 따른 경제·사회 변화가 감지될 정도이기 때문에 정보화 혁명이라고 일컫는 3차 산업혁명과 구분해 4차 산업혁명을 이해하려는 흐름이 나타나고 있다. 4차 산업혁명의 실체에 대한 논란은 잠시 접어두더라도 이 흐름의 함의를 살펴볼 필요가 있다. 산업혁명은 기술 혁신이 초래하는 거대한 경제·사회 변화와 더불어 정치·문화에서의 변화도 유발한다. 지금까지 산업혁명 관련 논의에 있어 특징적인 점 중 하나는 에너지에 대한 접근 방식이었다. 아직 에너지에 대한 개념이 분명하게 정립되지 않았던 1차 산업혁명 시대에도 인류는 어떻게 하면 에너지를 효율적으로 사용할 수 있을 것인지에 대한 고민을 했다. 1차 산업혁명 이래로 생산성을 높이기 위해 어떠한 에너지원을 사용하고 이를 효율적으로 사용하기 위한 방식은 무엇인지를 찾는 것이 기술 혁신의 중요한 과제 중에 하나였다. 왜냐하면 기계화·자동화에 의한 생산성 향상에서 사용 에너지는 투입 비용과 직결되는 문제이기 때문이다. 접근성과 활용성이 좋은 에너지원을 가능한 한 적게 사용하는 것이 20세기 중반까지의 흐름이었다면, 그 이후에는 환경에 악영향을 최소로 미치는 조건이 추가되었다.

에너지는 눈에 보이지 않지만 어디에나 있는 존재다. 에너지란 개념은 근대 철학의 발전과 함께 과학 발전의 토대가 되었다. 인류는 에너지에 대한 이해를 바탕으로 근대와 현대 문명의 발전을 이룩할 수 있었다. 에너지란 개념은 크게 에너지원(energy source)과 에너지통화(energy currency)로 세분화된다. 전자가 주로 석유, 석탄, 천연가스, 태양광, 풍력 등 자연계에서 얻어지는 에너지 그 자체를 의미한다면, 후자는 에너지원을 가공해 응용 분야에서 쉽게 활용될 수 있는 형태로 전환된 전기, 가솔린, LNG 등이 이에 해당한다. 하지만 현재 일반인이 가장 쉽게 받아들이는 에너지에 대한 이미지는 바로 전기다. 전기야말로 우리 주변에서 여러 기계와 기기를 작동시키는 가시적인 에너지 형태이기 때문이다. 현재 에너지 전환에서 어떠한 에너지원을 사용해 어떠한 방식으로 전기를 생산하는지가 이슈의 중심인 이유다. 화석연료와 원자력 사용을 줄이는 대신 신·재생에너지 비중을 늘리는 것이 에너지 전환의 핵심인 것도 같은 맥락이다.

이 글의 구성은 다음과 같다. 먼저 에너지 전환을 해석하는 새로운 이론적 관점으로 전환이론과 사회기술 시스템 이론을 소개하고 특히 체제(regime)적 관점에서 어떻게 기술과 사회와의 상호작용을 설명할 수 있는지 살펴본다. 다음으로 현재 우리나라에서 진행되고 있는 에너지 전환 배경에 대해 일관한 후 사회기술 시스템 이론을 적용할 경우 고려할 수 있는 주요 쟁점들과 이론에 의한 해석을 다룬다. 마지막으로 이러한 이론적 해석이 우리나라 에너지 전환에 주는 시사점을 살펴본다.

2. 전환이론과 다층 구조 관점

1) 전환이론 등장 배경

전환이론(transition theory)은 기술사, 기술사회학, 혁신 연구, 조직 이론 등을 과학기술과 사회와의 상호작용 관점에서 통합한, 주로 네덜란드 연구자들에 의해 발전된 이론이다(송위진, 2013). 전환이론은 기본적으로 기술 시스템과 사회 시스템의 동시 구성을 전제한다. 기존에는 기술 발전에 따라 사회가 변화한다는 기술 결정론과 역으로 사회변화에 의해 기술 발전 경로가 정해진다는 사회 결정론이 양립해왔었다. 하지만 전환이론에서는 기술과 사회는 상호 종속적인 관계가 아니라 상호 보완적인 관계로 사회·기술시스템(socio-technical system)을 형성하고 있고, 이 시스템 내에는 다양한 주체들이 기술 및 제도와 상호작용하고 있는 사회·기술 체제(socio-technical regime)가 존재한다고 주장한다. 특히 기존 혁신 체제론에서는 잘 다루어지지 않았던 수요 측면을 강조함으로써 혁신 정책의 범주를 확대하는 데 기여했다.[1]

이 이론이 만들어진 배경에는 당시 북유럽 국가들을 중심으로 한창 논

---

1 혁신 정책을 발달 순서에 따라 1, 2, 3세대로 구분한다. 통상적으로 1세대 혁신 정책은 R&D 정책, 2세대 혁신 정책은 생태계 정책 위주로 구성되어 있다. 반면 3세대 혁신 정책은 수요 측면과 정책 형성 과정에서 다양한 이해관계자 참여를 고려함으로써 기존 혁신 정책의 범주를 대폭 확대했다.

의가 되었던 지속가능성 담론이 있다. 즉, 경제 성장만을 정책의 목표로 삼다 보니 경제 주체 간 불평등, 환경 문제, 사회 통합 문제 등이 풍선 효과로 발생하게 되었고, 과학기술이 단지 경제 성장의 하부 구조로서만 기능하는 것이 타당한 것인가라는 문제의식이 발달하게 되었다. 즉, 단기적인 정책 목표로 경제 성장만을 추구하는 것이 제반 사회 문제를 악화시켜 오히려 중장기적으로 경제 성장 자체를 방해할 수도 있다는 인식이 밑바탕에 깔려 있다. 지속가능한 성장을 하기 위해서는 단기적인 시각과 효율성 중심의 정책 추진에서 벗어나 경제·사회·문화 등을 총체적으로 고려한 정책 간 연계가 중요하기 때문이다. 과학기술도 경제 성장을 위한 도구로서의 역할보다는 사회 통합과 사회적 난제 해결을 위해서 설계·개발되어야 함을 강조하고 있다.

예를 들면, 고령화 사회에서의 질병 문제 해결 등에서 접근 관점의 차이가 있다. 기존 정책에서는 노인성 질환인 치매, 당뇨, 심장병 등에 대한 치료약이나 의료 기기 개발에 초점을 두었다면, 전환이론에서는 노인성 질환이 왜, 누구에게, 어떻게 발생하는지에 더 주목한다. 즉, 전자가 이미 노인성 질환이 발생한 환자를 중심으로 치료 중심의 기술 개발과 정책 입안에 중심을 두고 있다면, 후자는 노인성 질환의 예방과 사후 관리를 포괄해 접근한다는 점에서 차별성을 보인다. 실제 기술 개발 사업이나 과제를 구성할 때도 전자가 첨단 기술을 중심으로 과학기술 공급자와 수요자가 분업화된 모습을 보이는 데 비해, 후자는 첨단 기술이 아니더라도 실제 시장 수요자[2]가 수요 제기와 함께 기술 개발 사업에 참여하는 구조를 더욱 선호한다. 즉, 전자가 기술 개발에 있어서 시장을 중심으로 한 공급자 내부 효율성을 강조한다면, 후자는 사회 전체에서 다양한 이해관계자들의 참여

2 여기서 시장 수요자는 실제 환자 혹은 잠재적 환자를 의미하며, 기술 수요자인 기업과는 다르다.

에 의한 효과를 중시한다.

전환이론이 등장한 또 다른 배경에는 현대사회에서 더 이상 '지식 - 기술 - 산업'으로 이어지는 선형적 발전 모형이 작동하지 않는다는 인식이 있다. 산업혁명 이후 근·현대로 이어지는 시대에는 합리주의에 바탕을 둔 지식의 분화·발전이 있어왔다. 물리학, 화학 등 기초과학의 발달은 다양한 전문적 지식을 생산하게 되었고 이를 활용한 광범위한 기술 개발이 산업혁명에 의해 제공되는 다양한 도구·기계 활용과 함께 공학(engineering) 발전으로 이어지게 되었다. 이어서 산업혁명 이전과는 비교할 수 없을 정도로 많은 제품과 서비스가 생산되어 산업화로 진전되었으며, 산업 자체도 분화·발전하게 되었다. 예를 들어, 물리학 기반 지식은 기계공학적 기술로 이어지고 이를 활용한 자동차 산업이 발전하는 패턴을 보여주었다. 하지만 2차 대전 이후 전문적 과학기술 공급자가 급증하면서 이러한 선형적 발전 모형은 변화를 요구받게 되었다. 즉, 대학이나 공공 연구 기관 등 전문적 기술 공급자를 정부가 전략적으로 육성하면서 시장의 수요보다 많은, 기술의 '공급 과잉' 현상이 발생했다. 과거에는 새로운 기술이 새로운 수요를 창출하는 패턴이 반복되었다면, 기술 공급 과잉 시대에는 수요가 기술을 선택하는 방식이 출현하게 된 것이다. 따라서 여러 기술이 경쟁하는 상황에서 기술적 우수성이 반드시 시장의 선택을 보장하지 못하는 경우가 발생하게 되었다. 시장 수요자들은 기술적 우수성은 여러 선택 기준 중 하나일 뿐, 호환성·편의성·경제성·환경 친화성 등을 복합적으로 고려하게 되었고, 이러한 기준들도 경제적·사회적 변화에 따라 가변성이 높아졌다. 따라서 복잡하고 다층적인 수요에 맞추기 위해서는 기술 공급적 측면에서도 단일 지식이나 단일 산업과의 연계에서 벗어나 융합적인 접근이 필요하게 되었으며, 특히 정보통신기술(Information and Communication Technologies, 이하 ICT), 바이오, 나노 등과 같은 혁신적 신기술의 등장이 이를 가능하게 만들었다. 따라서 종래의 선형적 발전모형이 더 이상 유효하지 않은 상황에서 '지식 - 기술 - 산업' 간 관계는 더욱 비선형적이고 다층적으로 발전하고 있는 것이다. 전환이론은 특히 시스템 내에서의 수요 부문에 주목하고 있는데, 기술 개발의 동인(driving force)이 되는 수요가 형성되는 과정에서 정치, 문화, 제도, 조직 등 다양한 변수가 개입될 수 있음에 주목하고 있다.

2) 사회기술 시스템과 제3세대 혁신 정책

전환이론은 사회기술 시스템의 형성을 전제로 한다. 아리 립(Arie Rip), 러네이 켐프(Renée Kemp), 요한 W. 쇼트(Johan W. Schot), 프랭크 W. 길스(Frank W. Geels), 롭 라벤(Rob Raven) 등 일군의 네덜란드 학자들은 에너지와 환경 문제들을 다루면서 새로운 기술이 왜 사회에 성공적으로 안착하지 못하는지에 대해 의문을 품었다(이광호 외, 2012). 특히 전기자동차 사례에 대한 집중적인 연구는 시장 실패의 원인을 단순히 경제적인 측면에서 규명하는 것이 어렵다는 결론을 얻게 만들었다. 꽤 오랜 기술 개발 역사를 갖고 있는 친환경 전기자동차는 20세기 말이 되어서야 비로소 완성된 형태로 시장에 출시될 수 있었다. 정부는 소비자가 구매하기에는 내연기관 자동차보다 비싼 전기자동차의 단점을 정부 보조금 지급으로 해결할 수 있을 것이라 기대했다. 하지만 미국과 유럽 등 선진국에서 적극적인 보조금 정책을 추진했음에도 시장 반응은 높지 않았다.[3] 그 원인은 기술적 인프라, 문화적 호응, 제도적 정합성 등으로 분석되었다. 즉, 소비자가 전기

3 최근에는 전기자동차 보급이 훨씬 더 가파른 속도로 되고 있지만, 1990년대까지는 정부와 업계의 기대치 이하였다.

자동차를 구매할 때 단순히 가격이나 기술적 품질만을 고려하는 것이 아니라, 생활 방식(life style), 계층적 대표성(identity), 중고차 거래 시세 등을 종합적으로 따진다는 것이다. 기술과 사회 간 상호작용이 복잡하게 구성되고 기술 공급이 과잉인 시대에서는 기존 이론에서 다루던 산업 생태계 관점을 넘어서 '기술 - 제도 - 주체' 간 정합성(coherency)이 중요한 체제적 관점에서 접근해야 함을 의미한다.

이러한 사회기술 시스템 이론의 등장과 후속 연구는 혁신 정책(innovation policy)의 진화를 뒷받침하는 이론적 토대로 활용되고 있다. 각 세대별 혁신 정책의 주요 특징을 간략히 살펴보면 다음과 같다. 제1세대 혁신 정책이 주로 R&D 정책으로 경제 성장을 위한 도구로서 과학기술계 내부를 중심으로 주로 논의된 반면, 제2세대 혁신 정책은 이러한 논의를 산업생태계 차원으로 확장했다. 제2세대 혁신 정책의 궁극적 목적은 제1세대와 마찬가지로 경제 성장이었지만, 기술 공급자 중심으로 국한되었던 정책 범주를 기술 수요자인 기업 및 산업으로 확장시킨 점에서 차이점이 있다. 이때 비로소 시스템적 관점에서 정책 설계가 시도되었으며, '하고 싶은 연구'에서 벗어나 '필요한 연구'가 강조되었다. 또한 정부 정책의 영역이 R&D 정책에서 벗어나 산업 생태계 혁신을 위한 금융 정책과 고용 정책 등으로 확대된 점도 눈여겨 볼만하다. 제3세대 혁신 정책에서는 이전 세대 혁신 정책과 비교해 정책 목표가 다원화되었다는 점이 가장 큰 변화였다. 즉, 경제 성장 일변도의 정책 목표에서 벗어나 삶의 질이나 지속가능한 발전 등이 정책 목표로 추가되었으며, 이러한 배경에는 앞서 언급한 유럽을 중심으로 논의되던 지속가능 발전(sustainable growth) 담론이 있었기 때문이다. 따라서 과학을 위한 정책(policy for S&T)이나 혁신을 위한 정책(policy for innovation)이란 기존의 관점이 사회를 위한 과학기술(S&T for society)로 근본적인 관점 전환이 일어나게 되었다. 다시 말해, 상용화만을 전제로 한

〈표 5-1〉 혁신 정책의 진화와 주요 특징

	제1세대 혁신 정책	제2세대 혁신 정책	제3세대 혁신 정책
혁신을 바라보는 관점	선형적 관점	시스템적 관점	시스템적 관점
정책 목표	경제 성장	경제 성장	경제 성장, 삶의 질, 지속가능한 발전
혁신 정책의 영역	부문 정책	여러 영역과 관련된 정책	여러 영역과 관련된 정책
정책의 주요 관심영역	과학을 위한 정책	혁신을 위한 정책(혁신을 촉진하기 위한 제도설계, 혁신 친화적 고용 및 금융 정책)	혁신을 위한 정책뿐만 아니라 정책 문제 해결을 위한 혁신 정책에도 관심 eg. 복지 정책과 혁신 정책의 통합, 환경 정책과 혁신 정책의 통합
혁신 정책 주요 주체	과학기술계	과학기술계와 경제계	과학기술계, 경제계, 사용자 및 시민 사회

자료: 송위진 외(2008).

과학기술 개발이 아니라 사회적 문제(societal problem) 해결을 위한 과학기술 개발과 이를 위한 정책 및 사회적 제도 설계가 시도되기 시작했다. 유럽을 중심으로 활발하게 전개되고 있는 리빙랩(living lab) 등의 시범사업과 실증 사업들은 이러한 흐름의 연장선상에서 나온 것이다. 제3세대 혁신 정책은 부문별 정책 실패를 보완하기 위한 총합적(holistic) 관점에서의 정책 통합을 중요시하고 있으며, 특히 최종 수요자(혹은 소비자)의 정책 설계 및 집행에서의 참여를 강조하고 있다. 따라서 혁신 정책 참여 주체 범주가 기존 과학기술계와 경제계에 더해 사용자 및 시민사회 등으로 확장된 점도 차별점이다.

사회기술 시스템은 OECD를 중심으로 1990년대에 많이 논의되던 국가혁신체제(National Innovation System, 이하 NIS)와 다음과 같은 면에서 차별성이 있다. 국가혁신체제는 주로 영국을 중심으로 산업혁신체제(Sectoral Innovation System, 이하 SIS)와 함께 '경쟁력 강화' 측면에서 논의가 진행되었다.

SIS가 특정 산업을 중심으로 산업 경쟁력 강화를 위해 기업, 공공 섹터, 정부 등 혁신 주체 등의 역할과 이들의 상호작용을 긍정적으로 배가시키기 위한 제도 설계에 중점을 두었다면, 국가혁신체제는 이를 국가적 차원으로 확장시켜 지식, 기술, 제도 등과 혁신주체의 유기적 연계를 강조하고 있다. 하지만 두 경우 모두 혁신 시스템 구성의 목적 자체가 시스템 단위의 경쟁력 확보를 염두에 두고 있기 때문에, 사회적 문제 정의를 전제로 하는 사회기술 시스템 이론이나 제3세대 혁신 정책과는 뚜렷한 차이점을 가지고 있다.

3) 다층구조 관점의 구성과 특징

사회기술 시스템 이론은 앞서 언급했듯이 '기술 - 주체 - 제도' 등을 큰 축으로 보고 이를 체제적 관점에서 이해하고 있다. 하지만 현재의 체제를 더욱 바람직한 다음 체제로 전환시키는 것이 이론 연구자들의 숙제였으며, 이를 위해 도입한 모델이 다층구조 관점(Multi Level Perspective: MLP)이다. 사회기술 시스템 이론의 대표적 연구자 중 한 사람인 네덜란드의 길스(Geels, 2005)는 다층구조 관점의 구성과 작동에 대해 다음과 같이 설명했다.

먼저 다층구조 관점은 크게 사회기술 지형(socio-technical landscape), 사회기술 체제(socio-technical regime), 기술적 니치(technical nitche) 등 3개의 층위로 구성된다. 사회기술 지형은 가장 거시적인 환경 변화를 의미한다. 인구, 문화, 정치 등 인류사에 있어 임팩트가 크고 장기적인 변화 추세나 전쟁, 경제위기, 천연자원 가격 변동 등 비교적 단기적인 변화가 여기에 해당한다. 고령화, 글로벌화, 온난화 등이 대표적인 지형 변화에 해당하며, 하위에 있는 체제 구성원들의 단기적 노력이나 체제 변화에 의해 되돌릴 수 없다는 특징이 있다. 사회기술 체제는 특정 기술을 중심으로 '기술 -

주체 - 제도'로 구성된 틀이 안정적으로 유지되어 있는 상태를 의미한다. 특정한 경로와 관성을 갖는 기술이 체제 구성에서 핵심적인 것으로, 이는 진화경제학에서 설명하는 기술 문법(grammar)이나 토머스 S. 쿤(Thomas S. Kuhn)의 패러다임(Kuhn, 1962)과 같은 맥락으로 해석할 수 있다. 즉, 특정 사회기술 체제는 기술뿐만 아니라 주체가 갖고 있는 문화, 정책, 시장 등이 제도와 함께 유기적으로 연동되는 구조이기 때문에 전체의 방향성을 유지하는 한도에서 점진적·부분적 기술 변화는 수용하지만 그 이상에 대해서는 마찰이 발생해 거부하는 경향을 보인다. 마지막으로 기술적 니치는 수많은 기술공급자에 의해 발생하는 '잠재적 가능성'을 가진 기술 후보군으로 자체적으로 생존력은 없으나 일정한 보호 아래 국부적으로 존재할 가능성을 가진다. 기술적 니치는 시장 불확실성과 함께 그 자체로 기술적 불확실성도 가지고 있으며, 사회기술 체제에서의 수용 여부가 생존을 결정짓는다. 기술적 니치는 사회적 네트워크 형성, 기술 공급과 수요 양측면에서의 학습 과정, 예측과 비전의 정교화와 학습의 방향성 획득 등을 순차적으로 겪으면서 좀 더 많은 행위자의 참여에 의해 사회적 네트워크를 확대하며 체제로의 안착을 지속적으로 시도한다. 다수의 기술적 니치가 체제로의 안착을 시도하지만 체제 내에 안착되는 것은 소수로 사회기술 체제 내의 다른 구성 요소가 동반 변화해 수용이 결정되면, 그 체제는 이전과는 다른 형태로 전환되고 새로운 방향성을 가진 체제가 지형 변화에 대응하게 된다.

다층구조 관점의 특징 중 하나는 체제의 해체와 재구성에 있어 국부적인 사회적·기술적 요소를 선택하는 것이 아니라 거의 모든 요소가 상호보완적으로 전환되어야 함을 강조하는 점이다. 또한 이를 위해서는 체제 내 참여 주체들의 학습과 경험이 절대적으로 필요하기 때문에 이들을 조직화하는 정치적 활동을 매우 중요시한다. 따라서 기술 개발만을 목적으로 하는 R&D 사업의 추진보다는 수요자 참여와 제도 개선이 동반되는, 그리고 실패의 경험을 축적하고 이를 개선된 R&D 사업에 반복적으로 반영하는 형태의 사업 추진을 선호한다. 왜냐하면 사회기술 체제의 경직성과 배타성이 상존하는 가운데 전략적으로 기술적 니치를 관리하지 않는다면 기존 이해관계자의 반발로 기술적 니치가 체제 내에 안착하기 쉽지 않기 때문이다.

3. 한국의 에너지 전환에의 적용

1) 전환 배경

우리나라는 세계 주요 경제국 중 대표적인 에너지 다소비국이자 수입 의존도가 높은 국가이다. 세계 최대 에너지 소비국인 중국과 미국은 자국 내 에너지 생산량이 상당히 많은 데 비해 우리나라는 일부 신·재생에너지 생산을 제외하면 95% 이상을 수입에 의존하고 있다. 이는 경제 성장과 더불어 사용하는 에너지양이 기하급수적으로 늘었기 때문인데, 특히 석유, 천연가스, 석탄 등 지구온난화의 원인으로 지목되고 있는 화석에너지와 논란이 많은 원자력에 대한 의존도 또한 98%에 육박한다. 제조업 중심의 수출주도형 경제 체제를 통해 압축적 경제 성장을 이룩하는 데 있어 빈약한 에너지원의 우리 경제의 아킬레스건으로 작용했고, 국제 유가 변동에 따라 국내 경제는 불황과 호황을 반복했다. 따라서 에너지 정책에서의 우선순위는 항상 안정적·지속적 에너지원의 확보와 효율적인 에너지 사용이었다. 변동성이 높은 화석연료 대신 원자력을 이용한 발전에 공을 들인 것도 기저 전력의 안정성을 감안한 결과였다. 특히 많은 제조 기업의 생산 단가를 낮추기 위해 생산 원가 대비 저렴한 전기료를 유지해왔다. 20세기 후반부터 화석연료 고갈 경고가 지속되어왔고 이에 따른 에너지 전환의 필요성이 거론되었다. 하지만 최근에는 다른 차원에서 에너지 정책 기조가 큰 전환점을 맞이하고 있다. 에너지 전환을 불러온 배경을 간략히 살펴보면 다음과 같다.

첫째, 온실가스 감축 목표가 강화된 신기후체제의 출범이다. UN 기후변화협약의 파리협정 체결에 의해 지구온난화를 막기 위한 세계 각국의 적극적 노력이 최종 합의를 이루었고, 이에 따라 우리나라 2030년 온실가스 감축 목표는 배출전망치(Business as Usual, 이하 BAU) 대비 37%로 다소 과감하게 설정되었다. 현재 우리나라 온실가스 배출 규모가 세계 6위인 점을 감안하면 더욱 적극적인 대책마련이 요구된다 할 수 있다.

둘째, 후쿠시마 원전 사태로 인해 원자력 발전의 안전성에 대한 근본적 문제제기가 급부상했다. 세계 최고수준의 안전망을 갖고 있던 일본에서의 대규모 사고는 원자력 발전에서의 완벽한 관리라는 것이 사실상 불가능하다는 것을 시사했다. 특히 최근 국내 최대 원전 밀집 지역인 경주와 포항에서의 지진 빈발은 이러한 우려감을 더욱 증폭시키는 계기가 되었다.

셋째, 신·재생에너지 관련 기술의 발전과 ICT의 융합은 에너지 효율화와 다원화의 실현 가능성을 높이고 있다. 과거 태양광, 풍력, 바이오매스, 조력 등 신·재생에너지는 기술적 가능성에도 경제성이 높지 않아서 시장실패 영역으로 남아 있었다. 하지만 최근 관련 기술의 급속한 발전과 특히 ICT 융합에 의한 스마트 그리드가 구현 가능해짐으로써 경제성 문제도 지속적으로 해결해나가고 있다. 물론 기존 중앙 공급식 에너지 공급 시스템에 비해 효율성이나 안정성이 부족하지만 지역적 단위에서의 실현 가능성이 매우 높아졌다.

이에 따라 최근 정부도 에너지 전환과 관련한 기본 방향을 제시했다.

문재인 정부는 '에너지 전환 로드맵(2017.10)'을 발표하면서 원전의 단계적 감축과 재생에너지 확대를 표방했다. 특히 주목할 만한 점은 탈원전 정책 추진에 있어 사회적 합의를 위한 '숙의 제도'의 도입이었다. 그동안 논란이 되었던 신고리원전 5·6호기 공사 재개와 관련해 다양한 계층의 시민이 참여한 숙의 제도에 의해 정부는 '공사 재개는 타당하지만 장기적으로는 원전을 감축한다'는 사회적 합의를 도출했다. 그동안의 정부 주도의 에너지 정책 결정에서 벗어나 시민사회의 사회적 합의에 의해 에너지 정책을 결정한 최초의 사례라 할 수 있다. 하지만 이러한 큰 흐름의 변화에도 당장 우리나라의 에너지 포트폴리오가 급변할 것 같지는 않다. 왜냐하면 에너지 부문이야말로 앞서 언급한 사회기술 시스템이 강고하게 작동하고 있기 때문이다. 즉, 각 에너지원별로 구성된 '기술 - 주체 - 제도' 체제가 타 에너지원(특히 신·재생에너지원)의 진입을 가로막고 있다. 조금 더 살펴보자면, 신·재생에너지라고 해서 100% 친환경적이 아니고 지역 주민의 반발이 심하게 발생하고 있으며, 신·재생에너지원별로 이해관계자 구도가 매우 복잡하게 형성되어 있다. 또한 현재의 중앙공급식 에너지 공급 체계는 각종 제도가 이에 맞게 형성되어 있어, 새로운 기술적 니치의 진입을 가로막고 있는 사례가 종종 발견된다.

2) 사회기술 시스템상 주요 쟁점

사회기술 시스템이 근본적으로 '기술 - 주체 - 제도' 간 체제적 정합성을 추구하고 있기 때문에 이러한 관점에서 주요 쟁점을 파악하는 것은 전체 구도를 이해하는 데 도움이 된다. 신·재생에너지와 ICT가 새로운 기술적 니치를 형성하며 발전하고 있지만 그 자체로 혹은 기존 체제와 마찰을 일으키며 체제 내 안착을 방해받고 있다.

〈그림 5-1〉 에너지 전환 관련 사회기술 시스템 형성 구조

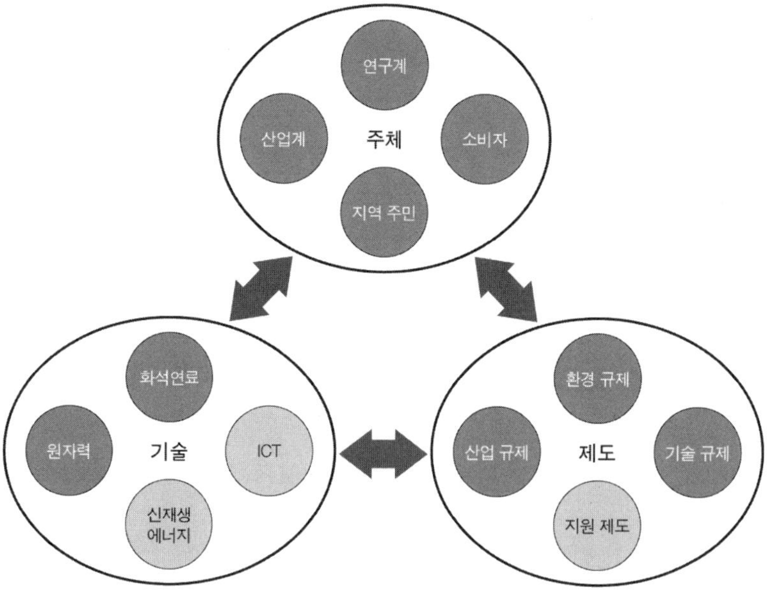

에너지 전환과 관련한 사회기술 시스템의 형성 구조를 도식화해 개략적으로 표현하면 〈그림 5-1〉과 같다. 먼저 에너지 전환을 추동하는 기술 측면을 살펴보면 전력 부문에서는 화석연료와 원자력이 거의 대부분을 차지하고 있으며, 최근 신·재생에너지와 ICT가 정부의 적극적 지원에 의해 이를 부분적으로 대체하는 움직임이 일어나고 있다. 수송 부문에서도 석유와 천연가스 중심의 에너지원에서 벗어나 전기를 새로운 동력원으로 활용하려는 시도가 꾸준히 지속되고 있다. 다음으로 주체로는 기술공급자인 대학 및 출연(연) 등 연구계와 기술 수요자인 산업계가 주요한 이해관계자 그룹을 형성하고 있다. 여기에 일반 국민이 소비자로서 광범위하게 존재하고 있으나 협상력이나 참여 의지 면에서는 가장 소극적이다. 반면 에너지 인프라가 설치되는 지역 주민은 직접적 피해를 호소하기 때문에 의사결정에 있어 가장 강력한 참여 의지를 갖고 있다. 마지막으로 제도

는 크게 각종 규제와 지원 제도가 매우 복잡하게 형성되어 있다. 주로 화석연료와 원자력과 관련해서는 환경 규제가 매우 강력하게 자리 잡고 있는 반면, 신·재생에너지 부문에는 보조금 및 R&D 등 다양한 지원 제도가 실행되고 있다. 화석연료와 원자력 부문은 거대한 장치 산업으로 국가 에너지 인프라의 대부분을 담당하고 있기 때문에 독과점 및 시장 실패를 방지하기 위한 경제적 규제로서 산업별 규제 또한 발달되어 있다. 한편으로는 다양한 에너지 기술 부문 모두에 각 기술이나 주체에게 기술적 요건을 부여하는 기술 규제도 매우 복잡하게 발달되어 있는데, 인증이나 표준 등이 대표적 예이다. 각 요소 간 갈등을 일으키고 있는 주요 쟁점을 살펴보면 다음과 같다.

(1) 기술 - 주체 간 갈등

개발 연대 시대에 주로 구축된 화석연료와 원자력 관련 기술 인프라에 대한 주체의 수용성은 비교적 높았다. 이는 에너지 인프라가 실제 산업 발전과 생활 편의에 필수적인 것이기 때문이기도 하지만 위해성에 대한 인식이 취약했기 때문이기도 하다. 하지만 이러한 추세에도 변화의 움직임이 감지되고 있다. 석유화학단지나 원자력 발전소 설치에 대해 지역 주민의 집단 반발이 빈번하게 발생하고 있기 때문이다. 최근의 경남 밀양 송전탑 사태가 대표적 사례다. 정부는 밀양에 우리나라 동·서부를 잇는 대형 송전탑 건설이 필수적이라고 판단해 2007년에 건설 사업을 승인했다. 하지만 지역 주민들은 시민단체와 연계해 재산권 침해, 전자파 위해성, 자연환경 훼손 등의 이유로 이를 적극 저지했다. 정부는 전자파 위해성은 과학적 근거가 부족하다는 판단 아래 재산권에 대해서는 금전적 보상으로 해결하려 했으나 오히려 주민의 반발은 더욱 커졌다. 결국 2014년에 정부 보상안이 확정되면서 송전탑 건설이 완료되었지만 그 후유증은 지금도 계속되고 있다. 특히 갈등 과정에서 정부 정책 추진의 투명성과 절차적 정당성에 대한 지적은 이후 에너지 인프라 관련 갈등 사례에 많은 시사점을 주었다. 가장 최근에는 이미 저장 한계를 넘고 있는 사용 후 핵연료 저장과 관련해 정부와 지역 주민 간 마찰도 발생했다. 전남 영광에 위치한 한빛원전 고준위 핵폐기물 저장 시설 신축에 있어서 정부는 임시 저장 방침을 발표했으나, 지역 주민은 영구 저장에 대한 우려와 잦은 사고로 인한 안전성 문제를 제기하며 갈등을 빚은 것이 그 내용이다. 역시 이 경우에도 정부와 원자력계에 대한 지역 주민의 신뢰도가 매우 부족한 점도 갈등을 부추기는 역할을 했다.

신·재생에너지는 친환경적이라는 이유로 부족한 경제성을 보완하는 측면이 있으나 이 역시 지역 주민과의 갈등 요소가 최근 부각되고 있다. 시민단체들은 지속적으로 태양광이나 풍력 발전이 대부분 산지를 개발하는 형태로 진행되기 때문에 산림 훼손과 자연 경관 파괴를 일으킨다고 주장하고 있다. 이는 근본적으로 인구 밀집도와 지가가 높은 한국적 특성이 반영된 결과다.[4] 태양광의 경우 최근 높아진 효율성과 정부의 적극적 보조 정책으로 인해 설치 면적이 꾸준히 늘어나고 있지만, 이와 함께 새로운 갈등 쟁점도 부상하고 있다. 먼저 환경적 이슈로는 태양광 단지 건설 시 발생하는 환경오염, 경관 훼손 등과 함께 주변 축사에의 부정적 영향 등이 거론되고 있다.[5] 일부 지역에서는 태양광 발전사업자가 태양광 발전 자체보다는 산림에서 고가의 식목을 채취하는 것에 치중하는 등 부작용도 발

4 신·재생에너지는 기본적으로 지역적 여건(locality)에 크게 영향을 받는다. 규모의 경제에 의해 부족한 경제성을 어느 정도 보완이 가능하지만 여전히 한계를 가지고 있다. 미국, 중국, 스페인 등 대규모 태양광 발전 단지를 구축하고 있는 나라들은 주로 사막에 단지를 조성해 지역 주민 반발 회피와 경제성을 동시에 추구하려 하고 있다.

5 이에 따라 최근 태양광 설치 입지를 내수면으로 하려는 시도가 있으나, 이 역시 내수면 생태계에의 부작용 등을 우려하는 목소리도 있다.

견되었다. 지역 발전과 관련한 부작용도 보고되고 있다. 태양광 발전단지 조성을 정부와 지자체가 적극적으로 추진하는 이유는 에너지 전환과 함께 지역 단위의 고용 창출과 경제활성화 효과가 있기 때문이다. 하지만 실제 단지 조성 이후 평가에서 효과가 당초 기대치보다 못하고 외부인이나 외부자본에 의해 주도되는 사업이 지역 경제에 미치는 실익이 낮다는 인식이 확산되고 있다. 풍력의 경우에도 국내에서는 기후 조건이 맞는 지역을 중심으로 단지가 조성되고 있으나 역시 자연생태계에의 악영향과 환경 훼손이 문제로 제기되고 있다. 또한 지역 주민들은 풍력 발전기 가동에 따른 저주파 소음, 수산 동굴 붕괴, 경관 훼손 등으로 인한 피해를 호소하고 있으며, 특히 단지 조성 과정이 지자체와 기업만의 협의로 추진되고 있어 논의 과정에서 지역 주민 참여가 형식적으로만 처리되는 것에 강한 불만을 제기하고 있다.

(2) 주체 - 제도 간 마찰

지금까지 우리나라는 후발 추격국으로 압축 성장을 하기 위해 '선택과 집중'이라는 전략을 효율적으로 활용해왔다. 특히 제조업 중심의 수출주도형 경제 체제를 발전시키기 위해 제조업 친화적인 제도를 운영해왔다. 각 기술별·산업별로 발달된 많은 진흥법들은 그 결과로 얻어진 것이다. 하지만 시장 자원의 효율적 활용과 정부 주도의 관리·감독을 위해 에너지 분야에서 높은 진입 장벽을 구축했다. 그 결과 화석연료 계통은 대기업들의 과점 구조가, 전력 계통은 한전의 독점 구조가 고착화되었다. 특히 전력 시장을 한전이 오랫동안 독점하면서 발생한 부작용[6]을 해소하기 위해

6 한전은 공기업의 특성을 갖고 있어 외부로부터 비효율성과 소극적인 신·재생에너지 투자 등이 문제로 지적되어왔다.

IMF 이후 2001년 전력 산업 구조 개편이 이루어졌다. 즉, 발전 부문은 지역별 발전 5사,[7] 한국수력원자력, 민간 발전사 등으로 분할·개편되었고, 시장 계통 운영 및 수급 계획 수립은 전력 거래소가, 송전·배전·판매는 한전이 맡게 되었다. '전기사업법' 제7조 제3항에서 언급하고 있는 '발전·판매 사업 겸업 금지 원칙'은 이때 마련된 것이다. 이로 인해 과거 전력 시장 독점에 의한 비효율성의 문제는 어느 정도 해소되었지만, 에너지 전환과 관련한 또 다른 문제가 부각되고 있다. 한전이 발전 부문에서 손을 떼면서 그동안 신·재생에너지 개발을 적극 추진하고 있는 정부 입장에서는 계획에 차질이 생겼다. 정부는 최근 발표한 제8차 전력 수급 계획에서 신·재생에너지 발전량을 2030년까지 전체 대비 20%까지 늘리는 것을 목표로 내세웠다. 이를 위해서는 화석연료와 원자력 대신 신·재생에너지와 LNG 발전 인프라 확대가 필요한데, 현재 발전사업자들이 이를 감당하기에는 부족한 실정이다. 또한 최근 신·재생에너지 부문에 대한 비중 확대로 인해 한전의 전력 구매 단가가 높아지면서 재정이 악화되고 있다. 이에 따라 한전이 다시 신·재생에너지 부문의 발전사업을 재개해야 한다는 목소리도 있지만, 여기에는 이제 막 시작 단계에 있는 민간 신·재생에너지 사업자들의 반발이 거세다.

다른 한편으로는 ICT 융합에 의한 에너지 전환도 주체와 제도 간 마찰에 의해 발전이 제한되고 있다. 에너지저장장치(Energy Storage System, 이하 ESS)는 생산된 전력을 전력 계통(grid)에 저장했다가 필요할 때 꺼내 쓰는 개념으로 에너지 효율을 높일 수 있는 기술로 주목받고 있다. 상대적으로 저렴한 심야 유휴 전력을 대형 건물·설비에 있는 대형 전력 저장 장치에

7 현재 중부 발전, 서부 발전, 남부 발전, 동서 발전, 남동 발전 등 5사가 국내 광역권을 분할하고 있다.

저장했다가 사용량이 많은 시간에 쓰기 때문에 부하 평준화를 통해 전력 운용의 최적화가 가능하다. 특히 태양광, 풍력 등의 신·재생에너지원은 전력 변동성이 강해 전체 에너지망의 안정성(stability)을 저해하기 때문에 고품질의 안정적인 전력으로 전환해 전력망과 연계할 수 있다. 이를 위해서는 ICT 스마트 그리드(ICT smart grid) 기술과 대용량 전력 저장 장치의 개발과 보급이 선행되어야 하지만, 기존 제도가 관련 주체의 진입을 가로막고 있다. 먼저 기존 '전기사업법'에서는 기본적으로 발전사업자가 복수의 에너지원을 공급하는 것을 금지하고 있다.[8] 또한 ESS는 그동안 명확한 법적 지위가 없었다가 2014년 산업통상자원부가 전기 설비 기술 기준 고시를 개정하면서 발전원으로서의 자격을 획득했지만, ESS가 실제 응용되는 영역에서의 법적 지위는 미비한 상황이다. 즉, 소방방재청 화재안전기준에서는 비상 발전원에 ESS가 포함되어 있지 않아 활용에 제약이 있다. 미국 연방 에너지규제위원회가 ESS를 발전원, 부하 설비, 송배전 설비 등으로 다양한 지위를 보장하고 있는 것과 대비된다. 최근 핵심적인 진입 규제 중 하나였던 '전기사업법'상 겸업 금지가 태양광 ESS 분야에 허용되면서 민간 시장이 활성화되고 있지만, 정부의 판매 단가 보조에 절대적으로 영향을 받기 때문에 보조 수준 및 기간에 대한 논란이 있다. 더구나 ESS를 둘러싼 배터리 제조 업체, 태양광 사업자, 태양광 패널 개발 업체, 전력 계통 사업자 간 이해관계가 서로 달라 일방적인 보조 정책이 오히려 관련 산업 생태계 발전을 저해시킬 수 있다는 주장[9]도 제기되고 있다.

---

8 해외에서는 에너지 산업 관련 규제 완화와 시장 자유화를 통해 에너지원의 통합적 생산 및 판매를 허용하는 경우가 많다.

9 예를 들어, 발전 단가에 대한 높은 보조금 지원은 사업자로 하여금 단기간에 최대 면적 확보를 통해 이익을 추구하게 만들지만, 이 과정에서 값싼 중국 태양광 패널을 사용해 국내 제조업체가 피해를 받을 수 있고 특정 지역에서의 과부하는 전력 계통 사업자에게 큰 부담으로 작용할 수 있다.

(3) 제도 - 기술 간 부정합성

그동안 에너지 전환의 중요성과 필요성에 대한 논의는 매우 활발하게 진행되었고, 특히 신·재생에너지 보급·확대에서 걸림돌이 되는 각종 제도는 정부의 적극적인 노력으로 어느 정도 개선이 이루어졌다. 여기서는 에너지 전환과 관련해 우리나라에서 제도 - 기술 간 부정합성으로 인해 우려되는 두 가지 이슈를 살펴본다.

먼저 탈원전이라는 큰 정책 방향이 설정된 이후에는 수명이 다 된 기존 원전 해체가 핵심적인 사항이다. 국내 첫 상업 원전인 고리 1호기의 경우, 설계 수명인 30년을 넘어 40년간의 운영을 마치고 2017년 가동이 정지되었다. 이후에는 해체 작업이 진행되어야 하는데 문제는 국내에 원전 해체 기술 확보가 미흡하다는 점이다. 그동안 국내 원전 산업은 주로 원전 플랜트 위주로 발전해왔기 때문에 해체 경험이 미흡하고 관련 기술과 기업이 부족하기 때문이다. 따라서 이미 제도적으로 원전 해체가 결정된 상황에서 정해진 시한에 맞추기 위해서는 해외로부터 기술을 도입해야 하는 실정이다. 더구나 현행법상 해체 실행 주체는 한국수력원자력인데 한국수력원자력은 자체 기술 개발에 소극적이어서 관련 기술 확보가 더 더딜 수밖에 없다.[10] 또한 원전 해체에 대한 규정에서는 입증된 기술만 사용하도록 하고 있어 국내 주체가 참여할 기회가 원천적으로 차단되어 있는 것도 제도적 한계이다.

태양광 발전에서도 제도 - 기술 간 부정합성이 발견된다. 현재 태양광 발전 시장은 대부분 패널형 전지 타입으로 형성되어 있고, 아주 작은 부문만 박막형이 차지하고 있다. 하지만 관련 기술의 개발 동향은 패널형에서

10 해체 주체는 원전 운영 주체인 한국수력원자력인 반면 해체 기술을 적극적으로 개발하는 주체는 한국원자력연구원이고 이들의 소관 부처는 산업통상자원부와 과학기술정보통신부로 분리되어 있다.

박막형으로 이미 전환되고 있다. 패널형은 생산 공정이 안정되어 있고 실제 설치·활용에 대한 신뢰를 확보하고 있지만 생산 단가가 비싸고 설치 공간을 많이 차지한다는 단점이 있다. 이에 비해 박막형은 건물 외벽 등에 쉽게 설치할 수 있고 사용 원료가 적다는 점에서 비용면에서 유리하나 패널형 대비 효율이 높지 못하다는 점이 단점이다. 하지만 국내외 활발한 연구 개발로 박막형의 효율이 크게 향상되었고 응용면에서도 운송 기기, 군사용, 휴대용 전자기기 등으로 활용 범위가 늘어나고 있다. 제도적 측면에서 기술 개발과 괴리가 발생하는 가장 큰 부분은 현재 많은 보조 제도가 패널형을 다량 설치하는 태양광 사업을 중심으로 설계되어 있기 때문에 시장에 박막형이 침투할 여지가 적다는 점이다. 정부나 지자체가 주도하는 각종 공공 조달에서도 현재의 발전량을 중심으로 접근하기 때문에 박막형의 비중은 거의 없는 실정이다. 또한 시장은 패널형 위주로 형성되어 있지만 대학과 출연연에서의 관련 연구는 거의 박막형에 집중되어 있는 것도 국내 태양광 산업의 구조적 문제이다. 정부 R&D 사업이 박막형 위주로 구성되어 있고 대학과 출연연 연구자들의 평가 제도 자체가 논문과 특허 위주의 기준을 갖고 있기 때문에 기술 공급자와 기술 수요자 간 괴리도 근본적으로 발생하고 있다.

3) 다층적 관점의 적용과 해석

앞에서 소개한 사회기술 시스템 이론 중 다층적 관점을 한국의 에너지 전환에 적용하면 다음과 같은 해석을 얻을 수 있다.

먼저 가장 거시적인 지형 측면에서 살펴보면, CO_2 감축과 탈원전이라는 글로벌 환경 변화가 강력하게 구동하고 있으며, 이에 따라 정부 정책도 기존 화석연료와 원자력 중심의 에너지 체제에서 신·재생에너지원 확대

〈그림 5-2〉 다층적 관점에서의 에너지 전환 조망

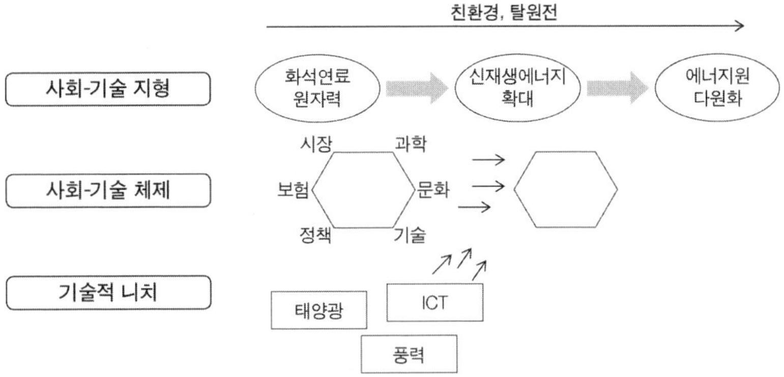

에 따른 에너지원 다원화 체제로 전환을 모색하고 있다. 물론 국부적으로는 석유 가격 등락이나 국제 에너지 질서에 의해 영향을 받겠지만, 큰 흐름은 유지될 것으로 보인다. 다음으로 기술적 니치 측면에서는 태양광, 풍력 등 신·재생에너지 개발·보급이 활발히 추진되고 있고 최근에는 ICT와의 융합에 의한 에너지 공급 체계 효율화·분산화가 시도되고 있다. 이러한 추세는 최근 4차 산업혁명 대응과 혁신 성장이라는 큰 정책 의제에 의해 뒷받침되기 때문에 향후에도 기술적 니치는 지속적으로 생성될 것이다. 하지만 사회기술 체제적 측면에서 고찰하면 아직까지 '기술 - 주체 - 제도' 간 정합성이 충분히 확보되지 못한 것으로 판단된다. 오랜 기간 동안 형성된 기존 에너지 체제의 관성과 저항 때문에 각 요소 간 마찰과 갈등은 현재도 진행 중이다. 특히 제조업 중심의 수출주도형 경제 체제를 유지하기 위한 중앙 공급형 에너지 인프라와 이와 관련된 수직적 제도 체계는 신·재생에너지와 ICT 같은 기술적 니치의 체제 내 안착에 부정적 영향을 미치고 있다. 과거와 달리 기술 개발과 제도 정립에 있어 일반 소비자나 지역 주민의 참여가 활발해짐으로써 주체 간 갈등이 늘고 있는 것도 체제 전환을 어렵게 만드는 또 다른 원인이다. 또한 에너지 시장에 참여하는 기술 공급자와 기술 수요자 간 관계가 복잡하게 형성됨으로 인해 양자 간 괴리가 발생하는 것도 신·재생에너지원의 본격적 확대에 걸림돌로 작용하고 있다.

4. 결론

한국에서 에너지 전환은 이제 거스를 수 없는 흐름으로 자리 잡았다. 온실가스 감축과 안정적 에너지 공급을 위해서는 화석연료와 원자력의 비중을 줄이고 대신 신·재생에너지와 ICT의 적극적 활용이 요구된다는 것에 국민적 공감대도 형성되고 있다. 하지만 이런 당위성에도 불구하고 실제 전환은 현실적으로 쉽지 않아 보인다. 이는 에너지 분야가 단순히 기술 개발과 산업화가 연계되는 선형적 구조가 아니라 다양한 주체가 참여해 정립된 제도 아래에서 상호작용을 주고받는 체제적 특성을 갖고 있기 때문이다. 이 글에서는 에너지 전환이 쉽지 않은 이유를 혁신 정책 분야의 사회기술 시스템 이론과 다층적 관점을 도입해 해석했다. 그 결과 '기술 - 주체 - 제도' 간 정합성 측면에서 살펴볼 때, 새로운 기술적 니치인 신·재생에너지와 ICT가 체제 내에 안착하기에는 기존 이해관계자 그룹 및 제도와의 마찰이 있음을 발견할 수 있었다. 그렇다면 향후 에너지 체제의 성공적 전환을 이루기 위해서는 어떠한 정책적 노력이 필요할까? 체제 내 요소 간 정합성을 제고하기 위한 몇 가지 시사점을 다음과 같이 제시한다.

첫째, 에너지 전환은 사회적 합의가 전제되어야 한다. 과거 에너지 정책은 다분히 하향식(top-down)식으로 결정되었다. 이는 정부가 주도하는 경제·산업 정책이 후발 추격국 입장에서 유효했기 때문이다. 하지만 국가 전체 차원에서 좋은 정책이라도 지역 주민이나 다른 이해관계자에게 피해가 발생하는 경우 사회적 갈등을 유발할 수 있다. 특히 에너지 전환은 현재 국민에게 추가적인 경제적 부담을 야기할 가능성이 높기 때문에 이에 대한 국민적·지역적 합의가 필수적이다. 독일의 경우, 원전 폐쇄에 대한 추가적 전기 요금 부담을 국민적 합의에 의해 추진했기 때문에 탈원전 정책이 성공할 수 있었다. 우리나라도 최근 탈원전과 관련해 숙의 제도를 성공적으로 운영한 경험이 있다. 사회적 합의에는 적잖은 비용과 시간이 소요되지만 중장기적으로 보면 오히려 더 효과적이다. 대신 이를 위해서는 사회적 합의에 이르는 과정과 관련 정보를 최대한 공개해 이해관계자 및 국민 참여를 적극적으로 이끌어내려는 노력이 요구된다.

둘째, 기존 수직적 제도를 가능한 수평적으로 전환해야 한다. 압축경제 성장 과정에서 형성된 에너지원·기술·산업별 수직적 제도는 높은 진입 장벽을 구축해 신·재생에너지나 ICT 관련 주체의 진입을 제한하고 있다. 과거 독과점을 방지하기 위한 각종 제도들이 오히려 신기술의 도입과 개발을 저해하는 경우도 있다. 따라서 정부는 에너지 생산·유통·소비 등 전 주기에 있어 시장 감시는 지속하되 다양한 주체들의 진입을 가로막는 규제를 완화할 필요가 있다. 특히 후발 주자인 신·재생에너지와 ICT 관련 기업의 시장 진입을 원활하게 하기 위해 에너지 관련 각종 공공 정보를 대폭 개방해 다양한 사업 기회를 찾을 수 있도록 유도해야 한다.

셋째, 이해관계자의 참여와 학습을 통해 경험을 축적하는 것이 중요하다. 지금까지는 기술 공급자, 기술 수요자, 최종 소비자 등이 분절화되어 각각의 이해관계를 극대화하는 형국이었다면, 향후에는 이해관계자의 동시 참여를 통해 국가나 지역 차원에서의 에너지 시스템의 최적화를 도모해야 한다. 물론 이 과정에서 이해관계자 간 갈등이나 분쟁은 피할 수 없다. 하지만 시행착오를 통해 얻어진 경험은 이후 더욱 나은 제도 설계로 이어질 수 있을 것이다. 따라서 정부 무오류와 단기적 비난 여론에 휩쓸리지 않고 중장기적인 정책을 추진할 수 있는 제도적 기반 마련이 필요하다. 유럽을 중심으로 활발하게 진행되고 있는 리빙랩 등이 그 대안이 될 수 있을 것이다. 일정한 지역에 실제 에너지 공급자와 기술 개발자 및 최종 소비자가 다 같이 참여해 새로운 제도와 정책을 실험하고 그 결과를 공유함으로써 사회적 합의 가능성을 높이고 수요 지향적 기술 개발을 유도할 수 있다.

마지막으로 기술과 시장 간 간극을 최소화하는 것이 필요하다. 에너지 전환과 관련해 필수적인 기술 개발을 할 때 공공 섹터에서의 연구 개발과 실제 시장에서의 수요가 멀리 있는 경우가 많다. 이는 에너지 인프라 구축에 있어 자체 기술 개발로는 요구 시간을 맞출 수 없었기 때문이기도 하다. 하지만 앞서 원전 해체와 태양광 사례에서 살펴보았듯이 에너지 전환을 위한 정책 구현에 있어 국내 관련 생태계의 현황을 고려하지 않는다면 기술 종속성과 공공 자원의 비효율적 사용이라는 비난을 피할 수 없을 것이다. 따라서 에너지 전환 문제에 있어서는 관련 부처 간 협력이 반드시 전제되어야 하며, 정부 R&D 사업에 있어서도 성과가 활용될 수 있는 제도적 기반 구축(예를 들면 공공 조달)을 기획 단계부터 선제적으로 고려하는 것이 필요하다.

참고문헌

관계부처 합동. 2015.10.5. "안전하고 경제적인 원전해체와 원전해체산업 육성을 위한 정책방향(안)". 제5차 원자력진흥위원회 제1호 의안. 원자력진흥위원회.

김기봉·정혜영. 2018.「정부의 에너지전환 정책에 따른 전력 분야 R&D 투자 방향」. 한국과학기술기획평가원.

Daniel, Kim·성지은. 2015.「지속가능한 에너지 시스템 전환을 위한 리빙랩 : SusLab NWE의 독일 보트롭 사례」. 과학기술정책연구원.

미래창조과학부. 2014. "원자력시설 해체기술 개발 및 산업생태계 구축 계획(안)".

송용주. 2017.「에너지 프로슈머 시장에서의 에너지저장장치(ESS) 활용 사례 및 제도 개선 필요성」. 한국경제연구원.

송위진 외. 2008.「사회적 목표를 지향하는 혁신정책의 과제」. 과학기술정책연구원.

송위진. 2012.「사회·기술시스템론과 정책적 의의」. ≪Issues and Policy≫, 60, 과학기술정책연구원.

________. 2013.「지속가능한 사회·기술시스템으로의 전환」. ≪과학기술정책≫, 193, 4~16쪽.

안세웅·이희선. 2011.「태양광 및 풍력단지의 개발에 따른 환경적·사회적 문제 분석 및 대응방안」. ≪환경정책연구≫, 10(3), 3~20쪽.

이광호 외. 2009.『기초·원천기술 확보를 통한 과학기반산업 육성 방안』. 과학기술정책연구원.

________. 2012.『융합산업 공급가치사슬 구조 변화 및 대응전략』. 과학기술정책연구원.

________. 2017.『탄소자원화 국가전략프로젝트 기획연구(가제)』. 과학기술정책연구원.

이상훈·윤성권. 2015.「재생에너지 발전설비에 대한 주민 수용성 제고 방안」. ≪환경법과 정책≫, 15, 133~166쪽.

이유수. 2015.「에너지 신산업의 제도적 장애요인 분석」. 에너지경제연구원.

이화연·윤순진. 2013.「밀양 고압 송전선로 건설 갈등에 대한 일간지 보도 분석 - 환경정의 관점에서」. ≪경제와사회≫, 40~76쪽.

Geels, F. 2004. "From Sectoral Systems of Innovation to Socio-technical Systems Insights about Dynamics and Change from Sociology and Institutional theory." *Research Policy*, 33(6~7).

________. 2005. *Technological Transitions and System Innovations: Co-Evolution and Socio-Technical Analysis*. Cheltenam, UK: Edward Elgar.

Grin, J., J. Rotmans and J. Schot. 2010. *Transition to Sustainable Development: New*

Directions in the Study of Long Term Transformative Change. New York: Routledge.

Kemp, R., J. Rotmans and D. Loorbach. 2007. "Assessing the Dutch Energy Transition Policy: How Does it Deal with Dilemmas of Managing Transitions?" *Journal of Environmental Policy and Planning*, 9(3~4).

Kuhn, Thomas S. 1962. *The Structure of Scientific Revolution*. The University of Chicago Press.

06

태양광 발전 설비에 대한 개발 행위 허가의 제문제

이소영

1. 서론: 재생에너지 입지 규제 해결의 중요성

1) 재생에너지 3020 목표

지금 전 세계는 전통적 에너지원인 원자력·석탄을 줄이거나 퇴출시키고 태양광·풍력과 같은 재생에너지를 확대하는 '에너지 전환'을 발 빠르게 추진 중이다. 우리의 경우 국제에너지기구(IEA)의 분류에 따른 재생에너지 발전 비중은 2016년 기준으로 2.2%에 불과한 실정(산업통상자원부, 2017.12)이지만, 2017년 8월에 발표된 문재인 정부의 '100대 국정 과제'에 "재생에너지 발전 비중을 2030년 20%로 대폭 확대"한다는 목표가 포함되었고 그에 따라 2017년 12월에는 재생에너지 3020 이행계획이 수립되기도 했다.

재생에너지 3020 이행 계획은 2030년까지 재생에너지의 발전량 비중을 20%로 높이기 위해 2030년의 재생에너지 누적 설비 용량을 63.8GW까지 확대하고, 이를 위해 2018년부터 2030년까지 총 48.7GW의 신규 설비를 보급하되 신규 설비의 95% 이상을 태양광(30.8GW)과 풍력(16.5GW)으로 공급하겠다는 계획을 밝히고 있다.

2) 재생에너지 확대를 위한 세 가지 주요 조건

이러한 계획은 현실적으로 실현 가능한 계획일까? 재생에너지를 신속하게 확대하기 위해 필요한 조건을 크게 세 가지로 볼 수 있다.

첫째는 안정적인 보조금 제도의 설계이다. 재생에너지 설치비용이 꾸준히 하락하고 있으나 아직 계통 한계 가격(System Marginal Price, 이하 SMP)으로 결정되는 전기 판매 가격만으로 사업성 보장이 어렵고, 기존의 가격 변동성으로 인해 장기 예측이 어려운 계통 한계 가격과 신·재생에너지 공급인증서(Renewable Energy Certificate, 이하 REC) 가격의 불확실성으로 인해 재생에너지 사업을 위한 프로젝트 금융(PF)이 원활하지 않은 문제점이 있었다. 이러한 문제를 해결하기 위해 정부는 2016년 말경 장기 고정가격(SMP + REC) 계약 제도를 도입해 20년간 고정가격을 보상하고 예상 수익의 불확실성 문제를 해소했다.

둘째는 입지 규제 및 인허가 장벽의 개선이다. 태양광·풍력 사업은 농지법에 따른 농업 진흥 구역 규제 등 다양한 법률상의 입지 규제를 적용받고 있고, 지방자치단체별로 정한 이격 거리 제한 등 조례에 의한 입지 규제도 촘촘하게 사업 추진을 가로막고 있다. 그뿐만 아니라, 명시적인 입지 제한이 없는 경우에도 주민 민원이 발생할 경우 '주변 경관과의 부조화' 등을 이유로 지방자치단체장의 재량에 의해 개발 행위 허가가 거부되는 경우도 빈번한 상황이다.

셋째는 원활한 계통 접속을 위한 인프라 확충이다. 발전소 가동을 위해서는 전력망(계통)에 연결되어야만 하는데, 전력망의 용량 부족으로 인해 상당한 물량이 접속 대기 상태에 있다. 전력망 확충을 위해서는 변전소 등이 건설되어야 하는데 건설 기간만 수년이 소요되어 재생에너지 확대의 주요한 걸림돌이 되고 있다.

위와 같은 세 가지 주요 조건 중에서도 '입지 규제 및 인허가 장벽의 개선'은 오래 전부터 개선 필요성이 지적되어온 문제임에도 개선이 더디고, 지방자치단체 인허가는 더 어려워지고 있다. 특히, 지방자치단체별로 제각기 정하고 있는 개발 행위 허가 기준은 재생에너지 사업 추진을 어렵게 하는 가장 큰 제도적 장애물이라고 할 수 있다.

이 글에서는 재생에너지 확대, 특히 태양광 발전 시설 설치에 있어서 가장 복잡하고도 어려운 제도적 난관으로 꼽히는 개발 행위 허가에 대해 살펴보고 그 문제점과 개선 방안을 제시해보려고 한다.

2. 개발 행위 허가의 근거 법령 및 규정 체계

1) 개발 행위 허가란 무엇인가

개발 행위 허가는 '국토의 계획 및 이용에 관한 법률(이하 '국토계획법')' 제56조 이하에서 정하고 있으며, 토지 이용과 관련한 개발 행위 중 도시 계획 차원에서 검토가 필요하거나 관리하는 것이 타당하다고 판단되는 경우 특별시장·광역시장·시장 또는 군수의 허가를 받도록 하고 있는 인허가 제도이다(국토교통부 도시계획정보서비스 홈페이지, 2017.12).[1] '국토계획법' 제56조 제1항 및 동법 시행령 제51조에서 개발 행위 허가를 요하는 행위를 정하고 있는데, 태양광 발전 설비를 설치하는 행위는 '공작물의 설치'나 '토지의 형질 변경'에 해당해 개발 행위 허가를 요한다.

일정 규모 이상의 토지 형질 변경이거나 녹지 지역 등 특정 지역에서의 개발 행위 등에 해당하면 개발 행위 허가 전에 도시계획위원회의 심의를 거쳐야 한다('국토계획법' 제59조).

2) '국토계획법'의 규정 체계

'국토계획법' 제58조 제1항에서는 개발 행위 허가의 기준을 정하고 있다. 동조 제1항 제1호 내지 제5호의 기준 중에서 태양광 발전 설비 허가에 있어서 빈번하게 문제되는 것은 "주변지역의 토지이용실태 또는 토지 이용 계획, 건축물의 높이, 토지의 경사도, 수목의 상태, 물의 배수, 하천·호소·습지의 배수 등 주변 환경이나 경관과 조화를 이룰 것(제4호)"이라는 부분이다.

한편, 동조 제3항에서는 제1항의 허가 기준을 충족시키는 것을 전제로 하여 지역 구분에 따라 지역의 특성, 지역의 개발 상황, 기반 시설의 현황 등을 고려하여 대통령령으로 추가적인 허가 기준을 수립하도록 하고 있다. 위 제3항 규정에 따라 '국토계획법' 시행령 제56조는 개발 행위 허가의 기준을 〈표 6-1-1〉과 〈표 6-1-2〉에서 구체화하고, 그 외에 제56조 제4항에 "국토교통부장관은 제1항의 개발 행위 허가 기준에 대한 세부적인 검

---

1 한편, 개발행위허가운영지침(국토교통부 훈령)은 개발 행위 허가제의 의의에 대하여 "개발 행위 허가제는 개발과 보전이 조화되게 유도하여 국토 관리의 지속가능성을 제고시키고, 토지에 대한 정당한 재산권 행사를 보장하여 토지의 경제적 이용과 환경적 보전의 조화를 도모하며, 계획의 적정성, 기반 시설의 확보 여부, 주변 경관 및 환경과의 조화 등을 고려해 허가 여부를 결정함으로써 난개발을 방지하고 국토의 계획적 관리를 도모하는 제도"라고 설명하고 있다(산업통상자원부, 2017.12).

〈표 6-1-1〉 [별표 1의 1] 국토계획법과 국토계획법 시행령

국토계획법

제58조(개발행위허가의 기준 등) ① 특별시장·광역시장·특별자치시장·특별자치도지사·시장 또는 군수는 개발행위허가의 신청 내용이 다음 각 호의 기준에 맞는 경우에만 개발행위허가 또는 변경허가를 하여야 한다.

1. 용도지역별 특성을 고려하여 대통령령으로 정하는 개발행위의 규모에 적합할 것. 다만, 개발행위가 「농어촌정비법」 제2조제4호에 따른 농어촌정비사업으로 이루어지는 경우 등 대통령령으로 정하는 경우에는 개발행위 규모의 제한을 받지 아니한다.
2. 도시·군관리계획 및 제4항에 따른 성장관리방안의 내용에 어긋나지 아니할 것
3. 도시·군계획사업의 시행에 지장이 없을 것
4. 주변지역의 토지이용실태 또는 토지이용계획, 건축물의 높이, 토지의 경사도, 수목의 상태, 물의 배수, 하천·호소·습지의 배수 등 주변환경이나 경관과 조화를 이룰 것
5. 해당 개발행위에 따른 기반 시설의 설치나 그에 필요한 용지의 확보계획이 적절할 것

③ 제1항에 따라 허가할 수 있는 경우 그 허가의 기준은 지역의 특성, 지역의 개발상황, 기반 시설의 현황 등을 고려하여 다음 각 호의 구분에 따라 대통령령으로 정한다.

1. 시가화 용도: 토지의 이용 및 건축물의 용도·건폐율·용적률·높이 등에 대한 용도지역의 제한에 따라 개발행위허가의 기준을 적용하는 주거지역·상업지역 및 공업지역
2. 유보 용도: 제59조에 따른 도시계획위원회의 심의를 통하여 개발행위허가의 기준을 강화 또는 완화하여 적용할 수 있는 계획관리지역·생산관리지역 및 녹지지역 중 대통령령으로 정하는 지역
3. 보전 용도: 제59조에 따른 도시계획위원회의 심의를 통하여 개발행위허가의 기준을 강화하여 적용할 수 있는 보전관리지역·농림지역·자연환경보전지역 및 녹지지역 중 대통령령으로 정하는 지역

국토계획법 시행령

제56조(개발행위허가의 기준) ① 법 제58조제3항에 따른 개발행위허가의 기준은 별표 1의2와 같다.
④ 국토교통부장관은 제1항의 개발행위허가기준에 대한 세부적인 검토기준을 정할 수 있다.

토 기준을 정할 수 있다"는 규정을 두어 개발행위허가운영지침(국토교통부 훈령 제997호, 이하 '개발행위지침')에 세부 기준을 위임하고 있는 것이다.

다시 말하면, 국토계획법은 제58조 제1항에서 기본적인 허가 기준을 법률로 규정하고, 추가적인 지역별 기준을 시행령 별표에서 구체화하면서, 그보다 더 세부적인 검토 기준은 국토부 훈령인 개발행위지침에 위임하고 있다고 볼 수 있다.

국토계획법 시행령(〈표 6-1-1〉 하단) 개발 행위 허가 기준에서 주로 태양

〈표 6-1-2〉 [별표 1의 2] 개발 행위 허가 기준 분야별 검토 사항(제56조 관련)

검토 분야	허가 기준
라. 주변지역과의 관계	(1) 개발 행위로 건축 또는 설치하는 건축물 또는 공작물이 주변의 자연경관 및 미관을 훼손하지 아니하고, 그 높이·형태 및 색채가 주변 건축물과 조화를 이루어야 하며, 도시·군 계획으로 경관 계획이 수립되어 있는 경우에는 그에 적합할 것 (2) 개발 행위로 인하여 당해 지역 및 그 주변 지역에 대기오염·수질 오염·토질 오염·소음·진동·분진 등에 의한 환경 오염·생태계 파괴·위해 발생 등이 발생할 우려가 없을 것. 다만, 환경 오염·생태계 파괴·위해 발생 등의 방지가 가능하여 환경 오염의 방지, 위해의 방지, 조경, 녹지의 조성, 완충지대의 설치 등을 허가의 조건으로 붙이는 경우에는 그러하지 아니하다. (3) 개발행위로 인하여 녹지축이 절단되지 아니하고, 개발행위로 배수가 변경되어 하천·호소·습지로의 유수를 막지 아니할 것

광 발전 설비와 관련해 문제되는 내용은 다음과 같은 '주변 지역과의 관계' 부분이다. 태양광 발전 설비의 설치를 위해 수목을 제거하게 되는 경우 자연경관 훼손이나 산사태 재해 발생 우려를 근거로 기준 부적합 판정을 받거나(의정부지방법원, 2018.4.17), 농지에 설치될 경우 주변 환경이나 경관과 조화를 이룰 수 없다는 이유로 부적합 판단을 받는 등의 사례(충북행정심판위원회, 2016.10.20)가 빈번하다.

3) 개발 행위 지침과 위임 조례

한편, '국토계획법' 시행령 제56조 제4항의 위임에 따라 제정된 개발 행위지침은 제3장에서 스스로 일부 판단 기준을 제시하고 있기는 하지만, 1-2-2조에서 "특별시장광역시장특별자치시장·특별자치도지사·시장 또는 군수는 '국토계획법', 동법 시행령에서 위임한 범위 안에서 도시·군 계획 조례를 마련하여 개발 행위 허가제를 운영할 수 있다. 이 경우 도시·군 계획 조례로 정한 기준은 이 지침에 우선하여 적용한다"라는 규정을 두어 조례에 대한 위임 근거를 두고 있다.

〈표 6-2〉 횡성군 개발행위허가 운영지침 (예규 제148호)

횡성군 개발행위허가 운영지침(예규 제184호) 제4조(발전시설 허가기준) ① **태양광 발전시설**은 다음 각 호의 기준에 적합하여야 한다. 1. **도로의 경계로부터 500미터** 이내에 개발행위허가 대상지가 입지하지 아니하여야 한다. 다만, 도로에서 지형지세 등(인위적 차폐 제외)을 통하여 차폐가 되어 경관상 비가시권인 경우는 300미터 이내로 입지를 제한한다. 2. **가장 가까운 주택부지의 경계로부터** 다음 각 목에서 정하는 거리 이내에 개발행위허가 대상지가 입지하지 아니하여야 한다. 가. 자연취락지구 및 주거 밀집지역의 경우 : **직선거리 500미터** 나. 5호 이상 10호 미만 주거지역의 경우 : 직선거리 300미터 다. 5호 미만인 경우 : 직선거리 150미터 3. **관광지, 유원지, 관광휴양형 지구단위계획구역, 문화재 등 경계로부터 직선거리 500미터** 이내에 입지하지 아니하여야 한다. 4. 「농지법」 제37조제2항제1호에 따라 전용하려는 농지가 농업생산기반이 정비되어 우량농지로 보존할 필요가 있는 집단화된 농지에 입지하지 아니한다. ② 삭제 〈2018. 2. 5.〉 ③ 국가 또는 지방자치단체 및 공공기관이 공익상의 필요에 따라 설치하는 경우와 공공청사, 주택, 제1종 및 제2종 근린생활시설, 농업용창고, 공장, 축사 등 기존의 건축물이나 국·공유지에 설치하는 발전시설은 제1항을 적용하지 아니한다. ④ 개설되는 진,출입로는 재해예방 등을 위하여 「국토의 계획 및 이용에 관한 법률 시행령」 제55조 개발행위허가의 규모에 따른 도로 폭의 콘크리트 포장(반영구적인 배수시설 포함)을 권고할 수 있다. ⑤ 제1항에도 불구하고 군수가 주변경관 등 지역여건상 주민피해가 없다고 판단되거나 특별한 사유가 있다고 인정되는 경우 군계획(개발분과)위원회의 심의를 거쳐 이를 완화 적용할 수 있다.

바로 이 규정에 의해 각 지방자치단체들이 '도시·군 계획 조례(조례)'나 '개발행위허가 운영지침(예규)'을 정해 태양광 발전 시설에 대한 별도의 허가기준과 제한을 두고 있는 것이다. 예를 들어, 강원도 횡성군의 경우 군 계획 조례가 아닌 횡성군 개발행위허가 운영지침(예규)에 다음과 같은 규정(〈표 6-2〉 참조)을 두어 상위 법령에서 정하고 있지 않은 추가적인 제한을 설정하고 있다.

지방자치단체들이 조례나 예규 등을 통해서 태양광 발전 설비 설치 행위에 추가로 부가하고 있는 제한들은 다양한 형태를 보이는데, ① 거리규제(도로, 주거지, 관광지, 농지, 문화재 등과의 거리),[2] ② 경계울타리, 차폐수, 차

〈표 6-3〉 지자체별 이격거리 규정 현황 (2017.11.28 기준)

광역 단체명	합계	충북	충남	전북	전남	강원	경북	경기	경남	인천
이격 거리 규정을 설정한 기초지자체 (개소)	87	10	13	12	20	7	15	2	7	1

자료: 국회 산업통상자원중소벤처기업위원회, 「산업통상자원중소벤처기업위원회 전문위원 검토보고서」, 의안번호 11058(2018.2), 제25면.

폐막 설치,[3] ③ 완충 공간 요구,[4] ④ 경사도 규제,[5] ⑤ 주민설명회 개최 의무[6] 등 다종다양하다.

특히 대부분의 지방자치단체에서 찾아볼 수 있는 거리 규제, 즉 '이격 거리 규정'이 자주 문제된다. 좁은 국토 여건에서 도로나 주거지와 모두 수백 미터 이상 떨어진 토지를 찾아보기 어려울 뿐만 아니라, 지방자치단체별로 이격 거리와 조건이 제각기 달라 발전사업자들에게 혼란을 초래하고 있기 때문이다. 산업통상자원부에 따르면, 2017년 11월을 기준으로 이격 거리 규정을 설정한 기초 지방자치단체는 〈표 6-3〉에서 보는 바와 같이 87개에 이른다.

4) 개발 행위 허가의 법적 성격

우리 법원은 개발 행위 허가를 허가권자의 '재량 행위'로 보고 있다(대법

2 개발 행위 기준을 별도로 두고 있는 대부분의 지방자치단체에서 거리 규제를 두고 있고, 거리 규제의 대상은 주로 도로·주거·농지이나, 경우에 따라 하천이나 조류 이동 지역, 학교 등과의 거리 제한을 두는 경우도 있다.

3 예를 들면 전북 순창군, 전북 완주군, 전북 임실군, 충남 당진시, 충북 증평군 등.

4 예를 들면 충북 청주시, 강원 평창군, 충남 논산시 등.

5 예를 들면 충남 천안시, 경남 산청군, 경북 문경시 등.

6 예를 들면 전북 진안군, 전남 고흥군, 전남 장성군 등.

원 2015.10.29 선고 2012두28728 판결 등). 즉, 허가권자인 지방자치단체장은 법령과 조례에 따른 허가 기준에 비추어 해당 개발 행위가 허용되어도 좋은지 재량적 판단을 할 수 있으며, 다만 재량권을 일탈·남용했다고 볼 만한 특별한 사정이 있는 경우에는 그러한 재량 행위가 위법이 될 수 있다.

이러한 판례의 태도로 인해 지방자치단체의 개발 행위 허가 반려를 다투는 행정소송 사건에서는 지방자치단체장이 재량권을 합리적으로 행사했는지 여부만을 따지게 되고, 반려 처분의 적법성이 인정되어 발전사업자(원고)가 패소하는 경우가 상당히 많은 것으로 보인다.

5) 태양광 발전 시설 규제로서의 두 가지 측면

태양광 발전 시설의 입지 규제나 인허가 장벽으로서 개발 행위 허가를 논할 때, 흔히 다음 두 가지 측면이 언급된다.

하나는, 지방자치단체의 조례나 예규 등을 통해서 새로운 입지 규제를 창설하고 법령상 기준을 강화하는 측면의 문제다. 다른 하나는, 가령 '주변 경관과의 조화'와 같은 추상적인 허가 기준을 재량적으로 판단해 허가 신청을 반려하는 측면의 문제다. 후자는 주로 특정 사업에 대해 지역 주민들의 민원이 발생하고 있는 경우에 지방자치단체가 해당 사업의 추진을 막는 방법으로 사용된다. 아래에서는 이 두 가지 측면을 나누어 상술한다.

3. 조례 등에 의한 기준 강화의 문제

1) 조례 등에 의한 기준 강화의 현황

앞서 제2절에서 살펴본 바와 같이, 조례나 예규 등을 통해 이격 거리 규정을 두고 있는 기초 지방자치단체만 87개에 이르고 그 내용과 기준은 제각기 다르다. 일례로, 강원도 지역의 9개 시·군의 규정을 비교해보면 〈표 6-4〉와 같다.

이렇듯 제각기 다른 지방자치단체 규정으로 태양광 발전사업 추진이 곤란한 점을 고려해 산업통상자원부는 2017년 3월 '태양광 발전 시설 입지 가이드라인'을 지방자치단체에 배포해 규제 완화를 권고한 바 있는데, 그 내용은 ① 지방자치단체장은 태양광 발전 시설에 대한 이격 거리 기준을 설정·운영하지 않음을 기본 원칙으로 하되, ② 예외적인 경우에 한정해 100미터 이내에서 이격 거리를 설정할 수 있고(이러한 예외는 3년 동안만 한시적으로 허용), ③ 이격 거리 제한을 폐지하는 지방자치단체에 대해서는 태양광 보급 사업 관련 인센티브를 제공할 수 있다는 내용이었다.

그러나 위 가이드라인이 배포된 2017년 3월 당시에는 발전소 이격 거리 규정을 둔 경우가 54개소에 불과했는데, 위 가이드라인 배포 조치에도 2017년에만 38개의 지방자치단체에서 신규로 이격 거리 규정을 제정하는 등 효과가 거의 없었다.[7]

전남 무안군의 경우 가이드라인 배포 이후인 2017년 8월 10일에 이격 거리 규정을 폐지한 바 있으나, 폐지 후 태양광 발전 시설 설치 신청 건수

7 국회 산업통상자원중소벤처기업위원회, 「산업통상자원중소벤처기업위원회 전문위원 검토보고서」, 의안번호 11058(2018.2), 제26면.

〈표 6-4〉 강원도 지역 9개 시·군의 태양광 발전 시설 규제 비교 (2018년 4월 말 기준)

지역	규제 내용	이격 거리 규정(단위: m)		조례 또는 예규
		도로	주거지	
고성군	거리 규제: 도로, 주거지, 관광지 설치 규제: 집단화된 농지, 자연경관 보전 필요 지역 경계울타리(차폐수, 차폐막) 높이 2m 이상	100	100~200	개발행위허가 운영지침
동해시	거리 규제: 도로, 주거지, 관광지 설치 규제: 집단화된 농지 경계 울타리 높이 2m 이상	200	100~500	개발행위허가 운영지침
양양군	거리 규제: 도로, 주거지, 관광지 설치 규제: 집단화된 농지, 자연경관 보전 필요 지역 차폐 수목 높이 2m 이상 완충 공간 확보: 부지 경계와 발전 시설 2m 이상 이격	100	100	개발행위허가 운영지침
영월군	거리 규제: 도로, 주거지, 관광지 설치 규제: 집단화된 농지의 중앙 부근 경계 울타리 2m 이상(의무), 차폐수·차폐막(권고)	500	200~500	개발행위허가 운영지침
정선군	거리 규제: 도로, 주거지, 관광지 설치 규제: 집단화된 농지의 중앙 부근 경계 울타리 높이 2m 이상	200	200	개발행위허가 운영지침
철원군	설치 규제: 집단화된 농지	-	-	개발행위허가 운영지침
평창군	거리 규제: 도로, 주거지 설치 규제: 집단화된 농지의 중앙 부근 완충 공간 확보: 5m 이상	500	300~500	개발행위허가 운영지침
홍천군	거리 규제: 도로, 주거지, 관광지 설치 규제: 집단화된 농지의 중앙 부근 완충 공간 2m 이상, 경계 울타리 높이 2m 이상, 차폐수·차폐막	500	100~500	개발행위허가 운영지침
횡성군	거리 규제: 도로, 주거지, 관광지 설치 규제: 집단화된 농지	500	150~500	개발행위허가 운영지침

자료: 법제처 국가법령정보센터((www.law.go.kr).

가 천여 건에 달하는 등 과열 양상을 보이고 이로 인해 토지 가격이 폭등하는 등 부작용이 발생(≪중앙일보≫, 2017.11.22)하자 '무안군 신·재생에너지 발전사업 지원 및 육성에 관한 조례'를 2017년 11월 27일에 제정해 다시 100미터의 이격 거리를 규정을 마련했다가 결국 2018년 4월 30일에 이격 거리 규정을 다시 삭제한 바 있다.

이처럼, 이격 거리 규정을 포함한 지방자치단체의 태양광 발전 시설 규제는 정부의 방침에도 불구하고 쉽사리 완화되지 않으며 오히려 점차 강화되는 모습을 보여왔다.

2) 조례 등에 의한 기준 강화의 법적 문제점

이와 같이 지방자치단체가 조례에 의해 새로운 규제를 창설하거나 상위법의 기준을 강화하는 경우에는 법령의 위임 범위 내에 있는지 등 그 적법성이 문제될 수 있다. 대한민국 헌법 제117조는 지방자치단체가 "법령의 범위 안에서 자치에 관한 규정을 제정할 수 있다"고 규정하고 있고, 지방자치법 제22조 역시 "지방자치단체는 법령의 범위 안에서 그 사무에 관하여 조례를 제정할 수 있다. 다만, 주민의 권리 제한 또는 의무 부과에 관한 사항이나 벌칙을 정할 때에는 법률의 위임이 있어야 한다"는 규정을 두고 있다.

이에 대해 하급심 판례(광주고등법원 2015누74127)는 태양광 발전 시설에 대한 이격 거리를 규정한 함평군 개발행위허가 지침에 대해 "국토부 지침(개발행위허가운영지침)에 도로나 주거 밀집 지역으로부터 일정한 거리 이내에 공작물 설치를 제한한다는 규정을 두고 있다거나 … 위임하는 취지의 규정을 두고 있지 않으므로 허가권자가 일반적 제한을 두는 규정을 입법하는 것은 … 위임의 한계를 일탈한 것으로 관련 지침의 조항은 무효"라고 판단한 바 있다.[8] 즉, 상위 법규에서 이격 거리 규정을 두고 있지 않은 이

8 산업통상자원부, 「태양광 발전시설 입지 가이드라인」(2017.3), 제2면 참조. 문서에 기재된

상 조례도 아닌 예규에서 이러한 제한을 두는 것은 위임받은 범위를 벗어나 새로운 입법을 한 것이므로 위법하다고 본 것이다.

특히, 대부분의 지방자치단체가 이격 거리 규정 등을 조례에서 규정하지 않고 하위 예규인 개발행위허가 운영지침에서 규정하고 있는데, 이는 조례보다도 법적 지위가 약한 것이어서 그 적법성을 인정하기가 더욱 어렵다.

법제처 법령 해석 사례 역시, '개발 행위 허가의 기준으로 태양광 발전 시설에 대한 이격거리에 관해 규정하는 경우 해당 지방자치단체의 조례로 규정해야 하는지 아니면 해당 지방자치단체의 장이 발령하는 예규나 훈령 등으로 규정할 수 있는지'에 관한 질의에 대해, ① 주민의 권리 제한 또는 의무 부과에 관한 사항으로 대외적인 구속력을 갖는 내용에 해당하는 태양광 발전 시설에 대한 이격 거리를 예규나 훈령 등과 같은 행정 규칙으로 규정하려면, 그 행정 규칙이 "법령의 직접적인 위임"에 따라 그 수임 행정기관이 발령하는 행정 규칙에 해당해야 할 것인데, 개발 행위 지침 1-2-2에 따라 지방자치단체의 장이 발령하는 "별도의 지침"은 "법령의 직접적인 위임"에 따른 행정 규칙이라고 할 수 없으므로, 그러한 지침에 태양광 발전 시설에 대한 이격 거리 등 개발 행위 허가 기준에 관해 규정하는 적절하지 않고, ② 개발 행위 지침 1-2-2 등의 규정들에서는 개발 행위 허가의 기준에 대해 법령에서 위임하거나 정한 범위 안에서 "도시·군 계획조례"로 정할 수 있도록 위임하고 있으므로 조례의 형식으로 규정하는 것이 바람직하다는 해석을 한 바 있다.[9]

이러한 이격 거리 규정 외에도 태양광 발전 시설에 대한 개발 행위 허가와 관련해 인근 지역에 거주하는 주민 2분의 1 이상의 동의 요건을 조례에

사건번호만으로 사건 검색이 되지 않아 판결문 원문을 확인할 수 없었다.

9 법제처 법령해석, 안건번호 의견 17-0228, 회신일자: 2017.9.14.

규정하는 것 역시 위임 범위를 벗어난 것으로서 위법하다는 것이 법제처 법령 해석의 입장이다.[10] 즉, 주거 밀집 지역 주민 2분의 1 이상이 동의하지 않으면 태양광 발전 시설에 대한 개발 행위 허가를 하지 않을 수 있도록 하는 거창시 조례안에 대해, 이는 '지방자치법' 제22조에서 규정한 '주민의 권리 제한 또는 의무 부과에 관한 사항'이어서 조례로 이 같은 사항을 정하려면 법률의 위임이 있어야 하는데, '국토계획법' 및 동법 시행령에서 정하고 있는 허가 기준들을 구체화하는 내용을 추가로 조례에서 정하는 것은 허용되지만 이와 같은 법령과 조례로 정한 개발 행위 허가에 관한 실체적인 기준을 충족했는지 여부에 관한 판단에 관계없이 주민 2분의 1 이상의 동의를 받지 않으면 개발 행위 허가를 하지 않을 수 있도록 조례에 규정하는 것은 상위 법령의 위임 범위 내에 있다고 볼 수 없다고 해석했다.

3) 최근의 개정 현황

앞서 살펴본 법적 문제점을 의식해, 국토교통부는 2018년 4월 18일자로 개발행위지침 1-2-2 규정을 개정했다. 즉, 종전에는 법령이 직접 위임하지 않더라도 법령에서 정하고 있는 관련 내용이 있다면 조례를 둘 수 있고, 조례 뿐 아니라 '별도의 지침'을 통해서도 지방자치단체가 개발 행위 허가제를 운영할 수 있는 것으로 해석이 가능했다. 그러나 개정된 규정에서는 법령에서 직접 위임한 범위 내에서만 조례를 둘 수 있고, 조례가 아닌 다른 지침에서 개발 행위 허가 요건을 규정하는 것도 허용하지 않는다고 볼 수 있다.

이러한 개발행위지침 개정으로 인해 지방자치단체들이 예규인 '개발행

10 법제처 법령해석, 안건번호 의견 17-0057, 회신일자: 2017.3.17.

개정 전	개정 후
1-2-2 특별시장·광역시장·특별자치시장·특별자치도지사·시장 또는 군수(이하 "허가권자"라 한다) 는 '국토의 계획 및 이용에 관한 법률'(이하 "법"이라 한다), 법 시행령(이하 "영"이라 한다)에서 위임하거나 정한 범위 안에서 도시·군계획조례를 마련하거나 법령 및 이 지침에서 정한 범위 안에서 별도의 지침을 마련하여 개발 행위 허가제를 운영할 수 있다. 이 경우 도시·군계획조례로 정한 기준은 이 지침에 우선하여 적용한다.	1-2-2. 특별시장광역시장특별자치시장·특별자치도지사·시장 또는 군수(이하 "허가권자" 라 한다) 는 '국토의 계획 및 이용에 관한 법률'(이하 "법"이라 한다), 법 시행령(이하 "영"이라 한다)에서 위임한 범위 안에서 도시·군계획조례를 마련하여 개발 행위 허가제를 운영할 수 있다. 이 경우 도시·군계획조례로 정한 기준은 이 지침에 우선하여 적용한다.

위허가 운영지침'을 통해 이격거리를 포함한 다종다양한 법령 외의 조건들을 부가한 규정들을 스스로 폐지·완화할지는 의문이지만, 적어도 발전사업자가 이러한 예규의 적법성을 문제 삼을 경우에 법원이 그에 대해 위법을 선언할 가능성이 높아졌다고 볼 수 있을 것이다.

4. 개발 행위 허가 기준에 대한 재량적 판단의 문제

1) 개발 행위 허가의 재량 행위성

앞서 살펴본 바와 같이, 우리 법원은 개발 행위 허가를 허가권자의 '재량 행위'로 보고 있기 때문에 법령상의 허가 기준을 재량적으로 해석·적용해 허가 신청을 반려하는 경우 일반적으로는 이를 두고 다투기는 어렵다. 이로 인해, 개발 행위 허가를 신청하는 발전사업자의 입장에서는 그 허가 여부를 예측하기 어렵고 이미 발전사업 허가 과정을 거치면서 시간과 비용을 투입한 이후에 지방자치단체장의 재량권 행사에 의해 사업의 계속 진행 여부가 좌우되게 되는 까닭에 사업 비용과 불확실성만을 높이고 있다.

아래에서는 개발 행위 허가 기준을 구체적인 사업에 적용해 허가 신청을 반려한 사례를 살펴보고자 한다.

2) 재량적 판단의 참고 사례

(1) 의정부지방법원 2018.4.17 선고 2017구합11324 판결

① 사실 관계

원고들은 피고 포천시장에 대하여 임야 2만 6541제곱미터에 태양광 발전 설비를 설치하기 위한 개발 행위 허가 신청을 했고, 피고는 아래와 같은 사유로 불허가 처분을 했음.

〈불허가 사유〉

◎ 국토의 계획 및 이용에 관한 법률 제58조 제1항 제4호 및 같은 법 시행령 별표 1의 2, 제1호 라목 기준에 부적합

○ 동 신청지는 농림지역 임업용산지로 신청부지보다 지대가 낮은 남쪽 방향 경계에 바로 연접하여 10여개의 건축물이 존재하고 인근에 농경지와 주거 지역으로 이루어진 마을이 위치하고 있어 임야 부분의 수목 및 표토 제거와 같은 토목공사 시 산사태로 인한 재해 발생 및 인명 피해 우려가 큰 지역이며,

○ 또한, 동 신청지는 도로 가시권내에 위치하고 우리 시 관광명소인 한탄강멍우리 협곡 관광지 진입로에 위치하여 산림 훼손 시 도로 환경을 저해할 수 있음은 물론 벌채 등 임야 훼손(표토 및 수목 제거)을 통하여 진출입로 개설 및 태양광발전시설을 설치하는 것은 사업 목적을 고려하였을 때 자연 경관의 훼손으로 인하여 개발이 환경에 미치는 영향이 너무 큰 사업임

○ 따라서 동 사업의 사업목적상 수목 및 임야에 표토를 제거해야 하는 점을 고려하면 집중호우 시 산사태 등으로 인한 재해 위험이 크고 또한 양호한 산림 훼손으로 인하여 주변 지역 환경과 경관을 저해할 수 있어 사업부지로 입지가 부적합함.

---

② 법원의 판단 요지

이에 대해 법원은, 이 사업으로 인해 면적 2만 6541제곱미터에 달하는

산림 훼손이 발생하고, 대규모 토목 공사로 인해 상당히 넓은 면적의 산림 지형이 변경되며, 산사태 우려 역시 경사도가 조례의 허용 범위 안에 든다고 하더라도 '위해 발생 우려'에 대한 행정청의 재량적 판단은 폭넓게 존중되어야 한다는 점을 고려할 때 피고가 재량권을 일탈·남용했다고 보기 어렵다고 보았다.

또한 사업부지 인근 도로는 명승 문화재로 갈 수 있는 유일한 도로여서 주변 경관과 조화를 이룰 필요성이 있는데, 태양광 발전 시설이 도로의 시야에 상당히 노출될 것으로 보여 주변 지역의 자연환경 및 경관과 조화를 이룬다고 보기 어렵다는 등의 근거로 원고 청구기각 판결을 했다.

③ 평가

위 사건은 지방자치단체가 별도로 정한 규정에 의한 것이 아니라, 국토계획법과 산지관리법에 규정된 일반적인 허가기준에 비추어 불허가 처분이 이루어지고 그에 대해 적법하다는 판단이 내려진 경우다.

그런데 판결에서는 "개발행위로 건축 또는 설치하는 건축물 또는 공작물이 주변의 자연경관 및 미관을 훼손하지 아니"한다는 국토계획법 시행령 별표의 규정이나 "사업계획 및 산지전용면적이 적정하고 산지전용방법이 자연경관 및 산림 훼손을 최소화하고 산지 전용 후의 복구에 지장을 줄 우려가 없어야 하고, 이를 위해 가능한 한 기존의 지형이 유지되도록 시설물이 설치되어야" 한다는 '산지관리법' 시행령 별표의 규정을 근거로 해 위 사업이 허가기준을 충족한다고 보기 어렵다고 판단했다.

그러나 임야나 산지에서 이루어지는 태양광 발전사업은 대부분 수목의 벌채가 수반되며, 생태 보전 필요성이 적은 산지일수록 도로에 가깝기 때문에 도로의 시야에 노출될 가능성이 높다. 즉, 대부분의 임야 태양광 사업은 위 판례상 허가 기준에 위반된다고 볼 수 있어서, 위와 같은 기준이 일관되게 적용된다면 임야 태양광 사업 자체가 불허되는 결과가 될 수 있다. 임야에서의 태양광 사업을 금지하지 않는 상황에서, 수목 벌채와 도로의 시야 노출 등을 불허가 사유로 삼는 것이 합리적이고 타당한 것인지는 분명 의문이 있을 수 있다.

(2) 충북행정심판위원회 2016.10.20 재결 사건번호 제2016-232호

① 사실 관계

청구인은 군수인 피청구인에 대해 면적 2424m^{2}에 태양광 발전 설비를 설치하기 위한 개발 행위 허가 신청을 했고, 피청구인은 군 계획위원회의 심의를 거쳐 불허가 처분을 했다. 재결서를 통해 확인할 수 있는 불허가 처분의 주요 이유는 ① 신청지가 전형적인 농촌마을의 농지 한가운데여서 주변 농경지 경관과 전혀 조화를 이루지 못한다는 점, ② 신청지 주변이 대부분 농경지와 임야로 이루어져 있어 주변 농경지와 축사 및 생태계의 피해를 방지하기 위해 불허할 필요성이 있다는 점, ③ 신청지는 고속도로에 바로 인접해 있어 고속도로에서 발전 시설이 직접 보이며 이 시설로 인해 도로 주행 환경이 저해될 것이 충분히 예상 가능한 점 등이다.

② 행정심판위원회의 판단 요지

이에 대해 행정심판위원회는 이익 형량에 있어서 행정청의 재량권은 충분히 인정되어야 하며 행정청이 재량 행위를 함에 있어 설정된 기준이 객관적으로 합리적이지 않다거나 타당하지 않다고 볼 만한 특별한 사정이 없는 이상 행정청의 의사는 가능한 존중되어야 한다는 점을 강조하면서, "피청구인이 제11회 군 계획위원회의 심의 결과 및 자연환경 훼손 우려, 주변 경관과의 부조화, 농지 잠식에 대한 난개발 우려, 주변 농경지 및 생태

계에의 피해 우려, 고속도로 주행 환경의 저해 등으로 청구인에게 개발 행위 불허가 처분을 한 것은 적법·타당하다"며 청구인의 청구를 기각했다.

③ 평가

위 사건에서 피청구인과 행정심판위원회의 판단 이유를 보면 허가권자의 개발 행위 허가 반려 처분이 매우 추상적이고 자의적인 판단에 의해 이루어지고 있다는 점을 알 수 있다. 즉, 태양광 발전 시설이 고속도로에 인접해 있기 때문에 도로 주행 환경이 저해될 우려가 있다는 사유는 그 저해 우려의 구체적인 근거를 전혀 제시하고 있지 못하고, 주변이 농경지와 임야여서 주변 농경지와 생태계 피해를 방지할 필요성이 있다는 사유 역시 태양광 발전 시설로 인해 어떤 피해가 발생할 수 있는지 적시하고 있지 않다. 즉, 실질적인 불허가 사유는 농지 한가운데 태양광 발전 시설이 들어오는 경우 주변 경관과 조화를 이루지 못한다는 사유가 유일하다. 그리고 이러한 불허가 사유의 배경에는 주민의 민원이 존재한다.

그러나 이러한 사유는 농지뿐 아니라 임야, 산지 등 모든 용지에 적용될 수 있는 일반적인 사유인바, '주변 경관과의 조화'만을 이유로 태양광 발전 시설을 불허가한다면 발전 시설을 위해 별도 조성된 간척지나 산업부지와 같은 특수용지 외에는 태양광 발전 시설 설치가 허용되기 어려운 결과로 귀착될 수 있다.

행정청의 재량권은 객관적이고 합리적으로 행사되어야 하므로, 태양광 발전 시설로 인한 위해 우려 등을 이유로 불허가를 할 경우 구체적인 산사태 위험성이나 주변 농경지에 대한 물리적·화학적 영향 등을 구체적으로 적시하는 것이 바람직할 것이다. 이러한 구체적인 근거나 기준의 적시도 없이 "재량권이 존중되어야 한다"는 이유만으로 이러한 불허가 처분의 적법성을 인정한다면 국토계획법 등의 법령에서 개발 행위 허가 기준을 제시하는 것 자체가 무의미해질 수 있다.

5. 개선 노력의 추진 현황

정부는 지방자치단체들의 이러한 태양광 발전 시설 규제를 완화하고 표준화하기 위해 '태양광 발전 시설 입지 가이드라인'을 배포하는 등의 조치를 해왔다. 위 가이드라인에서는 태양광 발전 시설에 대한 이격 거리 제한을 폐지하는 지방자치단체에 태양광 보급사업 관련 인센티브를 제공할 수 있다는 내용도 포함되어 있다.

그러나 이러한 조치에도 불구하고 실제 이격 거리 규정을 시행하다가 폐지한 곳은 전남 무안군 한 곳에 불과하고, 2016년에는 36개의 지방자치단체가, 2017년에는 38개의 지방자치단체가 신규로 이격 거리 제한 규정을 제정한바,[11] 그 실효성은 미미했던 것으로 보인다. 또한 전남 무안군의 경우에도 2018년 예산 편성·심의 과정에서 별도의 인센티브를 받지 않았다는 점을 볼 때[12] 실제 인센티브 제공이 시행되지도 않았던 것으로 이해된다.

국회에서도 이와 동일한 취지의 '신에너지 및 재생에너지 개발·이용·보급 촉진법(이하 '신·재생에너지 촉진법')' 개정안이 발의되어 소관 상임위원회에 계류되어 있다.[13] 다만, 위 개정안의 국회 전문위원 검토 보고서에서는

---

11 국회 산업통상자원중소벤처기업위원회.「산업통상자원중소벤처기업위원회 전문위원 검토보고서」, 의안번호 11058(2018.2), 제26면.

12 같은 보고서, 제26면.

13 더불어민주당 어기구 의원 대표발의, 의안번호 2011058(2017.12.27 발의). 신·재생에너지 촉진법 개정안 제26조의 2(신·재생에너지 발전 설비의 허가 지원) 산업통상자원부장관은 '국토의 계획 및 이용에 관한 법률' 제56조에 따른 개발 행위의 허가 기준에 신·재생에너지

몇 가지 우려를 지적하고 있는데, ① 기존에 정부의 가이드라인 배포에도 불구하고 이격 거리 지침이 증가한 것을 감안할 때 개정안 입법이 실질적 효과가 있을지 미지수이며(입법의 실효성 문제), ② 현재 이격 거리를 설정한 지방자치단체가 대부분 수도권이 아닌 지방에 편중되어 있어 이격 거리 지침 폐지 여부를 기준으로 정부 지원 사업을 우선 배정할 경우 수도권 이외 지역이 불이익을 받을 가능성이 있고(예산의 합리적 배분 문제), ③ 개정안이 없더라도 정부가 이격 거리 지침 폐지 여부를 기준으로 예산안을 편성할 수 있으며 실제 전남 무안군에 인센티브가 제공되지 않았다는 점을 고려할 때 실제 예산 편성 시에는 이러한 기준이 적용되지 않을 수 있다는 점(실제 적용 가능성 문제)이 그것이다.

6. 결론 및 제언

지방자치단체들의 규제가 재생에너지 확산을 가로막고 있는 큰 제도적 장애 요소라는 점은 이미 주지의 사실이며, 재생에너지 3020 목표를 추진하는 정부의 입장에서도 이 문제가 커다란 고민거리일 것이다.

그러나 원자력과 화석연료를 줄이고 재생에너지 비중을 높이는 에너지 전환에 대한 국민적 인식과 요구가 높고, 재생에너지 확대가 시대적 과제로 인식되는 상황에서 지금보다는 더 적극적인 해결책이 필요해 보인다.

재생에너지 입지 및 인허가 문제 해결에 있어서 참고할 수 있는 좋은 사례는 폐기물 처리 시설에 대한 법제도의 변천사이다. 산업단지나 택지를

발전 설비에 대한 이격 거리를 설정하지 않은 지방자치단체에 대해 보급 사업, 금융 지원 등 정부 지원 사업을 우선해 지원할 수 있다.

조성하면 당연히 폐기물이 새롭게 발생하는데, 그간 이러한 폐기물을 처리하기 위한 시설을 설치하려고 하면 재생에너지 발전 시설 설치와는 비교도 안 되는 강도로 주민 반대나 지역 갈등이 발생해왔다. 즉, 폐기물 처리 시설은 에너지 생산 시설과 마찬가지로 사회적으로 반드시 필요한 시설이지만 설치 지역에서의 수용성이 매우 낮은 전형적인 사례인 셈이다.

폐기물 처리 시설에 있어서도 지금 태양광 발전 설비와 관련해 문제되는 유사한 규제들이 있어왔다. 예컨대, 일부 기초 지방자치단체가 '폐기물 처리업 허가 세부처리 규칙'이라고 하는 하위 규칙을 제정해 폐기물 처리 시설 설치에 주민 동의를 요건으로 하거나 법령에 없는 허가 조건을 부가하게 하는 규제를 운영했고, 이러한 지역별 규제가 문제시되자 정부 합동감사를 통해 이러한 규칙이 위법이라는 결론을 내리고 줄다리기 끝에 지금은 여러 지방자치단체가 이러한 규칙을 폐지한 상태이다.[14]

그뿐만 아니라, 1995년에 제정되어 여러 차례 개정되어온 '폐기물 처리 시설 설치 촉진 및 주변 지역 지원 등에 관한 법률'을 보면 입지 갈등과 관련한 많은 고민과 노력들을 엿볼 수 있다. 즉, ① 국토 계획과 도시 계획, 군 계획에 폐기물 시설 계획을 의무적으로 반영하게 하고(제3조, 제4조), ② 신규 산업 단지나 관광 단지, 택지를 조성할 때는 그 산업 단지에서 발생할 폐기물의 양은 스스로 처리할 수 있을 정도의 규모로 폐기물 처리 시설을 반드시 설치하도록 하며(제5조, 제6조), ③ 정부나 지방자치단체의 계획입지

14 김제시 폐기물처리업 및 건설폐기물 중간처리업 허가 세부처리 규칙(김제시규칙 제473호, 2016.6.10 폐지). 위 폐지 규칙의 재개정 이유를 보면 정부 합동감사(2015.3.11~3.27)의 지적 사항을 반영해 폐지한 것이라는 설명이 기재되어 있다. 완주군 폐기물처리업 및 건설폐기물 중간처리업 허가 세부처리 규칙(완주군규칙 제1156호, 2015.7.9 폐지) 역시 제개정 이유에서 "법률의 위임 없이 폐기물처리업 허가와 관련한 주민의 권리를 제한하거나 의무를 부과하는 완주군 폐기물처리업 및 건설폐기물 중간처리업 허가 세부처리규칙을 폐지"라고 그 이유를 밝히고 있다.

제도를 포함해 입지 선정 절차에 대해서도 법률에 입지선정위원회 구성이나 입지 문제에 대한 분쟁 조정 제도를 명시적으로 규정하고 있고(제9조), ④ 폐기물 입지로 결정이 되면 '국토계획법'상의 용도 지역 의제 처리와 함께 포괄적인 인허가 의제 규정도 두고 있다(제11조, 제12조). ⑤ 또한 예상되는 주민 피해에 대해 분쟁 조정 제도나 주민 지원 기금과 같은 주민 지원 방법도 법률에 정해놓고 있다(제13조, 제21조 등). 반면 '신·재생에너지 촉진법'을 보면 현장의 갈등을 어떻게 조정하고 입지 문제를 해결할지에 대한 구체적인 수단과 방법은 담겨 있지 않은 점이 아쉬운 부분이다.

또한, 폐기물 처리 시설의 경우 환경부가 폐기물처리업 허가 업무 처리 지침(환경부 예규)에서 "단순히 폐기물 처리 시설 설치 반대 등 민원을 이유로 반려 또는 부적정 통보를 해서는 아니"된다고 명시하고 있어 불허가 처분이 행정소송에서 다루어질 경우 이러한 기준들이 법원의 판단 기준이 되고 있기도 하다.

결국, 위와 같은 사례에서도 보듯이 재생에너지 입지 및 인허가 문제 역시 정부와 국회가 해결 의지를 가지고 주의 깊은 노력들을 하면 충분히 해결이 가능한 문제일 것이다. 재생에너지 3020 목표 달성을 가능하게 하는 진취적이고 적극적인 제도 개선이 이루어지길 기대한다.

참고문헌

〈법령, 규칙, 조례〉

개발행위허가운영지침(국토교통부 훈령).

국토의 계획 및 이용에 관한 법률 및 동법 시행령, 시행규칙.

대한민국 헌법.

지방자치단체별 조례 및 규칙(법제처 국가법령정보센터. www.law.go.kr).

폐기물 처리시설 설치 촉진 및 주변 지역 지원 등에 관한 법률.

폐기물처리업 허가업무처리지침(환경부 예규).

〈판례, 결정례〉

대법원 2015.10.29 선고 2012두28728 판결.

의정부지방법원. 2018.4.17. 선고 2017구합11324 판결.

충북행정심판위원회. 2016.10.20. 재결 사건번호 제2016-232호.

〈기타〉

국토교통부 도시계획정보서비스 홈페이지. "개발 행위 허가 안내". http://upis.go.kr

국회 산업통상자원중소벤처기업위원회. 2018.2.「신에너지 및 재생에너지 개발·이용·보급 촉진법 일부개정법률안 검토보고서(의안번호 11058」.

더불어민주당 어기구 의원 대표발의. 2017.12.27.「신에너지 및 재생에너지 개발·이용·보급 촉진법 일부개정법률안(의안번호 11058)」.

법제처 법령해석. 안건번호 의견 17-0057. 회신일자: 2017.3.17.

________. 안건번호 의견 17-0228. 회신일자: 2017.9.14.

산업통상자원부. 2017.3.「태양광 발전시설 입지 가이드라인」.

________. 2017.12.「재생에너지 3020 이행계획」.

≪중앙일보≫. 2017.11.22. "무안군 '태양광 발전시설 거리제한' 원상회복".

07

에너지 전환과 천연가스 산업 전략

박희원

1. 서론

천연가스는 화석연료지만 청정연료로 알려져 있다. 천연가스의 주성분인 메탄은 탄소와 수소로 이뤄진 화합물로서 무색무취의 친환경 에너지원이다.

이러한 천연가스는 중동, 러시아, 동남아, 남미, 북미 등에 산재해 있으며 배관망을 통해 육상으로 운송하는 파이프라인 천연가스(Piped Natural Gas, 이하 PNG), 또는 액화를 통해 해상으로 운송하는 액화천연가스(Liquified Natural Gas, 이하 LNG)의 방식으로 소비국으로 이동해 기화(gasification)를 통해 최종 소비처에 공급되는 가치 사슬(value chain)을 가지고 있다.

매장량 또한 매우 풍부해 현재까지 발견한 천연가스 양과 현재 인류가 사용하는 연 사용량 및 생산량을 기준으로 셈하면 앞으로 셰일가스로만 65년, 전체 매장량 기준으로는 250년간 넉넉히 사용 가능한 매장량을 보유하고 있다.

<그림 7-1> 천연가스 가치 사슬

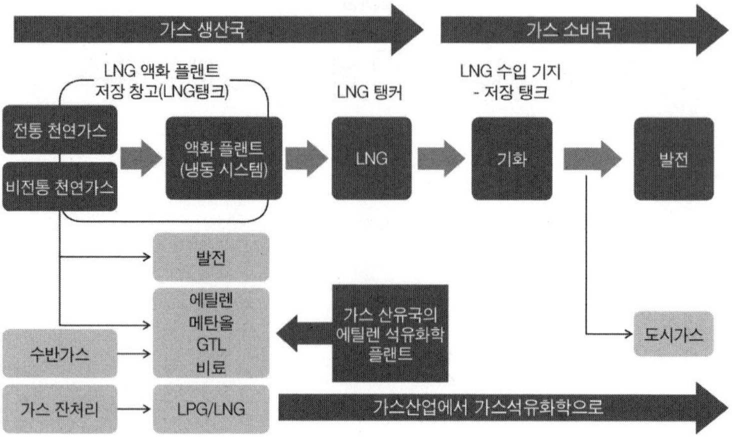

자료: 송태인(2017).

게다가 지난 10여 년 사이 재래형 천연가스뿐 아니라 셰일가스, 석탄층 가스(Coal Bed Methane) 등 비재래형(unconventional) 천연가스의 지속적인 발견과 개발, 수압파쇄,[1] 수평시추[2] 및 인공 지능을 활용한 최적 생산 등 첨단 생산 기술의 눈부신 발전으로 경제적으로 회수 가능한 천연가스의 매장량은 계속 늘어나고 있다.

항간에 떠도는, 50~60년 뒤에는 천연가스가 고갈될 수 있다는 말은 현 매장량 기반 회수 가능 연한(Reserves to Production ratio, 보통 R/P로 표기), 즉 현재 재고를 두고 매년 판매를 이어나갈 때 몇 년이나 버틸 수 있을지 말하는 지표를 두고 판단하는 내용이라서 사실상 유전 개발 기업의 인수 합병 또는 기업의 개발 능력을 따지는 수치로 활용되는 지표에 대한 오해에

1 수압파쇄: 수직으로 뚫은 작은 시추공에 다량의 물과 모래, 화학물질을 섞은 액체를 고압으로 주입해 가스가 내재된 암석층에 균열을 일으켜 가스를 채취하는 기술.

2 수평시추: 수직방향으로 암석층을 뚫은 뒤 다시 수평으로 천연가스 부존 지층에 진입한 후 지층과 수평을 유지하며 파이프를 연장해 시추하는 기술.

〈그림 7-2〉 셰일가스 생산 과정(왼쪽 시추관)과 기존의 가스 및 오일 생산 과정(오른쪽 시추관)

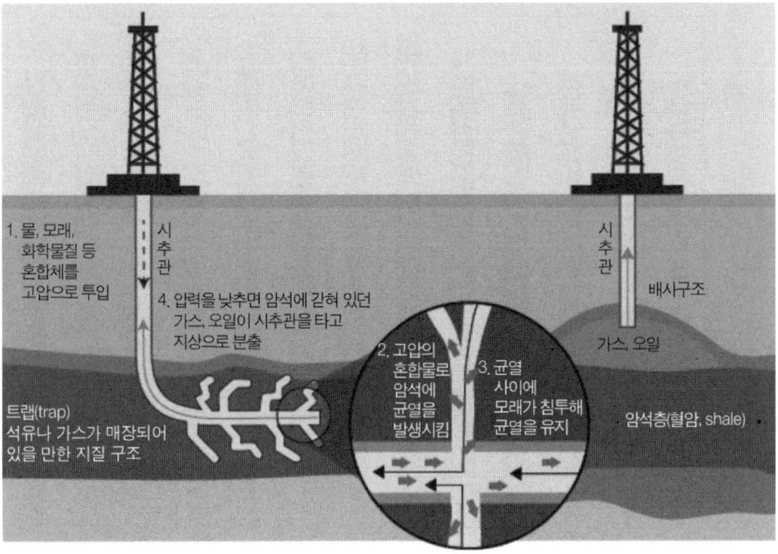

자료: 최기련(2012).

기인한 것으로, 이것은 40~50년 후 확정적으로 천연가스가 고갈되어 인류가 사용할 천연가스가 사라진다는 것을 의미하는 것은 아니다.

영국 국영 석유회사(British Petroleum: BP)의 자료를 보면 30년 전이나 지금이나 R/P는 여전히 60~70 사이에 고정되어 있는데 이는 계속 추가적인 매장량 확보를 통해 추가되는 공급이 수요에 대응하기 때문이며, 최근 셰일가스 매장량 급증으로 R/P는 오히려 증가 추세다. 만일 R/P로 고갈을 점친다면 우라늄의 R/P는 현재 50~100년으로서 원자력의 핵심 연료 또한 고갈이 얼마 남지 않았다고 볼 수 있다.

발전 측면에서 신·재생에너지원과 비교해보면 태양광과 풍력의 경우 국토 자체의 협소함, 잦은 민원, 계통 연계 문제, 그리고 풍황 및 일조량 측면에서 후보지의 지역적 편재 등 단기간 전력 생산량에 차지하는 비율을 높이기에는 많은 현실적 어려움이 예상되지만, 천연가스 발전의 경우

〈그림 7-3〉 연도별 천연가스 R/P 비율

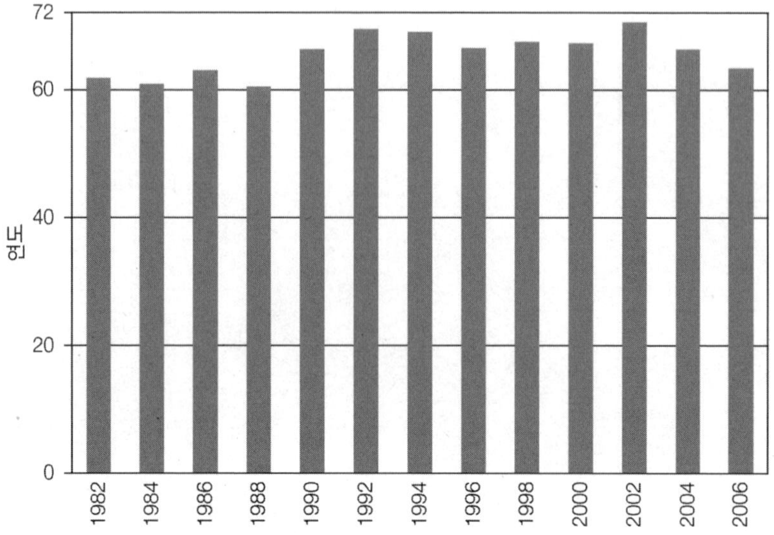

자료: BP(2017).

풍부한 공급원과 신재생에 버금가는 청정성의 관점에서 발전 원가에 대한 정부의 적극적 지원만 가능하다면 에너지 수급 안정과 기후변화 대응이라는 두 마리 토끼를 단기에 잡을 수 있는, 말하자면 원전과 화석연료 시대와 완전한 신·재생에너지 미래 사이의 현실적인 과도기적 대안이라 할 수 있다.

현재 천연가스는 석탄, 석유 등 화석연료 중 유일하게 저탄소 배출 요구에 효과적으로 부응할 수 있는 환경 친화적 연료로서 LNG 발전, 연료전지 발전 등을 통해 기존의 석탄 발전소와 원전을 대체할 유력한 대안으로 고려되고 있다. 특히 연료전지는 천연가스를 에너지원으로 수소를 이용해 발전함으로써 LNG 발전에 비해서도 유해 물질 발생이 거의 없고, 재생에너지와 달리 간헐성[3]이 없어 기후 조건과 무관하게 소규모 설비로 24시간 안정적인 전력 공급이 가능해 신기후체제에 대비한 혁신적인 도심형 분산

〈그림 7-4〉 블룸에너지사의 3세대 연료전지 블룸박스

자료: Bloom Energy Japan(2014).

전원으로 각광을 받고 있어서 국회에서도 2017년 12월 '미래연료전지 발전 포럼'을 창립하고 적극적인 지원을 고민하기 시작했다(김용범, 2017). 남동 발전은 분당 발전소에 블룸에너지의 고체 산화물 연료전지(Solid Oxide Fuel Cell: SOFC) 방식 제3세대 연료전지를 채택했다(남영태, 2018).

이 장에서는 청정연료로서 천연가스의 현재와 미래 수급 전망에 대해 살펴본 후, 천연가스 관련 한국의 산업 전략에 대해 크게 대외 전략, 대내 전략으로 나눠서 살펴보고자 한다. 또한 대외 전략은 다시 대(對)강대국 전략과 대(對)후발국 전략, 그리고 역내 전략과 국내 산업 간 전략으로 나눠 논의하고자 한다.

---

3 태양광의 경우 한국은 일조에 따른 일 평균 가동 시간이 3.5시간인 등 신재생은 발전 간헐성의 특성이 있다.

2. 천연가스 수급 전망

천연가스는 〈그림 7-5〉에서 보듯 중동, 러시아, 남미 등 전 세계적으로 분포해 있으며, 그 양 또한 매우 풍부하다. 현재 총회수 가능 매장량은 650조 m^3로 알려져 있다. 한편, 지난 10여 년 사이 미국과 캐나다를 중심으로 한 셰일가스 개발도 에너지 자원 전체의 원자재 가격을 흔들 만큼 새로운 초대형 천연가스 공급원으로 작용해 현재 셰일가스의 기술적 회수 가능 매장량만도 240조 m^3에 육박해 천연가스 매장량의 3분의 1을 이상을 차지하고 있다.

최근 들어 36조 m^3로 셰일가스 매장량 1위 국가인 중국도 이에 가세해 상업적인 대량 생산을 본격화하고 있다. 최근 ≪차이나데일리≫는 시노펙(Sinopec)이 개발한 충칭(重慶)시 푸링(涪陵) 유전에서 연간 셰일가스 생산량이 100억 m^3에 달하면서 세계 2대 셰일가스전이 되었다고 발표했다(하만주, 2018).

〈그림 7-6〉에서 보듯 미국의 경우 유가 하락에도 기술 발전에 따른 생산 단가 하락과 추가적인 셰일 분지 발견으로 인해 셰일가스 생산이 급증하고 있다. 이에 따라 천연가스 생산도 2000년 19.1조 Tcf(세제곱피트)에서 2016년에는 26.4조 Tcf로 급증했다.

천연가스 공급 가격도 적어도 단기적으로 현행 수준을 유지할 것으로 전망된다. 미국 에너지정보청(EIA)이 2018년 초에 발간한 단기에너지전망 보고서(Short-Term Energy Outlook: STEO)에 따르면, 미국의 천연가스 생산량의 증가와 비교적 안정적인 소비로 인해 2018~2019년 천연가스 평균 현물 가격(Henry Hub 기준)은 2017년과 비슷한 수준을 유지할 것으로 전망됐다. 보고서는 2018년과 2019년의 연평균 천연가스 현물 가격은 2017년의 MMBtu당 2.99달러 대비 소폭 하락한 2.88달러와 2.92달러를 기록하며,

〈그림 7-5〉 세계 천연가스 매장량 분포

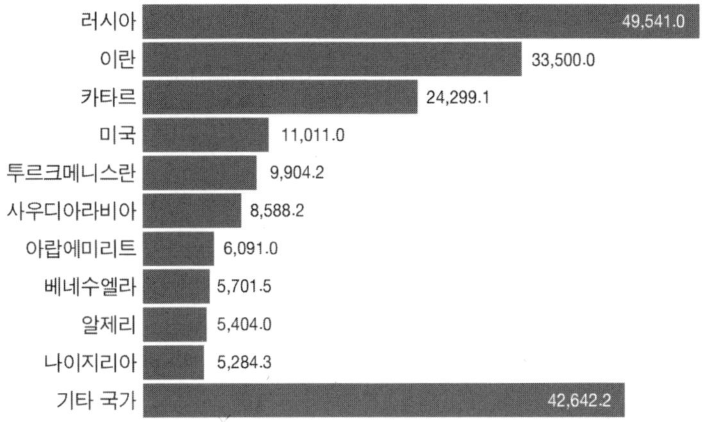

자료: OPEC(2016).

〈그림 7-6〉 미국 내 셰일가스 생산 추이 (단위: 10억 Tcf)

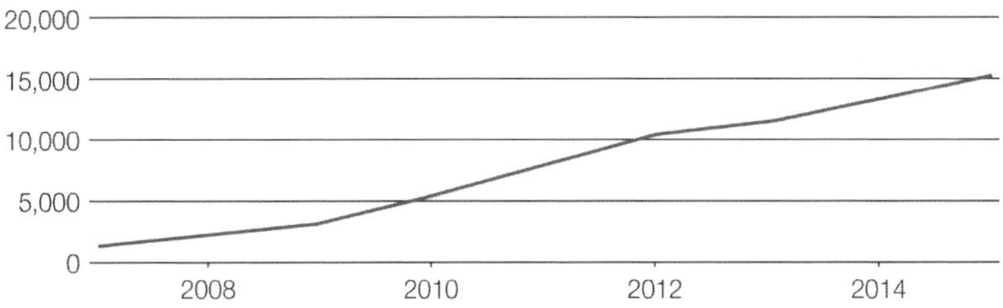

자료: 미국가스협회(2017).

2017년의 가격 수준을 크게 벗어나지 않을 것으로 예상했다. 국내 연구기관도 천연가스 가격에 대해 비슷한 전망을 내놓고 있다. 2017년 현대경제연구원은 보고서를 통해 천연가스 국제 시장 가격이 중장기적으로 안정적인 범위 내에서 유지할 것으로 전망했다.

세계 LNG 거래량은 그동안 공급 시설 증설이 정체되면서 2014년까지 정체됐지만, 북미의 셰일가스 및 호주 석탄층 가스(Coal Seam Gas, 이하 CSG)[4]의 생산에 따라 2015년부터 호주 및 미국을 중심으로 한 신규 LNG

프로젝트들이 가동됨에 따라 회복세를 보이고 있다. 또한 그동안 생산 차질을 겪어왔던 일부 기존 LNG 플랜트들 역시 정상화되면서 2017년 10월까지의 세계 LNG 거래량은 전년 동기 대비 10% 이상 증가한 2억 4000만 톤을 기록했다.

2017년 아시아 - 태평양 지역에서는 2016년 10월 가동된 말레이시아 MLNG 9호 트레인(360만 톤/년)의 생산이 정상화되고, 올해 초에는 세계 최초의 FLNG 프로젝트인 페트로나스의 PFLNG(120만 톤/년)가 가동되어 말레이시아의 LNG 수출이 증가했다.

호주에서는 2015년 이후 단계적으로 가동 정상화된 퀸즐랜드주 CSG-LNG 프로젝트들에 이어 그동안 지연되어왔던 고곤(Gorgon) 프로젝트(총 3기 트레인 1560만 톤/년)가 2016년부터 단계적으로 가동되고, 2017년에는 휘트스톤(Wheatstone) 1호 트레인(445만 톤/년)이 10월 가동됨에 따라 수출이 급증했다.

중동 지역에서는 2015년 4월부터 사우디아라비아의 안보를 위협하는 시아파 반군 후티의 LNG 생산 플랜트 장악으로 인해 예멘(670만 톤/년)의 LNG 수출이 중단된 이래 LNG 수출에 변화가 없다.

대서양 지역에서는 2016년 2월부터 미국 본토 최초로 생산을 개시한 사빈 패스 LNG 프로젝트가 현재 4호기(450만 톤/년)까지 단계적으로 가동되면서 미국의 수출이 1000만 톤 이상 증가했다. 또한 2015년 이후 국내 가스 수요 증가로 인한 원료가스 부족으로 인해 2곳의 LNG 플랜트(1200만 톤/년)의 생산을 중단하고, 오히려 부유식 가스 저장·재기화 설비(Floating, Storage, Re-Gasification Unit, 이하 FSRU)를 통해 LNG를 수입해왔던 이집트가

---

4 일반적으로 석탄층가스를 Coal Bed Methane(CBM)이라 부르는 것과 달리 호주에서는 Coal Seam Gas(CSG)라 부른다.

〈그림 7-7〉 2018년 LNG 신규 공급량 증가 추이 (단위: mt)

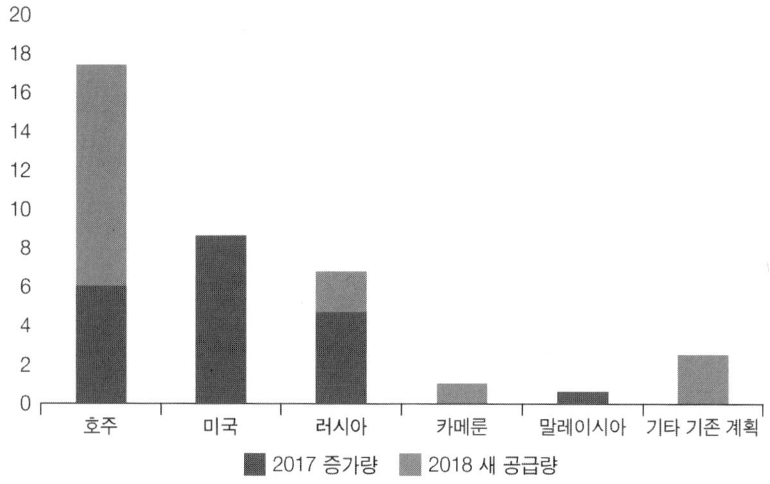

자료: Gas Strategies Group(2018).

그동안 상류 부문 개발에 박차를 가하면서 2016년 하반기 이후부터 간헐적으로 LNG를 수출했다(한원희, 2018).

2013년 가동된 앙골라(Angola) LNG(520만 톤/년)는 2014년 4월 가스 누출로 인해 가동을 중단한 이후 2016년 6월 재가동된 이후 2017년부터 정상적으로 운영되고 있다. 정정 불안이 지속되었던 나이지리아(2200만 톤/년) 역시 안정적으로 수출을 지속하고 있다.

다만 트리니다드 토바고(1500만 톤/년)는 2015년 이후 인근 가스전이 빠르게 고갈되면서 생산량이 감소하고 있다. 이러한 신규 공급 능력 증설과 생산 차질, 기존 LNG 플랜트들의 정상화 등으로 인해 2017년 10월까지의 세계 LNG 수출은 전년 동기 대비 2300만 톤 이상 증가했다.

2018년도에는 호주 티모르해 이치스(Ichthys) 가스 광구의 LNG 1, 2호 그리고 프릴루드(Prelude) 및 휘트스톤 2호 트레인, 야말(Yamal) LNG 2호, 카메룬(Cameroon)의 FLNG 등 1500만 톤 정도의 공급 증가가 예상된다.

셰일가스 및 글로벌 경기 침체로 발생한 천연가스의 공급 과잉 문제가 여전히 LNG 사업에 대한 신규 투자 결정(Final Investment Decision, 이하 FID)의 도전적인 요소가 될 것이긴 하지만 유럽과 러시아 간 외교 불안정, 미중간의 무역 분쟁 해법으로 미국 LNG의 대중 수출, 2020년대 중반부터 수급 밸런스 개선이 전망되고 있기에 신규 FID를 얻는 LNG 사업도 증가 추세이다. 적도 기니의 군보르(Gunvor) FLNG 사업, 미국의 코퍼스 크리스티(Corpus Christi) 트레인 3호, 조단 코브(Jordan Cov) LNG, 이란 FLNG 등이 유력한 후보들이다(Gas Strategies Group, 2018).

한국은 1986년 LNG 첫 도입 이후 다양한 분야로 수요를 늘려가며 무려 300배로 천연가스 수입량이 급증해 세계 2위의 LNG 수입 대국이 되었다. 그야말로 글로벌 빅바이어라 할 수 있다.

정부는 지난 2014년 수립한 제12차 수급 계획 때에는 신규 발전 수요 부진으로 2014년 3649만 톤에서 2029년 오히려 3465만 톤으로 수요가 감소할 것으로 전망했지만, 2018년 4월 제 13차 천연가스 수급 계획(2018~2031)을 확정하면서 석탄 발전과 원전 의존을 줄이고 천연가스 발전량 증가를 근거로 2018년 3646만 톤에서 2031년 4049만 톤으로 연평균 0.81% 증가할 것으로 전망했다. 정부는 가스 화력 발전 기여율을 전체 발전량의 현행 17%에서 2030년 18.8%로 상향할 예정이다(산업통상자원부, 2018).

또한 도입선 다변화를 추구해 현재 카타르, 오만, 호주 등에서 주로 수입하던 것을 북미의 셰일가스 등으로 확대할 계획이다. 또한 아직은 논의 수준이지만 러시아 PNG의 도입도 검토되고 있다(현대경제연구원, 2017).

한국은 천연가스 시장의 구매 강자이지만 과연 강자로서 갑의 지위를 누리고 있는가? 엄청난 도입 물량에 따른 대외 전략을 국가 전략과 연계하고 있는지 자세히 들여다보면 아쉬운 부분이 많다.

LNG는 파이프 수송, 즉 PNG에 비해 단위 수송 원가가 세 배 이상 소요

〈그림 7-8〉 세계 LNG 수입, 아시아가 75% 이상 차지

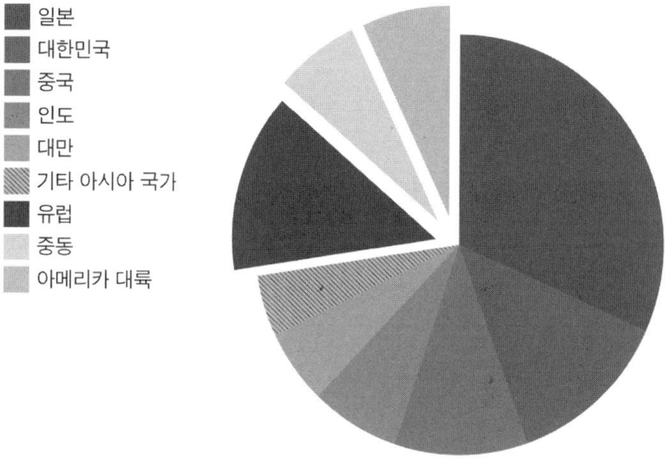

자료: SL Advisors(2017).

되고 있으며, 역내 허브의 부재로 〈그림 7-8〉에서 알 수 있듯 한중일 삼국이 무려 전 세계 LNG 수입량의 절반을 넘는 수요를 창출함에도 30% 정도 비싼 가격을 책정하는 수준에서 일부 완화되기는 했지만 중동 산유국이 동북아시아 국가에 부과하는 '아시아프리미엄'을 여전히 지불하며 수입을 하고 있다.

정리하면 세계 천연가스 시장은 공급 자체는 견조하게 상승하겠지만 파리협약 이후 청정에너지원 수요 증가, 국제 정세 불안에 따른 각국의 전략적 선택에 따른 수요 증가 등으로 중기적으로 공급 과잉 우려에서는 벗어나고 있으며 셰일가스 등 새로운 공급원의 증가로 가격은 현행 수준을 중단기적으로 유지할 것으로 전망되고 있다. 한국은 날로 심각해지는 미세먼지 등 환경 문제 및 파리협약에 따른 온실 가스 의무 감축 이슈 등으로 인해 원전과 석탄화력 발전 의존도를 줄이고자 하며, 미국으로부터는 무역분쟁 수준의 압박의 해결책을 찾아야 하고, 러시아 중국 등과는 에너지 교류를 통한 균형 정치를 꾀하고 있는 복잡한 상황에서 천연가스 전략을 지

혜롭게 추구해야 하는 상황이다. 이에 이 장에서는 강대국, 후발국, 역내 국가 간 전략과 국내 산업 발전을 위한 전략에 대해 검토하고자 한다.

3. 강대국에 대한 천연가스 대응 전략

냉혹한 국제 정세는 천연가스 분야에서도 다양한 도전 과제를 한국에 주고 있다. 미국으로부터는 트럼프의 미국 우선주의에 기반을 둔 각종 압력을, 러시아와는 한국에 대한 정치적 영향력 강화와 한국의 에너지 도입선 다변화 전략에 맞물린 정치 역학 관계 등으로 천연가스의 도입이 가시화될 것으로 보인다. 이에 따라 단순 도입을 넘어선 국내 산업과 에너지 수급을 고려한 치밀한 대응 전략을 세워야 한다.

첫째, 먼저 셰일가스로 대변되는 미국에 대한 전략을 살펴보자. 셰일가스는 보통 석유[5]가 생성되는 근원암인 셰일 지층에서 생성되었으나 다른 저류층으로 이동하지 못하고 그 자리에서 저류된 탄화수소 가스로서 워낙 고결한 셰일 지층의 특성으로 인해 회수를 하지 못하다가 앞에서 설명한 바와 같이 최근 들어 수압파쇄와 수평정 시추 기술을 통해 경제적인 생산이 가능해지면서 각광을 받게 된 비재래 가스다. 미국이 셰일가스 강자가 된 데는 이러한 세계 최고의 첨단 회수 기술을 보유하고 있다는 배경이 있었다. 다만 고비용의 첨단 회수 기술을 활용하기에 저유가 상황에서는 채산성이 악화되므로 개발 활동이 위축될 수밖에 없다. 이에 따라 개발자들은 생존을 위한 기술 개발을 통한 개발 단가 절감을 위한 노력을 멈추지 않고 있다. 〈그림 7-9〉는 미국의 주요 셰일가스 분지의 손익 분기 가격

5 석유(Petroleum)는 원유(oil)와 천연가스(Natural Gas)를 통칭하는 말이다.

〈그림 7-9〉 미국 주요 셰일가스의 손익 분기 가격

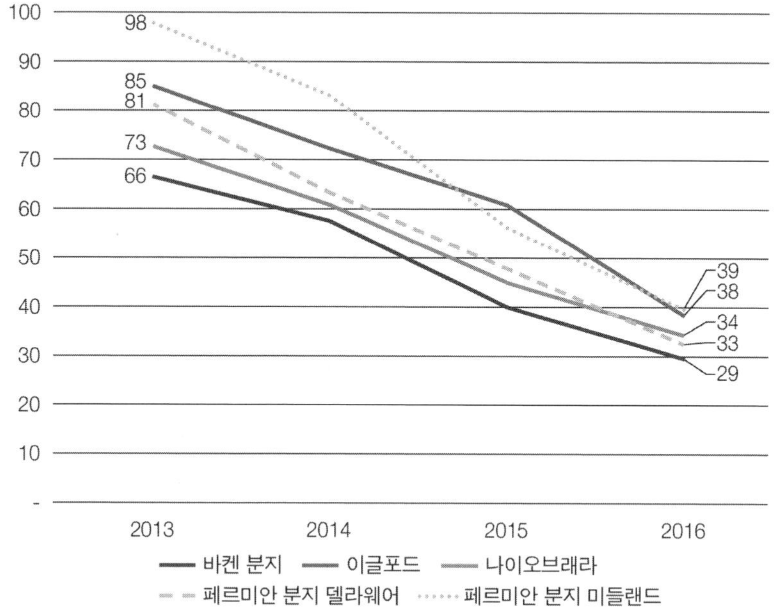

자료: World Oil(2017).

(Break Even Price, 이하 BEP)을 보여주는데, 2013년에는 유가가 배럴당 60~100달러는 되어야 채산성이 맞았는데, 기술 발전으로 개발 단가가 낮아지면서 30~40달러만 되어도 경제성이 확보되게 되었으며 BEP는 계속 낮아지는 추세다.

한편 운영사 간 개발 경쟁 격화로 공급 과잉 상황이 오면 다시 가격이 하락하는 상황이 반복되고 있다. 급기야는 재래형 천연가스 시장에 가격 조정자 역할을 톡톡히 하고 있다. 셰일가스는 중동 또는 동남아 LNG 강국의 재래형 천연가스의 대항마로 여겨지고 있다.

미국은 셰일가스의 주요 매장국이자 최대 생산국이다. 미국은 정권마다 다소 차이는 있더라도 주요 수입원인 유전 개발 산업을 지원하기 위해 각종 정책을 내놓았다. 오바마 정부 시절, 수요를 충당하고 남는 셰일가스

〈그림 7-10〉 미국의 천연가스 트레이딩 (단위: 10억 Tcf)

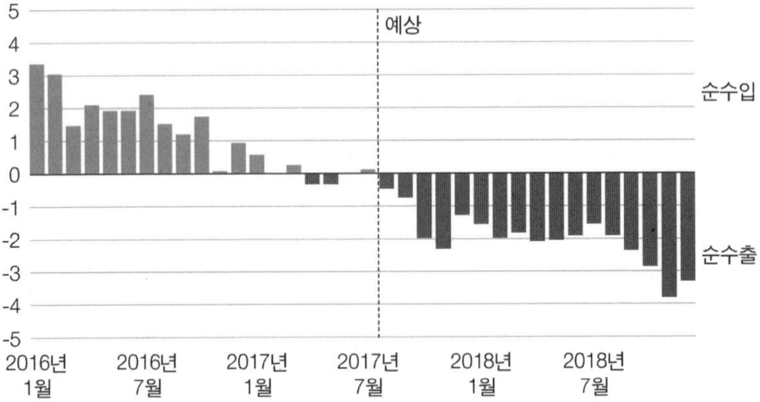

자료: EIA(2017).

의 수출을 위해 미국 연방규제위원회(Federal Energy Regulatory Commission, 이하 FERC)가 1975년 이후 40여 년간 미국에 이어져 오던 에너지 금수 조치 일부를 해제했다. 트럼프 정부는 에너지 정책의 핵심 키워드로 '규제 축소'를 내세우고, 지금까지 오바마 대통령이 추진해온 녹색 산업 정책이 오히려 에너지 시장의 침체를 일으켰다고 주장하며, 석유·가스 개발 규제에 대한 우려가 해소되면 관련 생산량과 소비량이 모두 증가할 것이고 이를 통해 관련 산업을 활성화하겠다는 정책을 정권 초기부터 제시했다. 이에 따라 석유, 석탄 등 화석에너지 생산을 확대하고, 환경을 이유로 제한해온 연방 국유지와 해안 셰일가스, 석유, 석탄 등의 채굴 및 개발을 활성화할 것이라는 계획을 밝혔고, 이를 위해 석탄 부문의 환경 규제를 완화하고, 파리기후협약에서 탈퇴를 결정했다.

LNG 관련해 액화셰일가스(Liquefied Shale Gas, 이하 LSG)의 수출 시장 확보에 주력하고 있다. 트럼프 정부는 일자리 창출과 무역 적자 해소를 위해 LNG 특히 LSG 수출에 집중하는 모양새다. 무역 정책 수단으로 이렇게 천연가스 수출을 활용해 에너지 패러다임의 주도권을 쥐고 대외 무역 적자,

〈그림 7-11〉 미국의 LNG 수출 물량 전망

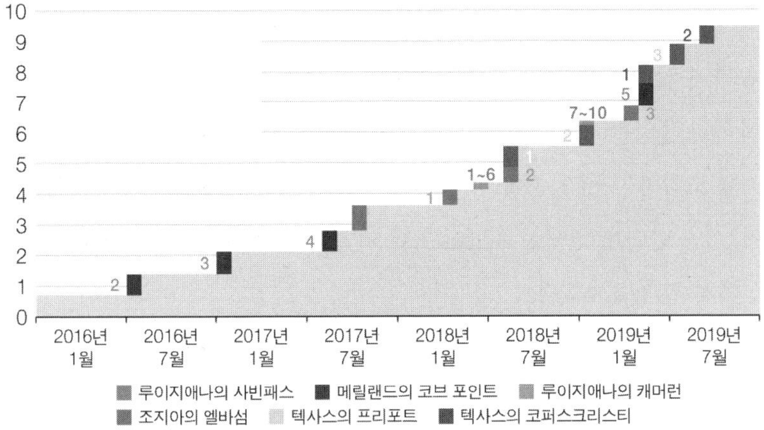

자료: EIA(2017).

특히 아시아 지역 무역 적자 해소에 이용하려 한다(SK이노베이션, 2016). 이에 따라 셰일가스의 해외 수출을 위한 액화 기지 건설이 활발해지고 있으며 FERC는 텍사스주 프리포트(Freeport), 루이지애나주 사빈패스(Sabine Pass) 및 캐머런(Cameron), 메릴랜드주 코브 포인트(Cove Point) 등에 천연가스 수출 기지를 지정했다. 이후 실제로 이곳을 통해 유럽 및 아시아 지역으로 LSG가 수출되기 시작했으며, 〈그림 7-11〉에서 보듯 점차 트레인 수도 증가시킬 예정이다. 이러한 적극적인 수출 정책으로 인해 실제로 미국은 2017년을 기점으로 천연가스 순수출국이 되었다.

한편 최근 미중 간 무역 전쟁 수준의 분쟁이 발생하며 이의 해결책으로 중국의 미국산 천연가스 수입을 증가하라는 압력도 트럼프 정부의 LNG 수출 드라이브와 궤를 같이한다고 볼 수 있다. 중국도 나름 도입선 다변화를 추구하던 상황이라 국영 석유화학 회사인 시노펙은 약 70억 달러를 투자해 텍사스 퍼미안(Permian) 분지의 셰일석유를 걸프만으로 보내는 700마일 길이의 송유관 건설과 알래스카 천연가스전 개발에 참여한다.

일본은 이미 오사카가스(Osaka Gas)가 지난해부터 20년간 미국 프리포트에서 28억 m^3를 수입하고, 스미토모(Sumitomo)도 코브 포인트에서 30억 m^3를 수입하는 등 LNG 도입 다변화에 경주하고 있다. 게다가 알려진 바에 의하면 앙골라 등 기존 도입선의 최저 도입 가격보다 거의 두 배가량 고가에 도입하는 등 기존 도입 단가보다 훨씬 비싸게 도입하는 것으로 보이며, 이는 단순히 경제성 측면이 아닌 미일동맹 강화 차원의 정치적 전략적 선택의 결과로 보인다.

한편 트럼프 정부는 한미 간의 무역 불균형 해소 과제도 미국산 LNG 수출과 연계하려 하고 있다. 한국도 사실 천연가스 도입선 다변화와 아시아 프리미엄에 대한 견제책이 필요하던 차에 미국의 무역 적자 해결책이자 비교적 쉬운 접근법인 미국산 LNG 수입에 적극적인 자세를 취하고 있다. 따라서 셰일가스의 수입을 통한 무역 불균형 해소는 좋은 전략으로 판단된다. 2012년 한국가스공사는 미국 체니에르사와 20년간 연간 280만 톤의 LSG 구매 계약을 체결했고, 2017년 7월부터 셰일가스를 도입하기 시작했다. SK E&S도 2019년부터 20년간 220만 톤을 수입하기로 했고 GS EPS도 연간 60만 톤을 도입할 계획을 세우고 있다(박병립, 2017).

정부는 제13차 천연가스 수급 계획에서도 밝혔듯 LNG 발전, 연료전지 등 발전용 천연가스와 LNG 벙커링 등 산업용 천연가스 수요가 증가할 것으로 전망하고 있는 만큼 공급처 다변화와 가격 안정 유지를 위해 앞으로도 북미의 셰일가스 도입을 강화는 중요한 전략적 선택이라 판단된다.

한편 기왕 도입할 바에야 도입의 방식과 국내 산업 연계 전략을 깊이 고민해 단순 트레이딩이 아닌 셰일가스전 개발 사업 직접 진출, 파이프라인을 포함한 연관 산업 진출 등 적극적 시장 진입 전략을 통해 자원 개발의 체력도 키우고 연관 산업 진출도 도모해야 할 것이다(김연규 외, 2017).

셰일가스 도입 시 가격 변동 요소는 현지 천연가스 가격(미국의 대표 기준

가격은 헨리 허브)인데, 최근 저유가 상황에서 직접 진출을 통해 다량의 셰일가스를 확보하게 되면 가격 헤징(Hedging) 효과를 누릴 수 있고, 향후 유가 대세 상승기에 유용한 수익 기반이 될 수도 있다.

또한 셰일가스 개발의 경우 수평정 시추 등 첨단 회수 기술이 적용됨에 따라 생산관도 엄청난 외력에 견딜 수 있으면서 유연한 성질을 동시에 지닌 프리미엄 강관으로 제작되어야 하며 산출된 막대한 양의 천연가스 이송을 위한 파이프라인 건설도 필수이므로 이런 분야에 국내 강관 제조사의 고품질 제품 개발과 현지 시장 적극 진출의 기회로도 삼아야 한다. 최근 미국은 국내 강관사들에 대해 고율의 관세를 부과했기에 국내 강관 제조사들은 피해 최소화를 위해 기존의 국내 유정용 강관(OCTG) 제조 설비의 미국 이전이나 미국 현지의 신규 설비 설치를 감내해야 하는 상황에 있다. 현실적으로 쉽지 않은 여건이지만 타국 제품과 차별화된 프리미엄 제품의 개발을 통한 경쟁력 확보와 셰일가스 투자와 연계한 유정 강관 제품의 현장 판매 등은 현재의 어려운 상황을 타개할 좋은 방법의 하나로 판단된다.

한편 발전 산업의 관점에서 보면 미국은 LNG 발전 선진국으로서 한국이 벤치마크 할 것이 많다. 벤치마크를 위해 미국의 노후 LNG 발전소의 개보수나 재개발 프로젝트에 다양한 형태로 진출할 것을 추천한다. 이를 통해 선진 발전 시스템도 벤치마크하고, 안정적인 투자처를 찾고 있는 국내 기관투자자들과 함께 인프라 투자 사업을 확보하되 국내 엔지니어링, 도입, 건설(Engineering, Procurement, Construction: EPC) 업체와 연계해 일석이조의 효과를 얻을 수 있을 것이다. 현재 리먼 사태 이후 미국은 오바마 정부 시절 통과된 '월스트리트 규제법('도드 프랭크법')'으로 인해 공격적인 인프라 투자는 아직 현실적으로 어려운 반면 트럼프 행정부는 에너지 인프라 투자에 적극적인 만큼 이와 연계된 천연가스 인프라 사업 진출 및 투자 전략을 반드시 고려해야 한다.

〈그림 7-12〉 러시아의 PNG 수송로

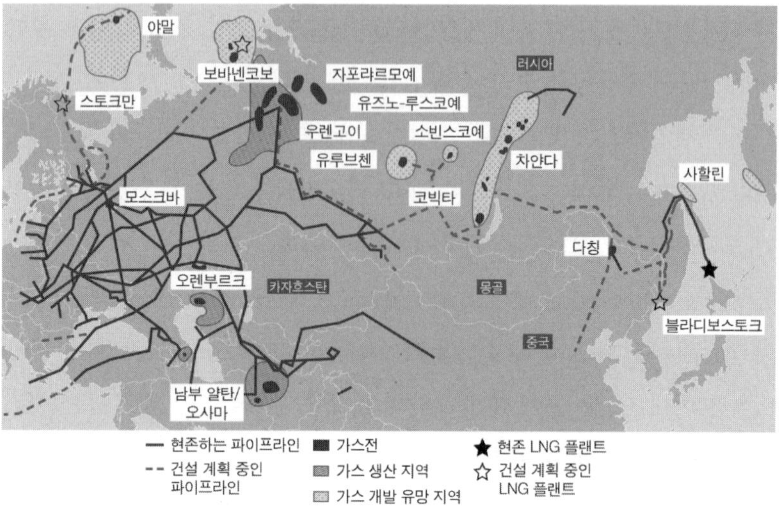

자료: 안희민(2018).

둘째로 대러시아 전략을 살펴보자. 최근 들어 문재인 정부의 '신북방 정책'과 천연가스와 신·재생에너지 사업을 확대하는 '에너지 전환 정책'이 맞물려 과거 김대중 정부 시절부터 추진되어 오다 2013년 북한의 3차 핵 실험 이후 논의가 중단되었던 러시아 PNG 도입이 다시 수면위로 급부상하고 있다(조재강, 2018).

앞서 언급했듯이 아시아 프리미엄 해소와 안정적인 천연가스 수급 등을 위해서 러시아를 통한 천연가스 도입은 큰 그림에서 당연히 비중 있게 고려해야 하는 도입 전략임에 분명하다. 한국은 주로 중동 카타르산 천연가스를 도입했는데, 최근 미국의 셰일가스, 호주의 천연가스도 도입하면서 러시아 천연가스까지 도입하게 되면 3개의 도입축이 이뤄지면서 공급자 간에 공급 경쟁을 유발해서 도입 가격도 낮출 수 있는 장점이 있다.

극동 시베리아 지역은 막대한 천연가스 매장지임에도 아직 미개발 지역으로서 이미 중국, 일본 등은 극동 지역의 천연가스 개발 사업에 적극 뛰어든 상황이다. 한국도 단순히 공급 안정성 측면에서 협력이 아니라 극동 지역 개발의 기회를 줄 수 있다는 측면에서 협력에 적극적일 필요가 있다.

다만 협력을 위한 PNG 수송로 선정에는 북한이라는 변수가 있다. 중국은 대기오염의 주범으로 지목받는 석탄 화력 발전 대신 청정 발전으로서 천연가스 발전 수요 증가 등 수요 폭증과 자국 내 천연가스 개발의 답보 상황으로 러시아 천연가스 도입에 매우 적극적이다. 실제로 중국의 천연가스는 2017년 전년 대비 15%나 증가한 데 반해 공급은 8.5% 증가하는데 그쳤다. 따라서 러시아에서 중국까지 연결될 시베리아 가스는 2019년 POS 1(Power of Siberia 1) 가스의 중국 보하이만까지 연결되는 등 한국으로의 확장 실현 가능성을 높이고 있다. 문제는 북한이다. 북한을 통한 PNG 경로는 북한이라는 리스크에 그대로 노출되는 위험이 있을 수 있는데 일각에선 러시아 눈치를 보기에 북한이 함부로 밸브를 가지고 도박을 하지는 않을 것이라 주장되기도 한다. 또 다른 견해는 아예 북한을 거치지 않고 산둥 반도를 통해 직접 남한과 연결하자는 의견이다. 어떤 경로가 되든 현재 문재인 정부의 정책을 본다면 러시아 PNG의 실현 가능성은 어느 때보다 높은 상황이다.

한편 러시아의 경우도 PNG사업을 위해 엄청난 길이의 가스 배관망을 설치해야 한다. 따라서 만일 시베리아에서 북한을 거치든 중국에서 직접 들어오든 간에 에너지용 강관 수요가 엄청나게 늘어나 미국의 관세 등 날로 냉혹해지는 에너지 강관 시장에서 방대한 신규 수요를 창출할 수 있다. 중국의 경우도 향후 천연가스 총소비량을 500bcm 규모로 전망하고 있는데 그에 반해 인프라가 부족해 앞으로 PNG를 위한 에너지 강관 수요가 클 전망이다.

또한 시베리아 지역은 계절에 따른 기온 변화가 극심해 배관망의 균열이나 부식 등 문제 발생의 소지가 높다. 따라서 배관망 상태의 원격 모니

<그림 7-13> 스마트 파이프라인 개념도

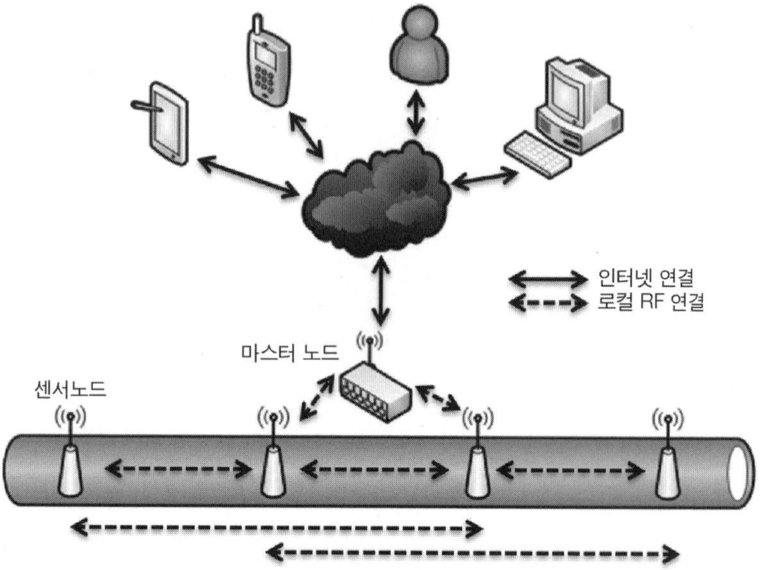

자료: Space Eye.

터링 등 스마트 유지 관리는 중요한 요소가 되고 있다. 따라서 국내 IT업계와 융합해 이런 분야 산업 진출도 미리 준비해야 한다.

4. 후발국에 대한 천연가스 산업 대응 전략

전 세계가 파리협약 이후 청정연료에 대한 수요가 증가하고 있으며, 아시아 지역의 경제 성장이 완만한 성장세가 이어짐에 따라 신흥국의 LNG 수요는 더욱 증가할 것으로 보인다(서혜진, 2017). 국제에너지기구(IEA)는 2022년 즈음 신흥국 및 프런티어국들이 전 세계 LNG 수요 성장분의 90% 가량을 차지할 것으로 전망하고 있다. 신흥국들의 LNG 수요는 2016년

〈그림 7-14〉 주요 동남아시아 신흥국들의 LNG 수입 증가 전망

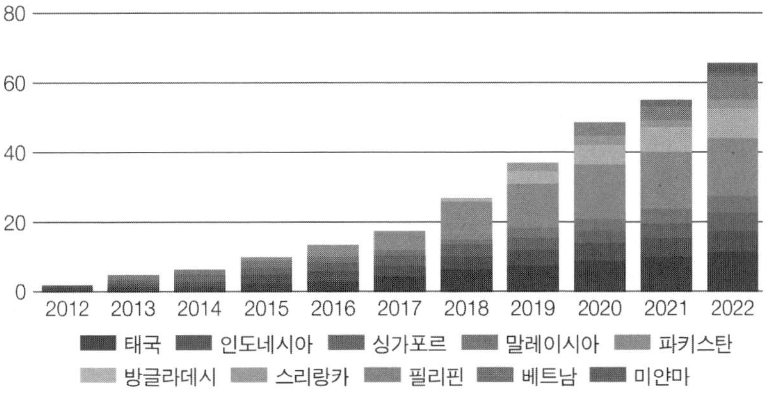

자료: Platts(2018).

312bcm에서 2022년 375bcm으로 늘어날 것으로 예상됐다. 에너지 가격 정보 컨설팅 기관인 플래츠(Platts)에 의하면 동남아시아의 LNG 수요는 2025년까지 연간 4000만 톤까지 증가할 것으로 전망하고 있다. 필리핀, 파키스탄, 방글라데시 등은 자국 내에서 산출되는 천연가스가 고갈되면서 천연가스 수입 증가의 압박을 받고 있으며 이에 따라 LNG 인수 기지 수요도 예상되고 있다. 특히 방글라데시는 앞으로 12년간 사용할 LNG 매장량만 남아 있는 것으로 알려져 있다. 따라서 LNG 수요가 현재의 '0' 수준에서 2025년 1750만 톤 규모로 폭발적으로 늘어날 것으로 전망되는데 이에 따라 네덜란드 에너지 기업 비톨(Vitol)은 방글라데시에 소형 LNG-FSRU를 독점 투입하고, 벵골만에 있는 낡은 가스관 보수 사업도 진행할 것으로 알려졌다(최서윤, 2018). 파키스탄 역시 LNG 수입량은 2022년 연간 3000만 톤 규모로 증가할 전망이다. 현재의 약 5배 수준이다. 비톨은 프랑스 정유회사 토탈(Total)과 제휴하고 파키스탄 남부 카심 항구 인근에 부유식 LNG 인수 기지(FSRU)[6]을 투입하기로 했다. 비톨과 토탈의 LNG 개발프로젝트는 LNG 수입 터미널 약 8곳이 밀집된 파키스탄 카심 항구에서 진행된다. 프

〈그림 7-15〉 동남아시아 LNG 인프라

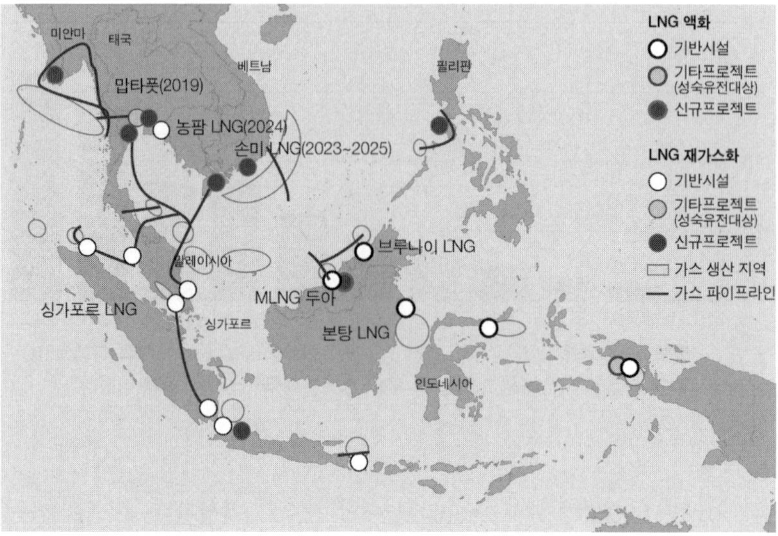

자료: Platts(2018).

로젝트 비용은 가스관·부두 시설 인프라 구축, 용선(선박 대여)비 등을 합쳐 약 2억 5000만 달러(약 2664억 원)에 이를 것으로 예상된다.

LNG 수요가 증가하는 것은 전력 부족과 상대적으로 저렴한 천연가스 가격에 있다고 볼 수 있다. 파리협약에 따른 탄소 배출권 등 이산화탄소 의무 감축 관점에서도 후발국에는 청정에너지로서 천연가스 발전에 관심을 갖게 하고 있다.

또한 중국의 일대일로[7] 전략의 일환으로 중국은 동남아시아의 에너지

---

6 부유식 LNG 인수 기지: FSRU(Floating Storage and Regasification Unit)이라 하며 액화되어 운송된 LNG는 통상 수입국의 육상플랜트에서 다시 기체화시킨 후 최종 수요지로 배관망 등을 통해 이송되는데, 투자비가 높고 비용 회수가 오래 걸리는 육상 기화 플랜트 대신 바다에 특수선을 띄워 LNG를 기화하는 시설이다.

7 일대일로 전략: 일대일로(一帶一路)는 바로 중국의 '현대판 실크로드 경제권 구축 전략'으로 '일대(一帶)'는 중국과 중앙아시아, 유럽을 연결하는 육상 실크로드를, '일로(一路)'는 동남

와 인프라 개발에 막대한 자금을 쏟아 붓고 있으며 이 영향으로 동남아시아 천연가스 관련 시장은 더욱 성장할 것으로 보인다.

일본의 아베 정부는 벌써 발 빠르게 후발국 LNG 인프라 시장에 손을 뻗고 있다. 아시아 일본 정부는 2017년 아시아 인프라 시장의 공동 개발을 위해 100억 달러를 제공하겠다고 밝혔다. 우드매켄지(Wood Mckinsey)사의 연구에서도 2019년 공급 과잉이 예상되는 등 도입선 확대로 인한 공급 과잉 분에 대해서 동남아시아 재수출을 통한 수요 시장을 창출하는 효과도 있고, 다시 이를 통해 미국의 셰일가스 수입을 확대할 수 있으며 천연가스 터미널, 기화 기지 등 다양한 연관 산업 진출도 도모하는 등 가치 사슬 전체를 통한 일석 삼조의 노림수인 셈이다.

일본은 이들 아시아 신흥 국가들을 상대로 LNG 최대수입국으로서의 축적된 경험과 사업 노하우를 활용해 LNG 조달에서부터 발전소 건설과 운영 등 일괄 사업 수출을 위한 프로젝트를 필리핀을 우선 공략 거점으로 해 착수했다. 필리핀은 2020년대 중반이면 자국 내 천연가스의 고갈이 예상되어 국영 석유 회사 필리핀석유공사(Philippine National Oil Company, 이하 PNOC)가 수도 마닐라 인근에 LNG 인수 및 기화 터미널 및 1600MW급 발전소 등을 건설해 필리핀의 대표적인 에너지 공급지[필리핀 정부는 이를 에너지 도시(Energy City)라 명명]로 구축할 계획에 있다. PNOC에 따르면 24억 달러 규모의 바탄(Bataan) 지역 LNG 인수 기지와 발전소 프로젝트에 일본 오사카가스, 미쓰이(Mitsui Oil Exploration Co., Ltd: MOECO)와 협력을 한다고 알려졌다(Battersby, 2017).

도쿄가스(Tokyo Gas)는 베트남 등 동남아 국가의 가스회사에 출자하고

아시아, 서남아시아, 유럽, 아프리카를 잇는 해양 실크로드를 뜻하며, 시진핑 중국 국가주석이 2013년 중앙아시아와 동남아시아를 순방하며 처음 제시한 전략이다.

있다. 일본은 또한 LNG 조달과 발전사업을 패키지로 엮어 입찰에 뛰어드는 전략을 구사할 전략을 수립했다. 일본 석유천연가스금속광물 자원기구(Japan Oil, Gas and Metals National Corporation: JOGMEC)에 따르면 베트남과 인도네시아에서만 10개 이상의 LNG 터미널 건설 계획이 잡혀 있으며 섬이 많은 지역의 경우 소형 LNG 선박 활용 등 다양한 LNG 산업 진출을 적극 모색하고 있다(김상진, 2017).

특히 베트남과의 협력을 눈여겨볼 만하다. 제2의 중국으로 불릴 만큼 글로벌 제조업 기지로 우뚝 선 베트남은 빠른 경제 발전 속도에 맞춰 발전용은 물론 산업용·수송용·가정용 천연가스 수요를 충족하기 위해 가스 시장 개발 계획(Master Plan for Vietnam Gas Industry Development to 2025)을 수립하고, 자국의 천연가스 증산과 더불어 천연가스 수입도 2021년까지 100만 톤, 2024년까지 400만 톤으로 증대할 계획이다. 이를 위해 손미(Son My) 터미널, 티 바이(Thi Vai) 터미널 등 자체적으로 LNG 인수 기지를 2020년까지 완공하고 순차적으로 가동할 예정이다. 베트남은 가스 시장 개발 계획 목표 달성을 위해 해외 기술 도입과 협력을 적극적으로 추진하고 있는데, 주로 미국과 일본과 협력이 눈에 띄게 이뤄지고 있다(채제용, 2017).

베트남 최대 가스 기업 페트로베트남(PetroVietnam, 이하 PV) 가스는 손미 인수 기지 및 2250MW 규모의 복합 화력 발전소 건설 협력을 위해 미국 에너지 스토리지(America Energy Storage, 이하 AES)사 및 알래스카 가스라인 개발 회사(Alaska Gasline Development Corporation)와 MOU를 체결했다. 미국은 해외민간투자공사(OPIC)가 PV 가스와 AES 사이에서 체결된 MOU를 지지한다는 의향서(LOI)를 발표하는 등 아시아태평양지역 LNG 시장에서 미국의 영향력을 확장하려 노력하고 있다.

일본의 경우 베트남 통상산업부와 일본 경제 산업성이 2017년 LNG 및 기타 부문에서의 협력 증진을 위한 협약을 체결했고, PV 가스와 일본 미쓰이 간에 LNG 공급 및 베트남 남부에 복합 화력 발전소 건설을 위한 협력 방안을 모색하기 위해 협약을 체결했다.

한국도 미국, 중국, 일본의 진출 전략을 벤치마크해 동남아시아 신흥국과 다양한 협력 전략을 추구해야 한다. 경제 성장과 파리협약에 따른 자국 내 천연가스 수요의 꾸준한 증가와 LNG 수입에 따른 연관 산업 진출 등 좀 더 구체적으로 보며 천연가스전의 공동 개발, LNG 인수 기지 및 FSRU, 액화플랜트, LNG 냉열, 벙커링 등 고부가가치 분야에 대한 사업 참여 기회를 적극 모색해 동남아 시장 진출을 적극 추진해야 한다.

천연가스의 공동 개발은 개발 후 배관망 사업 등 다양한 연관 사업 협력을 통한 시장 진출에 중요한 역할을 할 수 있는 방법이다. 포스코대우의 경우 10여 년 이상의 노력 끝에 운영권자로서 2013년 미얀마의 쉐(Shew), 쉐퓨(Shew Phyu), 미야(Mya) 등 3개 해상 가스전의 상업 생산을 개시했으며, A-1광구 등에서 생산된 천연가스를 현지와 중국 등에 상업 판매를 통한 수익만도 2018년 현재 연간 2000~3000억 원 수준에 이른다.

포스코대우는 이 사업을 기반으로 중국 CNPC 등과 함께 미얀마를 거쳐 중국으로 가는 육상 가스 파이프라인 건설 사업도 진행 중이며, 방글라데시 정부와 생산물 분배 계약을 체결하고 방글라데시 해상 탐사 광구 사업에 진출했다(심희진, 2017).

포스코대우는 이와 같은 성공적인 천연가스 협력을 계기로 미국의 경제 제재 조치 해제 후 급속도로 성장하고 있는 동남아시아 신흥국 미얀마에 현 정부의 신남방 정책과 맞물려 곡물, 금속, 부동산 등 다양한 협력 사업을 진행하는 중요한 계기가 되었다. 포스코대우의 경우 동남아 신흥국과의 천연가스 협력을 통해 다양한 후속 사업 진출과 협력의 좋은 모범으로 사료된다.

한국가스공사도 천연가스 배관망 및 LNG사업 경험을 바탕으로 동남아

〈그림 7-16〉 포스코대우 미얀마 해상 가스전 광구도

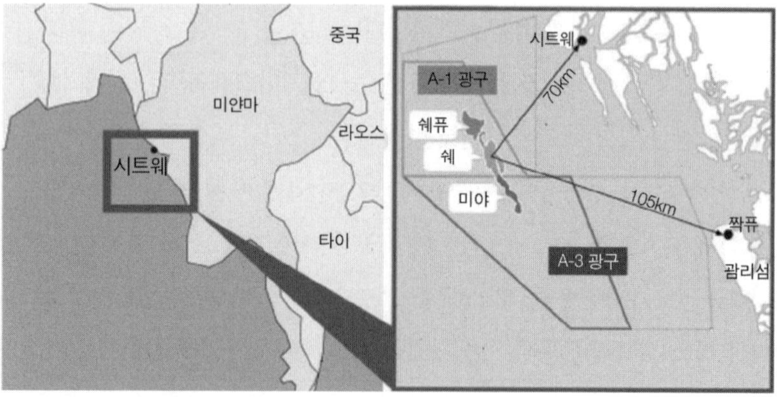

자료: 포스코대우(2018).

시아 등 신흥 하류 인프라 시장을 공략하기 위해 현지 국영 기업과의 전략적 제휴, 국내 민간 기업과의 동반 진출을 도모하고 있다.

한편 삼성물산과 포스코대우 - 한국가스공사 컨소시엄은 방글라데시 국영 석유 기업 페트로방글라(PetroBangla)의 자회사인 방글라국영가스회사(Rupantarita Prakritik Gas Co. Ltd., 이하 RPGCL)가 발주하는 파이라(Payra) 부유식 LNG 수입 터미널 프로젝트 입찰에 참여한 것으로 알려졌다. 이 프로젝트는 연간 760만 톤급 규모의 재기화시설과 26만 m^3 크기의 LNG저장시설을 갖춘 FSRU, 부두 시설과 해저 파이프라인, 육상 가스 파이프라인 등을 개발하는 사업으로, 사업비는 10억 달러(약 1조 643억 원) 규모로 2019년 6월 완공을 목표로 하고 있다. 사업자가 건설공사는 물론 소유·운영·인도 등을 모두 책임지는 '건설 - 소유 - 운영 - 이전(Build Own Operate Transfer, 이하 BOOT)' 방식으로 발주된다. 이 사업은 FSRU사업도 포함되어 국내 조선사도 수주 경쟁에 참여하고 있다(성현, 2018).

친환경 선박 수요 증가에 따른 LNG 벙커링 사업도 주목해야 할 분야이다. 국제해사기구(IMO)는 2020년 이후 국제해역상에 선박 배출가스인 황

산화물(SOx) 제한 기준을 현행 3.5%에서 0.5%로 강화한다는 규제안을 최근 발표했다. 선사들은 기존 벙커C유 대신 이산화탄소(CO_2)와 질소산화물(NOx) 등이 없는 액화천연가스(LNG)나 해양오일가스(MGO)로 선박 연료를 대체하거나 탈황장치인 후처리장치를 설치해야 한다. 많은 국가들이 아시아 LNG 벙커링 허브 개발에 관심이 많고 아직 초기 단계이지만 벙커링 사업도 새로운 블루 오션으로 떠오르고 있다. 전 세계에는 현재 벙커C유 이외에 LNG를 연료로 활용해 추진해 운행 중인 선박이 117척(0.1%)에 불과하다. 하지만 유럽의 대형 선사들이 미국의 셰일가스 개발에 부응하고 기존 연료에 비해 환경적 공해 우려가 덜한 LNG 추진선 발주를 늘리고 있어 수요 증가가 예상된다. 현재 세계 조선소에 발주되어 건조 중인 LNG 추진선은 운행 선박 수에 육박하는 111척으로 집계된다(박준식, 2018).

싱가포르가 가장 적극적이다. 싱가포르의 파빌리온 가스(Pavilion Energy)는 프랑스 정유사인 토탈, 그리고 토탈 글로벌 솔루션스(Total Global Solutions)와 예비 협정을 맺었다. 이 협정에 따라 토탈은 추후 LNG 벙커링 시설을 운영할 수 있게 된다. 토탈의 전략은 LNG 추진 선박이 본격화되는 시점에 맞춰 싱가포르와 같은 허브항만에 글로벌 LNG 벙커링 인프라를 개발하는 것이다. 토탈은 2025년 즈음 연간 100만 톤의 LNG 벙커링 화물을 처리할 것으로 내다보고 있다. 연간 100만 톤은 그해 전체 벙커링 시장 물량의 10%에 달한다. 일본과 중국의 주요 항만도 동북아 LNG 벙커링 시장 선점을 위해 인프라 구축 등 대응 방안 수립에 나서고 있다고 한다. 한국해양수산개발원(KMI)에 따르면 일본 국토교통성은 요코하마항을 LNG 벙커링 거점으로 최종 결정했다. 아시아 - 북미 항로를 놓고 보면 요코하마항이 부산항과 경쟁할 수 있는 최적의 입지이기 때문이다. 다수의 LNG 인수 기지가 있어 추가 시설 확장에 나설 필요도 없다. 중국도 국가 보조금 정책을 적극 시행해 2015년 기준 총 1600척의 LNG 추진 선박을 건조하거나 운항하고 있다. LNG 벙커링 인프라 역시 장강 등 내륙 수운뿐만 아니라 절강성 닝보(寧波)·저우산항(舟山港) 등 외항 선박 서비스를 위한 연해 지역까지 확대되고 있다(류준현, 2017).

한국의 경우는 아직 LNG 화물을 처리할 터미널조차 없다. 그나마 울산항이 제한적이나마 그 역할을 수행하고 있다. 부산항도 부산항만공사 주도로 LNG벙커링 기지 건설을 계획하는 등 바쁘게 움직이고 있지만 제도적 어려움과 입지 선정의 어려움이 따르는 등 이런 상태로는 벙커링 시장에서 주도권을 잡는 것은 요원하다. 글로벌 네트워킹과 공기업과 조선사의 협력, 그리고 국가의 제도적 지원을 통해 이 시장 진출을 적극 모색해야 한다.

5. 한중일 간의 역내 전략

중국은 일대일로 전략의 일환으로, 일본은 후쿠시마 원전 사태 이후 천연가스 산업의 강화와 대아시아 시장 진출을 통한 시장 지배력 강화 그리고 대미 전략적 공조 강화를 위해 다양한 천연가스 산업 전략을 구사하고 있다. 한국은 문재인 정부 출범 이후 내부적으로는 원전 비중 축소와 신재생 3020 정책에 따른 청정에너지원으로 천연가스 비중 확대, 그리고 대외적으로는 한미 무역 불균형 해소 방안과 신북방 정책과 신남방 정책의 큰 그림 차원에서 천연가스 정책을 진행하고 있다.

이러한 복잡한 지형 속에서 한중일 3국은 '천연가스 삼국지'의 주인공들로 때로는 협력으로 때로는 경쟁으로 관계를 맺고 있다. 동남아 시장을 두고 각축전을 펼치기도 하지만 천연가스 주요 수입국의 입장에서 보면 3국 모두 아시아 프리미엄의 설움을 당하는 국가들로서 허브 구축을 통해 구

〈그림 7-17〉 중국의 주요 원유·가스 수입 경로

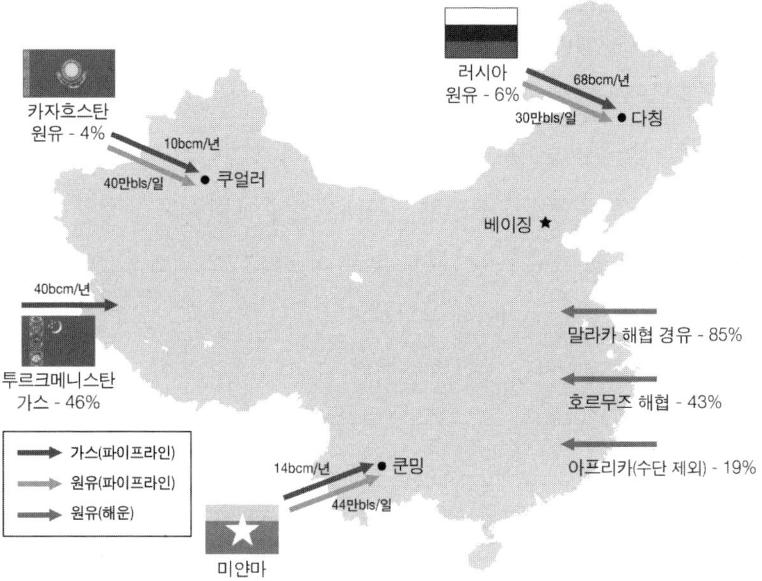

자료: Tyler Durden(2014).

매력을 강화해 주요 수입국으로서의 지위를 누리기 위해서는 적극적인 공조가 필요하다. 그러나 과연 이러한 공조를 위해 3국이 각자 이익에 부합하는 합의가 이뤄질지는 의문이다.

최근 오일허브로 성공한 싱가포르는 LNG 허브를 2013년 첫 가동한 이래 수입 터미널 구축에 박차를 가하고 있다. LNG 허브도 주도권을 갖겠다는 포석인 것이다. 그사이 한국은 모 국내 기업이 아시아 LNG 허브를 구축하겠다며 의욕적으로 나섰지만 역내 국가 간 이해관계의 복잡성, 일부 발전용 가스를 제외하면 공기업인 한국가스공사 독점의 현행 가스 도입 체계 등 도입선 다변화상의 여러 난관에 부딪혀 결국 좌초되었다. 그사이 일본은 싱가포르와 더욱 LNG 밀월을 강화하고 있고, 중국은 러시아, 중앙아시아, 미얀마 등과 에너지 안보 차원의 PNG 도입을 강화하는 등 정세만 더욱 복잡해지는 양상이다.

LNG는 원유와 달리 연료 증발(boil-off) 현상[8]이 있기에 장기 저장에 어려움이 따른다. 게다가 셰일가스 등 글로벌 천연가스 공급선 다변화에 따라 아시아프리미엄도 감소 추세에 있다. 따라서 LNG허브 사업을 철저히 준비해온 싱가포르조차도 여러 난관을 고민하고 있다.

이에 여러 가지 난제가 산적한 상황에서 당장에 한중일 삼국을 통합 지휘하는 물리적 LNG허브를 그것도 한국 어느 지역에 구축하겠다는 무모한 의욕보다는 삼국의 이익에 부합하면서도 당장 실현 가능한 것부터 먼저 주도적으로 추진하는 것이 현실적일 것이다. 예를 들어 선불리 시장을 단일화하고 물리적 허브를 구축하기보다는 역내의 급변하는 천연가스 수급 환경에 기민하게 대응할 수 있는 ICT 기술을 활용한 스마트 스폿 거래 시스템을 주도적으로 개발하고 역내 국가에서 공동으로 활용하되 플랫폼을 한국에 설치하는 방향을 추진하는 등 낮은 단계의 거래 체계 구축을 통한 신뢰 관계와 의존도 제고가 더욱 현명한 출발로 판단된다.

6. 국내 연관 산업 전략

제13차 천연가스 수급 전략에 의하면 분명 천연가스 수요는 증가할 것으로 전망된다. 천연가스는 3020 정책에 의한 청정 발전 차원에서도, 대미 무역 불균형 해소를 위해서도, 현 정부의 신북방 및 신남방 정책 관점에서도 에너지 전략의 중심에 서 있다. 이에 따라 현재 천연가스를 이용한 발전과 융합 산업의 글로벌 시장 진출이 중요한 화두가 되고 있다.

---

8 연료 증발 현상: 장기 저장 시 온도 상승으로 인해 천연가스에서 증발 가스(boil off gas)가 발생하는 현상. 이때에는 저장소 압력 증가에 의한 내부 폭발 위험 감소를 위해 뽑아서 연료로 사용하거나 터빈을 활용해 강제로 연소시켜야 한다.

사실 가격적인 측면에서 기저 부하로서 천연가스를 이용한 LNG 화력 발전은 그다지 매력적이지 않다. 미국조차도 정책적인 차원에서 발전을 진행하는 경우가 많다. 그러나 파리협약 이후 에너지 전환기에 따른 원전 및 재래형 석탄 발전 의존도 비중 축소는 거부할 수 없는 세계적인 추세다. 그렇다고 좁은 국토, 민원, 그리드 문제 등 산적한 문제로 인해 당장 태양광이나 풍력 발전 비중을 혁신적으로 증가시킬 수도 없는 상황이다. 태양광의 경우 좁은 국토에서 풍부한 일조량이 보장되고, 계통 연계가 가능하며, 토지 가격을 고려할 때 경제성을 담보할 수 있는 부지를 찾기란 쉽지 않은 것이 현실이다. 강이나 하천 등을 활용한 수상 태양광의 경우도 규제에 묶여 어려움을 겪고 있다. 풍력의 경우도 강원도나 전라도 지역 그리고 해상·도서 지역처럼 풍황 자원이 편재되어 여러 어려움이 있다. 따라서 화석연료지만 청정에너지인 천연가스를 연료로 하는 LNG 화력 발전소는 계속 확대되어야 한다. 또한 중앙집중식 전력망이 아닌 분산형 에너지 시스템을 구축하되 온실가스 감축을 고려해 화석연료와 신·재생에너지의 중간자인 천연가스와 신·재생에너지 발전을 결합한 소규모 구역형 에너지시스템(CES)을 구축할 필요가 있다. 소형 LNG 플랜트가 주요 개발 대상이다. LNG 발전에 대한 정부 전망에도, 현실적으로는 타 발전원과 단순 비교했을 때 경제성이 떨어진다는 이유로 많은 기업들이 사업을 적극적으로 추진하는 데 어려움을 겪고 있다.

천연가스 발전의 또 다른 축은 연료전지[9]다. 연료전지는 매질로 사용되는 전해질의 특성에 따라 인산염연료전지(PAFC, 1세대), 용융탄산염연료전지(MCFC, 2세대), 고체산화물연료전지(SOFC, 3세대)로 나뉘며 1MW를 발전

---

9 연료전지(Fuel Cell): 연료전지는 천연가스 내의 수소와 대기 중의 산소를 전해질 내에서 반응시켜 발전을 하는 친환경 발전 장치이다.

〈그림 7-18〉 연료전지의 구조

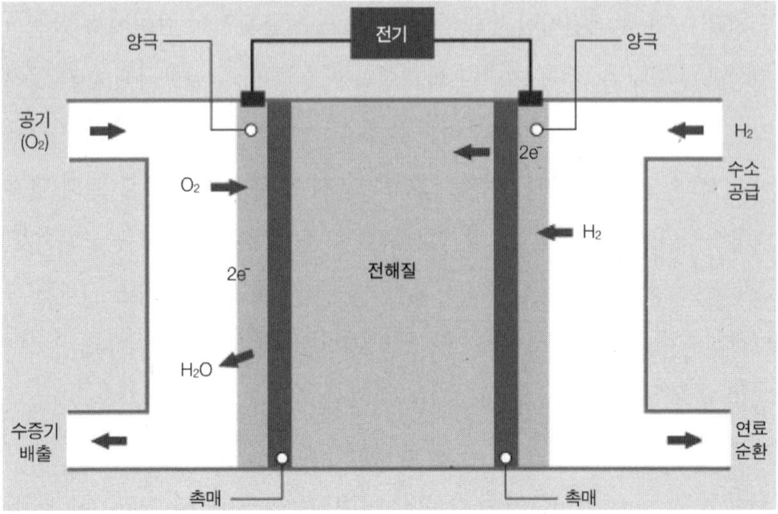

자료: KIST

할 때 태양광의 100분의 1 수준에 미치는 공간만 차지하고 가동 시간도 하루에 23시간 이상 가능하기 때문에 도심형 분산 전원으로 각광을 받을 전망이다. 다만 발생하는 열수 공급 문제, 고가의 발전 장비, 원료인 천연가스의 가격 변동이나 미비한 신·재생에너지 공급인증서(Renewable Energy Certificate: REC) 제도 등 보완해야 할 문제들도 적지 않다. LNG 발전이나 연료전지 발전이 태양광이나 풍력 중심의 신재생 시장의 단점을 많이 보완할 수 있는 만큼 정부는 적극적인 지원 정책을 통해 빠른 성장을 유도해야 할 것이다.

또한 한미 무역 불균형 문제에서는 그 의미와 이해관계를 떠나 어떤 식으로든 해결의 제스처를 트럼프 정부에 보여야 하는 상황에서 셰일가스 수입량을 늘려야 할 정세인데, 사실상 예측 수요 면에서는 어려움이 따르는 상황이다. 인구 증가 정체와 노령화, 국가 경기 침체 장기화 등으로 국내 천연가스 수요가 날이 갈수록 줄어들고 있기 때문이다. 따라서 신·재생에너지와 어울려 가야 하는 에너지 믹스 시대에 천연가스 수요 창출의 관점에서도 천연가스 발전은 정부에서 적극 육성해야 할 분야이다.

또한 에너지 믹스 전략 차원에서 천연가스 사업을 바라보는 에너지원 통합 거버넌스 구축이 절실하다. 일본의 경우 일본 에너지 신시대(Japan's Energy for a New Era, 이하 JERA)라는 기업을 발전사들이 합작 설립해 2015년 자원 개발·조달에서 발전사업에 이르는 에너지 자원 수직 통합 기업을 탄생시켰다. 이는 일본이 이미 우리보다 앞서 에너지 믹스 시대에 통합적인 관점에서 에너지를 바라보고 화석연료에서 발전에 이르는 통일된 전략을 구사하기 위한 조직을 출범시켰다는 의미다.

한국은 에너지 믹스 시대에 걸맞은 통합 거버넌스 부재로 인해 에너지 원별 이기주의가 극심하며 천연가스 자원개발 분야와 발전원별 발전 분야가 각자 통합된 합리적 의사결정이 아닌 "내가 정답이고 모두 그르다" 식의 이기주의가 팽배한 상황이다. 또한 산업 간 융합의 측면에서도 셰일가스용 강관, ICT 융합 에너지플랫폼 등 여러 연관 산업의 통합된 전략 도출과 정책 추진이 요원한 상황이다. 지금이라도 일본의 JERA를 벤치마크해 에너지 믹스 거버넌스 구축과 이를 기반으로 한 에너지 믹스형 통합 기업을 탄생시키거나 융합 산업이 크게 성장하도록 에너지 산업 협력 생태계를 구축·육성해야 한다.

참고문헌

김상진. 2017. "LNG 최대 수입국 일본 … 동남아에 'LNG 조달·발전·운영' 패키지 수출 총력". ≪중앙일보≫. http://news.joins.com/article/21783564(검색일: 2018.4.17)

김연규 외. 2017. 『21세기 동북아 에너지협력과 한국의 선택』. 사회평론아카데미.

김용범. 2017. "국회 주도 '미래연료전지발전포럼' 출범". ≪투데이에너지≫. http://www.todayenergy.kr/news/articleView.html?idxno=128682(검색일: 2018.4.1)

남영태. 2018. "블룸에너지 재팬, 국내 연료전지 시장 진출". ≪가스신문≫. http://www.gasnews.com/news/articleView.html?idxno=81309(검색일: 2018.3.15)

류준현. 2017. "아시아 LNG벙커링 허브 경쟁, '한국은 뒷전'". ≪코리아쉬핑가제트≫. http://www.ksg.co.kr/news/main_newsView.jsp?pNum=112962(검색일: 2018.4.21)

미국가스협회. 2017. Energy Analysis 보고서 2017.

박병립. 2017. "미 무기 구매에 셰일가스까지 … 협상도 하기 전 '퍼주기' 우려". ≪디지털타임스≫. http://www.dt.co.kr/contents.html?article_no=2017112202100351101001&ref=naver(검색일: 2018.4.1)

박준식. 2018. "10년 뒤 내다 본 LNG 벙커링 규제완화". ≪디지털타임스≫. http://news.mt.co.kr/mtview.php?no= 2018012218043850304(검색일: 2018.4.21)

산업통상자원부. 2018. 제13차 천연가스수급계획.

서혜진. 2017. "아시아 신흥국, LNG 수요 확대". ≪파이낸셜뉴스≫. http://www.fnnews.com/news/201708311505439685(검색일: 2018.4.17)

성현. 2018. "방글라데시, 1조원 규모 해양플랜트 발주 … 산업계 '군침'". ≪현대경제신문≫. http://www.finomy.com/news/articleView.html?idxno=52491(검색일: 2018.4.21)

송태인. 2017. 「국내 에너지산업에서의 LNG(천연가스)의 역할증대」. 딜로이트 보고서.

심희진. 2017. "포스코대우, 방글라데시에 탐사광구 운영지점 만든다". ≪더벨≫. http://www.thebell.co.kr/free/content/ArticleView.asp?key=201711160100031950001965&lcode=00(검색일: 2018.4.21)

안희민. 2016. "전기, 열생산으로 에너지효율 80%달성 수소연료전지". ≪에너지경제≫. http://www.ekn.kr/news/article.html?no=192828(검색일: 2018.4.21)

______. 2018. "러시아산 천연가스, 가스관 타고 한반도 진입 준비중". ≪데일리한국≫. http://daily.hankooki.com/lpage/economy/201804/dh20180413090511138080.htm(검색일: 2018.4.15)

조재강. 2018. "정부, '극동 파이프라인 개발사업' 지속 추진". ≪투데이에너지≫. http://

www.todayenergy.kr/news/articleView.html?idxno=201839(검색일: 2018.4.17)
채제용. 2017. "베트남, LNG인프라 확충 … 미·일과 협력 강화". ≪이투뉴스≫. http://www.e2news.com/news/article View.html?idxno=104526(검색일: 2018.4.20)
최기련. 2012. "천연가스를 중심으로 하는 새로운 에너지 역사의 전개". ≪가스뉴스≫. http://www.gasnews.com/news/articleView.html?idxno=56493(검색일: 2018.3.25)
최서윤. 2018. "동남아 LNG붐, 세계 최대 에너지업체 비톨도 가세". ≪아시아투데이≫. http://www.asiatoday.co.kr/view.php?key=20180315010007862(검색일: 2018.4.15)
포스코대우. 2018. http://www.daewoo.com/kor/oilNgas.do(검색일: 2018.4.1)
하만주. 2018. "셰일가스 매장량 세계 1위 중국, 대량 상용화 단계 진입". ≪아시아투데이≫. http://www.asiatoday.co.kr/view.php?key=20180329010016909(검색일: 2018.3.29)
한원희. 2018. "2018년 국제 LNG시장 전망". ≪에너지신문≫. http://www.energy-news.co.kr/news/articleView.html?idxno=52211(검색일: 2018.3.15)
현대경제연구원. 2017.12.「친환경 에너지 전환을 위한 천연가스의 역할」.

Battersby, Amanda. 2017. "PNOC in Japan tie-up for Bataan plant." *upstream*. http://www.upstreamonline.com/hardcopy/1269406/pnoc-in-japan-tie-up-for-bataan-plant(검색일: 2018.4.17)
Bloom Energy Japan. 2014. "Bloom "Box": Reverse Engineering the Economics." Worthington Sawtelle LLC.
BP. 2017. 천연가스통계
Durden, Tyler. 2014. "Where Does China Import Its Energy From (And What This Means For The Petroyuan)." *ZeroHedge*. https://www.zerohedge.com/news/2014-01-20/where-does-china-import-its-energy-and-what-means-petroyuan(검색일: 2018.4.21)
EIA. 2017. "US Natural Gas Net Trade." https://www.eia.gov/todayinenergy/detail.php?id=32412(검색일: 2018.4.5)
Gas Strategies Group. 2018. LNG Outlook Report 2018.
________. 2017. "Growth and Resilience." LNG Outlook 2018.
OPEC. 2017. Annual Statistical Bulletin.
Platts. 2018. "Analysis: Small-scale Asian LNG projects facing big challenges". https://www.platts.com/latest-news/natural-gas/singapore/analysis-small-scale-asian-lng-projects-facing-27915255(검색일: 2018.4.17)
SK이노베이션. 2016. "도널드 트럼프 미국 대통령 당선! 에너지·화학 업계 전망은?" http://skinnovation-if.com/(검색일: 2018.4.1)
SL Advisors. 2017. "The Global Trade in Natural Gas." http://sl-advisors.com/global-trade-n

atural-gas(검색일: 2018.4.6)

Space Eye. "Smart Pipeline System." https://spaceeyelao.com/solutions/smart-pipeline-system/ (검색일: 2018.4.17)

World Oil. 2017. "Rystad examines what to expect from U.S. shale break-even prices in 2017." http://www.worldoil.com/news/2017/2/28/rystad-examines-what-to-expect-from -us-shale-break-even-prices-in-2017(검색일: 2018.4.1)

3부

에너지 전환의 정치경제적 의의

08

에너지 전환과 정당

정하윤

1. 서론

민주주의 체제에서는 갈등 표출을 확대해 '갈등을 통해 갈등을 완화'하는 과정을 거친다. 이 과정에서 정당은 갈등을 동원하고 영향력의 범위를 확장하는 역할을 담당한다. 정당은 다양한 사람들의 의견을 대표해 선거 과정을 통해 경쟁하고 사람들의 선호와 의견을 조정하거나 통합하면서 이를 정책 결정 과정에 반영하게 된다.

정당은 정책의 결정과 변화 과정에 영향을 미친다. 그러나 정책 결정에 있어 정당의 정책 개발과 정당 간 정책 대결이라는 정치적 요인은 경제·사회·관료 요인에 비해 주목을 덜 받아왔다. 일반적으로 정치적 요인은 정책의 방향을 정하는 데 핵심 요인이 되며, 그중에서도 대통령과 행정부의 정치적 이념과 정책 방향이 중요하다. 정당의 경우, 대체로 정치적 이념의 범위는 광범위한 편이다. 그러나 정당은 정책 대상 집단에 따른 이해관계의 협소성, 권한의 한계, 취약한 전문성 등으로 인해 정책 결정 과정에 양면적인 영향을 미칠 수 있다. 정당과 후보자의 정책 대상 집단이 자신들의 지지 기반과 일치할 경우에는 결정 요인으로서의 영향력은 크지만, 반대의 경우에는 오히려 역의 결과를 초래할 수도 있다.

대의 민주주의 체제에서 대통령은 대부분 정당에 속하며, 대통령의 정책은 소속 정당의 정책 입장을 반영할 수밖에 없다. 문재인 정부의 에너지 전환 정책 역시 소속 정당의 에너지 정책 기조와 방향을 반영한다고 볼 수 있다. 문재인 대통령은 '안전하고 깨끗한 에너지로의 전환' 목표에 따라, 첫째로는 신규 원전 건설 계획을 백지화하고, 노후 원전 수명 연장 금지를 포함해 원전을 단계적으로 감축하겠다고 말했고, 둘째로는 폐기물·바이오 중심 재생에너지를 태양광·풍력 등으로 전환하고, 협동조합과 시민 중심의 소규모 태양광 사업을 지원하고, 계획 입지 제도를 통한 난개발 방지 등 재생에너지의 확대 공급을 꾀하며, 셋째로는 미확보 원전 해체 기술을 개발하고, 지역 주민의 소득 창출을 위해 다양한 사업을 추진하는 등 지역과 산업을 위한 보완 대책 마련을 제시하면서, 수급 안정 경제성에서 안정성 및 친환경성으로 정책 기조를 변화시키는 에너지 전환 정책 로드맵을 발표했다.

이 장에서는 에너지 전환 정책과 정당의 관계를 다각도에서 설명하는 데 중점을 둔다. 우선 정당과 정책에 대한 일반 논의를 살펴보고, 에너지 정책과 정당의 관계를 해외 사례(독일과 일본)를 중심으로 알아본다. 한국의 경우, 그동안 한국 정당들이 선거에서 제시했던 에너지 정책 공약의 변화를 통해 정책 일관성과 차별성을 설명한다.

2. 정당과 정책

민주주의 사회에서 정당은 정치의 생명선이자 사회와 정부를 연결하는 핵심적 매개 역할을 한다. 즉 정당은 민주적 책임성(democratic accountability)을 담보하는 전제 조건이자 기제가 된다. 현대 사회에서 사람들은 서로 다른 이해와 복잡한 욕구를 지니지만, 모든 사람들이 정책 결정에 관여하는 것은 불가능하다. 정당은 사람들의 생각을 모으고 정책 결정 과정에서 타협시키는 조정 역할을 담당하게 된다. 즉 정당의 기본 기능은 시민의 의견을 대표해 정책을 개발하고, 정책 대안을 가지고 선거 과정을 통해 경쟁하고, 이를 조정 및 통합해 정책에 반영하는 것이라고 할 수 있다.

이와 같이 사회의 다양한 이익을 집약하고 갈등을 통합하는 정당의 기능을 고려할 때, 정당은 정책과 연관성이 높다. 민주주의 사회의 공공 정책 결정 과정에서는 다양한 경쟁·분쟁이 발생한다. 정치 게임의 승패는 누가 갈등을 통해 지배적인 위치를 획득하는지에 따라 좌우되는데, 이슈 갈등이 정치적 유세를 획득하는 과정은 경향성(bias)의 동원과 연결된다. 특히 정당은 경향성을 동원하는 데 핵심 역할을 담당한다.

정당의 궁극적인 동기가 정권 획득이라고 간주할 때, 정책 개발과 고안은 정당의 목적을 달성하기 위한 수단이라고 볼 수 있다. 이러한 시각에서 정당의 정책 개발은 특정 인물의 사적 이익 추구 과정의 부산물일 수 있다. 그러나 정당이 시민의 의사를 정치에 연결시킨다는 공익적 관점에서 볼 때, 정당은 정치 목표로서의 이데올로기를 형성하는 기능을 담당한다. 정당이 사회가 나아가야 할 지향 이념과 원칙을 명시적으로 제시하기 위해 좋은 정책을 고안하고 수행하는 것이 목표가 될 수 있다. 이 점에서 정당의 정책 기능은 중요하다. 결국 정책은 협상과 타협이라는 정치 과정을 통해 산출된 결과물이 된다.

대의 민주주의하에서 정책 선거는 책임 정치의 실현이라는 측면에서 중요하다. 즉 정당과 후보자들이 유권자들에게 일관된 정책을 제시하고, 당선 이후에는 공약한 정책들을 이행해 다음 선거에서 그 공과에 대한 평가를 받는 것이기 때문이다. 즉 후보자들이 제시하는 정책 공약은 그들의 정책적 의지를 유권자에게 전달하는 매개체이며, 공직자에게 선거 이후 정책 집행의 정당성을 부여하는 정치적 기능을 담당한다(이동윤, 2010).

1) 정당의 정책 기능

정당의 정책 기능은 두 차원에서 논의될 수 있다. 첫째는 정당 경쟁(party competition)의 차원이다. 정당 경쟁은 정당들이 특정 정책에 대해 입장 차이를 가지고, 정책 차원에 따른 상이한 위치를 제공함으로써 경쟁하는 것을 의미한다. 일반적으로 정당 경쟁은 사회적·경제적 균열 구조라는 외부 요인에 의해 결정된다(Lipset and Rokkan, 1967). 정당은 사회적으로 형성된 기존의 선호를 반영하기도 하고, 정당 간 경쟁은 유권자의 선호를 최대화하는 전략을 통해 이루어진다. 그러나 정당을 능동적 행위자로 간주한다면, 정당은 자신에게 유리한 방향으로 사회 균열을 재정의하고, 유권자의 지지를 확보하기 위해 사회 균열 일부를 취사선택해 정치적으로 쟁점화시키는 역할을 한다(Schattschneider, 1960; Sartori, 1968). 때로는 정당 경쟁을 통해 이슈가 쟁점화되고, 이 과정이 선거 결과에 영향을 미쳐, 결국 정부 정책의 변화를 일으키기도 한다(Bale, 2003; 강주현, 2011). 정당은 대중의 지지와 관심을 획득하기 위해 새로운 문제를 이슈화하고, 다른 정당과의 정책적 연합을 하기도 한다. 이 과정에서 정당의 정책적 입장이 형성되고, 제도권 내에서 정책을 변화시키기까지 한다.

정당은 서로 다른 정책적 입장을 제공하거나 서로 다른 이슈들을 강조하면서 경쟁한다. 대체로 정당은 다수의 유권자들이 효과적인 문제 해결자이자 적임자라고 간주된 이슈에 대해 소유권을 지닌다. 이슈 소유권(issue ownership)을 지닌 정당들 간 경쟁은 서로 다른 주제들에 대해 주의를 집중시킨다. 예를 들어, 보수 정당은 법과 질서, 안보와 관련된 이슈들을, 진보 정당은 사회 정의, 복지, 교육 관련 이슈들을 선점하거나 부각시킨다.[1] 그러나 정당들은 그들이 소유한 이슈들을 강조할 뿐만 아니라 이슈 윤곽에 있어서는 상당히 중복된다. 이러한 중복의 이유는 정당들이 그들이 선호하는 어떠한 이슈를 강조할 것인가를 자유롭게 결정할 수 없기 때문이다.

때로 특정 문제에 대해 이슈 소유권을 지닌 정당이 부재하거나 '새로운' 이슈가 등장했을 때 신생 정당 혹은 틈새 정당이 등장할 수 있다.[2] 틈새 정당은 새로운 정책 이슈를 제기함으로써 기존의 정당 체계를 전복시킬 수 있다. 틈새 정당은 새로운 이슈를 어젠다에 올려놓고, 이슈 현저성(issue salience)을 상승시킴으로써 이슈 기업가(entrepreneur)로 기능하고, 기존 정당들로 하여금 그에 맞게 행위를 적응시키도록 압력을 가하기도 한다. 틈새 정당이 등장하는 경우, 기존 정당들은 협소한 이슈 호소를 넘어 정책 입장을 전환시키거나 적응하거나 반대 전략을 채택하면서 상호작용하게

1 이슈 소유권 이론에서는 정당들은 그들이 '소유한(평판 이점을 지닌)' 이슈들만 강조할 뿐이고 그들 상대 정당의 이슈는 무시한다고 가정한다. 대부분의 정당은 역량(competence)이 있다고 간주되는 이슈들을 선별적으로 강조하는 데는 참여하지만, 이러한 이익이 없는 이슈는 회피한다는 것이다. 그러나 최근의 연구에 의하면 정당 경쟁에서 상당한 정도의 이슈 중복이 존재한다고 한다.

2 틈새 정당(niche party)이란 전통적인 계급 기반 정치 정향을 거부하고, 새로울 뿐만 아니라 기존 정치 구분 노선에 부합하지 않는 새로운 이슈들을 제기하며 그들의 이슈 호소를 제한함으로써 스스로를 차별화하는 정당을 의미한다. 틈새 정당은 단일 이슈 혹은 좁은 범위의 이슈를 추진하는 본질적인 이슈 소유자이며, 일반적으로 다른 정당들의 이슈 어젠다에는 반응하지 않는다.

된다. 예를 들어, 서구 유럽의 녹색 정당은 기존 정당들로 하여금 환경 이슈를 강조하도록 하거나 입장을 전환시키는 데 영향력을 행사했다.

두 번째로, 정당의 정책 기능은 유권자 지지 결집의 차원에서 논의될 수 있다. 유권자가 정책을 고려해 투표에 임하는 경우, 자신과 정책적 혹은 이념적 입장이 가장 가까운 후보자(proximity model)를 지지하거나, 정당이나 후보자와 자신의 정책적 입장이 같은 방향이나 영역에 있을 경우(directional model) 지지하게 된다는 것이 그 내용이다.

그러나 현실적으로 유권자의 투표 선택에는 다양한 요인이 작용한다. 유권자는 정책 외에도 정당, 인물, 지역 요인도 고려한다. 일반적으로 정당이나 지역은 변화가 어렵고 지속적이지만, 정책은 단기적이고 변화가 가능하기 때문에 유권자 선택 여부에 크게 작용하지 않는다고 보는 경향이 있다. 그러나 정책은 개별 후보자에 비해서는 상대적으로 오랫동안 지속되기 때문에 유권자들이 더 잘 인식하고 있기도 하다. 그뿐만 아니라 사람이 사물을 인지할 때 개별적으로가 아니라 이들이 가지고 있는 공통성에 기초해서 그룹화(categorization)해 사고할 수도 있기 때문에, 정책 투표 역시 유권자의 선호를 결정하는 요인으로 볼 수 있다.

선거 기간에는 다양한 정책 쟁점들이 나타난다. 후보자들은 다양한 이슈들(예를 들어 4대강, 복지 확대, 보안법 폐지 등)에 대한 자신의 입장을 표명하고, 유권자들은 자신의 견해와 일치하는 후보자나 정당을 선택할 수 있다. 선거 기간에 후보자 간 중요 쟁점이 된 이슈가 '쉬운 이슈(easy issue)'인 경우, 유권자는 정책 투표를 할 가능성이 높아진다. 또한 유권자는 정책의 내용뿐만 아니라 정책 수행 능력 혹은 정책 수행 결과에 근거해 후보자를 결정하기도 한다. 현 집권 정당의 정책 수행 능력이나 업적에 대해 긍정적인 평가를 내리는 유권자는 그 정당이 집권하게 되면 좋은 성과를 보일 것이라는 기대 아래 그 정당이나 정당 소속 후보를 선택하기도 하고(회고적 투표), 각 후보가 제시하는 해결책을 평가해 더욱 나은 후보자에게 투표하기도 한다(전망적 투표). 혹은 경제 상황에 따라 전체 경제 상황 혹은 자신의 경제적 상황이 좋으면 집권당에 투표하고, 반대로 경제 상황이 안 좋으면 반대당에 투표하기도 한다(김욱, 2012).

2) 정당과 에너지 정책

그렇다면 정당은 에너지 정책에 대해 어떠한 입장을 나타내는가? 혹은 정당은 에너지 정책 변화에 있어 어떤 영향력을 지니는가? 에너지 정책은 복지, 경제, 안보 등 다른 정책 분야들과는 정책 특성상 차이를 보인다. 이슈에는 대립 이슈(position issue)와 합의 이슈(valence issue)가 존재한다. 대립 이슈는 유권자마다 상이한 선호를 지니는 데 대한 일련의 대안들로 특징지어지는 찬반이 나뉘는 이슈이며, 합의 이슈는 유권자들이 대체로 비슷한 의견을 지니는 이슈이다. 정당들은 합의 이슈에 대한 역량을 놓고 경쟁하게 된다. 전자의 대표적 사례는 이민 이슈이고, 후자의 대표적 사례는 환경 이슈이다. 에너지 이슈의 경우, 대체로 합의 이슈의 특징을 보이지만, 원자력과 관련해서는 대립 이슈의 양상을 보인다.

일반적으로 에너지 정책에 대해서는 정당 간 차별성이 존재한다. 대부분 이념에 따라, 즉 보수 정당 혹은 진보 정당에 따라 에너지 정책에 대한 선호가 다르다. 일반적으로 보수 정당은 친기업적이고, 현상 유지(원전 유지)의 입장을 나타내는 반면, 진보 정당은 환경 친화적인, 탈원전의 입장을 보인다. 재생에너지 이용에 대해서는 보수 정당과 진보 정당 대부분이 확대해야 된다는 입장이다. 이슈 연계 차원에서도 보수 정당과 진보 정당의 차이가 나타나는데, 예를 들어 미국 공화당은 에너지 정책을 경제 및 안보 정책과 밀접하게 연관해 다루는 반면, 민주당의 에너지 정책은 친환경 정책 및 환경 규제와 연관성이 높은 편이다.

3. 해외 정당과 에너지 전환 정책 사례

정당 노선에 따라 에너지 정책에 대한 입장의 차이가 존재하기 때문에 정권을 획득한 집권당이 누구인가에 따라 에너지 정책 노선은 변화했다. 또한 관심을 집중시키는 사건이 발생한 경우에도 정책 전환이 이루어지기도 했다. 독일은 에너지 전환(Energiewende)의 선도적인 사례로서, 녹색당(Die Grünen)의 등장, 사회민주당(Sozialdemokratische Partei Deutschlands, 이하 사민당)과 녹색당의 연립정부가 정책 형성에 결정적 영향을 미쳤다. 일본은 후쿠시마 원전 사고를 겪으면서 탈원전으로 정책 방향을 전환하는 듯 했지만, 자민당 집권 이후 원전 유지로 선회했다.

1) 독일의 에너지 전환 정책과 정당의 영향력

독일의 에너지 전환 정책은 독일만의 '특수한 길(Sonderweg)'[3]이자 실험의 장으로 평가받는다. 독일 연방정부의 에너지 전환 정책은 사회적 시장경제와 더불어 지속가능한 발전이라는 경제 정책의 핵심 목표하에서 추진되었다. 지속가능한 발전 목표에는 에너지 전환뿐만 아니라 친환경 정책도 포함된다. 독일의 에너지 전환은 다수의 정당들이 오랜 기간 정책 결

3 독일의 '특수한 길'은 제2차 세계대전 이후 전개된 현대 정치 진행 과정에서 두드러진, 특수한 독일 모델을 의미한다. 독일의 특수한 길에는 복지 제도, 노사 관계, 환경 정책, 정당 및 선거 제도, 교육 제도 및 통일 방식 등이 포함되며, 이에 대한 논의는 다각도에서 동시적으로 이루어졌다(김면회, 2014).

정 과정에 영향을 미치면서 이루어졌다.

1980년대까지 독일의 에너지 정책은 기본적으로 높은 해외 의존도와 화석연료 중심의 에너지원 활용을 중심으로 이루어졌다. 그런데 1990년대 말 환경을 전면에 내세운 녹색당이 사민당과 연립정부를 구성하면서 에너지 정책이 변화하기 시작했다. 이후 독일 에너지 정책의 결정 과정과 내용은 정당정치 전개의 반영물이라고 할 수 있다(김면회, 2014).

독일의 에너지 정책은 사민당과 녹색당의 적녹 연정 이후 연립정부 참여 세력에 따라 다음의 과정을 거치며 변화했다(김면회, 2014). 첫째는 1998년부터 2005년까지 사민당과 녹색당의 연립정부 시기이다. 1999년 3월에는 '전기세법', 2000년 '재생에너지법', 2002년 '원자력발전폐지법'이 연방하원에서 입법화되었다. 이 시기 기독교민주연합(Christlich-Demokratische Union Deutschlands, 이하 기민련)과 경제 정책에 관한 한 친기업적인 입장을 초지일관해온 자유민주당(Freie Demokratische Partei, 이하 자민당)은 이에 대해 반대 입장을 견지했다. 둘째는 2005년부터 2009년까지의 기민련과 사민당의 대연정 시기이다. 이 시기에도 사민당의 영향력이 지속되면서 이전의 기조가 그대로 유지되었다. 셋째, 2009년부터 2013년 기민련과 자민당이 연합정부에 참여했던 시기로, 이 시기에는 자민당이 연립정부 파트너로 참여함에 따라 산업계의 의견을 반영해 에너지 정책의 기조 변화를 시도했다. 기민련, 기독교사회연합(Christlich-Soziale Union, 이하 기사연), 자민당의 연정 합의문에는 재생에너지에 의해 전력 수요가 안정적으로 확보될 때까지 원전을 과도기적 기술로 분류하고, 에너지 가격을 안정적으로 유지하기 위해 국내 원전의 가동 연한을 연장한다는 내용을 포함시켰다.

그런데 2011년 3월 일본 후쿠시마 원전 사고가 발생하자 앙겔라 메르켈(Angela Merkel) 총리는 에너지 정책의 전환을 발표했다. 메르켈 정부는 2011년 6월 30일 노후한 원전 8개의 즉각적 폐쇄, 2022년까지 나머지 원전의 단계적 폐쇄를 선언했다. 이는 기민련-자민당 연립정부의 초기 정책 내용과는 다른 것이었다. 이 정책은 연방의회에서 과반이 넘는 압도적인 동의(전체 622표 중 513표 찬성)로 입법화되기에 이르렀다. 이러한 독일의 에너지 전환은 에너지 정책에 있어 실질적 전환점이 되었다고 할 수 있다.

2011년 독일의 에너지 전환 정책은 전통 화석에너지 중심의 에너지 수급 구조에서 탈피해 환경 친화적이고 경제적인 에너지 수급 구조로의 전환을 주요 내용으로 하고 있다. 여기에는 탈핵 방향이 명시된 '원자력법'을 비롯해, 남북 전력망 연계를 추진하는 '전력망확대촉진법', 신·재생에너지원 확대의 '신·재생에너지법', 기후변화 대응을 위한 '에너지기후변화기금법'이 패키지로 포함되었다.

2013년 기민·기사당과 사민당 연립정부는 에너지 정책을 지속가능한 발전을 위한 핵심 정책 분야로 선정했다. 연립정부는 연방기술경제부를 연방에너지경제부로 개편하고, 사민당의 당수인 지그마어 가브리엘(Sigmar Gabriel)을 부총리 겸 연방에너지경제부(Bundesministerium für Wirtschaft und Energie)의 장관으로 임명했다(정연미, 2016).

독일의 에너지 전환 정책은 친환경을 내세운 녹색당이 정치 제도화되어 의석을 획득하고, 1990년대 사민당과 연립정부를 구성하면서부터 정책 방향과 노선이 설정되었다. 후쿠시마 원전 사고 이후 원전 유지 입장을 유지하던 정당들의 정책 입장이 변화했고, 메르켈 총리의 정치적 결단이 더해지면서 에너지 전환 입법에까지 이르게 되었다.

2) 일본 원전 정책과 정당

일본의 자민당 일당 우위 시기부터 원자력연합체는 정치에 강력하고 지속적인 영향력을 행사했다. 사회당 등 일부 정당과 시민사회 단체가 원전

반대 입장을 보였지만, 영향력을 발휘하지 못했다. 1993년 자민당의 55년 체제 붕괴 이후에도, 원전을 통한 에너지 공급은 지속되었다. 2011년 후쿠시마 원전 사고 이후, 민주당 정부는 탈원전 지지 여론에 따라 에너지 전환 및 탈원전 정책을 추진했지만, 선거에서 실패 후 자민당 정부가 들어서자 다시 원전 재가동으로 입장을 전환했다.

일본의 원전 사고에도 불구하고 원전 재가동 결정이 이루어질 수 있었던 것은 원자력 안전 신화와 여기에 영향을 미친 원자력연합체로부터 비롯되었다. 원자력 안전 신화는 원자력 개발 초기, 정책 담당자와 전력 회사가 발전소 설치 지역 설득을 위해 원자력 안전을 강조하면서 시작되었고, 이 과정이 반복됨에 따라 안전 신화의 관념이 공유될 수 있었다. 원자력위원회 및 종합자원에너지조사회, 원자력 발전소를 보유한 전력 회사, 경산성, 자원에너지청, 일부 미디어 등으로 구성된 원자력연합체는 이러한 관념을 확산하고 정책과 법제화로 연계시키는 역할을 했다. 그러나 일본에서 원자력 발전에 대한 반대 운동이 없었던 것은 아니었다. 히로시카 원폭과 나가사키 원폭을 경험한 일본 국민에게 원자력 발전은 수용하기 어려운 것이었고, 반대 운동을 통해 원자력 발전의 확대를 일정 정도 억제하기도 했다. 그러나 원자력연합체는 일본 내 원자력에 대한 안전 신화를 유지하면서 지속적인 영향력을 행사했다.[4]

1980년대 말까지 원자력찬성연합은 산업계 발전 기조에 기반을 두고 개별 이익 추구뿐만 아니라 원자력 관련 국책 산업과의 협력을 통해 특수 이익 관계를 형성했다. 원자력찬성연합은 자민당의 폭넓은 지지층과 결

---

4 원자력연합체가 영향력을 행사하는 방식은 첫째, 전력 회사가 직접 정치에 영향력 발휘, 둘째, 관료와의 관계성 강화, 셋째, 전력 회사 관계자의 정부의 정책 결정 직접 관여, 넷째, 미디어를 통한 찬성 여론 형성, 다섯째, 학자를 이용해 원자력 추진에 학문적 권위 부여 등을 통해 이루어졌다(진창수, 2013).

〈표 8-1〉 1990년대 일본 원자력을 둘러싼 입장 차이

세력	주요 참여자	입장
재정합리화와 업계 보호 세력	자민당, 전기사업연합회, 금융기관, 민주당 보수파, 경제산업성, 중전기 및 원자력 산업, 핵연료기구	추진 (일부 축소)
전후 민주주의 세력 (자치, 환경)	민주당좌파, 공산당, 사민당, 변호사, 노조 일부, 시민운동, NGO, 주민투표운동, 현지사	반대, 신중
수익 세력 (특수 이익)	전력총연합, 민주당족의원, 건설 업계, 자민당족의원, 자치체, 공명당	추진

자료: 진창수(2013: 23).

부되어 있었기 때문에 반대 세력의 저항이 있더라도 원자력 추진에는 큰 영향을 미치지 못했다. 원자력연합체는 자민당의 다수파를 배경으로 전력 업계와 공공사업에 기반을 둔 원자력 발전 추진 법제화를 이루고자 했다. 자민당 정권은 원자력 발전소 입지를 받아들이는 지자체의 이익을 유도하기 위한 '원자력 발전 특별법'과 국책 사업으로서 원자력 정책에 지자체가 협력해야 한다는 골자를 담은 '에너지기본법'을 추진했다. 당시 사민당과 공산당만이 원자력 관련 법안에 비판적이었지만, 반대 연합은 소수에 불과했고, 영향력을 발휘하지 못했다.

1993년 자민당의 과반수 의석 획득 실패와 사회당의 참패로 55년 체제가 붕괴함에 따라 일본 정치 지형이 변화했다. 오자와 이치로의 탈당으로 38년간 유지된 자민당 일당 우위 체제가 붕괴되었고, 자민당의 정치적 입장이 기존의 보수로부터 신보수주의적 정치 이념을 표방하는 방향으로 변화했다. 정당 지지 세력이 분화되고 변화함에 따라, 원자력을 둘러싼 이해관계도 변화했다. 부실채권의 합리화를 촉구하는 '재정 합리화와 업계 보호 세력', 원자력 발전을 통해 이익 유도를 지속하고자 하는 '수익 세력', 그리고 자치와 환경 중시하고 원자력에 비판적인 '전후 민주주의' 세력으

로 분화되었다(진창수, 2013).

그러나 원전 반대 세력은 소수에 불과했다. 1990년대 전 세계적으로 기후변화 이슈가 쟁점으로 대두되었을 때 일본 정부는 온실가스 배출량 감축을 위한 원자력에너지 사용 확대의 필요성을 주장했다. 에너지 생산 과정에서 화석연료와는 달리 원자력은 이산화탄소를 배출하지 않는다는 이유였다. 2009년 제45회 중의원 총선에서 민주당은 온실가스를 2020년까지 1990년 대비 25% 삭감하기 위해 원전 추가 건설이 공약으로 제시되었다.

그런데 2011년 후쿠시마 원전 사고가 발생한 이후 정치 세력의 역학 관계와 에너지 정책에 변화가 나타났다. 사고 이후 일본에서 시민들의 탈핵 운동이 심화되었고, 탈핵을 원하는 시민들의 요구가 증가했다. 이에 따라 2011년 5월 민주당 간 나오토 정부는 에너지 기본 계획을 재검토하겠다는 방침을 발표했고, 탈원전 정책으로 전환하겠다는 의지를 밝히면서 하마오카 원자력 발전소를 정지하도록 요청했다. 이어 원자력 의존도 축소 계획과 태양광·풍력 등 재생가능한 자연에너지에 중점을 두는 에너지 전환 방안도 발표했다. 이후 간 나오토 수상은 "일본은 원자력 발전에 의존하지 않는 사회를 지향해야 하며, 계획적, 단계적으로 원자력 발전 의존도를 낮추고 원자력 발전 없이도 에너지 공급이 가능한 사회를 실현"해야 한다는 입장을 밝혔다. 그러나 간 나오토 수상의 탈핵 정책 방향에 대해 경제계와 자민당뿐만 아니라 민주당 내에서도 반론이 제기되었다. 반대 세력은 재생가능에너지 비중을 늘려가는 방향은 맞지만, 향후에도 원자력이 주요 전력원이 되어야 하고, 원자력 발전소 건설 방침이 견지되어야 한다고 주장했다. 탈원자력으로 인한 경제적 비용 증가, 재생가능 에너지의 실효성이 이유로 제시되었다.

간 나오토 수상 이후 노다 요시히코 정권은 원전 재가동과 탈원전 사이에서 명확한 입장을 제시하지 않았고, '조건부 탈원전'을 표방하면서 여론의 반대를 불러일으켰다. 2012년 '원자력기본법'에 '원자력 이용은 국가의 안전 보장에 이바지한다'는 문구를 넣어 여론이 악화되자, 에너지·환경 전략을 통해 2030년까지 원전 의존도 제로로 하겠다는 정책을 발표했다. 노다 정권의 일관성 없는 원전 정책에 따라 지지도는 떨어졌다.

반면 야당으로 전락했던 자민당은 후쿠시마 원전 사고 이후에도 일본이 처한 에너지 수급 상황을 고려하면서 탈원전에 신중한 입장을 취했다. 자민당은 원전 가동이 중단됨에 따라 발생하는 전력 부족을 메우기 위해 석유, LNG를 수입할 수밖에 없는데 이는 자원의 해외 의존도를 높이는 역효과를 초래할 것이라고 주장했다.

민주당 정부에 대한 지지가 떨어지면서, 2012년 중의원 선거, 2013년 참의원 선거 모두에서 자민당이 승리해 다수당이 되었다. 아베 정부는 안정성 확보를 통한 원전 가동을 제시하면서, 원자력이 에너지 수급 구조의 안정성에 기여한다는 이유로 에너지 기본 계획을 통과시켰다. 또한 원전 에너지 생산 비율을 2030년까지 20~22%까지 끌어올린다는 목표도 제시했다. 민주당, 공명당 등 야당은 원전 제로와 에너지 전환 정책의 필요성을 주장하고, 여론 역시 탈원전을 지지하지만, 아베 정권은 원전 재가동 입장을 유지하고 있다.

일본의 에너지 전환 정책은 어느 정당이 정권을 획득하는가에 따라 변화했다. 일본의 후쿠시마 원전 사고는 당시의 민주당 정부가 원전 및 에너지 전환 정책 개혁을 시도하는 데 영향을 미쳤다. 그러나 2012년 정권을 재탈환한 자민당 정부는 원자력연합체와 연계하면서 안정성이 근간이 된 원자력 발전의 유지 입장을 지속하고 있다.

4. 한국 정당과 에너지 정책

한국 정당은 지역주의에 기반의 인물 중심 정당체제하에서 차별성 있는 정당 정책을 발전시키지 못했다. 각 정당의 정책 입장이 있을지라도, 그동안 정치적 협상에 따라 정당 연합이 형성되었기 때문에 정책 실패에 대한 책임을 묻는 것도 쉽지 않았다. 특히 한국 정당 체제에서 정당이 대표하는 사회 균열의 범위와 기반은 협소한 반면, 정당 간 갈등의 강도는 강한 편이다. 갈등의 범위가 좁기 때문에 정당의 이념적 기반이 유사한 조건에서 정당 간 차이를 만들어낼 수 없었다. 따라서 정당 정책만을 보고 어느 정당의 정책인지를 알아맞히는 것은 쉽지 않을 정도로 정책적 차별성이 두드러지지 않는다.

그러나 한국 정당 간 정책 차별성이 전혀 없는 것은 아니다. 대북 정책 등 안보 이슈, FTA, 4대강 사업과 같은 경제 이슈 등에서 정당은 차별화된 입장을 보였다. 이는 진보와 보수의 이념 균열과도 연결된다.

1) 선거 과정 정당의 에너지 공약의 변화

선거 과정에서 정책 선거가 가능하려면 정당 혹은 후보자 간 정책과 이슈 입장에 있어 차별성이 존재하며, 유권자들은 이를 인지한다는 조건이 성립해야 한다. 각 정당은 차별적인 정책 입장을 견지하고 유권자에게 제시해야 하며, 유권자는 이슈에 관해 선호를 형성하고 정당의 입장을 인지함으로써 정책 선거가 가능해진다. 한국 선거 과정에서 정당들은 어떠한 에너지 공약을 제시했고, 차별성이 존재하는가?[5]

---

5 각 정당들이 선관위에 제출한 10대 공약집을 비롯해 각 정당이 시민단체, 언론 질의서에 응

(1) 2007년 17대 대선

2007년 대선 과정에서 에너지 이슈는 쟁점화되지 못했는데, 이는 각 정당의 공약에도 나타났다. 당시 주요 정당이었던 한나라당과 통합민주당의 공약에서는 에너지, 환경 등의 문제를 우선순위로 다루지 않았다.

한나라당(이명박 후보)의 경우, 교육·환경 분야 공약의 과학기술 강국 건설 목표의 프로젝트 중 하나로 '신에너지 기술 개발로 에너지 자립국 실현'을 내세웠다. 안전하고 지속가능한 환경 복지 국가 실현 목표의 상세 내용 중 바이오 신·재생에너지, 대체에너지 개발 촉진을 제시했다. 또한 외교·안보 분야 공약의 하나로 자원 외교 강화, 에너지 실크로드 개척 등 국가 간 에너지 협력 벨트 구축도 내세웠다.

통합민주당(정동영 후보)의 경우, 일자리 공약의 신성장동력산업, 강한 중소기업 육성을 통해 일하고 싶은 모든 국민에게 일자리를 제공 목표 중 상세 내용으로 '신·재생에너지 적극 육성'을 제시했다. 교육·환경 분야 공약의 환경 친화적 발전 추구 및 지역민 삶의 질 제고 목표 중 실현 방안으로 '포스트 탄소 경제 시대를 견인할 신재생·대체에너지 개발 촉진과 이용률 제고'도 제시했다.

두 주요 정당이 에너지, 환경 정책을 주요 공약으로 다루지 않았던 반면, 소수 정당인 민주노동당은 환경 정책을 정당의 주요 정책 공약으로 제시하면서 구체적인 방안까지 제시했다. 특히 민주노동당은 에너지 이슈를 기후변화 및 에너지 안보와 연계했고, 신·재생에너지 이슈의 경우에는 일자리 창출과 연계시켰다.[6]

답한 답변서 등을 종합·정리했다.

6 민주노동당은 경제·민생 분야 공약의 '성장 산업 육성과 비정규직의 정규직 전환을 통해 1000만 고용 안정' 상세 내용 중 "한국 경제의 신성장 동력으로서 재생가능에너지 산업, 환경 관련 업종, 부품 소재 산업 등을 집중 육성해 일자리를 창출"하겠다는 방안을 제시했다.

(2) 2012년 19대 총선

19대 총선은 2011년 일본 후쿠시마 원전 사고 이후 치러졌다. 원전 폐쇄, 방사능 안전 등이 사회적으로 쟁점화되었지만, 선거 과정에서는 이슈 현저성이 두드러지지 않았다. '원전 건설 계속 추진'에 대해서 새누리당은 안전 중심에 신중한 접근을, 자유선진당은 조건부 찬성 의견을 제시한 반면 민주통합당과 통합진보당은 반대 의견을 나타냈다.

각 정당의 10대 주요 공약에서 민주통합당은 8번째 공약으로 '신성장동력 육성'을 제시했고, '신·재생에너지 개발 및 보급 확대'라는 목표를 설정했다. 반면 새누리당과 자유선진당의 10대 공약에서는 에너지·환경 정책이 제시되지 않았다. 소수 정당인 진보신당과 통합진보당은 오히려 원전과 에너지 정책을 우선순위로 다루었다. 특히 진보신당은 10대 공약 중 첫 번째로 '탈핵 2030! 한국사회의 정의로운 에너지 전환'을 내세웠다. 세부 추진 방안으로 탈핵 2030 시나리오 실현, 에너지 절약·효율화를 위한 목표치 설정과 제도 도입, 재생에너지 대폭 확대 및 에너지 산업의 정의로운 전환, 남북 비핵 평화 에너지 협력, 동아시아의 탈핵 연대 협력을 제시했다. 통합진보당 역시 10대 기본 정책 중 10번째로 '2030 핵발전소 폐쇄, 에너지 전환'을 제시했다. 여기에는 2012년 탈핵 원년, 2040년까지 모든 핵발전소 폐쇄, 저소득층 에너지 복지 실현과 녹색 일자리 확대, 재생에너지 확대로 에너지 전환 혁명 등의 내용이 포함되었다.

또한 교육·환경 분야 공약으로는 기후변화 위기에 대응해 온실가스를 20% 감축하고, 재생에너지 사용을 20% 높인다는 목표 중 핵심 내용으로 "기후변화 위기와 석유 고갈에 대비해 … 전력 소비의 20% 감축, 전력의 20%를 재생에너지로 대체", "기후변화 문제 제기", "에너지 수요 관리 및 재생가능에너지 중심의 에너지 정책으로 일대 전환 필요성", "지속적으로 증가하고 있는 에너지 소비를 절대적으로 줄임과 동시에 재생가능에너지 사용 비중을 높이기 위해 … 전력 소비 감축", "전력의 20%를 재생에너지로 대체", "기후변화와 에너지 안보를 동시에 달성" 등을 상세하게 제시했다.

19대 총선에서는 에너지와 환경 이슈를 공약의 최우선 순위로 다루는 녹색당이 최초로 정치 제도화되었다. 특히 한국 녹색당은 후쿠시마 원전 사고라는 관심이 집중되는 사건(focusing event)을 선거 쟁점화하는 전략을 추구했다. 녹색당은 공약 첫 번째로 '탈핵과 에너지 전환', 두 번째로 '탈토건 사회로의 전환'을 제시했다. 첫 번째 공약의 목표로 2030 탈핵, 2050 탈석유 사회로의 정의로운 전환을 위해 에너지 수요 감축, 온실가스 저감 방안과 재생에너지 전환 등 구체적 방안도 제시했다.

(3) 2012년 18대 대선

18대 대선 과정에서 주요 정당 후보자들은 당시 이명박 정부의 에너지 정책과는 차별화된 정책을 제시했다. 우선 새누리당(박근혜 후보)은 국민 안전을 공약의 우선순위로 설정하면서, 안전의 맥락에서 원자력과 에너지 정책을 제시했다. 새누리당의 에너지 절약과 스마트그리드 등을 통한 전력 소비 감소, 다양한 국내외 에너지 자원의 확보 및 개발 지원 정책은 에너지 전환에 적합한 것이었지만, 탈원전에 대해서는 원자력 발전을 지속하려면 안전에 대한 국민의 신뢰가 선행되어야 한다는 신중한 입장을 나타냈으며, 구체적인 목표를 제시하지는 않았다.

반면 민주통합당(문재인 후보)은 탈원전 정책을 분명히 표방했고, 신·재생에너지 목표치도 구체적으로 제시했다. 에너지 수요 관리와 신·재생에너지 보급 확대를 통해 탈원전으로 인한 에너지 부족을 보충하겠다는 방안도 수립했다. 또한 민주통합당은 분산형 전력 생산 및 공급을 위해 지역 단위 소규모 생산과 소비가 가능하도록 발전차액지원제(Feed-In-Tariff: FIT)를 재도입할 것도 공약했다.

(4) 2016년 20대 총선

20대 총선 과정에서 각 정당들은 원자력, 신·재생에너지와 관련해 다수의 공약을 제시했다. 원전 문제에 있어 더불어민주당과 정의당이 탈원전을 주장하는 입장이었다면, 새누리당은 폐지 계획이 없었고, 국민의당은 정책 입장이 불분명했다.

새누리당은 원전 관련 문제에 있어 안전 정보 공개, 원전 해체 대응 체계 구축, 핵폐기물 안전 관리를 위한 제도 정비 등 일부 안전 관련 정책만 제시했고, 노후 원전 수명 연장 금지 제안에 대해 계속 운전을 원칙적으로 금지하거나 주민 투표를 의무화하는 것은 바람직하지 않다는 입장을 보였다. 또한 새누리당은 기후변화 대응과 재생에너지 확대를 신산업동력 활성화 정책으로 제시하기도 했다.

더불어민주당은 지속가능한 발전과 미래성장동력 확충 목표 중 세부 공약으로 '2035년까지 에너지 공급 중 신·재생에너지 비율 20% 확대', '신·재생에너지 확대를 위해 의무할당제도(Renewable Portfolio Standard: RPS)를 FIT와 병행 추진', '생활폐기물 수거', '광역자치단체로 처리 방식 일원화' 등을 제시했다. 새누리당과는 다르게 탈핵에 찬성하면서, 중장기적으로 탈핵에너지 전환으로 나아갈 로드맵과 기본 계획을 수립하는 것이 바람직하다는 입장을 보였다. 노후 원전 수명 연장 금지에 대해서는 노후 원전 안전 폐로에 찬성했고, 연장 가동이 불가피할 경우 지역 주민들의 의사결정 참여보장제도 강화도 주장했다. 또한 더불어민주당은 재생에너지 비중을 2035년까지 20%로 끌어올린다는 구체적인 목표를 제시했다.

국민의당은 경제 공약의 미래형 신성장 산업 육성 목표의 이행 방법으로 생명과학, 에너지, 신소재 산업 등에 대한 육성과 집중 투자를 제시했지만 구체적인 방안은 존재하지 않았다. 한편 소수 정당인 정의당과 녹색당은 구체적이고 발전된 형태의 에너지·환경 공약을 개발했다. 정의당은

"한국 탈핵 2040과 국토 환경 보존, 생명 존중 안전 사회"를 목표로 원전을 점진적으로 축소해 2040년 완전 폐쇄하고 전환 수단으로 OECD, 독일 수준의 에너지 이용 효율화와 재생에너지 확대를 통한 신성장동력 확보를 제시했다. 또한 선진국 수준의 에너지 수요 관리, 재생에너지 확대, 핵 재처리 금지 등 구체적 방안과 로드맵도 제시했다. 기후변화와 관련해 기후적응법과 기후정의세를 도입하고, 산업용 전기 요금 인상도 공약했다. 녹색당은 19대 총선에 이어 "탈핵에너지 전환과 기후 보호"를 제1공약으로 내세웠다. 원전과 관련해서는 노후 핵발전소 가동 중지와 신규 핵발전소 건설 중지를 제시했고, 에너지 전환과 관련해서는 재생에너지 확대 등 에너지원의 변화도 중요하지만 에너지 생산과 소비, 이와 연관된 지역 및 공간의 변화, 에너지 설비의 소유, 운영, 관리 주체의 변화까지 포함시키는 종합적인 전환의 필요성을 제기했다. 특히 녹색당은 에너지 전환, 경제민주화, 지역 균형 발전을 포괄하는 용어로 '경제녹색화'라는 개념도 제시했다.

(5) 2017년 19대 대선

19대 대선에서 각 정당과 후보자들은 원전, 재생에너지, 에너지 수요 및 세제와 관련해 다수의 공약을 제시했다. 대체로 모든 주요 정당들은 에너지 전환으로의 시대 변화를 공약에 반영했지만, 정도, 방식, 속도에 있어서는 차이를 보였다. 더불어민주당, 국민의당, 바른정당, 정의당과 후보자가 탈원전, 재생에너지 비중 등에서 유사한 방향의 공약을 제시했던 반면, 자유한국당은 유보적이고 소극적인 입장을 보였다.

더불어민주당(문재인 후보)은 원전과 관련해 신규 원전 건설 백지화, 노후 원전 수명 연장 금지, 40년 후 원전 제로 국가의 탈원전 로드맵을 마련하는 공약을 제시했다. 재생에너지 관련 2030년까지 재생에너지 전력 생산 비율 20% 목표를 제시하면서, 일자리 창출 효과가 있는 재생에너지 투자 여건을 조성하는 등 산업 육성도 고려했다. 기후변화 대응으로 배출권 거래제 정상화 등 실효성 있는 기후 정책 추진을 내세웠다.

한편 자유한국당(홍준표 후보)은 구체적인 에너지 공약을 제시하지 않았다. 원전 문제의 경우, 장기적으로는 노후 원전 폐쇄 방향으로 진행되어야 하지만 신고리 5·6호기는 지질 조사 등 안전성 여부가 조사된 이후 결과를 반영해 결정하거나 국민 안전을 검토해 수명 연장을 결정해야 한다고 주장했다. 자유한국당은 재생에너지 비율 목표, 산업 육성 방안, 에너지 수요 관리 및 세제 개편에 있어 공약을 제시하지 않았다.

국민의당(안철수 후보)은 원전 관련 신규 원전 건설 백지화, 원전 수명 연장 금지를 내세웠고, 재생에너지 관련 2030년 신·재생에너지 전력 생산 비율 20% 목표와 신·재생에너지 R&D 투자 확대, 에너지 산업 클러스터 조성 등을 제시했다. 바른정당(유승민 후보)은 더불어민주당, 국민의당의 에너지 공약과 유사한 정책을 다수 제시했다. 그러나 원전 관련 공약에 있어서는 신규 원전 건설 백지화보다는 재검토, 위험 지역 원전 밀집도 단계적 감축 등 원전에 대한 실현 가능한 대안을 고려한 점진적 에너지 전환 계획을 제시했다.

이전 총선에서와 마찬가지로 정의당은 가장 구체적이고 적극적인 에너지 전환 공약을 제시했다. 신규 원전 운영 허가 중단, 건설 백지화뿐만 아니라 '탈핵에너지전환특별법' 제정, 2040 탈핵목표연도에 대한 국민투표 실시까지 진전시켰다. 재생에너지의 경우에도, 2040년까지 재생에너지 비율 40%로 가장 높은 목표치를 제시했다.

2) 한국 정당 에너지 정책의 연속성과 차별성

한국 선거 과정에서는 대체로 에너지 정책이 유권자의 선택을 가르는

〈표 8-2〉 대통령 선거와 국회의원 선거에서 나타난 주요 정당의 에너지 공약 비교

	17대 대선(2007)		18대 대선(2012)		19대 대선(2017)	
	한나라당	통합민주당	새누리당	민주통합당	자유한국당	더불어민주당
원전	-	-	원자력 안전 선행, 발전 지속	탈원전	안전성 여부에 따라 결정	신규 원전 건설 백지화, 노후 원전 수명 연장 금지 40년 후 원전 제로 국가
에너지	신에너지 기술 개발로 에너지 자립국 실현	신·재생에너지 육성 포스트 탄소 경제 시대	다양한 에너지원 확보 및 개발 지원	에너지 수요 관리 신·재생에너지 보급 확대	재생에너지 관련 일부 제도 개선	2030년 재생에너지 전력 생산 비율 20%
	19대 총선(2012)			20대 총선(2016)		
	새누리당	민주통합당	통합진보당	새누리당	더불어민주당	정의당
원전	-	-	탈핵, 정의로운 에너지 전환 제시	원자력 역할 여전히 필요	탈핵 에너지 전환 로드맵	탈핵에너지 전환법 제정
에너지	-	신·재생에너지 개발 및 보급 확대	재생에너지 확대를 통한 에너지 전환	재생에너지 확대	신·재생에너지 비율 확대	OECD 수준 에너지 이용 효율화

쟁점으로 등장하지는 않았다. 2011년 후쿠시마 원전 사고 이전까지 정당이나 후보자는 에너지 정책 공약을 거의 제시하지도 않았다. 2011년 후쿠시마 원전사고, 2017년 신고리원전 건설 관련 논쟁을 거치면서 에너지 전환 이슈의 가시성이 상승함에 따라 에너지 정책에 대한 정당 및 후보자의 관심이 증가하기 시작했고, 정당 간 정책 경쟁이 어느 정도 이루어졌다. 선거에서 나타난 주요 정당의 에너지 정책 공약의 연속성 및 차별성은 〈표 8-2〉에 제시되었다.

정당 정책 연속성의 경우, 대체로 정의당과 같은 소수 정당과 녹색당과 같은 틈새 정당은 환경과 연계된 에너지 전환 정책에 있어 이슈 소유권을

〈표 8-3〉 정당의 에너지 전환 이슈 연계

주류 보수 정당	주류 진보 정당	소수 정당과 틈새 정당
에너지 이슈	에너지 이슈	에너지 이슈
+	+	+
경제 발전 안전 및 안보	경제 발전 환경보호	환경보호 복지 참여 민주주의

지닌 것으로 간주될 수 있다. 2010년도 이전에도 소수 정당과 틈새 정당의 에너지 및 환경 관련 정책 입장은 일관성 있게 유지되었고, 이들이 제기했던 에너지 전환 정책은 이후 다른 정당들의 입장 형성에 영향력을 행사했다. 여기에는 주류 진보 정당뿐만 아니라 보수 정당도 포함된다. 보수 정당은 원전 가동 입장에서 안전성 여부에 따라 결정한다는 입장으로 어느 정도 변화했다.

정당 정책 차별성의 경우, 원전 이슈에 있어서는 차별성이 나타났지만, 재생에너지 이슈에 있어서는 차이가 거의 드러나지 않았다. 원전 정책에 있어 대부분의 진보, 소수, 틈새 정당은 방식과 정도의 차이는 있지만 탈핵의 입장을 나타낸 반면, 보수 정당은 원전을 유지하겠다는 입장을 드러냈다. 재생에너지 정책의 경우에는 진보와 보수 정당 모두 방식, 속도, 정도에서의 차별성은 존재했지만, 에너지 전환이 세계적 흐름임을 인정하면서 재생에너지 확대라는 정책 방향에서의 차이는 나타나지 않았다. 또한 각 정당은 에너지 전환 이슈를 경제, 환경, 안보 정책과 연계시켰는데, 여기서도 어느 정도의 차별성이 드러난다.

5. 결론

민주주의에서 정당은 정책 결정 과정에서 타협과 조정의 매개 역할을 담당한다. 정당의 정책 개발 기능은 정책적 의지를 유권자에게 전달할 뿐만 아니라 선거 이후 정책 집행의 정당성을 부여한다는 점에서 중요하다. 그중에서도 에너지 정책은 경제, 안보, 환경 등 다양한 영역이 중첩되어 추진되는 영역이다. 이렇듯 에너지 정책을 둘러싼 이해관계가 복잡하며, 추구하는 가치가 다르기 때문에 정치적 입장에 따라 정책 방향과 내용이 다르게 나타나게 된다. 특히 에너지 전환은 '탈원전 및 탈핵'에 있어 이념적 방향성을 내포하고 있기 때문에, 정치적 입장과 깊은 연관성을 지닌다.

정당은 이념에 따라 에너지 전환에 대해 서로 다른 입장을 나타냈다. 특히 독일의 경우, 에너지 전환에 이르기까지 정당이 상당한 역할을 담당했다. 반면 한국에서는 그동안 선거 과정에서는 에너지 전환 이슈가 쟁점으로 등장하지 않았고, 정당 간 정책 차별성은 있었지만 경쟁이 이루어지지는 않았다. 에너지 정책이 경제 혹은 안보 정책처럼 균열을 발생시키지도 않았고 쟁점화되지도 않았기 때문에 유권자의 선택에도 큰 영향을 미치지 못했다. 다만 소수 정당과 틈새 정당이 제기했던 에너지 전환 정책이 다른 정당의 정책 형성에 어느 정도 영향력을 미친 것은 알 수 있었다.

정치는 갈등과 경쟁을 통해 통합에 이르는 과정이다. 에너지 전환 정책 역시 정당을 통해 입장 차이와 갈등이 나타났고, 논의를 거쳐 정부 정책으로 결정되었다. 현 정부의 에너지 전환 정책 방향은 단기에 끝날 수 있는 것이 아니므로, 장기적 관점에서의 정당의 정책 고안이 필요하다고 볼 수 있다.

참고문헌

강주현. 2011.「이민 이슈에 대한 정당의 전략적 대응과 이민정책의 변화」. ≪사회과학연구≫, 42(2).

경제희. 2013.「후쿠시마 원전사태 이후 일본 에너지정책과 국내정치의 변화」. ≪JPI정책포럼≫, 2013-17.

김면회. 2014.「독일 에너지전환 정책의 지속가능성 탐색: 재생에너지 대 셰일가스」. ≪EU연구≫, 2014년 특집호.

김성연·김형국·이상신. 2012.「한국 유권자들은 후보자들의 정책을 어떻게 판단하는가?: 최근 설문조사자료에서 나타난 경험적 증거」. ≪한국정치연구≫, 21(3).

김욱. 2012.「정책선거 개념의 재정립을 통한 제5회 지방선거의 정책성향 평가」. ≪21세기정치학회보≫, 22(1).

이기완. 2015.「일본 정치세력의 동학과 핵정책」. ≪대한정치학회보≫, 23(1).

이동윤. 2010.「정책선거와 매니페스토 운동: 2010년 제 5회 전국동시지방선거 평가」. ≪동서연구≫, 22(2), 101~135쪽.

정연미. 2016.「독일 에너지정책 패러다임의 변화」. ≪경상논총≫, 34(4).

중앙선거관리위원회 정책공약알리미. http://policy.nec.go.kr/

진창수. 2013.『대지진 이후 일본의 에너지정책 변화- 원자력발전의 정치적인 동학』. 세종연구소.

Abou-Chadi, Tarik. 2014. "Niche Party Success and Mainstream Party Policy Shifts – How Green and Radical Right Parties Differ in Their Impact." *British Journal of Political Science*, 46, pp.417~436.

Bale, Tim. 2003. "Cinderella and her Ugly Sisters: The Mainstream and Extreme Right in Europe's Bipolarising Party Systems." *West European Politics*, 26(3), pp.67~90.

Damore, D. F. 2004. The dynamics of issue ownership in presidential campaigns. *Political Research Quarterly*, 57(3): 391~397쪽.

Downs, Anthony. 1957. *An Economic Theory of Democracy*. New York: Harper & Row.

Kitschelt, Herbert, and Anthony McGann. 1995. *The Radical Right in Western Europe: A Comparative Analysis*. Ann Arbor: University of Michigan Press.

Lipset, Seymour M. and Stein Rokkan. 1967. "Cleavage Structures, Party Systems and Voter Alignments: An Introduction." in S. M. Lipset and S. Rokkan(eds). *Party Systems and Voter Alignments: Cross-National Perspectives*. New York: Free Press.

Sartori, Giovanni. 1968. "Political Development and Political Engineering." in J. D. Montgomery and A. O. Hirschman(eds). *Public Policy*. Cambridge, MA: Harvard University Press.

Schattschneider, E. E. 1960. *The semisovereign people:A realist's view of democracy in America*. Hinsdale, IL: Dryden Press.

Walgrave, S., J. Lefevere and M. Nuytemans. 2009. "Issue ownership stability and change: How political parties claim and maintain issues through media appearances." *Political Communication*, 26(2), pp.153~172.

09

한국의 재생에너지 분야 공적개발원조

박혜윤

1. 서론

이 장에서는 신기후체제[1]하에서 점차 증가하고 있는 재생에너지(renewable energy)[2]에 대한 공적개발원조(Official Development Aid, 이하 ODA)[3]의 도

1 2020년 만료되는 교토의정서를 대체할, 파리협정에 기반을 둔 기후체제를 신기후체제로 본다.

2 재생에너지란 태양광, 태양열, 바이오에너지, 풍력, 수력, 지열, 조류, 폐기물에너지를 지칭하며, 자연으로부터 얻을 수 있는 에너지원으로부터 필요한 전력을 생산해내는 것을 의미한다. 한국에서는 대체에너지라는 용어를 사용하다가 2005년 '신에너지 및 재생에너지 개발·이용·보급촉진법' 시행 후 신·재생에너지로 부르고 있다. 외국에서는 재생에너지(renewable energy)라는 명칭만을 사용하고 있는 반면 한국에서는 수소에너지, 연료전지, 석탄액화·가스화한 에너지를 지칭하는 신에너지를 재생에너지 논의에 포함시키고 있으며, 개발 협력 분야에서도 신·재생에너지라는 용어를 사용해 재생에너지 문제를 다루는 사례가 많다(윤순진, 2008; 문진영 외, 2015). 이 장에서는 재생에너지에 국한해 논의하고자 한다.

3 공적개발원조란 중하위 소득국가의 경제·사회 발전에 기여할 목적으로 선진국 정부 또는 공공 기관으로부터 주어지는 경제적 지원을 의미한다. 공적개발원조는 국제 자본 시장에서 상업적 조건으로 확보할 수 있는 자금보다 유리한 양허성 차관이 전체 원조액에서 차지하

입 배경과 현황을 살펴보고, 개발원조의 공여국(供與國)으로서 한국이 수행하고 있는 재생에너지 분야 원조에 대해 개괄적으로 논의한다. 에너지 분야 원조는 통상적으로 원조를 받는 대상국가인 수원국(受援國) 경제 산업 발전의 근간이 될 수 있는 전력 생산 및 수급 등 사회간접자본 확충을 위한 재정 및 기술 지원을 그 내용으로 한다. 과거에는 발전소나 댐과 같은 대규모 발전 시설의 건설 사업에 대한 지원이나 전력망 확충 등이 주된 사업이었으나, 화석연료를 기반으로 하는 에너지원의 지속가능성에 대한 회의가 전 세계적으로 제기되고 급기야 국제적인 기후체제가 수립되면서 수원국 내 친환경적인 대체에너지 개발과 도입에 대한 지원으로 방향 전환이 시작되었다고 볼 수 있다. 선진국을 중심으로 한 기존의 주요 원조 공여국들은 재생에너지 분야 원조에 힘을 기울이고 있으며 한국도 최근 그 대열에 합류하고 있다.

개발원조 정책은 공여국의 관점에서 봤을 때에는 국제 개발 협력이라는 대외 정책의 일환으로 인도주의와 상호 협력의 국제 규범적 제약 내에 있으면서도, 동시에 국내 자원을 동원하는 데 있어서는 개별 국가마다 고유한 정책 동기와 목표를 가진다는 특징이 있다. 재생에너지 분야 원조 또한 예외는 아니다. 2015년 신기후체제와 지속가능발전목표(Sustainable Developmeng Goals, 이하 SDGs)가 유엔 주도 아래 수립되면서, 국제 개발 협력의 주요 목표인 빈곤 종식과 인간 발전(human development)에 후속 세대를 고려한 지속가능한 지구 자원 활용이라는 국제 규범이 추가되었다고 볼 수 있지만 이와 동시에 각 공여국들은 재생에너지 자원에 대한 규정과 활용 방식에 있어서 국내의 산업적 이해를 반영하고자 다양한 노력을 경

는 비율이 25% 이상이어야 한다(한국수출입은행·대외경제협력기금, 2017). 이 장에서는 공적개발원조 외에도 개발원조나 원조, ODA 등의 용어를 같은 의미로 사용한다.

주하고 있는 것이다. 특히 재생에너지의 도입은 교토의정서 체제 아래 도입된 이래 기후변화 대응 정책의 양대 전략으로 여겨지고 있는 적응(adaptation)과 감축(mitigation) 중 감축 전략에 해당하는데, 적응 전략에 비해 감축 전략의 경우 공여국과 수원국 모두의 산업적 이해가 첨예하게 결부된다는 특징을 보이고 있기도 하다.

그러나 개발원조는 수원국의 필요와 이해를 반영하도록 하는 것이 또한 국제 개발 협력의 규범이기도 하다. 더욱이 경제·사회적으로 뒤쳐진 수원국에서 재생에너지 도입과 발전은 공여국 내의 재생에너지 부문과는 또 다른 종류의 문제를 가질 수밖에 없으며, 따라서 이를 반영하는 것은 효과적인 원조를 수행하는 데 필수적이라 할 수 있다. 이와 같이 공여국과 수원국의 수요와 공급의 접점을 발견하는 것이 성공적인 재생에너지 분야 원조의 조건이 된다고 볼 때, 각자의 사정을 확인하는 것은 중요하다. 개발원조 공여국으로서 비교적 후발 주자인 한국은 아직 재생에너지 분야에서도 매우 초보적 단계에 있으며, 관련 연구도 많지 않은 상황이다. 이 장에서는 이러한 기존의 논의들을 개발 협력의 관점에서 종합해봄으로써 한국의 재생에너지 원조 정책의 방향성을 가늠해보려 한다.

이 글의 구성은 다음과 같다. 우선 기후변화 체제에서 재생에너지 도입의 의미와 중요성을 고찰하고 개발 협력의 함의를 논한다. 다음 국제기구와 주요 원조국들의 재생에너지 관련 정책 사례를 소개한 후, 한국의 재생에너지 분야 원조 정책의 배경과 현황을 살펴보기로 한다.

2. 기후변화 시대의 재생에너지 분야 개발 협력

1) 개발 협력에서 재생에너지의 의미

1990년대 후반부터 기후변화는 지구적 환경 의제로 논의가 본격화되었고 동시에 개발 협력 분야에서도 주요한 의제가 되었다. 특히 1992년 유엔의 리우회담(Rio Summit)에서 최초로 언급되었고 이후 교토의정서 기후체제에서 채택된 '공통의, 차별화된 책임(Common But Differentiated Responsibility, 이하 CBDR)' 원칙이 가지는 함의가 크다. 이 원칙에서는 원조의 수혜를 받는 중하위 소득국들에 우선시되는, 경제 성장이라는 국가적 목표를 인정하고 그에 수반되는 화석연료 중심의 산업체제 기반을 변화시키는 데 선진국으로부터의 지원이 필수적임을 강조하고 있기 때문이다. 그러나 교토의정서는 대체적으로 실패라는 평가를 받고 있다는 점에서도 알 수 있듯이, 선진국도 온실가스 감축 및 재생에너지 체제로의 전환이 쉽지 않은 상황이었으며, 수원국들에 친환경적 에너지 방향으로 전환을 요구하는 데에는 한계가 있었다. 신기후체제의 출범을 위한 협상이 진행되면서 기존의 CBDR 원칙에 '가능한 역량(Respective Capabilities: RC)'이라는 문구를 추가해 CBDRRC 원칙으로 수정하면서 중하위 소득국들이 자국의 역량 내에서 최대한 빠른 시일 내에 친환경적인 산업 기반을 구축해야 한다는 점은 다시금 분명해졌다.

유엔 각 산하기관 및 세계은행(World Bank) 등 국제 개발 협력 분야 주요 국제기구들은 이와 같은 기후체제의 변화에 조응하며 지속가능한 발전을 위한 지속가능한 에너지원 확보의 필수불가결성을 강조하는 규범 체계 또는 목표를 설정하고 있다. 유엔의 경우 2000년대 초반부터 에너지 관련 의제에 주목하고 유엔에너지(UN-Energy)를 설립해 산발적으로 이루어지고 있는 기구 내 에너지 관련 활동의 구심점을 마련하고, 이후 2015년으로 예정된 파리기후협약과 SDGs 채택을 앞두고 지속가능한 에너지로의 전환을 촉구하고 지원하기 위한 비정부기구이자 다자적 협력체(multi-stakeholder partnership)인 '모두를 위한 지속가능한 에너지(Sustainable Energy for All: SE4ALL)'라는 이니셔티브를 2011년 출범시켰다. 또한 유엔총회 의결을 통해 2012년을 '모두를 위한 지속가능한 에너지의 해(International Year of Sustainable Energy for All)'로 지정했다. SDGs의 경우 이전에 환경 관련 논의를 단 한 개의 목표로 축소해 논의했던 새천년개발목표(Millennium Development Goals: MDGs)에 비해 좀 더 포괄적인 개발 규범으로 알려져 있는데, 특히 일곱 번째 목표로 지속가능한 에너지를 선정하고 있다. 재생에너지 도입에 대해서는 SDG7의 구체적인 세부 목표 중에서도 '전 세계 에너지 효율 개선 비율 두 배 확대', '세계 에너지 구조에서 재생에너지 비중 및 관련 투자 확대'라는 목표를 강조해 언급하고 있다. 개발 금융 분야의 대표적인 국제기구인 세계은행도 기존의 화석연료를 기반으로 하는 발전사업 위주로 수행되었던 원조 사업에서 방향을 선회할 것을 천명하면서 개도국 기후변화 대응을 위한 대규모 투자를 결정했고 여기에 재생에너지 발전이 포함되어 있다(동아사이언스, 2016).

물론 재생에너지의 친환경적 성격에 대한 인식이나 해당 분야에 대한 개발원조가 기후체제 이전에 존재하지 않았던 것은 아니다. 선진국과는 달리 경제적, 정치적 때로는 지리적으로 다양한 한계 상황에 놓여 있는 수원국의 에너지원 확보를 위해 석탄 및 화력 발전이 어려운 상황이나 댐 건설이 여의치 않은 경우 재생에너지 발전은 종종 대안으로 제시되곤 했다. 그러나 원조 규모 면에서나 발전 효과성(development effectiveness)에 대한 인식 면에서 기후체제 이후 재생에너지 분야의 성장은 괄목하다 할 수 있으며, 가까운 시일 내에는 재생에너지가 주요 원조 사업 분야 중 하나로 자리 잡을 수 있을 것으로 예측할 수 있다. 인식이 이렇게 변화한 까닭에는 교토체제가 신기후체제로 전환하는 과정에서 환경 문제 및 지속가능성에 대한 인식 제고가 이루어질 수 있는 학습의 기회가 주어지기도 했겠지만, 그 외에도 몇 가지 배경을 생각해볼 수 있다.

우선 공여국의 이해라는 관점에서 보면, 주요 선진국들에서 재생에너지 분야의 기술적 진보와 함께 재생에너지 관련 산업의 성장도 이루어진 것을 하나의 원인으로 볼 수 있다. 그로 인해 사업성 면에서 긍정적인 평가가 이루어지고 동시에 해외 시장 확대에 대한 관심이 높아질 수 있었다. 또한 기후체제에서 온실가스 배출권의 확보도 공여국의 중요한 이해 요소로 작용했다. 즉, 재생에너지 분야 기업들의 개발원조 참여를 통해 공여국들이 자국의 경제적 이해를 도모하고 있는 것이다. 그러나 경제적 동기 외에도 국내 재생에너지 관련 기업들을 개발원조에 적극적으로 유치함으로써 이들의 자본과 기술력을 바탕으로 개발원조의 규모와 효과성을 증진함과 동시에 지속가능 목표의 실질적 이행도 용이하게 이루어질 수 있다는 측면도 있다. SDGs의 가장 마지막 목표인 SDG17에서는 이행 수단으로 국제적 협력이 필수적임을 강조하면서 개발 재원을 공공 부문에 국한하지 말고 다각화할 것을 주문하고 있는데 여기에는 기업으로 대표되는 민간의 참여가 중요한 부분을 차지하고 있다. 2015년 아디스아바바에서 개최되었던 유엔개발재원회의(UN Financing for Development Conference in Addis Ababa)에서 논의된 차세대 개발 재원에서도 민관 협력(public-private partnership)은 중요한 위치를 차지한다. 2000년 후반 국제 금융 위기를 지나면서 각국의 공공 부문이 재정 압박에 놓여 있는 상황에서 이에 가장 민감하게 대응할 수밖에 없는 공적개발원조에서의 민간 참여와 투자 확대는 이와 같이 신기후체제 아래 재생에너지 산업의 성장과 맞물리고 있는 것이다.

물론 재생에너지 수요와 활용 방안은 수원국의 상황마다 다르며, 공적 개발원조는 어디까지나 수원국의 국가 경제 발전 전략 및 에너지 전략에 기여하는 방향으로 이루어지는 것이 원칙이다. 따라서 수원국이 요구하지 않는 재생에너지 분야 원조에 대해 논의하는 것은 부적절하다고 볼 수 있다. 그러나 최근에는 수원국의 관점에서도 재생에너지원의 도입과 확보가 유리할 수 있다는 주장이 힘을 얻고 있다. 감축 전략으로서 재생에너지를 채택하는 수원국들의 가장 직접적이고 단기적인 이해는 탄소 시장에서의 배출권 거래를 통한 이득에서 찾아볼 수 있다. 또한 중위 소득국의 경우에는 산업화의 수준이 하위 소득국에 비해 상대적으로 높기 때문에 기존의 석탄 및 화력 발전에 대한 의존도도 높은데 효율성 추구를 통해 경제적 효과를 기대하는 데 있어 더 이상 간과할 수 없는 사안들이 대두되고 있다. 이를테면 신기후체제 아래 개도국들도 온실가스 배출량 축소에 대한 압력을 받고 있으며 실질적으로 이들 국가들에서 기후변화와 관련된 환경 문제가 심각해지는 사례도 증가하고 있는 것이다. 따라서 수원국들에서도 장기적으로 친환경적이고 지속가능한 에너지원을 확보하는 문제가 중요해지고 있다.

그뿐만 아니다. 재생에너지 자체의 특성으로 보았을 때에도 많은 수원국들이 상당히 유리한 입지 조건을 갖추고 있어, 수원국들에게도 공여국 못지않은 재생에너지 분야의 산업적 이해가 달려 있기도 하다. 통상 석탄 및 화력 발전이 단기적 효율에 비해 장기적 관점에서 환경적 외부 효과가 크며 전력망에 있어서도 석탄 및 화력 발전은 계통 연계가 필요하나 재생에너지의 경우 독립적 발전이 가능한데, 중앙전력망 구축 상황이 열악한 개발도상국의 상황을 고려할 때 독립형 형태가 개발도상국 상황에 적합한 것으로 나타난다(임소영, 2011). 특히 개발도상국 농촌 지역에 전력을 생산하기에 적절한 재생에너지원은 태양광, 바이오가스, 소규모 풍력, 소수력 발전으로 알려져 있다(황인철, 2015). 무엇보다도 최근 개도국을 중심으로 재생에너지의 가능성에 대한 인식의 전환과 함께 제도가 갖추어지기 시작했으며, 이들 국가들은 사실상 선진국들에 비해 상대적으로 재생에너지 자원이 풍부하고 발전 가능성이 높은 것으로 인식되고 있다는 점이 재생에너지 분야에 대한 개발 협력의 증가에 긍정적인 요인으로 작용하고 있는 것으로 보인다(문진영 외, 2015).

이처럼 공여국과 수원국 모두에 재생에너지로의 전환과 이를 지원하기 위한 개발원조의 필요성은 존재하며, 이것이 향후 재생에너지 개발원조 분야의 발전에 긍정적인 환경을 조성할 것으로 예상되지만, 성과가 나타나기까지는 상당한 시일이 걸릴 것으로 보인다. 최근 유엔통계청 및 세계보건기구(World Health Organization), 세계은행, 국제에너지기구(International Energy Agency) 및 국제재생에너지기구(International Renewable Energy Agency)가 합동으로 SDG7의 이행 현황을 조사하고 출간한 공동보고서(A Joint Report of the Custodian Agencies, 2018)에 따르면, 각 국가의 재생에너지 도입은 활발히 이루어지고 있으나, 2030년까지 정해진 목표를 달성하는 일은 쉽지 않을 것으로 예상하고 있다. 2015년 기준 전 세계적으로 재생에너지는 전체 에너지 소비의 17.5%를 차지하고 있으며 이 중 9.6%만이 현대적인 의미의 재생에너지원인 태양열, 바이오에너지, 지열, 수력, 풍력이었고 나머지는 목재나 차콜 등의 통상적인 연료였다. 후자의 경우 심각한 대기오염을 야기하는 것으로 알려진 쿡스토브(cookstove)에 주로 사용되었다. 2030년까지는 전체 에너지 소비에서 재생에너지 비율이 15% 정도에 그칠 것으로 예상되었으며 이는 SDG7이 정하고 있는 목표치에 미치지 못하는 수준이다. 보고서는 가장 큰 원인은 개도국의 급증하는 에너지 소비량에 있다고 분석하고 있다. 결국 수원국들의 지속가능한 성장이 궁극적으로는 지구경제 차원에서 지속가능성을 확보하는 데 있어서도 핵심적인 사안이 되고 있다는 것이다. 또한 재생에너지 분야의 개발 협력이 무엇보다도 중요해지고 있다고도 볼 수 있다. 다음 항에서는 국제기구와 주요 공여국들이 수행하고 있는 재생에너지 분야 국제 개발 협력 사례를 몇 가지 살펴보고, 이후 한국의 사례에 대해 논의하기로 한다.

2) 재생에너지 분야 국제 개발 협력 현황

재생에너지원 중 가장 많은 투자가 이루어지고 있는 분야는 태양에너지와 풍력에너지이다(문진영 외, 2015). 태양에너지는 발전 방법에 따라 태양광 발전(Photovoltaic: PV)과 집광형 태양열 발전(Concentrated Solar Power: CSP)으로 구분하고, 풍력에너지는 설치 위치에 따라 육상 풍력과 해상 풍력으로 나눈다. 수력 중에서도 규모가 작은 발전 형태인 소수력은 전력 생산과 농업용수를 공급하는 수단으로 활용이 가능하며 2014년 기준으로 전 세계적으로 소수력에 대한 투자의 83%가 개도국을 향해 이루어졌다고 할 수 있을 만큼 수요가 크지만 가뭄에 대한 취약성 등 또한 지적되고 있다. 지열은 화산 활동이 활발한 개도국에서 향후 발전 가능성이 높은 에너지원으로 평가되고 있지만 현재까지는 투자 비용이 높고 소비지로부터 원거리에 위치하는 등의 문제를 극복하는 것이 선결 과제로 알려져 있다(문진영 외, 2015).

이와 같이 재생에너지는 종류별로 고유한 입지 조건과 특성이 있어 개도국 상황에 맞는 재생에너지원이 개발되고 이에 대해 지원이 이루어지는 것이 중요하다. 재생에너지의 자체적인 특성 외에도 일반적으로는 두 가지 요소가 재생에너지 사업 투자에서 중요하게 여겨진다. 첫째는 기술 및 경제적 요인으로 전문가, 설비, 원자재 가격 등의 요인이며 둘째는 비경제적인 요인으로 지원 제도의 유무 및 정책적 안정성이 그것이다(문진영 외, 2015). 앞서 서술한 바와 같이 점차적으로 수원국들이 재생에너지 개발에 대해 우호적인 인식과 환경을 조성해가고 있기는 하지만, 대부분의 경우에는 경제사회적으로나 정치적인 조건상 여전히 이 두 가지 요소의 불안정성을 가지고 있어 지속적이고 대규모로 주어지는 개발 재원을 확보하는 것이 용이하지는 않다. 재생에너지 분야의 개발 협력은 따라서 이와 같은 불안 요인을 해결하기 위한 기술 이전이나 환경 조성에 대해 주어지거나, 개도국 진출의 리스크가 높다고 판단한 재생에너지 관련 기업들의 참여와 투자를 촉진하기 위해 공공 부문이 레버리지 역할을 담당하는 방식으로 이루어지기도 한다(문진영 외, 2015). 다음으로는 국제기구와 개별 공여국들이 수행하고 있는 재생에너지 분야 원조 사업 몇 가지를 살펴보고 이와 같은 재생에너지 개발원조 특성에 대한 이해를 해보기로 한다.

먼저 유엔환경계획(United Nations Environment Plan, 이하 UNEP)이 주도하고 있는 '초기자본지원기금사업(Seed Capital Assistance Facility)'은 재생에너지 사업 초기 개발 시 재원 마련에 어려움을 겪는 사례가 많은 것에 착안해 이에 대한 자금 지원을 수행하고 있다. 또한 세계은행 및 지역개발은행들은 청정투자기금(Clean Investment Fund)의 일환인 '재생에너지확대프로그램(Scaling-up Renewable Energy Program)'을 통해 재생에너지 사업 전 과정에 대해 지원하고 있다. 현재까지는 주로 사전타당성조사 및 타당성조사를 실시해 민간투자를 유도하는 데에 주력하고 있는 것으로 나타난다(문진영 외, 2015).

양자원조의 경우 OECD 국가들은 2010년대부터 기후변화 대응 관련 원조 규모를 점진적으로 확대해온 것으로 나타난다(임소영, 2016). 대표적인 사업 사례는 다음과 같이 소개할 수 있다. 일본의 경우 2013년 "아름다운 지구를 위한 행동(Actions for Cool Earth)"을 발표하고 개도국의 기후변화 대응에 약 160억 달러를 투자하기로 했으며, 국가적으로 저탄소기술과 신·재생에너지를 비교우위 분야로 보고 있다(EDCF, 2015). 독일은 유엔 등의 국제기구와 함께 국제 에너지 전환 보조금 프로그램(Global Energy Transfer Feed-in Tariff) 사업을 통해 재생에너지 사업에 대한 보조금 제공 및 표준화된 계약 문서 지원, 부분 보증, 기술 지원 등을 수행하고 있으며, 핀란드 역시 유엔 및 지역 개발 은행 등과 함께 ARECA(Accelerating Renewable Energy Investments in Central America and Panama)에 참여하면서 재생에너지 사업에 대한 보증 지원, 역량 강화 및 기술 지원을 수행하고 있다(문진영 외, 2015).

3. 한국 재생에너지 분야 ODA 배경과 특징

전후 개발원조의 수원국이었던 한국은 1990년대부터 해외 원조를 시작했으며, OECD-DAC의 회원이 되면서 선진 공여국 그룹의 한 일원으로 성공적으로 전환하게 되었다. 동료 공여국들에 비해 전체 원조 규모가 큰 편은 아니지만 OECD-DAC 가입을 앞두고 정부의 집중적인 육성 정책에 힘입어 괄목할 만한 성장을 이룬 것이 사실이다. 현재 한국이 지원하는 재생에너지 분야 개발원조는 수원국의 경제 및 산업 기반을 지원하는 원조의 성격과 환경 문제 해결에 주어지는 지원이라는 두 가지 성격을 동시에 갖고 있다. 한국 정부는 녹색 성장 기본 계획에서 설정한 녹색 ODA 확대 목표에 따라 2000년대 말부터 재생에너지 분야에 대한 원조를 증가시켰다. 녹색 원조 또는 환경 원조로 구분되는 원조는 초기에는 공적개발원조 중에서 규모나 중요성 면으로 두드러지는 것은 아니었다. 그러나 신기후체제로의 전환과 이후 각국의 대응에 대한 관심이 고조되고 구체적인 전략 수립의 필요성이 높아지면서 기후 원조가 등장했고 이는 이전의 환경 문제보다는 산업적 관점에서의 필요를 좀 더 담아낸다는 점에서 높은 관심을 받게 되었다. 재생에너지 분야의 원조는 녹색 원조, 환경 원조, 기후변화 대응 원조 등 시기에 따라 새롭게 등장했으나 내용적인 면에서는 모두 대동소이한 원조 정책 틀 안에서 수행되어왔다고 볼 수 있다.

한국의 국제 개발 협력의 특징 중 하나는 유·무상 원조의 주체와 내용이 비교적 뚜렷하다는 것인데, 이는 재생에너지 분야 원조에서도 나타나는 현상이다(문진영 외, 2015). 무상 원조는 외교부 산하 한국국제협력단(Korea International Cooperation Agency: KOICA)에서 담당하고 있는데, 재생에너지 분야에서 이 기관은 주로 국가 에너지 종합 개발 계획 수립, 지역사회 전력화, 발전소 설립 컨설팅, 관련 기관 연수 및 교육 등 수원국의 자립 가능한 경제 개발 및 산업 발전 촉진을 원조 사업의 목표로 정하고 있다. 지원 사업은 대부분 100만 달러 미만의 소형 사업이다. 유상 원조는 기획재정부 산하 대외경제협력기금(Economic Development Cooperation Fund, 이하 EDCF)에서 담당하고 있으며, 해당 기금의 원조 사업은 주로 전력망 외(off-grid) 지역의 태양에너지 발전 시설 건립 지원에 집중되어 있다.

재생에너지 분야 원조의 근원으로 올라가보면 1992년 네팔 모디강 수력발전소 실시 설계 사업이 있다. 이를 필두로 재생에너지 분야 사업에 대한 한국의 개발원조 사업이 시작되었다고 보는 것이 대체적인 시각이다. 그러나 당시만 해도 재생에너지는 원조의 주력 분야는 아니었으며 지원 내용에 있어서도 주로 사전 조사, 타당성 조사, 실시 설계 사업 등에 한정되었다. 지원 규모가 확대된 시기는 2000년대 중반부터로, 아프가니스탄과 이라크의 소수력 발전소 건립 사업의 지원 이후로 재생에너지 분야 원조의 사업 규모가 크게 증가했다고 볼 수 있다(임소영, 2011). 이후 2008년 G8 확대 정상회담에서 한국 정부는 아시아의 개발도상국 및 소도서국의 기후변화 대응을 지원하기 위한 이니셔티브인 '동아시아기후파트너십(East Asia

Climate Partnership, 이하 EACP)'을 발표했다. 이 파트너십은 2008~2012년 5년간 지속되었으며, 한국은 아시아 전역 31개 국가에 대해 총 2억 달러를 지원했다. 지원 분야는 물, 저탄소에너지, 저탄소 도시, 산림, 폐기물 분야였다. EACP가 종료된 이후에는 소수력, 태양광, 폐기물에너지, 연료전지 등 재생에너지원의 종류도 다양해졌다(홍은경, 2013).

4. 재생에너지 분야 ODA 사업 현황

한국의 기후변화 대응 원조 총액은 1억 8350만 달러로 양자 ODA의 약 8%를 지원 중인데 이는 OECD-DAC 회원국 중 14위 수준이다. 기후변화 대응의 양대 전략인 감축과 적응을 각각 보자면, 감축 부문에는 약 3150만 달러[양자ODA 중 1.4%(OECD-DAC 회원국 중 21위)], 적응 부문에는 약 1억 7140만 달러[양자ODA 중 7.5%(OECD-DAC 회원국 중 15위)]가 주어진다. KOICA는 2016년 기후변화대응 전략(2016~2020)을 발표했다. 이 전략은 개도국의 기후변화 대응 능력 향상을 통한 개도국 주민의 삶의 질 향상 및 기후변화 글로벌 어젠다 달성을 목적으로 하고 있음을 밝히고 있다. 이를 실행하기 위한 3대 전략으로는 첫째, 기후변화 대응 사업을 통한 지속가능한 발전, 둘째, 기후변화 대응 역량 강화, 셋째, 재정 메커니즘을 통한 기후 재원 접근성 제고가 있다(홍은경, 2016).

한국은 2010년 이후 전체 ODA의 약 8%를 기후변화 대응에 지원하고 있는데, 감축보다는 적응에 더 많이 지원하고 있는 것으로 나타난다. 에너지 분야 무상 원조 중 신·재생에너지 분야의 원조가 62%, 에너지 효율 사업의 비율이 33%, 재생에너지 중에는 태양에너지가 53%이고, 그 외에는 바이오에너지와 재생에너지원을 활용한 전력 생산 및 에너지 생산 복합 기술에 지원하고 있다(임소영, 2016). 한국은 개발원조에서 선택과 집중의 원리에 입각해 중점 협력국을 지정하고 있는데, 이들 국가들 중 재생에너지 개발 잠재력을 갖춘 나라들로 논의되는 국가들도 제법 있다. 네팔과 베트남, 필리핀, 파키스탄, 스리랑카, 우즈베키스탄, 아제르바이잔 등은 태양과 풍력에너지에서 상당한 잠재력을 갖춘 것으로 보이며, 필리핀은 지열에너지, 라오스와 몽골은 풍력에너지 개발 가능성이 높다. 또한 미얀마는 태양에너지, 인도네시아는 태양 및 지열 에너지의 잠재력이 높다. 이를 보면 결국 아시아 지역 대부분의 중점 협력국에서 태양, 풍력, 지열과 같은 재생에너지에 대해 개발 잠재력이 상당히 높게 나타난다고 하겠다. 중남미 지역에서도 콜롬비아, 페루, 볼리비아 등 4개 중점 협력국 중 무려 3개국이 태양, 풍력, 지열 중에서 최소 한 개 이상의 재생에너지 개발 잠재력을 높게 가지고 있는 것으로 보인다. 아프리카 지역의 중점 협력국들은 전체적으로 지역 특성상 높은 일조량을 가지고 있어 이를 활용한 태양에너지의 개발이 높은 잠재력을 가지는 것으로 나타나며 그중 에티오피아와 탄자니아는 풍력과 지열에너지 분야에서 태양에너지 못지않은 잠재력을 보여주고 있다. 그러나 수원국의 재생에너지 투자에는 재생에너지 개발 잠재력에 대한 평가에 있어 경제성만큼이나 비경제적 요인이 중요하게 여겨지고 있어 수원국이 보유한 기술력, 관련 제도 등의 제반 환경이 얼마나 재생에너지 개발 투자에 우호적인지도 고려해야 한다. 현재까지 알려진 바로는 대부분의 중점 협력국들은 재생에너지 부문 성장을 지원하기 위한 제도를 확충하는 추세로 나타나고 있다(문진영 외, 2015).

유상원조 담당 기관인 EDCF는 특히 국내 기업들의 수원국 투자를 지원하고 유도하기 위한 사업에 집중하는 경향이 있다. 재생에너지 원조 사업은 아직 규모면에서 많은 지원이 이루어지고 있다고 보기 어려운데 이는 주로 수원국이 재생에너지 개발 자체보다도 그에 필요한 기초적인 인프라에 대한 지원을 요청하는 경우가 대부분이기 때문이다. 최근까지 수행된 사업으로는 네팔 차멜리야(Chameliya) 수력 발전소 건설 사업, 니카라과 재생에너지 송변전 사업(1~2차), 모잠비크 태양광 발전소 건립 사업, 베트남 꽝빈성(Tỉnh Quảng Bình) 태양광 발전사업, 온두라스 농촌 태양광 전력화 사업 등이 있다(문진영 외, 2015). EDCF의 사업은 대부분 전력망이 확충되지 않은 외곽 지역에 독립형 태양에너지 발전 시설 건립을 지원하는 것을 내용으로 하고 있다. 이 사업은 설비 구축과 교육 및 훈련을 통한 역량 강화 사업으로 구성되는 편인데 그중에서도 설비 구축의 비중이 크고 상대적으로 교육 및 훈련에 대한 지원의 규모는 크지 않은 편이다(문진영 외, 2015).

그 밖에도 재생에너지 원조를 수행하는 기관으로 한국에너지공단을 대표적으로 들 수 있다. 한국에너지공단의 사업은 '개발도상국 온실가스저감 프로젝트 지원 사업'과 '신·재생에너지 해외프로젝트 타당성 조사 지원 사업'의 두 가지 부류로 나누어진다. 전자의 경우는 개도국의 온실가스를 저감하는 활동 지원에 재생에너지를 포함시키고 있으며, 후자의 사업은 국내 재생에너지 분야 기업들의 해외 진출 지원을 내용으로 하고 있다. 한국에너지공단의 원조는 무상원조의 형태를 띠고 있으나 기업의 공동출자를 의무화해 책임성 제고를 꾀하고 있다. 2011년부터 2014년 사이에 수행된 한국에너지공단의 타당성조사 사업 중에서 이와 같이 개도국을 대상으로 한 재생에너지 사업은 약 97개이며, 이 중 대부분이 동남아시아 지역에서 수행되었고 재생에너지 중에서도 태양에너지와 바이오에너지에 대한 사업이 다수를 차지했다(문진영 외, 2015).

2017년까지 진행된 재생에너지 부문의 원조 사업으로는 온두라스의 농촌 태양광 전력화 사업, 니카라과의 재생에너지 송변전 사업, 베트남 꽝빈성 태양광 발전사업, 베트남의 그린시티 도시 계획 의사결정 시스템 구축

사업, 미얀마의 태양광 발전을 통한 전력 소외 지역 생활 여건 개선 사업, 튀니지의 태양광 발전소 건설 사업 타당성 조사 및 태양광 활용 식수 공급 타당성 조사, 에티오피아의 친환경에너지타운 조성 지원 사업 중 태양광 발전, 바이오매스 발전, 에너지저장장치, 마이크로그리드 결합한 에너지 자립형 발전사업 지원, 몽골의 친환경에너지타운 조성 지원 사업 중 태양광 발전, 소형 풍력 발전, 에너지저장장치, 마이크로그리드 결합 사업이 있는 것으로 나타난다.

KOICA와 EDCF, 그리고 한국에너지공단 외에도 재생에너지 분야에서 공적개발원조를 수행하거나 참여하고 있는 기관들과 그 역할을 보면 다음과 같다. 외교부의 경우 글로벌에너지협력센터를 운영하며 재외공관과 기업의 연계를 지원하고 있고, 대한무역투자진흥공사(KOTRA)는 글로벌녹색협력지원센터(중소기업 지원)를 통해 재생에너지 원조 사업에 관여한다. 신·재생에너지 전문 기관으로는 에너지관리공단의 신·재생에너지센터에서 시장 조사 및 프로젝트 발굴, 해외 시장 개척 지원, 인증 취득 지원, 교육 지원 등을 수행하며, 한국 신·재생에너지협회는 해외 타당성 조사 지원, 해외 지사 운영 등의 업무를 담당하고 있다. 재생에너지 분야 금융 및 보험과 관련해서는 한국 수출입 은행의 녹색 수출 기업 지원, 한국무역보험공사, 기술보증기금 등이 관련 사업을 수행하고 있다(부경진·류하늬, 2012).

5. 과제와 전망

한국의 재생에너지 분야 개발원조는 이제 막 성장하기 시작한 단계에 있다고 할 수 있다. 국내 재생에너지 분야가 신성장동력 산업으로 인식되고 정책 도입이 시작된 것이 최근이라는 것을 감안하면 어쩌면 이는 당연한 일이다. 따라서 현재까지로는 재생에너지 원조 사업의 성격에 대한 이해나 방향성의 설정을 위한 논의가 이루어지고 그에 기초한 원조 정책 차원의 접근이 이루어지기보다는 기후변화에 대응하는 개발원조의 일환이라는 큰 틀 안에서 외국의 사례와 초기 몇몇 사업들에 대한 경험을 바탕으로 후발 사업들을 계획하고 수행하고 있는 것으로 보인다. 학술연구 면에서도 재생에너지 개발원조에 국한한 연구는 많지 않은 편이어서 앞으로 이 분야에 대한 많은 연구가 필요할 것으로 보인다. 지금부터는 앞서 논의한 내용들을 바탕으로 기존 연구 및 보고서 등에서 공통적으로 나타나고 있는 재생에너지 분야의 개발원조의 특성과 과제에 대해 간략하게나마 논의해보고자 한다.

재생에너지 분야 개발원조의 가장 큰 특징 중 하나는 산업이나 기업 이해가 결부되는 정도가 꽤 크다는 점이다. 이는 관련 기술과 자원의 동원에 있어서 불가피한 요소라고 할 수 있으며, 전통적인 석탄 및 화력 발전에서도 나타나는 특징이라 할 수 있다. 재생에너지 분야의 경우 태양광 등 몇몇 분야를 제외하고는 기술의 성숙도가 경제성을 확보하는 수준에 이르렀다고 보기 어렵다는 점도 또한 고려해야 할 부분이라 하겠다. 재생에너지뿐만 아니라 기후변화 대응 관련 원조에서 공여국들은 대부분 경제적인 요인에 의해 원조를 결정하고 수행하는 것으로 나타나고 있으며 한국도 예외는 아닌 것으로 나타난다(강희찬·정지원, 2016). 그러나 수원국의 재생에너지 분야 원조에 대한 요구도 높기 때문에(김현구 외, 2017) 공여국의 이해와 수원국의 요구의 합일점을 찾는 것이 가장 중요한 과제라고 할 수 있겠다.

현재까지 수행된 한국의 재생에너지 분야 원조 사업의 결과를 바탕으로 언급되고 있는 과제들은 다음과 같다. 첫째, 재원 마련의 어려움이 가장 큰 것으로 나타나고 있다. 이는 재생에너지 분야의 국내 기반이 아직 미약한 데다 민간 부문이 개발 사업에 참여하려는 동기 부여가 이루어지기 쉽지 않은 환경 때문인 것으로 보인다. 해외 사례를 보면 대부분의 공여 기관들은 민간의 참여를 촉진하고 지원하는 데에 힘쓰고 있는 것으로 나타나고 있다. 문진영 외(2015)는 한국의 재생에너지 분야 원조에 민간 부문의 참여가 활발하지 못한 것은 공공 기관이 원조 사업 지원을 통해 타당성을 입증하고 있는 재생에너지 사업이라 하더라도 중소 규모의 기업일 경우 금융기관으로부터 자금을 조달하는 데 있어 상당히 어려움을 겪을 수 있는데 이는 일정 수준 이상의 신용 등급 기준을 충족하지 못하기 때문이라고 지적하고 있다. 이와 같이 신용 확보 어려움에 가장 크게 작용하는 요인 중 하나는 판매 대상국에 대한 정보 부족이다. 재생에너지 발전의 경우 일부 자가 발전 설비를 제외하면 생산한 전력을 안정적으로 판매해 예상된 일정에 따라 투자가 회수될 수 있도록 하는 것이 중요한데, 개도국에 진출하고자 하는 중소기업들은 언어 및 관습 등 현지에 대한 이해나 수원국 정부와의 계약 관련 절차 등에 대한 정보 등을 갖추지 못하고 있어, 곤란을 겪는다. 또한 주로 금융전문가가 원조 사업의 발굴과 개발을 담당하는 외국과는 달리 한국의 경우에는 금융 전문성이 없는 재생에너지 기업이 원조 사업의 전 과정을 책임지고 수행하고 있다는 점도 문제로 지적된다. 대기업은 금융 업무를 담당하는 전담 부서를 보유하고 있지만 중소기업들은 그렇지 못한 경우가 대부분이다(문진영 외, 2015). 따라서 이에 대한 공공 부문의 지원이 확보되는 것이 재생에너지 분야 원조 사업의 발전에 중요한 조건이라고 볼 수 있다.

둘째, 재생에너지 분야 원조 사업에 대한 전반적인 인식과 이해를 높이는 것도 중요한 과제라고 하겠다. 이와 같은 인식의 문제는 공여국인 한국과 수원국에서도 동시에 나타나고 있다. 이는 재생에너지가 경제에 기여하는 방식에 대한 이해라는 좀 더 근본적인 것에서부터 실질적으로 석탄 및 화력 발전을 대체하는 것으로서 재생에너지의 도입과 발전을 위해 필요한 기술 및 제도 기반에 대한 이해를 포함하고 있다. 구체적으로 재생에너지는 기존의 석탄·석유 중심의 전기 발전에 비해 건설 비용이 적다고 볼 수 있지만, 발전 규모당 비용은 상대적으로 높게 나타난다. 다만 설치 후 에너지를 생산해내는 기존의 발전 방식과 달리 재생에너지는 설비를 설치하면 자연적 과정에 의해 전력 생산에서 원료 비용 등의 추가 비용이 들지 않으므로 장기적인 측면에서 운영 및 유지 비용이 적게 드는데, 이러한 특성에 대한 이해는 아직 높지 않은 편이다(문진영 외, 2015).

수원국의 제도 미비나 관련 시장의 미약함 등으로 인한 재생에너지 분야 원조의 불안 요소가 높아지는 것 외에도 원조 사업 이후의 사후 관리 및 사업의 지속성을 위한 대책이 필요하다는 점도 지적되고 있다. 현지 주민들이 재생에너지 시설 관리에 대한 교육이나 훈련이 부족해 사후 관리가 제대로 이루어지지 않는 사례들도 보고되고 있다. 이는 결국 수원국에서 재생에너지 사업에 대해 주인 의식(ownership)을 가져야 해결되는 것이므로 재생에너지 원조 사업의 추진 과정이나 수행, 사후 관리에 이르기까지 수원국 측의 참여가 광범위하게 이루어지는 것이 중요하다. 그 밖에도 한국 개발원조에서 고질적으로 나타나고 있는 문제인 유·무상 원조의 분절과 프로젝트 위주의 사업 수행으로 인해 원조의 효과성에 대한 지속가능성 확보가 어렵다는 점도 많이 언급되고 있다. 특히 재생에너지 분야의 경우 앞서 논의했던 기술 및 재원 마련을 어렵게 하는 다양한 불안 요소들로 인해 외국에서는 단일한 재원보다는 민간과 공공의 다양한 재원 출처를 혼합하는 방식으로 사업을 수행하는 경향이 나타나고 있는데(문진영 외, 2015), 한국의 경우에도 유·무상 원조의 연계가 무엇보다도 중요한 부문이 바로 재생에너지 분야다.

원조 사업의 중요한 부분 중 하나인 평가 면에서도 재생에너지 분야 원조에는 과제가 산적해 있다. 가장 핵심적인 것은 재생에너지 분야에 대한 별도의 데이터를 확보하는 것이 쉽지 않다는 점이다. 이는 기후변화 대응 원조에 전반적으로 나타나고 있는 특징이자 문제이기도 하다. 기후변화원조의 범분야적 성격으로 인한 사업 분류가 명확하지 않다는 것이 주된 이유인데, 기후변화 대응 사업 분류는 최근 시작되었으므로 앞으로 이 분야에 대한 발전이 이루어져야 할 것으로 보인다. 이는 또한 사업 평가 등을 위한 지표 개발의 어려움과도 연계되어 있는 문제이기도 하다(이승문, 2013; 임소영, 2016). 재생에너지 분야 원조에 대한 평가 체제가 확립되고 이를 수행하는 것은 궁극적으로 효과적인 원조의 핵심적인 조건이 될 것이다.

6. 결론

김호석은 신·재생에너지에 대해 논하면서 기술의 경제성이 아직 확보되지 않아 개발과 보급이 저조할 수 있으나 지속가능성 측면에서 단순히 환경적인 측면뿐만 아니라 사회 경제적인 측면에서도 의미를 찾아야 한다고 지적하고 있다(김호석, 2007). 지속가능 발전의 핵심적 위치를 차지하고 있는 국제 개발 협력은 조화와 상생을 통해 지구 경제의 발전을 도모하고자 하는 큰 틀의 규범을 추구하는 분야이다. 재생에너지는 새로운 성장 동력을 창출할 수 있는 분야로서 향후 무한한 발전 가능성을 가졌으며 이는 선진국에만 고유한 권한이 될 수 없다. 최근 국제 개발 규범의 두 축이라 할 수 있는 기후체제와 지속가능 발전 목표는 모두 재생에너지 도입의 당위성과 효과성을 강조하고 있으며, 재생에너지 분야 ODA의 성장을 뒷받침하고 있다.

재생에너지 분야는 기후변화 대응 체제에서도 특히 경제, 산업적 이해가 첨예하게 녹아 있는 분야 중 하나이기도 하다. 새로운 투자와 시장 확대 기회로서의 재생에너지 분야에 대한 공여국의 관심은 수원국 입장에서도 환영받을 만한 일이기 때문에 양자의 이해가 맞아떨어진다고 볼 수도 있다. 그러나 개발 협력은 해외 투자로서의 접근이 아닌 원조로서의 접근을 택하기 때문에 지원 범위는 한계가 있을 수밖에 없다. 결국 원조를 통한 재생에너지 분야 국내 산업의 해외 진출이란 시장 확대의 한 기회로서 원조를 취급하는 것인데 이것이 과연 개발 협력 본연의 목적과 어느 정도 부합할 것인지가 재생에너지 분야 원조 사업의 성공에 핵심적이라 하겠다. 산업적 이해를 충족시키지 못할 경우 이는 원조 사업에도 치명적일 수 있다. 민간을 끌어들이고자 하는 것은 세계적인 원조의 추세이기도 하다. 따라서 이러한 문제가 한국 고유의 문제만은 아닐 것이다.

민간의 참여와 관련해 또 한 가지 생각해볼 수 있는 것은 기업뿐만 아니라 시민사회의 참여도 제고되어야 한다는 점이다. 현재까지는 재생에너지는 물론이고 기후변화 대응에 대한 개발 협력에 있어 시민단체의 참여는 극히 일부에서만 이루어지고 있는 것으로 나타난다(ODA Watch, 2014). 그러나 앞서 언급했듯이 수원국에 산재한 다양한 문제들 중 재생에너지원에 대한 이해와 발전 시설의 관리를 위한 교육에서 시민사회 단체의 역할이 매우 중요할 것으로 보인다. 결국 이는 수원국의 주인 의식 제고에 기여할 수 있기 때문이다. 또한 해당 분야 개발원조 사업의 지속가능성의 확보를 위해서도 시민사회의 참여는 단기적이거나 일시적인 공여국의 경제적 이해 추구에 머무르는 원조 사업이 되지 않도록 하는 감시자의 역할도 담당할 수 있을 것으로 보인다.

무엇보다도 한국의 재생에너지 분야 개발원조는 기존의 개발원조가 가지고 있는 다양한 도전들과 함께 기후변화라는 새로운 현상에 대한 개발

협력 분야의 대응이라는 과제도 함께 가지고 있다. 국내에서조차 기후변화에 대한 일반적인 이해나 산업적 저변이 아직 확고하지 않은 상황에서 이 분야의 개발원조 사업을 수행하는 것은 쉽지 않은 일이다. 그러나 기후변화 대응이 궁극적으로 개발원조가 지향하는 지속가능 발전의 핵심에 있다는 사실을 고려한다면 향후 재생에너지 분야 원조는 개발원조에서 주요한 역할을 담당할 것으로 보인다. 다른 원조 분야에서도 마찬가지의 상황이지만 한국의 개발원조는 규모면에서나 전수해줄 기술의 발전 정도 면에서 선진 공여국들에는 미치지 못하는 수준인 것은 분명하다. 다만 한국이 가진 개발의 경험을 바탕으로 수원국의 필요성에 부합하며 이들의 주인 의식을 높이는 재생에너지 원조 사업을 수행하는 것은 충분히 가능하다. 이 과정이 국내 재생에너지 산업의 성장에도 큰 도움이 될 것임은 분명하다.

참고문헌

강희찬·정지원. 2016.「기후ODA의 개도국의 온실가스 감축: 파급효과 및 결정요인 분석」. ≪환경정책≫, 24(2).

기경석. 2015.「Goal 7. 모두를 위한 적정한 가격의 신뢰성 있고 지속가능한 현대적 에너지에 대한 접근성 강화」.『지속가능개발목표(SDGs) 수립현황과 대응방안』. 한국국제협력단.

김대환·박희수·임소영. 2009.「국제개발협력 분야별 민관협력 활성화 방안-기후변화 분야」. ≪국제개발협력≫, 2.

김현구 외. 2017.「태평양도서국가의 재생에너지 현황 및 수요 설문조사를 통한 공적개발원조의 전략방향 검토」. ≪신재생에너지≫, 13(2).

김호석. 2007. 신재생에너지와 지속가능발전. 한국신재생에너지학회 춘계학술대회 발표문.

≪동아사이언스≫. 2016.4.8. "세계은행 투자금 3분의 1, 기후변화 프로젝트에 투입". http://dongascience.donga.com/news.php?idx=11454(검색일: 2018.4.20)

문진영·송지혜·이서진. 2015.「국제사회의 재생에너지 사업자금 조달 현황 및 시사점」. 대외경제정책연구원.

복민규·박상욱. 2016.「신재생에너지 ODA에서 공여국 측 영향요인에 대한 고찰- 태양광과 풍력을 중심으로」. ≪국제개발협력연구≫, 8(2).

에너지기후정책연구소·기후변화행동연구소. 2014.「환경분야 ODA 사업 유·무상 연계 방안 연구」. 한국국제협력단 연구용역 과제 최종보고서.

윤순진. 2008.「한국의 에너지체제와 지속가능성 – 지속 불가능성의 지속에 대한 분석을 중심으로」. ≪경제와사회≫, 78.

은종환 외. 2012.「동아시아 주요국 재생에너지 기반조사 및 분석」. 한국국제협력단 외부용역과제 최종보고서.

이승문. 2013.12.「개도국 신재생에너지 분야 개발협력방안 - 농촌 전기보급 사업 사례를 중심으로」. ≪산업에너지 이슈리포트≫, 3.

임소영. 2011.「신재생에너지를 중심으로 한 농촌전력화 프로그램 개발협력 모델」. 한국국제협력단.

________. 2016.「개도국 기후변화 대응을 위한 주요 개발금융기관의 전략적 접근법 분석과 시사점」. ≪사회과학연구≫, 42(2).

________. 2016.「신기후체제하의 KOICA 기후변화 사업방향」. 한국국제협력단.

한국수출입은행·대외경제협력기금. 2017.「2017 세계 ODA 통계자료집 - 숫자로 보는 ODA」.

부경진·류하늬. 2012.「신재생에너지 해외진출을 위한 대외협력 프로그램 활용 방안」. 한국자원

경제학회 외교부 용역과제 최종보고서.
홍은경. 2013. 「Post-2015 체제 대응을 위한 에너지 분야 ODA 지원 방안」. 한국국제협력단.
_______. 2016. 「신기후체제 대응을 위한 기후변화 ODA 사업 방향성 논의」. 한국국제협력단.
황인철. 2015. 「SDG 에너지 ODA 전략제언: 지속가능한 청정에너지시장 조성」. ≪국제개발협력≫, 4.

A Joint Report of the Custodian Agencies. 2018. *The World Bank, Tracking SDG7: The Energy Progress Report.* https://trackingsdg7.esmap.org/data/files/download-documents/tracking_sdg7-the_energy_progress_report_full_report.pdf(검색일: 2018.5.10)
ODA Watch. 2014. 「환경운동과 국제개발협력의 만남: ODA 환경주류화와 지속가능한 개발을 위한 환경진영의 모색」. ≪뉴스레터≫, 89.

10

도시의 에너지 전환 정책*

이태동

1. 서론

그간 에너지 효율성 향상 움직임과 재생가능에너지의 도입은 세계 여러 곳에서 성공적으로 진행되어왔다. 이제는 에너지원의 변화와 더불어, 에너지 분야의 규모와 범위를 어떻게 이해할 것인지에 대한 관점에서도 인식의 전환이 일어나고 있다. 대규모 중앙집중형 에너지 시스템은 에너지의 생성과 활용 사이에 공간적·심리적 거리(Walker et al., 2007: 68)가 멀고 이로 인해 잠재적인 사회적·환경적·경제적 문제들을 야기한다(Byrne and Toly, 2006). 그 대안으로 소규모 분산형 에너지 시스템을 지역 단위에서 갖추는 것이 에너지원과 시스템 관련 문제의 해결책으로 제시되고 있다(Monstadt, 2007).

---

* 이 글은 T. Lee, T. Lee and Y. Lee. "An Experiment for Urban Energy Autonomy in Seoul: One Less Nuclear Power Plant Policy," *Energy Policy*, 74(2014), pp.311~318; 안정배·이태동, "도시의 에너지전환 분석: 서울시의 원전하나줄이기 정책을 중심으로", ≪ECO≫, 20(1)(2016), 105~141쪽을 수정·보완한 것임을 밝힌다.

화석에너지 및 핵에너지 의존에서 벗어나기 위한 노력도 다양한 수준에서 목격된다. 전통적으로 에너지 정책을 수립하고 추진하는 행위자인 국가들은 신·재생에너지 중심의 국가 에너지 정책을 수립하고 있으며 (Jacobssona and Lauber, 2006; Mitchell and Connor, 2004; Upretia and Horst, 2004), 최근에는 국가 수준에서뿐만 아니라 도시와 지방정부, 지역 공동체 수준에서도 에너지 및 기후변화에 대응하는 정책을 활발히 수립해 추진하고 있다(Kemp et al., 1998; Kern and Smith, 2008; Lee, 2014; Lee et al., 2014; Transition Town Totnes, 2010; 이재협·이태동, 2016). 특히 10여 년 전부터 기후변화 대응 및 에너지 분야에서 전향적 정책을 수립하는 도시들의 행보가 두드러지고 있는데, 이는 여러 국가들이 자국의 단기적 이득을 고려하는 전통적 행태 때문에 실질적인 변화를 주도하지 못하고 있다는 점과 대조적이다 (Rabe, 2008). 특히 대도시들은 사회적·문화적·경제적·인적 자원이 집약된 공간이라는 장점을 살려 이 분야에 적극적으로 참여하고 있으며, 국가를 경유하지 않고 도시 간 글로벌 네트워크[1]를 구축해 실질적 변화를 만들어가고 있다(Betsill and Bulkeley, 2006; Lee, 2013).

최근의 몇몇 지역 단위 실험들은 도시적 맥락에서 진행되었다(CDP, 2012; Hammer, 2008; Keirstead and Schulz, 2010; Puig, 2008). 화석연료와 핵에너지에 의존하던 도시들은 기후변화의 원인으로 지적되었으며, 대기오염과 방사능 위험에 시민들을 노출시킨다는 비판을 받는다(Droege, 2008). 이 도시들은 전 세계적으로 1차에너지의 3분의 2를 소모한다는 비난 또한 받고 있는 실정이다(Keirstead and Schulz, 2010). 나아가 도시들은 에너지 공급을 위해 도시 주변 지역에 크게 의존하는 현상을 보인다. 도시 지역의 인프라 및 경제

1 예를 들어 ICLEI(International Council for Local Environmental Initiatives), C40 Cities Climate Leadership Group 등이 있다.

활동을 유지하기 위해 근교 또는 농촌 지역은 에너지를 가공하고 도시로 송출하는 무거운 부담을 안는다(Rickwood et al., 2008). 비도시 지역의 일방적인 화석연료 공급, 원자력 프로젝트 진행 과정의 위험성과 이에 따른 비용 및 혜택의 불평등한 분배 등은 심각한 사회적 갈등을 야기한다(Vajjhala and Fischbeck, 2007). 그렇기에 에너지 생산과 관련해 도시 지역이 비도시 지역의 의존도를 낮추는 것은 사회적 긴장을 줄이는 데 도움이 된다.

이러한 변화 속에 서울시는 2012년부터 핵에너지와 화석에너지에 의존적이었던 기존의 에너지 수급 구조를 신·재생에너지 중심의 자급적 구조로 바꾸는 정책 실험을 진행하고 있다. 원전하나줄이기(1단계)라는 타이틀의 이 실험은 2012년부터 2년간 원전 1기에서 생산하는 전력량(200만 TOE)을 에너지 절감과 신·재생에너지 발전을 통해 상쇄하는 데 성공하고, 2014년 여름에 2단계로 확장되었다(서울특별시, 2014). 그렇다면 서울시의 원전하나줄이기 정책은 기존의 에너지 수급 구조를 새롭고 지속가능한 수급 구조로 바꾼 성공한 에너지 전환 정책일까? 원전하나줄이기 정책을 실질적으로 평가하기 위해서는 다음과 같은 세부적인 질문에 대답할 수 있어야 할 것이다. 화석에너지와 핵에너지 의존에서 탈피하기 위해 도시는 어떤 관점에서 정책을 수립하고 추진해야 하는가? 변화한 에너지 수급 구조는 무엇을 지향하고 있으며 그 지향을 뒷받침하는 요인들은 무엇이 될 수 있는가? 도시 에너지 수급 구조를 변화시키는 데 있어 적절한 의사결정 구조는 무엇인가? 이러한 질문들은 한 도시의 '에너지 전환'이 실질적으로 이루어지기 위해 필요한 요소들이 무엇인지를 묻는다.

에너지의 공급과 수요에 관련된 정책들은 일반적으로 전국 단위에서 다뤄지는데(Rae and Bradley, 2012; Walker et al., 2007), 도시는 환경적으로 지속가능한 에너지의 미래 보장을 위한 가시적 변화가 일어날 수 있는 공간이다(Keirstead and Schulz, 2010, Monstadt, 2007). 에너지 문제를 해결하기 위해선 도시 단위는 물론 국가적·세계적 수준의 인식 전환이 필요하다(Sovacool and Brown, 2009). 한국은 유가 상승 이후 지역적·국제적 수준에서 환경 문제의식을 갖게 되었고, 에너지 공급의 안정성 그리고 환경 NGO들의 등장으로 인해 통상적인 에너지 패러다임에서 환경적으로 지속가능한 에너지 패러다임으로의 변화를 추구해왔다(Kim et al., 2011). 그러나 한국은 여전히 에너지 집약적 국가다. 세계에서 11번째로 많은 에너지를 소모하며 9번째로 많은 CO_2를 배출하고 있다. 추가적으로 2012년 국내 전력 사용량의 31.1%를 원자력에 의존하고 있다. 다른 나라들의 대도시와 마찬가지로 서울은 국가의 전체 에너지 소비의 상당 부분을 차지하고 있다. 예를 들어 2011년 서울은 전체 국가 에너지 생산량(45만 5070GWh) 중 10.3%(4만 6903GWh)를 소비하는 동안 2.95%(1384GWh)만을 생산했다(Seoul, 2013). 이러한 추세를 반전시키기 위해 서울은 2012년부터 도시 에너지 실험을 실시하고 있으며, 이를 통해 세계적으로 시행되고 있는 다른 에너지 관련 실험들과 관련해 국가와 국가 하부 단위에서의 에너지 정책 개선을 목표로 하고 있다.

에너지 수급 구조는 하나의 복잡한 인프라 관리 시스템인 까닭에, 에너지 전환을 일시에 경험하는 것은 본질적으로 불가능에 가깝다. 에너지 전환과 같은 시스템 전환은 여러 관련 분야의 전략과 실험이 지속적으로 시도되고 반복되는 장기적 과정 속에서 추세 분석을 통해 판별될 수 있으며, 그 판단에 있어서도 다양한 학제의 장기간에 걸친 숙고와 논의가 바탕이 되어야 한다. 따라서 이 글은 성급하게 일반적 결론을 내리기보다 에너지 전환을 이해하는 데 도움이 줄 수 있는 개념과 분석틀을 제공하고, 사례 분석을 통해 에너지 전환을 추구할 경우 필수적으로 요청되는 요인들을 살피는 데 초점을 두었다.

에너지 전환의 개념 정의 및 분석틀 구축을 위해 이 연구는 기존 에너지 수급 구조에 대한 문제제기와 대안을 제시하는 다양한 행위자들(환경, 기후 변화, 에너지, 시스템 전환 분야 기관, 연구소, 시민단체 등)이 제공하는 문서를 참고했다. 그중에서도 특히, 도시 계획과 시스템 혁신 분야에서 촉발된 지속가능 전환(Sustainability Transition) 연구를 주의 깊게 참고했다.

이 연구는 도시의 에너지 전환의 개념과 분석틀을 제시하고, 이를 바탕으로 서울시의 원전하나줄이기 정책을 분석했다. 개념 정의와 분석틀 구축을 위해 기존의 문헌을 참고했고, 경험적 사례 연구에서는 문서 분석을 주된 방법으로 사용했다. 서울시는 2012년, 원전하나줄이기 정책을 수립하면서 에너지 정책 분야에 적극적으로 참여하기 시작했는데, 이러한 도시의 정책 행동은 공공 부문의 선도적 실천을 통한 가치의 확산을 기대하는 '행동을 통한 정책 확산(Policy by Doing)'으로 이해될 수 있다(Koski and Lee, 2014). 특히 이러한 흐름은 2011년 취임한 시민운동가 출신 박원순 서울시장의 배경과 맞물려 시민 참여형 거버넌스나 전지구적 공존 등 시민사회가 제기해온 가치가 잘 반영된 정책 사례를 형성하고 있다(Lee et al., 2014). 이 같은 특징은 원전하나줄이기 정책이 지향하는 도시 에너지 수급 구조를 설계할 때 다양한 수준의 관점이 잘 고려되었는지, 그러한 고려를 바탕으로 적합한 비전이 만들어지고 장기적인 변화를 위한 정책 계획이 수립되고 추진되었는지, 그리고 그 전반적인 과정이 장기적으로 시스템 변화에 영향을 끼칠 수 있도록 참여형 거버넌스를 통해 운영되었는지 등을 파악할 수 있는 좋은 기회를 제공했다.

2. 에너지 전환의 개념과 분석틀

전환이라는 용어는 본질적으로 '방향'을 내포하고 있다. 특정 지점에서 다른 지점으로의 이동을 가리키는 말이기 때문이다. 전환은 보통 현존하는 사회적·경제적 환경을 변화시킨다. 저탄소로의 전환은 에너지 수요 관리 및 효율성 향상을 통해 화석연료나 원자력에너지 기반의 시스템과 관련된 이해관계, 권력 그리고 관념들을 재생가능 에너지 기반의 시스템으로 변화시킨다(Bulkeley et al., 2011). 따라서 전환은 기술적 대안의 존재 뿐 아니라 제도적·사회적·경제적 동인을 필요로 한다(Droege, 2008). 정착된 시스템에 견줄 수 있는 대안은 정치 리더십, 전문가, 비정부기구 및 시민들을 포함하는 다층적인 행위자들의 지지를 얻어야 한다(Späth and Rohracher, 2012).

지속가능 전환은 근본적인 시스템 전환을 연구하는 분야로써, 1980년대 혁신경제학 연구와 이에 착안해 과학기술과 사회시스템의 접목을 시도했던 1990년대 사회기술 시스템론에서 발전되었다. 지속가능 전환이 목표로 하는 전환이란, 한 세대(30년) 이상의 기간 동안 어떤 사회 시스템 내에서 일어나는 점진적이고 지속적인 구조적 변화 과정을 말하는데, 이 같은 전환은 근본적으로 다수준 관점(Multi Level Perspective) 및 초학제 간 접근(Trans-Disciplinary Approach)을 기반으로 한다. 이를 통해 과학 기술과 사회의 상호작용을 끌어내고 궁극적으로 정책 변화를 일으켜 시스템 변환이 일어난다는 것이 기본적인 전환의 과정이다(Rotmans et al., 2001).

지속가능 전환이 제공하는 시스템 전환의 요소들을 기반으로, 이 글은 에너지 전환을 다수준 관점을 고려한 성찰적 거버넌스를 토대로 기존 에너지 수급 시스템이 장기적으로 회복력을 갖춘 자립 구조로 변환되는 것으로 정의한다. 이 정의에는 지속가능 전환 연구가 제시하는 요소들인 다수준 관점 및 성찰적 거버넌스가 주요 요소로 사용되었고, 전환이 지향하는 목표로써 회복력이 추가적인 요소로 포함되었다. 여기서 다수준 관점은 에너지 시스템의 전환을 위한 정책을 수립할 때, 정책에 영향을 끼치는 배경과 전환의 맹아가 될 수 있는 소규모 실험 공간(niche)이 사회기술적 레짐(regime)과 어떻게 상호작용하는지를 확인하기 위한 요소이다. 이러한 다수준 관점을 바탕으로 실제 에너지 전환을 가능하게 하는 정책 결정 구조는 성찰적 거버넌스의 하위 요소들로 구성된다. 마지막으로 회복력은 에너지 전환의 지향점으로서, 다수준 관점을 고려한 성찰적 거버넌스가 기존의 에너지 시스템을 더욱 회복력을 갖춘 시스템으로 변환시켜나가는 방향성을 내포한다.

에너지 자립은 에너지 의존 상태에서 에너지 전환을 시도해보는 실험이다. 도시 에너지 자립성을 추구하는 일은 화석연료나 핵연료 기반의 중앙집중형 발전으로 공급되는 에너지의 규모를 줄이는 것을 포함한다(Droege, 2008). 지역적으로 자립적인 에너지 시스템은 기후변화와 더불어 기존의 불확실한 에너지 공급에 대응해 '의도적 개입'을 필요로 하며, 중앙 집중형 에너지 공급 시스템과 장거리 에너지 전송으로 야기된 사회적 갈등을 해결한다는 의미에서 하나의 실험이라고 할 수 있다. 동시에 도시 에너지 자립은 현존하는 에너지 시스템을 새로운 방향으로 변화시키기 때문에 전환이라고 볼 수 있다. 신·재생에너지로의 전환은 지역 및 지방 수준에서 발생해왔으나, 그에 반해 국가 및 국제기구들은 에너지 관련 문제들에 매우 더디게 반응해왔다(Muller et al., 2011). 이러한 관점에서 도시의 에너지 정책은 국가적 또는 국제적 차원에서 정치적인 공백 상태가 생기거나 지원이 부족할 때 고안되어 국가 혹은 국제적 지속가능 에너지 정책들을 이끌어낼 수 있다(Aall et al., 2007).

1) 다수준 관점

에너지 전환의 첫 번째 요소인 다수준 관점(Multi Level Perspective, 이하 MLP)은 시스템 전환을 위한 특정 행위가 경관, 레짐, 니치의 수준을 고려하고, 각 수준의 상호작용을 독려할 수 있어야 한다는 관점이다. 즉, 이 관점은 MLP가 잘 작동할 경우 어떤 시스템이 경관 수준의 문제에 직면했을 때, 혁신이 일어나는 소규모 단위인 니치 수준의 실험을 수용해 기존 레짐을 변경해 지속가능한 시스템을 유지할 수 있는 새로운 레짐으로 변환할 수 있다는 것이다(Geels and Schot, 2007; Schot and Geels, 2008).

MLP를 한 국가의 에너지 정책에 적용하면 다음 세 가지 수준이 고려될 수 있다. 먼저, 에너지 정책의 계획과 추진에 있어 에너지 안보나 지구적 에너지 문제, 기후변화 등 에너지 정책과 관련된 사회 경제 물리적 경관, 중앙정부의 에너지 정책 기조와 주요 에너지 기술 등을 포함하는 사회적·기술적·정책적 레짐, 그리고 도시 수준이나 하위 공동체에서 목격되는 에너지 혁신 정책이 실험되는 소규모 공간인 니치 수준이 그것이다.

과학기술사회학에서는 혁신에 있어 니치의 동학을 주시하는데, 니치 수준은 기술, 사용자 경험, 구조의 공진화(co-evolution)를 실험할 수 있는 공간으로서, 지속가능한 개발을 향한 레짐 전환(regime shifts)을 위한 초석의 역할을 한다(Schot and Geels, 2008; Schot et al., 1994). 또한, 여러 지속가능 전환 연구자들은 현재 체제를 넘어 구조적 레짐 변환을 시도하려면 다양한 행위자들에 의한 충분한 탐색, 학습, 실험이 필요하며, 이를 위한 (물리적 및 심리적) 니치 공간을 확보하는 것이 필수적이라고 주장한다(Loorbach, 2010; Roorda and Wittmayer, 2014; 정병걸, 2014). 이러한 니치 수준의 혁신이 레짐에 효과적으로 수용될 수 있는 사회, 문화, 제도의 확충이 MLP의 핵심적 함의라고 할 수 있다.

〈그림 10-1〉은 이러한 MLP를 한국의 에너지 정책 구조에 적용해본 것이다. 기후변화나 핵에너지 불안과 같은 전지구적 문제(경관)에 직면할 때, 한국의 국가 에너지 레짐은 당면 문제에 대응할 수 있는 혁신을 개발해야 할 필요성을 인식하게 되는데, 이때 서울의 원전하나줄이기와 같은 도시

〈그림 10-1〉 다수준 관점에서 본 도시 에너지 전환 구조도

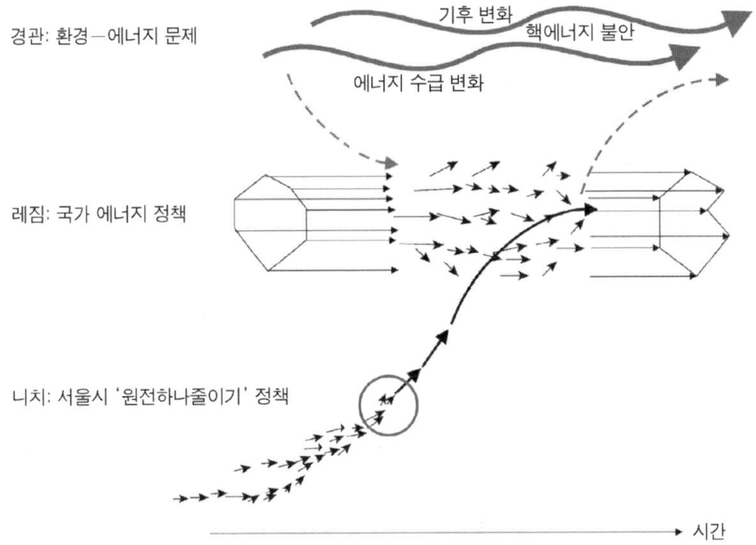

자료: Schot and Geels(2008: 546), 재구성.

수준의 정책 실험(니치)이 있다면, 국가의 에너지 정책(레짐)이 변화할 가능성이 높아진다.[2]

2) 성찰적 거버넌스

지속가능 전환 연구는 시스템 전환을 위한 정책 거버넌스 구조에도 주안점을 둔다. 전환은 시스템 전반의 변화를 통해 일어나는 과정이기 때문에 시스템 내 다양한 이해당사자가 참여하는 거버넌스 구조는 전환의 필수적 환경이다. 그런데 이러한 거버넌스를 구축하는 과정 또한 시스템 전환

2 물론, 주 분석 대상에 따라 각 수준은 다르게 설정될 수 있다. 예를 들어 윤순진·심혜영(2015)은 국가적 에너지-기후변화 문제(경관), 서울의 에너지 전환(레짐), 햇빛발전협동조합이나 자치구 에너지 정책(니치)로 설정한다.

의 일부이므로, 이 거버넌스는 정책을 수립하는 주체이면서 동시에 제안되고 실험되어야 하는 일종의 정책 모형이어야 한다(Kern and Smith, 2008).

지속가능 전환 연구는 전환 추진 팀(Transition Team), 전환장(Transition Arena), 다중이해당사자 협의체로 이루어진 거버넌스 구조인 전환 관리(Transition Management) 모델을 제시한다(Kemp and Loorbach, 2006; 이은경, 2014). 먼저 전환 추진 팀은 시스템 전환을 위한 정책의 수립과 실행 전반을 관장하는 그룹으로 정책을 담당하는 부서의 담당자와 전환 전문가, 해당 정책의 최종 책임을 지는 관리권자 등으로 구성된다. 전환 추진 팀은 수립되고 추진되는 정책의 최종 책임을 지지만, 시스템 전환의 특성과 효과를 고려해 다른 참가자들의 활동을 독려하는 데 주안점을 둘 것을 권장받는다. 둘째, 전환장은 시스템 전환에 대한 비전을 가진 멤버들로 구성되어 전환의 비전을 제공하고, 참여자 간 공식적·비공식적 소통의 중추를 담당하는 그룹을 말한다. 전환장은 전환 추진 팀에 의해 초청되지만, 과정 전반에 걸쳐 독립적으로 활동하며, 최종 관리권자와 직접 소통할 수 있어야 한다. 셋째, 다중이해당사자 협의체(multi-stakeholder group)는 서로 다른 이해관계를 가진 관계당국, 시민, 기업, NGO 등이 참여해 상충되는 이해관계를 조정하면서 정책에 도입할 의견을 구성하는 역할을 한다. 바람직한 다중이해당사자 협의체는 변화 촉진자(change-agents)라고 불리는 참여자들에 의해 주도되는데, 이들은 풀뿌리적 현장에 기반을 두고 전환이 지향하는 바에 대한 이해와 적극적 참여의 의지를 가진 사람들을 말한다(Roorda et al., 2012; Roorda and Wittmayer, 2014; Wittmayer et al., 2012).

이러한 거버넌스의 운영 원리에 대해 지속가능 전환 연구자들은 시스템 전환을 위해 장기적 계획을 수립하고 추진하는 과정에서 지속적으로 계획을 평가·보완할 수 있는 다중이해당사자 거버넌스를 뜻하는 성찰적 거버넌스(Reflexive Governance, 이하 RG)를 제안한다(Voß et al., 2006; Weber,

2006). 잔 피터 보스(Jan-Peter Voß) 외가 RG의 성공적 구현을 위해 제안한 5개 요소(Voß et al., 2006)는 다음과 같다.

① 통합적(또는 초학제적) 지식 생산

RG가 구현되려면, 기본적으로 거버넌스에 참여하는 다양한 이해당사자들이 기후변화나 에너지 수급 구조 같은 시스템 차원의 심각한 문제(wicked problem) 해결을 위해 우선 시스템의 복잡성을 이해해야 하며, 이를 기반으로 해당 문제와 관련된 학제통합적(inter-departmental) 또는 초학제적(trans-disciplinary) 지식이 생산되어 상호 학습될 수 있어야 한다.

② 적응적 전략 및 제도

또한 시스템의 장기적 변화는 전략 및 제도의 적응성(adaptivity)에 기초해야 하는데, 장기적 계획의 수립과 추진은 지속적인 변화 양상에 따라 제기되는 새로운 문제를 반복적이고 보완적으로 수용해야 한다. 적응적 거버넌스를 위해서는 프로젝트의 세부 내용뿐 아니라, 필요한 경우 사전에 합의된 비전이나 정책의 설계 원칙에 대해서도 재고할 수 있는 가능성이 확보되어야 한다.

③ 장기적 시스템 효과 예측

실제 거버넌스에서 이러한 적응적 과정은 이해당사자들의 복잡한 이해관계를 조율해 합의에 이르는 과정이다. RG에서는 각 이해당사자들의 충돌하는 단기적 이해가 아닌 장기적 공동 이익을 일으키는 시스템 효과를 바탕으로 합의를 도출한다. 이를 위해 각 이해관계자들의 장기적 반응(feedback loop)을 예측하는 것이 필수적으로 요청된다.

④ 반복적이고 참여적인 목표 형성

위와 같은 RG 원칙들에 기초한 거버넌스의 반복적이고 참여적인 목표 형성은 장기적 변환을 일으킬 수 있는 정책의 수립으로 이어질 수 있다. 이 과정에서는 정책의 장기적 추진에 대한 적절한 모니터링 방식도 함께 수립되어야 한다.

⑤ 상호적 전략 수립

마지막으로 각 이해당사자 그룹을 비롯한 참여 그룹들이 궁극적으로 자기 조직화를 통해 상호적 전략 수립에 참여할 수 있어야 한다.

3) 회복력 있는 에너지 자립 구조 지향

모든 전환은 한 시스템에서 다른 시스템으로의 변환을 뜻하므로 본질적으로 전환이 지향하는 시스템이 전제되어야 한다. 에너지 시스템에 있어 고려해야 할 핵심 문제는 피크오일, 기후변화를 야기하는 화석에너지 중심 구조, 전지구적 환경 재앙과 국내 송전 시스템을 둘러싼 갈등을 야기하는 핵에너지, 과다한 에너지 소비 등이라고 할 수 있다. 따라서 에너지 전환은 장기적 시스템 효과를 고려해 이러한 핵심 문제를 해소할 수 있는 시스템을 지향해야 한다.

최근 도시 기후 - 에너지 정책은 기존의 저감(mitigation)과 적응 전략을 종합하면서, 장기적으로 도시 시스템의 지속을 위해 회복력을 갖춘 도시 시스템을 비전으로 제시한다(Roberts, 2010). 생태학에서 회복력은 외부 교란을 흡수하며 변화를 감내하는 동시에 전과 동일한 기능과 구조, 피드백을 통해 자신의 정체성을 필수적으로 유지하기 위해 재조직하는 수용 능력을 말한다(Arctic Council, 2013: 15). 이를 토대로 이태동과 이태화는 '진화

〈표 10-1〉 도시 에너지 전환 분석틀

다수준 관점	경관-레짐-니치 수준이 고려된 계획	기후변화와 에너지 안보
		후쿠시마 원전 사고에 따른 원전 불안감
		발전 및 송전과 관련한 초지역적 갈등
	(니치 혁신이 레짐에 반영)	(단기적 단일 정책 분석임을 고려해 분석에서 제외)
성찰적 거버넌스	통합적(또는 초학제적) 지식 생산	부서별 지식 공유, 공동학습 및 정책 적용
		시 당국, 유관 공공 부문 및 민간 부문 사이의 지식 공유 및 공동학습 및 정책 적용
	적응적 전략 및 제도	계획에 대한 지속적 논의 및 보완
	장기적 시스템 효과 예측	합의된 장기 비전에 의한 정책 및 전략 수립
	반복적이고 참여적인 목표 형성	시민참여형 정책 수립 과정, 시민 협력을 촉진하는 부서, 시민 참여 프로그램, 인센티브 프로그램 운영
	상호적 전략 수립	시 당국, 유관 공공 부문 및 민간 부문 사이의 협력에 의한 장기적 목표 형성
회복력 지향	자립형 에너지 수급 구조 지향	기존의 타지역 의존형, 화석에너지 및 핵에너지 의존형 에너지 수급 구조를 탈피하고 에너지 자립 지향
	장기적 전환 거버넌스에 대한 사회적 수용능력	시민 역량강화
		도시 내 공동체의 에너지 자립 모델 개발

자료: Voß et al(2006); Schot and Geels(2008)을 바탕으로 재구성.

적 도시 기후 회복력' 개념을 제시(Lee and Lee, 2016)하는데, 이 개념은 지속적인 기후 - 에너지 위기에 대응하기 위해 도시가 인식(recognition), 대비(readiness), 대응(response) 과정을 통해 손상된 시스템을 회복시키고 더욱 지속가능한 상태로 스스로를 변화시켜야 한다고 주장한다. 한편, 스톡홀름 회복력 센터의 칼 폴케(Carl Folke) 등은 회복력을 유지하고 추동하기 위해 적응성과 변환성(transformability)을 강조한다. 즉, 회복력이란 사회생태적 시스템이 치명적 위기에 지속적으로 적응하며 자신의 기능을 유지하는 것이며, 현재의 기능을 유지하기 위해 상황에 적응하면서, 현재의 기능과 수용력을 새로운 궤도로 발전시킬 수 있도록 스스로의 형태를 변환하며 시스템을 지속적으로 기능하게 하는 것이다(Folke et al., 2010).

이를 바탕으로 회복력을 지향하는 에너지 전환이란, 화석에너지와 핵에너지 의존적 에너지 수급 구조를 탈피하고, 에너지 절감 및 신·재생에너지 발전을 통한 자립형 에너지 수급 구조로의 변환을 지향한다는 의미로 정리할 수 있을 것이다. 동시에 이러한 에너지 수급 구조의 변환은 다양한 이해당사자가 고루 참여하는 거버넌스를 통해 지속적으로 수립 및 보완되어야 하므로, 이를 수용할 수 있는 사회 시스템의 구축이 동시에 지향되어야 한다는 것을 의미하기도 한다.

이상의 논의를 바탕으로 도시 에너지 전환 분석에 사용할 분석틀은 〈표 10-1〉과 같이 정리할 수 있다.

3. 서울의 에너지 전환 정책 실험 분석

1) MLP 측면: 경관 - 레짐 - 니치 수준의 고려

2012년 1월에 시작된 서울시의 원전하나줄이기(1단계) 정책은 2014년 6월 당초 계획보다 반년 앞서 목표를 달성하고, 2014년 8월 2단계로 확대 발전되었다. 전문가 자문단 구성(2012.1)에 이어 원전하나줄이기 시민워크숍(2012.2.21), 시민위원회(2012.4.12), 시민대토론회(2012.4.16)를 거쳐 구성된 원전하나줄이기 실행위원회는 2012년 5월 '에너지 수요 절감과 신·재생에너지 생산·확대를 통한 원전하나줄이기 종합 대책(이하 종합 대책)'을 발표한다. 종합 대책에 따르면, 원전하나줄이기 정책은 서울의 낮은 전력자급률과 에너지 소비 증가에 의한 전력 수요 급증, 국제 유가 상승에 이은 에너지 수요 관리 강화 필요성, 후쿠시마 원전 사고가 야기한 원자력에 대한 불안감을 배경으로 수립되었다.

2011년 한국의 1인당 전력 소비량은 미국 다음으로 높아 상승하는 국제 유가에 대응할 필요성이 제기되고 있었다. 그중에서도 서울은 국내 에너지 소비량의 11%를 소비하는 국내 최대 에너지 소비 도시지만, 전력자급률은 2.8%로 상당히 낮은 외부의존형 에너지 수급 구조를 가지고 있었다(서울특별시, 2012). 외부의존형 에너지 수급 구조란, 도시 외 지역에 대부분 위치한 원자력 발전소 및 화력 발전소로부터 서울과 같은 대규모 에너지 소비 도시로 전력이 공급되는 구조로 발전과 송전 과정에서 초지역적 갈등이 야기되기도 한다.

또한, 종합 대책은 2011년 3월 발생한 일본 후쿠시마 현 원전 붕괴에 의한 원자력 불안감을 정책 배경으로 꼽고 있다. 후쿠시마 사고가 체르노빌 원전 사고 이후 다시 한번 전지구적 핵에너지 불안을 불러일으킨 것은 주지의 사실이다(OECD, 2014).

MLP의 핵심 요소는 경관 - 레짐 - 니치 수준이 고려된 계획의 수립과 니치의 혁신이 레짐에 반영될 수 있도록 니치에 대한 전략적 관리(전략적 니치 관리)로 나눌 수 있다(Kemp et al., 1998). 먼저 경관 - 레짐 - 니치의 각 수준이 고려된 계획의 수립에 있어 그동안 한국정부의 기존 에너지 정책(레짐)은 원전에 대한 국제적 불안감이나, 외부의존형 에너지 수급 구조와 같은 국제적·사회적 문제(경관)를 정책 배경으로 고려하지 못했고, 후쿠시마 사태 이후에 발표된 국가 에너지 기본 계획에서도 기존의 핵에너지 수급 구조를 눈에 띄게 변화시키지 못하고 있었다. 즉, 경관이 레짐에 반영되지 못하고 있었다.

그뿐만 아니라, 레짐과 니치 사이의 소통도 원활하지 않았다. 구조적으로 중앙정부 산하 기관인 에너지관리공단의 실장급 인사가 원전하나줄이기 정책의 실행위원으로 참여해 간접적인 상호작용이 이루어지긴 했으나, 서울시가 원전하나줄이기 정책(니치)을 수립하는 과정에서 중앙정부(레짐)는 협력 상대라기보다는 장벽으로 작용했다. 인터뷰에 따르면, 중앙정부 관련부처인 산업통상자원부와 환경부는 서울의 원전하나줄이기 정책 수립 과정 내내 명칭에 대한 불만을 표출해왔으며, 서울시 담당공무원들과 지속적으로 마찰을 빚어왔다. 특히 재생에너지의 주요 육성 정책 중 하나인 재생에너지 발전차액지원제도(Feed-In-Tariff: FIT)를 2014년 1월 발표된 제2차 국가 에너지 기본 계획에서 삭제함으로써 서울의 재생에너지 판매 정책 측면에서 큰 걸림돌이 되었다(국무총리실 외, 2008; 산업통상자원부, 2014).

위와 같은 근거들을 토대로, 서울의 원전하나줄이기 정책은 국제적·사회적 문제라는 경관 수준을 십분 고려해 수립되었다는 점에서 MLP를 고려한 정책이었으나, 그 기조가 기존 핵에너지와 화석연료 중심의 중앙정부의 에너지 정책 레짐과 구별되는 시도였다고 볼 수 있다. 이러한 차이로 인해 이 정책 과정은 레짐이 니치를 증진시키지 못하고 오히려 장벽으로 작용했으며, 니치의 실험이 레짐에도 반영되기 힘들었다고 분석할 수 있다. 즉, 효과적인 에너지 전환을 가져오기 위해서는 기존 정책 레짐과 니치에서의 혁신적 실험 사이의 활발한 상호작용을 통해 레짐이 니치의 혁신을 수용해야 하며, 더 나아가 레짐이 스스로의 혁신을 위해 전략적으로 다양한 니치들을 지원하고 육성(empowerment)할 필요가 있는 것이다. 그렇지 않은 경우, 니치의 혁신이 갖는 전환의 파급력은 제한될 수밖에 없다(Kemp et al., 1998; Schot and Geels, 2008).

2) RG 측면

추진 체계의 가장 상위에 위치한 시민위원회는 시장을 포함한 각계 시민대표 25인으로 구성되어 있는데, 이들은 정책의 비전을 제안하고, 각 참여자들의 상호 과정을 촉진하는 역할을 담당한다. 이러한 구성과 역할은 전환 관리 모델의 '전환장(Transition Arena)'과 거의 동일하다. 시민위원회 아래에는 추진 본부가 위치하고 있는데, 추진 본부는 전환 관리 모델의 '전환 추진 팀'으로 볼 수 있다. 원전하나줄이기 정책의 중추 역할을 담당한 추진 본부는 시 당국의 담당 부서와 여러 부문으로부터 선임된 에너지 분야 전문가들로 구성되었다. 마지막으로 공공 부문과 민간 부문으로 분류된 부문별 협의 구조는 전환 관리 모델의 '다중이해당사자 협의체' 형태를 띠고 있다. 세부적으로 공공 부문은 서울시와 자치구 및 중앙정부의 유관 기관으로 구성되어 있고, 민간 부문은 풀뿌리 공동체단체, 기업 및 상업 부문으로 구성되어 있다.

① 통합적 지식 생산

시민위원회, 추진 본부, 부문 협의체로 구성된 추진 체계 설계는 통합적 지식 생산을 촉진할 수 있는 기반을 제공한다. 그러나 정책의 지향이나 세부 정책에 대한 대부분의 실질적 논의는 '전환 추진 팀'이라고 할 수 있는 추진 본부 내 실행위원회를 통해 이루어졌으며, 시민위원회나 공공 부문의 협력은 제한적이었다. 특히, 국고나 제도 지원과 관련해 환경부를 비롯한 정부 유관 부서와의 협력이 제한적으로 이루어지긴 했으나, 명칭 문제로 마찰이 지속되었으며, 1단계 원전하나줄이기 종료 시점까지 각자의 업무 추진 방식이나 예산 운용 등에 있어 서로 다른 접근 방법의 차이를 줄이지 못했다. 이 같은 문제에 대응하기 위해 전환 관리 모델은 관리권자와 직접 소통하면서 전반적으로 추진 체계를 조정하는 전환장(Transition Arena)의 적극적인 역할을 강조한다. 그러나 원전하나줄이기 추진 체계에서 전환장의 위치에 있었던 시민위원회는 연간 1~2회 회의를 개최하는 데 그쳐, 정책 추진 전반에서 각 부문을 연결하고 조율하는 역할을 적극적으로 수행하며 정책 전반을 아우르는 비전을 만들어가기에는 부족한 구조였다고 평가된다. 한편, 원전하나줄이기 정책은 서울시 내의 부서 간 협력과 통합적 지식 생산에는 기여한 것으로 보인다. 이 정책이 서울시의 에너지 관련 분야를 총망라하는 광범위한 정책으로 설계되고, 원전하나줄이기 추진 본부에 서울시의 모든 관련 부서가 참여하면서 부서 간 교류가 이루어졌고 지식이 교환되었다. 특히 주택, 도시 계획, 교통, 물 관리와 관련된 세부 정책 프로그램에서 관련 부서들 사이에 많은 교류가 이루어졌다.

② 적응적 전략 및 장기적 시스템 효과 예측 측면

30년 정도의 장기적 변환 과정을 시스템 전환의 요건으로 보는 지속가능 전환의 관점에서 볼 때, 2개년 단기 정책인 원전하나줄이기(1단계)는 에너지 전환을 추진하기에 근본적 한계를 가지고 있었다. 단기 계획에서는 참가자들이 장기적 시스템 효과에 대한 예측을 바탕으로 자신의 이해관계를 폭넓게 이해하기 쉽지 않다. 이 경우 참여 이해당사자들의 요구는 단기적이고 즉각적인 이해관계에 의해 제한될 수밖에 없다. 그 결과, 정책의 수립 과정에서 참여자들의 주요 의견은 인센티브나 지원 정책, 당장의 이해관계와 직접적으로 관련된 사업 분야 확대 등에 집중되었다(서울특별시, 2014).

선명한 목표와 함께 장기적 시스템 변화를 나타내는 명칭과 달리, 정책을 주도했던 실행위원회 역시 이러한 시간적 제약 속에서 실질적 목표를 추구할 수밖에 없었다. 실행위원으로 참여한 신근정은 “원전하나줄이기 정책 자체는 포괄적 에너지 정책이라기보다는 단기 정책으로써 박원순 시장 임기 내에 추진할 수 있었던 정책"으로 실제 정책의 수립과 추진 과정에서도 "정책 지속력에 대한 확신이 없는 상태에서 빠른 성과 중심으로 추진되었다"고 평가한다. 이런 까닭에 박원순 시장 임기 내 완료할 수 있는 목표를 설정할 수밖에 없었으며, 그 결과 본질적으로 원전 탈피와 같은 장기적 시스템 변화를 추구하지는 못했다고 볼 수 있다.[3]

이러한 면은 원전하나줄이기 정책이 장기적으로 설계되지 못해 장기적·적응적 전략 수립이라는 RG의 핵심 요소에 접근하지는 못했음을 보여준다. 아울러 이러한 한계는 이해당사자들이 반복적으로 정책 목표의 형성에 참여하거나, 에너지 시스템의 전환 과정에서 지속적으로 책임 있는 역할을 하는 데 방해 요인이 될 수 있다.

앞서 살펴보았듯이 원전하나줄이기 정책은 기후변화나 핵에너지 문제와 같은 전지구적 에너지 문제에 대한 높은 인식을 바탕으로 만들어졌고, 전국적 문제인 중앙집중형 송전 시스템에 대한 책임까지 고려(MLP)했다. 그럼에도 불구하고 장기적 정책을 통한 근본적인 시스템 변환을 추구하지 못한 것은 어쩌면 원전하나줄이기 정책이 현재 서울시의 정치 상황이나 박원순 시장의 리더십에 의존적인 상황일 수 있음을 시사한다. 이는 다시 말해 원전하나줄이기 정책의 지속성과 확장성이 앞으로 전개될 서울시의 정치 상황에 좌우될 수 있다는 취약성을 시사한다.

③ 반복적 참여적 목표 형성 측면

박원순 시장은 취임 이후 시장 직속 기구로 '시민청'을 만들고, 시민이 제안하는 정책을 청취하는 '청책(聽策)토론회'를 정기적으로 개최하는 등

3 저자의 신근정 원전하나줄이기 실행위원과의 개인적인 인터뷰. 2014.12.20

시민 참여형 시정을 꾀하고 있다(서울특별시 시장실, 2015). 원전하나줄이기의 시민참여형 방향 설정도 이러한 박원순 시장의 정책 지향이 잘 드러난 것이라고 할 수 있다. 특히, 시민참여형 에너지 절감 사업은 원전하나줄이기 정책 중에서도 성공리에 진행된 사업이라고 할 수 있다. 추진 본부의 민관 협력반에서 추진한 이 사업은 시민 참여를 통해 시민들에게 정책 방향을 효과적으로 전달했고, 이를 통해 다양한 부문에서 시민 역량을 성공적으로 강화시킨 것으로 보인다. 시민참여형 에너지 절감 사업은 구체적으로 에너지 전문가 '그린 리더'를 양성하고, 초·중등 학생들의 에너지 절약 캠페인 '청소년 에너지수호천사단'을 운영했으며, 에너지 절감 업소에 대해 '착한 가게' 인증을 발행해 민간 참여를 활성화했다. 또한, 시민 참여가 활발한 지역을 에너지 절약 시범 특구로 지정하는 등 지역 단위의 참여도 독려했다. 이 외에도 시민들이 에너지 문제를 가깝게 경험하고 문제 해결 방안에 대해 이해할 수 있도록 원전하나줄이기 체험 시설이나 환경교육관 등을 설치하고, 공공장소를 체험 장소로 활용하는 등 다양한 분야에서 시민 참여를 확대했다(서울특별시, 2014).

이러한 다양한 시민 참여를 토대로 서울시는 당초 원전하나줄이기 정책의 목표로 설정한 200만 TOE 감축(소비 절감 및 신·재생에너지를 통한 수급)을 당초 계획보다 반년 앞선 2014년 6월에 달성했다(서울특별시, 2014). 이러한 성과를 바탕으로 서울시는 자체 평가에서 원전하나줄이기 정책이 ① 지역 에너지 정책의 성공 사례를 제시하고, ② 시민 참여 활성화와 인식을 개선했으며, ③ 에너지 관련 산업과 일자리의 초기 기반을 형성했다고 평가했다(서울특별시, 2014).

하지만 〈표 10-2〉에서 확인할 수 있듯, 원전하나줄이기 종합 대책 시행의 가장 큰 성과는 목표량을 크게 초과한 에너지 절약 부문의 성공이라고 할 수 있다. 절약 부문은 기후변화 적응 인프라나 관련 산업 분야보다 일반

〈표 10-2〉 원전하나줄이기 1단계 목표 및 달성 성과

분야	목표 (1000TOE)	달성 성과(1000TOE)			
		2012년	2013년	2014년	계
에너지 생산	410	35	78	147	260
에너지 효율화	1,110	145	328	396	869
에너지 절약	480	151	515	245	911
합계	2,000	331	921	788	2,040

자료: 서울특별시 기후환경본부 원전하나줄이기 실행위원회(2014).

시민(소비자)들의 에너지 절감 참여에 크게 의존한다. 원전하나줄이기 시행 기간의 에너지 절약에 힘입어 서울의 총전력 사용량은 4만 7234GWh(2012년)에서 4만 6555GWh(2013년)로 감소했다. 이는 같은 기간 동안의 총전력 사용량이 전국적으로 1.76% 증가하고, 모든 광역시에서 증가 추세를 보인 것과 대조적이다.

반면, 성과의 대부분이 일시적 절약 효과에 의해 나타날 수 있는 지표이며, 초기 투자와 이어지는 장기적이고 지속적인 투자가 필요한 에너지 생산 부문의 성과는 매우 적었다는 점에서, 원전하나줄이기 정책이 반복적이고 장기적인 목표를 형성해 에너지 시스템의 전환을 추동할 수 있는 에너지 전환 정책으로서 근본적인 제약이 있었음을 이해할 수 있다.

④ 상호적 전략 수립 측면

우선, 원전하나줄이기 정책은 2012년 1월 전문가 자문단을 구성해 같은 해 2월까지 총 15회의 회의를 통해 계획 수립 체계의 기초를 형성했다. 이 과정에서 민간 참여 유도(서울시 에너지절약건물 사업 등) 및 시민 참여 지원 방향이 정해졌고, 재생에너지 도입을 장려하는 제도 확충이 논의되었

다. 전문가 자문단의 논의 직후인 2월 21일, 일반 시민들이 참여한 1차 시민 워크숍이 개최되었고, 이 자리에서 시민 참여 지원 방안이 좀 더 구체적으로 논의되었다. 에너지 절감 정보의 제공 및 에너지 진단 서비스, 시민 주도 참여 프로그램에 대한 예산 지원 의견이 형성되었고, '태양광 시민 발전소' 등 시민 주도의 재생에너지 활성화 방안도 논의되었다(서울특별시, 2014).

이 과정에서 건물 에너지 관련 규제 및 인센티브(건물 에너지 소비에 대한 규제, 건물 에너지 효율화 사업, 그린캠퍼스협의회 구성 등), 에너지 자립 마을 조성 지원 계획, 에너지 절감 시민 교육 및 참여 프로그램, 사회적 기업 및 녹색 일자리 등이 도출되었으며(서울특별시, 2012). 이러한 논의들은 같은 해 4월 16일 시민대토론회에서 종합 대책이 최종 통과될 수 있는 기반을 제공했다. 이처럼 다양한 이해당사자들의 논의를 통해 여러 분야를 아우르는 세부 계획이 수립된 점은 원전하나줄이기 정책이 다중 이해당사자 참여를 독려하려는 정책 계획을 지향한다는 점을 잘 나타낸다.

다양한 이해당사자의 논의를 모으기 위해 거버넌스 구축에 대한 계획도 원전하나줄이기 종합 대책에 포함되어 있었다. 구체적으로 종합 대책에는 정책 목표 달성을 위한 실질적 거버넌스를 구축·운영하고 전 부서와 자치구의 역량을 총동원해 에너지 절감을 선도하며, 정부, 교육청, 한전 등 유관 기관과의 협력을 강화해 제도 개선 및 공적 자금을 적극 활용하겠다는 내용이 포함되어 있다. 또한 3조 2000억 원에 이르는 소요 예산의 3분의 2가량을 민간 자본으로 유치하게 위해 민간 부문의 참여를 위한 정보 제공이나 인센티브 정책 등을 강화하고 녹색 산업의 경쟁력을 제고하기 위한 파급 효과를 고려하겠다는 계획도 포함되었다(서울특별시, 2012).

RG 측면에서 보았을 때, 부서별·부문별 통합적 지식 생산이 다소 이루어졌음을 확인할 수 있고, 특히 시민을 중심으로 한 반복적 참여를 통해 부문 간 상호 전략을 추구했다는 것으로 평가할 수 있다. 그러나 시민 참여나 포괄적 거버넌스 구조에 대한 고려에도 불구하고, 정부 유관 기관으로 이루어진 공공 부문의 협력은 미비했다. 이는 다수준 관점의 측면에서 레짐(중앙정부)과 니치(서울시) 사이의 상호작용이 부족했다는 점에 기인한 것으로 보인다. 또한, 2년으로 제한된 단기적 정책 계획으로는 각 유관 기관들과 장기적 협력 관계를 구성하기 역부족이었고, 이러한 한계 때문에 서울시의 원전하나줄이기 정책은 에너지 전환이 추구하는 장기적인 시스템 변환을 달성하기에 근본적 제약이 있었던 것으로 판단된다.

3) 회복력 지향 측면

원전하나줄이기 정책의 비전은 '세계 기후 환경 수도를 향한 에너지 자립 기반 구축'으로, 구체적으로는 전력자급률을 2014년까지 8%, 2020년까지 20%까지 끌어올리겠다는 것이다. 이를 위해 2014년까지 1GW급 핵발전소 1기가 연간 생산하는 전력량인 200만 TOE를 에너지 수요 절감과 신·재생에너지 생산 확대를 통해 절감하겠다는 것이 정책의 목표다(서울특별시, 2012). 궁극적인 에너지 수급 구조 전환을 위한 장기적 계획으로 설계되지 못했다는 한계가 있기는 하지만, 기존 화석에너지, 핵에너지 수급 구조를 탈피해 에너지 자립 구조의 기반을 만들겠다는 원전하나줄이기의 정책적 지향은 곳곳에서 잘 드러나는 편이다. 반복해서 강조하듯이 다양한 민간 차원의 주도적 참여 방안을 마련하고 그 지원 체계를 통해 민간주도형 정책을 추도한 점은 에너지·환경 정치에서의 민간 참여의 중요성을 십분 이해한 정책 방향이라고 할 수 있다.

특히 에너지 자립 마을 조성 지원 프로그램은 소규모 공동체 수준에서 실험할 수 있는 에너지 자립 구조를 지원하는 프로그램으로, 도시 내 하위 공동체의 역량을 강화하고 니치 수준의 실험을 통해 다양한 정책 옵션을 개발할 수 있는 사업이라고 할 수 있다(강지윤·이태동, 2016).[4] 에너지 자립 마을 조성 사업은 마을별 에너지 생산 여건과 공동체의 성숙도를 고려해 자체 생산형, 협동조합 생산형, 경제적 자립 추진형으로 특성화된 마을들을 지원하고 있으며, 각 마을의 사례를 공유하고 에너지 자립 마을을 확대하기 위한 워크숍을 개최해 에너지 자립 마을이 활성화될 수 있도록 노력하고 있다.[5] 단, 현재로서는 아직 에너지 자립 마을 조성 프로그램이 각 자치구와 유기적으로 연결되어 있지 않으며, 자치구의 성격에 따라 협력 수준이 상이하다는 한계가 있어 이에 대한 더욱 확대된 정책 계획이 요청되고 있다.

이렇게 작은 규모에서 실험되는 토론과 계획 수립 참여는 여러 이해당사자들의 상이한 의견을 더욱 탄력적으로 종합하는 데 유리하다. 특히 전환을 지향하는 제도와 긴밀하게 관련된 사업들을 현장의 직접적인 요구와 연결하는 과정에서 사회적 학습이 이루어질 수 있으며, 이렇게 구축된 역량은 궁극적으로 장기적인 에너지 전환을 위한 더욱 밀도 있는 참여로 이어지게 된다. 이러한 과정은 도시의 사회생태적 능력을 근본적으로 강화하는 효과를 일으킬 수 있다(Eames and Egmose, 2011; Roorda and Wittmayer, 2014).

공동체 수준의 에너지 자립 구조 실험 외에도 원전하나줄이기 정책에서는 도시 정부가 구축할 수 있는 한에서 자립형 구조를 형성하려는 노력

---

4 에너지 자립 마을 조성 지원은 피크오일과 같은 에너지 문제에 대응해 회복력을 갖춘 공동체를 구축하기 위해 활동 중인 영국 토트네스 전환마을(Totnes transition town)의 영향을 받은 것으로 이해된다(Transition Town Totnes, 2010; 이유진, 2013).

5 2013년 10월, 서울시는 시민단체 '생태지평'과 함께 '에너지 자립 마을 활성화를 위한 워크숍'을 개최했다.

도 발견할 수 있다. 원전하나줄이기 정책의 핵심 사업 중 하나인 '에너지 저소비형 도시 공간을 위한 콤팩트 시티 구축' 사업은 에너지 효율적 도시 공간 구조로의 개편을 위한 '2030 도시 기본 계획' 수립 및 도시계획위원회에 에너지 전문가 추가 위촉과 같은 정부의 다른 계획과의 연계를 위한 상호협력적 제도 구축을 시도한다. 이와 같이 도시를 구성하는 다양한 계획들 사이의 상호 연결성은 시스템의 회복 및 진화라는 공유된 방향을 위해 다양한 요소와 협력적으로 시스템을 구축해나가는 회복력을 갖춘 시스템의 특징을 잘 보여준다(이태동 외, 2014). 이렇게 형성된 제도와 지식은 시스템 전환이라는 종합적이고 장기적인 목표를 달성해나가는 중요한 원동력이 된다.

요약하자면 서울시의 원전하나줄이기 정책은 정책 목표에 회복력을 명시하고 있지는 않더라도, 내용적으로 에너지 시스템의 회복력을 지향한다고 할 수 있다. 우선 원전하나줄이기 정책은 기존의 타 지역에서 생산해오던 화석에너지 및 핵에너지 중심의 취약한 전력 수급 구조를 탈피하고, 전력 자급률을 장기적으로 높이겠다는 목표를 지향하고 있다. 높은 전력 자급률은 전력 구조와 관련된 외부 충격을 흡수하고, 이에 대해 탄력적으로 반응할 수 있는 능력을 향상시킬 수 있다. 또한 서울시는 이를 위해 지역 커뮤니티 수준에서 역량 강화를 강조하는 에너지 자립 마을 프로그램을 적극적으로 지원·육성하고 있다. 이는 서울시가 하위 단위인 니치(지역 커뮤니티)에서의 혁신을 적극적으로 수용해 에너지 전환을 이루려고 하는 노력으로 평가할 수 있다.

4. 결론 및 정책 제언

현재까지 에너지 정책의 초점은 기후변화 완화를 위해 전 세계 도시들이 갖는 책임에 관한 것이었다(Lee and van de Meene, 2013). 그러나 도시 에너지 연구는 원거리 지역에 에너지 수요를 크게 의존하던 상황들과 도시 에너지 실험들을 연결시키는 데 별다른 효과를 보지 못했다. 이에 이 절에서는 서울의 도시 에너지 실험이 어떻게 그리고 왜 시작되고 실현되는지, 실험에 참여한 주요 행위자는 누구이며 실험의 개입이 의미하는 바가 도시 에너지 전환의 관점에서 어떤 의미를 갖는지를 살펴보고자 한다.

이 연구에서는 에너지 전환의 의미를 MLP를 고려한 RG를 토대로 에너지 수급 시스템을 장기적인 관점에서 회복력을 갖춘 자립 구조로 변환하는 것이라고 정의했다. 이러한 분석틀, 즉 MLP, RG, 회복력을 갖춘 시스템 지향의 관점에서 비추어볼 때, 서울시의 원전하나줄이기 정책이 에너지 전환 정책으로서 모든 요소를 충분히 지니고 있다고 평가하기는 어렵다. 그러나 도시 수준의 정책 실험을 국가 또는 전지구적 에너지 레짐에 영향을 끼칠 수 있는 니치의 활동으로 이해할 때, 글로벌 대도시 서울의 원전하나줄이기 정책은 적잖은 함의를 가지고 있다.

첫째, 서울의 에너지 정책은 서울은 물론 서울 이외의 지역에서도 좀 더 나은 결과를 가져올 수 있는 혁신적인 아이디어들을 실험하는 과정에서 시행되었다. 서울시의 원전하나줄이기 정책의 특징 중 하나는 전력 생산 및 송전 비용에 대한 부담이 될 수 있는 지역들을 고려한 점이다. 에너지 정책을 통해 다른 지역과의 공존을 추구하는 것이 이 실험의 핵심 내용인 것이다. 때문에 이 사례 연구에서의 실험이 정책 입안자, 시민, 전문가 및 서울의 다른 이해관계자들에게 특별한 의미나 관점을 제공했다고 평가한다. 원전하나줄이기 정책 시행은 도시 에너지 실험의 사회적 차원을 강조하고 전달하고 강화하는 역할을 했다. 이를 통해 에너지 실험을 추구하는 다른 도시나 정부는 정치적·사회적·기술적 혁신과 더불어 규범적 차원을 고려해야 한다는 것을 참고할 수 있었다.

둘째, 정책의 성공적 목표 달성은 정책의 종적·횡적 확산(diffusion, scale-up and scale-down) 가능성을 기대하게 한다. 단, 다양한 수준의 복잡한 요소가 포함되어 있는 에너지 시스템의 전환은 한 도시의 정책으로 달성할 수 없는 목표로써 필연적으로 중앙정부가 정책 레짐의 변환이 뒤따라야 한다. 원전하나줄이기 정책을 니치 수준의 혁신으로 본다면, 이것이 국가의 에너지 레짐에 반영될 때, 전환의 폭과 강도가 크게 확대될 수 있다. 물론 다수의 산업 시설과 발전 시설을 관내에 가지고 있지 않은 서울과, 전국의 산업과 발전 시설을 관리하고 그 이해관계를 조정해야 하는 중앙정부의 입장은 다를 수 있다. 그러나 앞서 살펴본 바와 같이 서울이 원전 하나 줄이기라는 목표를 내세우고 에너지 전환을 이룬 혁신은 에너지 공급 증대를 지향하는 중앙정부에도 많은 교훈을 준다. 아울러 서울시의 정책 실험을 횡적으로 확산하는 노력도 필요하다. 서울시보다 규모가 큰 경기도나, 기타 시도 지역이 원전하나줄이기와 유사한 정책을 수립해 추진한다면, 중앙집중형 에너지 공급 위주의 현 시스템이 변환될 동력이 점차 커질 수 있기 때문이다. 2015년 11월 24일 서울과 경기도, 충남, 제주가 참여한 '지역에너지 전환' 공동선언 등은 그 가능성을 기대할 수 있는 좋은 사례가 될 수 있을 것이다(충청남도청 에너지산업과, 2015). 동시에 서울시 내 자치구 또는 자치구 내 소규모 마을 및 커뮤니티로 에너지 자급 구조를 확대해나가는 노력도 필요할 것이다.

셋째, 원전하나줄이기는 에너지 전환의 근본 문제인 에너지 수급 구조에 대한 궁극적 해결책을 잘 설정하고 있다. 특히 2014년 하반기에 시작된 2단계 정책의 비전은 에너지 자립 구조 형성을 강조하고 있다. 이러한 에너지 자립 마을이나 서울시 마을공동체 지원 정책 등은 이러한 지역 공동체 수준의 자립 구조 형성에 일정한 도움을 줄 수 있을 것이고, 이를 통해 궁극적으로 회복력을 갖춘 에너지 수급 구조로의 전환을 지향할 수 있다. 그러나 장기적 전망이 결여되어 있을 경우, 근본적 제한에 부딪힐 수 있다. 유럽의 전환 마을 운동을 선도하는 킨세일(Kinsale)과 토트네스(Totnes)가 2015~2020년 중장기 에너지 하강 계획을 세우면서 주민들의 역량 강화를 조직했던 사례를 좀 더 유심히 참고할 필요가 있을 것으로 보인다(Hopkins, 2005; Transition Town Totnes, 2010).

또한 누가 어떻게 의도적 개입을 시작했는지는 거버넌스와 관련된 중요한 질문이 될 수 있다. 연구를 통해 정책 수립 초기부터 정책 시행 및 성과 평가에 이르기까지 도시 에너지 실험의 핵심 척도인 '의도적 개입'이 발생했다는 것이 드러났다. 특히 서울시의 에너지 실험의 목표를 설정하고 의사결정 과정을 진행하는 데 가장 중요한 역할을 한 주체는 서울시장과 서울시 기후 환경 본부의 녹색 에너지 부서를 비롯한 여러 부서들이었다. 또한 시민 사회 단체와 시민들 및 전문가들은 서울의 에너지 실험을 가능하게 하는 의도적 개입의 주체로서 간과되어서는 안 된다. 시장과 SMG의 지원에 의해 고안된 정치적 공간은 이러한 모든 행위자로 하여금 실험을 위한 의도적 개입 과정에 적극적으로 참여하게 만든다. 따라서 전환을 위한 도시의 에너지 실험은 정치적 리더십과 참여자의 의사결정 과정을 조화롭게 만드는 거버넌스 구조를 수립할 것을 제안한다.

추가로 원전하나줄이기 추진 체계에서 발견되는 거버넌스 구조를 자치구 수준에 적용해나가는 것도 좋은 시도가 될 것이다. 예를 들어 지역 에너지 거버넌스를 구축할 때, 이 연구가 제안하는 도시 에너지 전환 분석틀을 실제 추진 체계에 적용할 수 있을 것이다. 지역 전환장의 형성은 니치 개발을 위해서도 매우 필요하고 시급하다. 이때, 추가로 고려해야 할 점은 글로벌 도시 규모의 서울과 달리 지역에 따라 에너지 관련 전문가가 역량을 갖춘 시민이 충분하지 않을 수 있다는 점이다. 원전하나줄이기 2단계가 추구하는 지역 에너지 자립 구조 전환의 실마리를 찾으려면, 이 연구가 제시하는 에너지 전환 분석틀을 참고해 지역의 변화 촉진자를 발굴해야 할 것이다.

한편 RG의 관점에서 원전하나줄이기 정책을 분석했을 때, 많은 부분에서 한계를 발견할 수 있었다. 우선, 정부의 다양한 부서를 비롯해 시민사회 각 분야가 적극적으로 참여할 수 있도록 마련한 추진 체계는 상당히 성공적이었다고 평가할 수 있다. 이러한 체계는 상이한 이해당사자들과의 사회적 학습을 통한 통합적 지식을 생산할 수 있고, 전환이 지향하는 목표에 대한 합의를 이끌어내는 데 효과적이다. 그러나 시스템 전환의 기간으로 보기에 너무 짧은 정책 시행 기간(2년)은 성공적인 추진 체계의 구축에도 불구하고 정책 계획 속에서 지속가능하면서도 진화하는 전략 및 제도가 자리잡는 것을 제한할 수 있다. 원전하나줄이기 1단계 계획보다 반년 앞서 종료된 이후, 즉각 수립된 2단계 계획은 2020년까지의 6년 계획으로 설정되어 있지만, 이 역시 에너지 시스템의 전환을 목표로 하기에는 매우 짧은 기간이라 할 수 있다. 장기적 계획의 부재는 참여자들이 장기적 전망 속에서 공동의 이해관계를 형성하고, 전략을 수립할 수 있는 동기를 갖게 하는 데 치명적인 취약성을 낳는다. 이 경우, 이해당사자들의 참여는 도시 정부의 단기적 인센티브나 지원 체계에 수동적인 요구를 두고 상호 경쟁하는 수준에 그칠 우려가 있다.

도시 수준에서 에너지 전환과 같은 시스템 전환을 추진하는 데는 적잖은 제약이 따른다. 근본적으로는 타 지역에 의존적인 도시의 에너지 수급 구조를 변환하기 어렵다는 내적 문제에 부딪히고, 외부적으로는 정부와 전력 회사들이 담당해온 전력 계획이나 배전 계획에 접근하기 힘들다는 도전에 직면하기 때문이다. 일부 글로벌 도시들이 참여하고 있는 적극적인 환경·에너지 정책에 대해서도 학자들은 국가의 제도적 지원 없이는 지속되기 힘들다는 우려를 표한다. 이러한 제약들은 에너지 전환이라는 궁극적 목표를 달성하기에 치명적인 요소들이므로 에너지 전환을 추구하는 정책을 수립할 때 반드시 숙고해야 한다. 이를 극복하기 위해서는 이 연구에서 제시한 MLP에 대한 이해, RG 구조와 회복력을 갖춘 자립적 에너지 수급 구조를 지향하는 것에 대한 적용을 고려해볼 수 있을 것이다.

참고문헌

강지윤·이태동. 2016. “중간지원조직과 에너지 레짐 전환: 한국 에너지자립마을의 사례 비교.” ≪공간과 사회≫, 26(1), 141~176쪽.

국무총리실·기획재정부·교육과학기술부·외교통상부·지식경제부·환경부·국토해양부. 2008. 「제1차 국가에너지기본계획」.

산업통상자원부. 2014. 「제2차 에너지기본계획」.

서울특별시 기후환경본부 원전하나줄이기 실행위원회. 2014. 『서울 에너지정책의 희망메세지 - 성과보고서: 원전하나줄이기』. 서울특별시.

________. 2012. 『에너지 수요 절감과 신재생에너지 생산확대를 통한 ‘원전하나줄이기’ 종합대책』. 서울특별시.

서울특별시 시장실. 2015. ‘청책토론회’. http://www.seoul.go.kr/v2011/listen_tour/list.html (검색일: 2016.2.16)

서울특별시. 2014. 『2030 서울도시기본계획』. 서울특별시.

________. 2013a. “원전하나줄이기 자문할 국제에너지자문단 출범”. http://env.seoul.go.kr/archives/33619(검색일: 2016.3.22)

________. 2013b. “세계적 석학 10인, ‘에너지자립도시 서울’ 권고문 발표”. https://env.seoul.go.kr/archives/33938(검색일: 2016.3.22)

에너지자립마을. “에너지자립마을이란?” http://energyvillage.kr/village_definition(검색일: 2016.3.22)

윤순진·심혜영. 2015. “에너지 전환을 위한 전략적 틈새로서 시민햇빛발전협동조합의 가능성과 제도적 한계: 서울시 사례를 중심으로.” ≪공간과 사회≫, 25(1), 140~178쪽.

이상헌·이정필·이보아. 2014. 「다중스케일 관점에서 본 밀양 송전탑 갈등 연구」. ≪공간과 사회≫, 24(2), 252~286쪽.

이유진. 2013. 『전환도시』. 한울아카데미.

이유진·이강준·이진우. 2014. 『서울시 원전하나줄이기 2단계(2014~2018년) 사업계획 수립을 위한 기초연구』. 원전하나줄이기 실행위원회.

이은경. 2014. 「벨기에 플랑드르 지역 전환정책」. STEPI WORKING PAPER SERIES. STEPI.

이재협·이태동. 2016. 「미국 하와이 주정부의 재생에너지 전환 법정책 연구」. ≪환경법연구≫, 38(1), 239~278쪽.

이태동 외. 2014. 『서울시 기후변화 대응을 위한 기후회복력 연구』. 서울특별시의회.

정병걸. 2014. 「네덜란드의 전환정책」. STEPI WORKING PAPER SERIES. STEPI.

충청남도청 에너지산업과. 2015.11.24. “서울, 경기, 충남, 제주 단체장 ‘지역에너지 전환’ 공동선언" 보도자료.

Aall, C., K. Groven and G. Lindseth. 2007. The Scope of Action for Local Climate Policy: The Case of Norway. *Glob. Environmental Politics*, 7, pp.83~101.

Arctic Council. 2013. "Arctic Resilience Report." Stockholm Environment Institute.

Betsill, M., and H. Bulkeley. 2006. "Cities and the Multilevel Governance of Global Climate Change." *Global Governance: A Review of Multilateralism and International Organizations*, 12, pp.141~159.

Bulkeley, H., V. C. Broto, M. Hodson and S. Marvin. 2011. *Cities and Low Carbon Transitions*. London: Routledge.

Byrne, J. and N. Toly. 2006. "Energy As a Social Project: Recovering A Discourse." in: J. Byrne, N. Toly, L. Glover(eds.). *Transforming Power: Energy, Environment, and Society in Conflict*. New Brunswick: Transaction Publishers.

CDP. 2012. "Measurement for Management: CDP Cities 2012 Global Report." Carbon Disclosure Project.

Droege, P. 2008. *Urban Energy Transition: From Fossil Fuels to Renewable Power*. Amsterdam: Elsevier.

Eames, M. and J. Egmose. 2011. "Community Foresight for Urban Sustainability: Insights from the Citizens Science for Sustainability(SuScit) Project." *Technological Forecasting and Social Change*, 78, pp.769~784.

Folke, C. et al. 2005. "Adaptive Governance of Social-Ecological Systems." *Annual Review of Environment and Resources*, 30, pp.441~473.

________. 2010. "Resilience Thinking: Integrating Resilience, Adaptability and Transformability." *Ecology and Society*, 15(4), p. 20.

Geels, F. 2002. "Technological Transitions as Evolutionary Reconfiguration Processes: A Multi-Level Perspective and a Case-Study." *Research Policy*, 31(8), pp.1257~1274.

Geels, F. and J. Schot. 2007. "Typology of Sociotechnical Transition Pathways." *Research Policy*, 36(3), pp.399~417.

Hammer, S. A. 2008. "Renewable Energy Policy Making in New York and London: Lessons for other 'World Cities'?" in Peter Droege(ed.). *Urban Energy Transition: From Fossil Fuels to Renewable Power*. Amsterdam: Elsevier.

Hopkins, R. 2005. "Kinsale 2021: An Energy Descent Action Plan – Version. 1." Kinsale Further Education College.

IPCC. 2013. *Climate Change 2013: The Physical Science Basis*. Cambridge University Press.

Jacobssona, S. and V. Lauber. 2006. "The Politics and Policy of Energy System Transformation—Explaining the German Diffusion of Renewable Energy Technology." *Energy Policy*, 34, pp.256~276.

Keirstead, J. and N. B. Schulz. 2010. "London and beyond: Taking a closer look at urban energy policy." *Energy Policy*, 38, pp.4870~4879.

Kemp, R. and D. Loorbach. 2006. "Dutch Policies to Manage the Transition to Sustainable Energy." http://hdl.handle.net/1765/7629

Kemp, R., J. Rotmans and D. Loorbach. 2007. "Assessing the Dutch Energy Transition Policy: How Does it Deal with Dilemmas of Managing Transitions?" *Journal of Environmental Policy and Planning*, 9, pp.315~331.

Kemp, R., J. Schot and R. Hoogma. 1998. "Regime shifts to sustainability through processes of niche formation: The approach of strategic niche management." *Technology Analysis & Strategic Management*, 10(2), pp.175~198.

Kern, F. and A. Smith. 2008. "Restructuring Energy Systems for Sustainability? Energy Transition Policy in the Netherlands." *Energy Policy*, 36, pp.4093~4103.

Kim, H., E. Shin. and W. Chung. 2011. "Energy demand and supply, energy policies, and energy security in the Republic of Korea." *Energy Policy*, 39, pp.6882~6897.

Koski, C. and T. Lee. 2014. "Policy by Doing: Formulation and Adoption of Policy through Government Leadership." *Policy Studies Journal*, 42, pp.30~54.

Lee, T. 2013. "Global Cities and Transnational Climate Change Networks." *Global Environmental Politics*, 13, pp.108~128.

________. 2014. *Global Cities and Climate Change: The Translocal Relations of Environmental Governance*. New York: Routledge.

Lee, T. and S. van de Meene. 2013. "Comparative Studies of Urban Co-Benefits in Asian Cities." *Journal of Cleaner Production*, 58, pp.15~24.

Lee, T. and T. Lee. 2016. "Evolutionary Urban Climate Resilience: An Assessment of Seoul's Policies." International Journal of Climate Change Strategies and Management.

Lee, T., T. Lee and Y. Lee. 2014. "An Experiment for Urban Energy Autonomy in Seoul: The One 'Less' Nuclear Power Plant policy." *Energy Policy*, 74, pp.311~318.

Loorbach, D. 2010. "Transition Management for Sustainable Development: A Prescriptive, Complexity-Based Governance Framework." *Governance: An International Journal of Policy, Administration, and Institutions*, 23, pp.161~183.

Loorbach, D., R. Brugge and M. Taanman. 2008. "Governance in the Energy Transition: Practice of Transition Management in the Netherlands." *International Journal of*

Environmental Technology and Management, 9, pp.294~315.

Ministrie van Economische Zaken. 2002. Investeren in Energie, Keuzes Voor de Toekomst_Energierapport.

Mitchell, C. and P. Connor. 2004. "Renewable Energy Policy in the UK 1990-2003." *Energy Policy*, 32, pp.1935~1947.

Monstadt, J. 2007. "Urban governance and the transition of energy systems: Institutional change and shifting energy and climate policies in Berlin." *International Journal of Urban and Regional Research*. 31, pp.326~343.

Muller, M. O., A. Stampfli, U. Dold and T. Hammer. 2011. "Energy autarky: A conceptual framework for sustainable regional development." *Energy Policy*, 39, pp.5800~5810.

OECD. 2014. Actions Taken by Regulatory Bodies and International Organisations Following the Fukushima Daiichi Nuclear Accident.

Puig, J. 2008. "Barcelona and the power of solar ordinances: Political will, capacity building and people's participation." in Peter Droege(ed.). *Urban Energy Transition: From Fossil Fuels to Renewable Power*. Amsterdam: Elsevier.

Rabe, B. 2008. "States on Steroids: The Intergovernmental Odyssey of American Climate Policy." *Review of Policy Research*, 25, pp.105~128.

Rae, C. and F. Bradley. 2012. Energy Autonomy in Sustainable Community-A Review of Key Issues. *Renewable and Sustainable Energy Reviews*, 16, pp.6497~6506.

Rickwood, P., G. Galzebrook and G. Searle. 2008. Urban structure and energy - A review. *Urban Policy and Res*. 26, pp.57~81.

Roberts, D. 2010. "Prioritizing Climate Change Adaptation and Local Level Resilience in Durban, South Africa." *Environment and Urbanization*, 22(2), pp.397~413.

Roorda, C. and J. Wittmayer. 2014. Transition Management in Five European Cities - An Evaluation. Rotterdam: DRIFT.

Roorda, C. et al. 2012. "Transition Management in Urban Context: Guidance manual – collaborative evaluation version." Rotterdam: DRIFT.

Rotmans, J., R. Kemp and M. Asselt. 2001. "More Evolution Than Revolution: Transition Management in Public Policy." *Foresight*, 3, pp.15~31.

Schot, J. and F. Geels. 2008. "Strategic Niche Management and Sustainable Innovation Journeys: Theory, Findings, Research Agenda, and Policy." *Technology Analysis and Strategic Management*, 20(5), pp.537~554.

Schot, J., R. Hoogma and B. Elzen. 1994. "Strategies for Shifting Technological Systems: The Case of the Automobile System." *Futures*, 26(10), pp.1060~1076.

Seoul. 2013. "One Less Nuclear Power Plant 2012." Seoul Metropolitan Government.

Sovacool, B. K. and M. A. Brown. 2009. "Scaling the policy response to climate change." *Policy and Society*, 27, pp.317~328.

Späth, P. and H. Rohracher. 2012. Local demonstrations for global transitions: Dynamics across governance levels. *European Planning Study*, 20, pp.461~479.

Transition Town Totnes. 2010. Transition in Action: Totnes and District 2030, an Energy Descent Action Plan. UIT Cambridge.

Upretia, B. and D. Horst. 2004. "National Renewable Energy Policy and Local Opposition in the UK: the Failed Development of a Biomass Electricity Plant." *Biomass and Bioenergy*, 26, pp.61~69.

Vajjhala, S. D. and P. S. Fischbeck. 2007. "Quantifying siting difficulty: A case study of US transmission line siting." *Energy Policy*, 35, pp.650~671.

Voß, J., B. Truffer and K. Konrad. 2006. "Sustainability Foresight: Reflexive Governance in the Transformation of Utility Systems." pp.162~188 in Reflexive Governance for Sustainable Development 2006, edited by J. Voß, D. Bauknecht, and R. Kemp. Cheltenham: Edward Elgar.

Voß, J., D. Bauknecht and R. Kemp. 2006. Reflexive Governance for Sustainable Development. Edward Elgar Publishing.

Walker, G., S. Hunter, P. Devine-Wright, B. Evans and H. Fay. 2007. "Harnessing Community Energies: Explaining and Evaluating Community-Based Localism in Renewable Energy Policy in the UK." *Glob. Environmental Politics*, 7.

Weber, M. 2006. "Foresight and Adaptive Planning as Complementary Elements in Anticipatory Policy-Making: A Conceptual and Methodological Approach." in J. Voß, D. Bauknecht and R. Kemp(eds.). *Reflexive Governance for Sustainable Development*. Cheltenham: Edward Elgar.

Wittmayer, J. et al. 2012. *Introducing a profile for urban change agents: Experiences from five European cities*. Rotterdam: DRIFT.

Wittmayer, J., C. Roorda and F. Steenbergen. 2014. *Governing Urban Sustainability Transitions -Inspiring examples*. Rotterdam: DRIFT.

11

에너지 프로슈머 활성화를 통한 민간의 참여 확대

김소희

1. 에너지 전환과 에너지 프로슈머

에너지 프로슈머는 에너지를 직접 생산하면서 소비하는 주체를 일컫는 말이다. 에너지 프로슈머는 분산형 전력 공급 체계로의 발전과 쌍방향 교환 관계로의 진화를 통해 새로운 에너지 서비스 활성화에 영향을 주고, 특히 최종 수요, 소매, 서비스 부문을 중심으로 새로운 참여자에 의한 비즈니스 모델을 창출할 수 있는 유인으로 인식되고 있다. 에너지 프로슈머가 등장하게 된 배경으로는 ① 기술적 요인: 분산형 에너지 기술의 발전(태양광, 에너지 저장 시스템, 전기자동차, 소규모 열병합 발전 등), ② 경제적 요인: 소매 전기 요금보다 분산형 기술로 전력을 생산하는 비용이 저렴해짐, ③ 사회적 요인: 환경 개선이나 에너지 분권을 위한 분산 자원에 대한 선호 증가, ④ 제도적 요인: 태양광 등 분산 자원 거래를 활성화하는 시장 환경의 구축을 들 수 있다.

에너지 프로슈머 시장은 프로슈머끼리 직접 상호 연결되어 전기를 거래하는 피투피(Peer to Peer, 이하 P2P) 모델, 프로슈머와 마이크로그리드를 연결하는 모델, 분산된 자원을 모으거나 가상 발전소로 참여하는 프로슈머 그룹 모델 등 크게 세 가지로 구분되고 있다. 이 외에도 도소매 전력 시장을 연결해 에너지 프로슈머의 역할과 이익을 증가시킬 수 있는 소규모 전력 중개 시장을 확충해 소규모 분산형 재생에너지 발전의 시장 참여와 확산을 가져오는 모델이 있다. 또한 각기 다른 공급처와 수요처를 온라인 네트워크로 연결하고 전력 공급과 수요를 관리할 수 있는 가상 발전소(VPP)를 구축해 분산자원 중개업자의 시장 참여를 촉진하고, 효율적인 시장 및 최종소비자와 도매시장을 밀접하게 연결하는 모델도 찾아볼 수 있다. 이러한 모델을 통해서는 유사한 에너지 공유 행태와 이해관계로 공동의 목표를 추구하면서 함께 시장 경쟁에 나서는 프로슈머 네트워크 혹은 커뮤니티를 활성화함으로써 협동적 프로슈머들에 의해 역동적인 생태계가 조성될 수 있다. 이처럼 에너지 프로슈머는 재생에너지가 이끄는 분산형 전력 공급을 활성화하는 데 활용되고, 에너지 전환에 있어 민간의 참여를 확대하는 유인으로 자리 잡고 있다. 이에 지금부터는 해외 각국에서 실행 중인 에너지 프로슈머 사례를 살펴봄으로써 국내 에너지 전환의 민간 참여 방안을 찾아보고자 한다.

2. 에너지 프로슈머 사례

에너지 프로슈머의 수익 모델은 〈표 11-1〉과 같이 ① 상계 거래, ② 이웃 간 거래, ③ 도매시장 참여로 분류할 수 있다. 이 절에서는 이 세 가지 모델에 대해 자세히 살펴보고자 한다.

〈표 11-1〉 에너지 프로슈머 분류

분류	주요 내용
상계 거래 (Net Metering)	프로슈머는 유틸리티로부터 수전량에서 발전량을 차감한 양에 대해서만 전기 요금을 지불
이웃 간 거래 (P2P Electricity Trading)	프로슈머는 자신이 생산한 전력을 전기 요금 부담이 큰 이웃에게 판매
도매시장 참여 (Electricity Market)	프로슈머는 중개사업자를 통해 거래 시장에 참여, 생산전력을 판매

자료: 한전경제경영연구원(2017).

1) 상계 거래 제도

미국은 콜롬비아 특구를 포함해 약 42개 주에서 상계 거래를 시행 중이고, 상계 거래 참여 고객은 약 48만 2000호로, 이 중 98%가 태양광을 소유하고 있다. 상계 거래 고객은 2009년 이후 매년 약 50% 씩 증가하는 추세를 보이고 있다. 상계 거래는 소비자에 적용되는 계량 방식에 따라 집계된 총량에 따르는 방식과 가상의 방식을 따르는 것으로 구분된다. 집계된 총량에 따르는 상계 거래는 캘리포니아, 콜로라도, 델라웨어, 미네소타 등 16개 주에서 채택하고 있고, 가상의 상계 거래는 캘리포니아, 코네티컷, 뉴햄프셔, 펜실베이니아 등 15개 주와 워싱턴 DC에서 시행되고 있다.

유럽에서는 스위스, 터키, 우크라이나를 포함한 31개국에서 태양광 촉진 정책이 진행되면서 상계 거래, 넷빌링, 자가 소비 등 보상 정책에 대한 관심이 증가하고 있다. 벨기에, 덴마크, 네덜란드 등은 상계 거래를 재생에너지 확대를 위한 주요 정책으로 채택하고 있고, 이를 통해 태양광 시장의 견인을 기대하고 있다.

국내 상계 거래는 '소규모 신·재생에너지발전전력 등의 거래에 관한 지침', '신에너지 및 재생에너지 개발·이용·보급 촉진법' 및 '전기사업법' 제43조의 전력 시장 운영 규칙에 따라 시행되고 있다. 국내 상계 거래는 2005년 4월에 도입되어 현재 약 17만 고객이 참여하고 있으며, 계약 유형별로는 주택용 고객이 대다수이고, 누진 요금 절감 목적이 많은 것으로 나타난다. 따라서 비용이 낮고 설치가 용이한 소규모 태양광을 중심으로 확대되고 있다. 또한 소규모 신·재생에너지 보급 및 프로슈머 제도 확산에 따라 참여 대상의 범위가 지속적으로 확대되고 있다. 신·재생에너지 발전 설비 보유 고객이 직접 생산하고 역송전한 전력의 단가는 고객의 수전 전력 단가와 동일하게 소매 요금을 적용하고, 수전 전력에서 잉여 전력을 차감해 계산하며, 잉여 전력이 수전 전력보다 많은 경우에는 이월해 차감한다.

2) 이웃 간 거래

독일의 MVV 에네르기(MVV energie)는 2016년부터 태양광설비와 에너지 저장 시스템을 패키지로 제공하는 한편, 도입 고객 간 거래가 가능한 P2P 커뮤니티 서비스를 제공해 자사만의 고객 네트워크인 '베기 풀(BEEGY Pool)'을 제공해 전기 요금 50% 절감을 보증해주고 있다. 각 세대의 태양광 발전전력을 ESS에 저장하고도 남는 전력을 외부 에너지 저장 시스템에 저장했다가 고객 간 전력 거래 시 개인들을 연계하는 분산 전원 커뮤니티를 조성하고 있다.

일본은 후쿠시마 원전 사고 이후 전력 공급의 안전성 및 공급 다양화에 대한 수요 증가와 전력 소매시장 완전 개방으로 에너지 프로슈머 사업이 확대되고 분산 전원 간 연계를 활용한 다양한 사업이 등장하고 있다. 미츠비시 전기는 태양광과 전기자동차(저장장치), 계통 전력을 동시에 연계하는

〈표 11-2〉 유럽 상계 거래 도입 국가 개요

구분	적용 대상	상계 기간	보상 기준	용량 상한
키프로스	3kW 미만 태양광 설비	연간	소매 가격 취약층 900유로/kW당 보조	10MW/연
덴마크	6kW 미만 비상업적 재생에너지 설비	시간	소매 가격	
이탈리아	20kW 이하(2007년~ 의뢰된 200kW 이하) 재생에너지 설비	연간	계시별 요금제를 바탕으로 넷빌링 적용	
네덜란드	15~5,000kW 미만 소규모 주택용 태양광 설비	연간	소매 가격	
그리스	20kW 미만(상업용 500kW 미만) 태양광 설비	연간	소매 가격	
헝가리	50kW 미만 주택용, 상업용 재생에너지 설비	월/반기/연간	소매 가격	

자료: 한전경제경영연구원(2017).

사업을 통해 낮에 태양광이 생산한 전력을 저장했다가 밤에 사용하거나, 전기 요금이 저렴한 밤에 계통 전력을 전기자동차에 저장했다가 피크 타임에 사용해 에너지 자가 소비율을 높이고 남을 경우 계통을 통해 판매하고 있다. 파나소닉(Panasonic)은 가정용 에너지서비스사인 엡코(Epco)와 합작해 주택의 태양광 전력을 매입해, 전력사업자에게 판매하거나 소비자에게 판매하는 서비스를 제공하고 있다. 에너리스(Eneris)사는 2013년부터 전력 대리 매입 서비스를 시작해 소비자를 대신해 전력 회사와 전력 수급 계약 체결을 대행해 6개월 만에 5000건의 실적을 달성했다. 2016년 4월 전력 소매시장 자유화를 실시한 일본은 일반 전력 시장과 분리해 재생에너지만을 거래할 수 있는 전용 전력 시장을 2017년에 개설했다. 이는 재생에너지 전기를 선호하는 소비자들이 재생에너지 발전 비용을 우선 부담하고, 나머지를 가정과 기업의 전기 요금에 가산하는 시스템이다. 전기 요금 산출 시 시장에서 거래량은 제외되기 때문에 재생에너지 전기를 선호하는 소비자들이 많을수록 다른 소비자들의 전기 요금 가산금 부담이 완화되는 구조다.

호주의 에코체인(Ecochain)은 스타트업 회사인 파워 레저(Power Ledger)에 의해 운영되는 시스템으로 블룸버그 뉴 에너지 파이낸스(Bloomberg New Energy Finance: BNEF)의 보고서에서 따르면, 에너지 시장의 급격한 변화와 분산 전원으로의 전환에 있어서 활용 잠재력이 큰 블록체인(Blockchain)[1]기술의 선두 주자로 파워 레저를 지목했다. 블록체인 기술은 에너지 생산자로서의 태양광 설비의 소유주를 확인할 수 있으며, 남는 태양광 전력을 구매하고자 하는 소비자들과 판매자와의 다수의 거래를 관리하는 데 활용되고 있다. 태양광 설비의 원소유자(에너지 생산자)와 소비자의 직접적인 연결을 통해서 추가적인 전력 거래 중개 비용(시장 비용)이 발생하지 않는다. 퍼스주에 기반을 둔 파워 레저는 2017년 기준으로 호주 내에서 세 개의 프로젝트와 뉴질랜드에서 한 개의 프로젝트를 진행 중이다. 주거 부문과 도·소매 전력 시장 사이에서의 다양한 운영 사례에 대해 블록체인의 활용 방법을 시험 및 개발하고 있다. 파워 레저의 기술은 네트워크를 통해서 활용되어질 수 있으며, 그리드의 잠재적인 거래 플랫폼으로서의 역할을 기대받고 있다. 이와 같은 사업은 태양광에 직접적인 투자가 가능한 사람들뿐만 아니라 대규모 재생에너지에 대한 접근성이 낮은 사람들을 모두 포함해 진행되며, 거래 중개자를 배제함으로써 생산자와 소비자 모두

---

1 파워 레저는 2017년 비엔나에서 개최된 '이벤트 호라이즌 2017(Event Horizon 2017)'에서 블록체인 기술 부문 1위를 차지할 만큼 에너지 P2P 거래 기술의 선두주자이다. 블록체인 기술을 활용하는 또 다른 대표적인 사례는 뉴욕의 마이크로그리드 샌드박스로, LO3에너지와 콘센시스(ConsenSys)가 합작해 진행하고 있다.

〈표 11-3〉 2016~2017 파워 레저의 시범 사업

지역	내용	거래 수준	파트너
웨스턴 오스트레일리아주 퍼스의 국립 라이프스타일 마을	20가구[생산자(태양광 패널+배터리) 10가구+소비자 10가구], 해당 사업은 가구 간 P2P 에너지 거래를 가능하게 하는 것을 목표로 함	(가정 부문 간) 소비자 - 소비자	국립 라이프스타일 마을
웨스턴 오스트레일리아주 프리맨틀의 화이트 검 계곡	4개의 건물(총 80가구-PV와 배터리 모두 구비), 초과되는 생산량을 내부에서 거래하거나 네트워크를 통해서 거래하는 것이 목표	(가정) 소비자 - 소매시장	시너지(Synergy), 랜드코프(Land Corp)
오클랜드	오클랜드 내 500개 지역(학교, 지역사회, 가구를 모두 포함), 파워 레저의 거래 플랫폼을 활용한 P2P 에너지 거래 시범사업으로 2016년 12월에 출시	(가정 부문 간) 소비자 - 소비자	벡터(Vector)
사우스 오스트레일리아주 빅토리아	해당 사업의 목적은 PPA 계약에서 하나의 기업에 판매하는 것보다 개개의 가정에 어느 수준 규모의 재생에너지가 판매될 수 있는지를 결정하기 위함임	도매(대규모) 도매시장 - 도매시장, 대규모 도매시장 - 소비자	유통 네트워크 서비스 공급자(Distribution Network Service Provider)

자료: Dr. Gov van Ek(2017).

에게 최대 이익을 추구할 수 있게 한다. 또한, 파워 레저는 기존 호주 발전 부문의 기업들과의 긴밀한 협력 관계를 구축하고 있으며, 일본과 브라질의 기업들과의 협업을 추진하고 있다. 이용자들은 거래 플랫폼을 통해 각각의 공급과 수요에 의존해 다른 사람들과 직접적인 협상이 가능하며, 태양광 패널을 보유하지 않은 사람 또한 그들의 이웃으로부터 전력을 직접 구매할 수 있다.

2015년 4월, 미국에서 설립된 옐로하(Yeloha)는 전 세계 누구나 태양에너지를 공유하는 시스템을 사업 모토로 하고 있다. 옐로하는 선 호스트(Sun Host)와 선 파트너(Sun Partner)의 연계를 통한 공유 플랫폼 운영하는

〈그림 11-1〉 피클로 서비스 구조

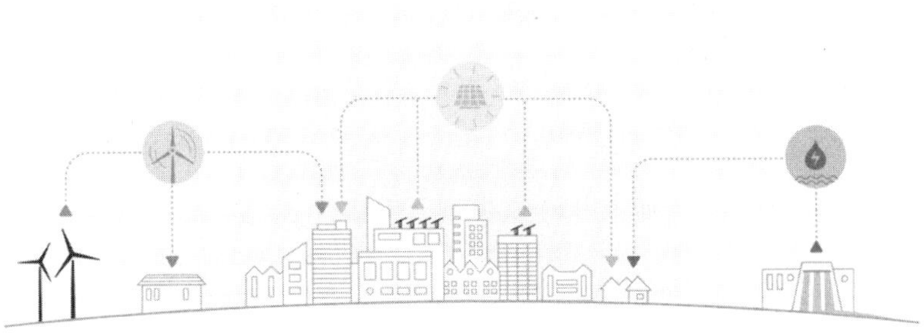

데, 선 호스트는 태양광을 설치하고자 하는 사람들을 위한 지붕 위 태양광 설치 서비스로 선 호스트는 태양광 발전량의 1/3을 사용하고 잔여분은 선 파트너에 판매한다. 선 파트너는 아파트, 임대주택 등 태양에너지 전기를 이용하고 싶지만, 태양광을 설치하기에 적합하지 않은 사람들이 참여하는데 선 호스트가 생산한 전력을 기존 전기 요금보다 저렴한 요금으로 구입한다. 이는 일종의 공유경제 플랫폼으로 우버나 에어비엔비 같은 시스템에서 착안한 것이다. 매사추세츠주에서 시작해, 현재는 미국 전역으로 서비스를 확대하고 있다.

피클로(Piclo)는 영국에서 P2P 전력 거래를 가능하게 하는 플랫폼으로써, 2015년 10월부터 2016년 3월까지 6개월간 영국 정부의 지원을 받아 시범사업으로 시작되었고 현재는 서비스를 확대 중이다. 피클로는 토지주인, 커뮤니티 그룹, 개인들이 분산 발전 자원에 투자하고 이를 지역 내에서 소비함으로서 영국의 지역 에너지 시장(local energy market)을 형성하는 데 일조하고 있다. 피클로는 전력 회사와 벤처기업이 협력해 재생에너지 전력의 온라인 거래 플랫폼을 구축한 것으로, 피클로를 운영하는 사업자는 오픈 유틸리티(Open Utility)이고, 재생에너지 전력 회사인 굿에너지(Good Energy)가 지원하고 있다. 생산자는 피클로를 통해 재생에너지 프로젝트를 소개하고, 소비자는 선호하는 발전원을 선택하고 포트폴리오를 조정한다. 피클로는 정보를 취합한 후 30분 단위로 전력의 수요와 공급 정보를 매칭한다.

국내에서는 에너지 프로슈머의 이웃 간 전력 거래 실증 사업이 수원 솔대마을, 홍천 친환경에너지타운 2개 지역에서 시범 사업으로 진행되고 있다. 프로슈머는 지붕 위를 비롯한 설치 가능한 모든 공간에 태양광 등 재생에너지를 설치하고 사용 후 남는 전력을 이웃에게 판매해 수익을 창출할 수 있다. 전기 소비자는 한전 외에도 사용하는 전기의 일부를 프로슈머로부터 구입함으로써 전기 요금 부담을 완화할 수 있다. 전기 요금 고지서에도 프로슈머와 이웃 간 거래량, 거래 금액, 거래 효과 등을 표시하게 했다.

3) 도매시장 참여

독일은 재생에너지에 대한 발전차액지원제도(Feed-In-Tariff, 이하 FIT)로 전기 소비자의 부담이 급격하게 증가하자, 재생에너지 발전사업자가 스스로 도매시장에 전력을 판매하도록 의무화해 소규모 자원의 전면적 시장 참여를 유도했다. 중개사업자가 소규모 자원을 대신해 도매시장 참여에 필요한 행정 절차를 대신하면서 거래 비용을 절감했고, 소규모 분산 자원 모집 및 중개 시장 형성 촉진을 위해 중개사업자에게 인센티브(매니지먼트 프리미엄)를 제공한다. 그 결과 2010년에는 총재생에너지 발전 전력 거래량 중 2%만이 직접 판매에 참여했던 반면, 2014년에는 63%로 증가했다.

미국 캘리포니아에서는 에너지 저장 장치 및 한데 모인 신·재생에너지 분산 자원의 전력 시장 참여를 촉진하기 위해 분산 자원 공급자(Distributed Energy Resource Provider, 이하 DERP)와 스케줄 관리자 제도를 도입하려고 하고 있다. 이는 소규모 분산 자원의 시장 참여를 촉진해 남는 전력의 조직

〈그림 11-2〉 독일 분산 자원 중개 시장 모델

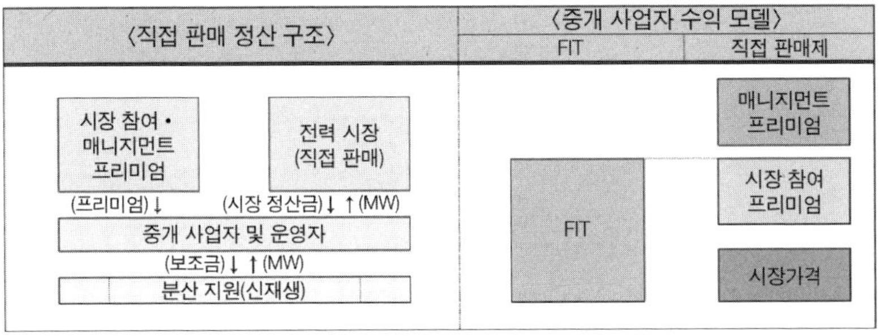

자료: 산업통상자원부(2015).

〈그림 11-3〉 미국 독립 계통 운영자 - 분산 자원 공급자 - 스케줄 관리자의 관계

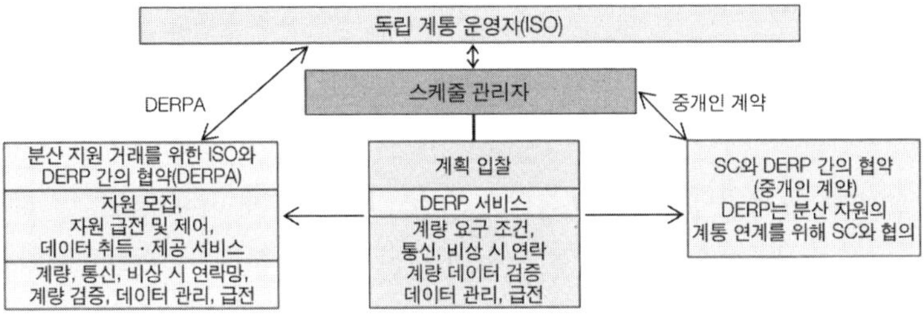

자료: 산업통상자원부(2015).

적 판매와 소규모 자원의 수익성을 향상시키는 한편, 재생에너지 등 분산 자원의 확산을 유도는 목적이 있다.

호주는 2012년에 소규모 분산 자원의 전력 시장 진입 장벽을 해소해 능동적 참여를 유도하고 전력 시장 내 분산 자원의 효과적 활용을 위해 중개 사업자 제도를 도입했다. 새로운 유형의 시장 참여자로 소규모 발전 중개 사업자를 신설하고 소형 발전기(30MW 미만)를 모집해 집합된 자원을 전력 시장에 판매하는 내용이다. 소규모 발전사업자는 기존의 복잡한 발전기 등록 절차 및 높은 등록 비용 발생 없이 소규모 발전 중개사업자를 통해

〈그림 11-4〉 호주 소규모 발전사업자 제도 개념도

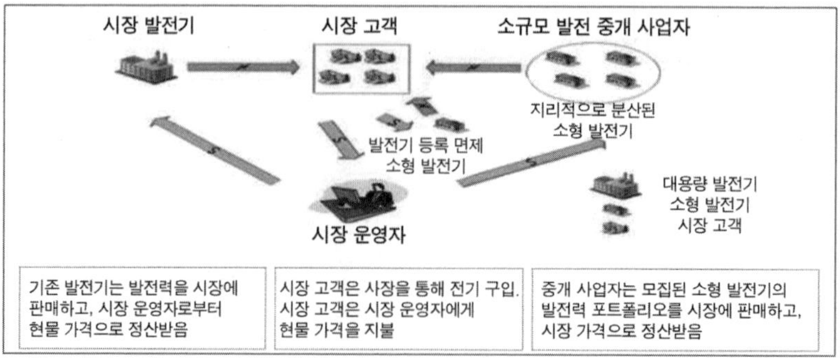

자료: 산업통상자원부(2015).

전력 시장에 참여가 가능하게 되었다.

국내에서는 2015년부터 소규모 전력 중개 시범 사업을 준비해, 참여 기업도 모집했으나 중개 거래 시장 허용을 담은 '전기사업법' 개정안이 아직까지 국회 상임위에 계류된 상태다. 소규모 전력 중개 거래가 전력 소매시장의 판매 개방과 연관성이 있는지에 대한 논란이 일어 시범 사업은 1년 넘게 시작도 하지 못하고 있다.

3. 기업 참여 에너지 프로슈머와 재생에너지 전력 거래

1) 기업 참여 에너지 프로슈머 주요 사례

(1) RE100

RE100은 2014년 뉴욕 기후 주간(Climate Week NYC)에서 시작된, 100% 재생에너지만을 이용한다는 내용의 캠페인으로 현재는 재생에너지 보급과 기후변화 대응을 위한 주요 이니셔티브로 발전했다. 2017년 2월 전 세

〈그림 11-5〉 분야별 RE100 참여 기업 현황

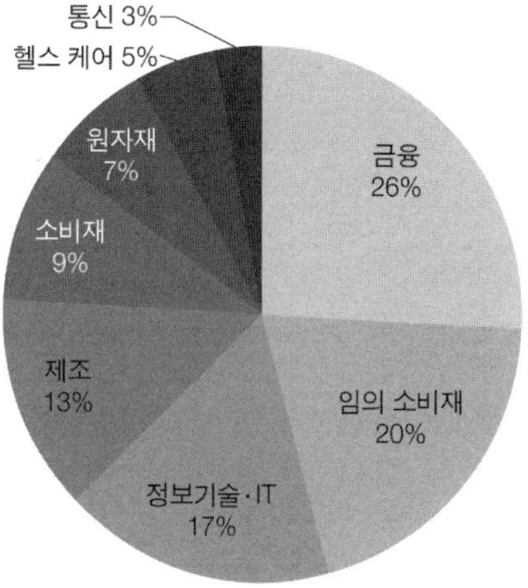

분야	참여 기업 수
금융	23
임의 소비재	17
정보기술/IT	15
제조	11
소비재	8
원자재	6
헬스 케어	4
통신	3
합계	87

자료: The Climate Group(2017).

계 87개 기업들이 프로그램에 동참했고, RE100에서 약 107TWh의 재생에너지 전력을 생산하고 있다. RE100 참여 기업은 재생에너지 100% 달성 목표 연도와 이를 달성하기 위한 중간 경로를 공식적으로 발표하는 등 저탄소 경제 전환의 명확한 입장을 전달하고 있으며, 각 사의 경험을 공유해 효율적인 목표 달성을 위해 노력하고 있다. RE100에는 금융, 소비재, IT, 제조 및 통신 등을 포함해 다양한 분야의 기업이 참여하고 있다. RE100 기업들은 재생에너지 전력 조달을 위해 신·재생에너지 공급인증서(Renewable Energy Certificate, 이하 REC)를 구매하는 방법을 가장 많이 활용하고 있으나, 점차적으로 재생에너지 전력의 직접 구매와 관련 프로젝트에 투자하는 방식으로의 전환이 이뤄지고 있는 상황이다.

재생에너지 전력 조달을 위해서 가장 많이 사용하는 방법은 REC를 구매하는 것으로 이는 전체의 약 59.6%를 차지하고 있으며, 그 외에 공급자 계약(34.8%), 직접 조달(3.3%), 기타(2.3%)의 방법 등을 활용하는 것으로 나타났다. REC 구매 이외의 방법으로 미국, 유럽에서는 공급자 계약을 통해 각

〈표 11-4〉 RE100 기업의 재생에너지 전력 조달 방법 및 활용 현황

조달 방법	재생에너지 전력량(MWh)	활용 비중(%)
재생에너지 공급인증서 구매	13,756,651	59.6
공급자 계약	8,034,139	34.8
직접 조달(외부 전력망)	770,138	3.3
기타*	535,049	2.3
총계	22,970,703	100

* '기타'에는 사업장 내 설비 구축을 통한 자가 소비, 전력망에 접속하지 않고 외부 발전원과 직접 연결, 특정 항목에 포함되지 않는 부분 등을 포함한다.

〈표 11-5〉 지역별 RE100 기업의 재생에너지 전력 조달 방법

조달 방법	재생에너지 전력량 및 비중(MWh, 괄호 안은 %)			
	미국	EU	중국	인도
재생에너지 공급인증서 구매*	5,752,825 (85)	6,826,583 (48)	316,457 (87)	-
공급자 계약	947,540 (14)	6,737,311 (47)	-	-
직접 조달(PPA)	8,732 (〈1)	467,117 (3)	11,830 (3)	73,460 (69)
기타	74,694 (1)	325,436 (2)	34,224 (10)	33,219 (31)
총계	6,783,791	14,356,447	362,511	106,679

* 재생에너지 공급인증서 구매의 국가별 명칭: 미국(RECs), EU(GOs), 중국(GoldPower or I-RECs).
자료: The Climate Group(2017) 재구성.

각 14%, 47%의 재생에너지 전력을 조달하고 있으며, 전력 구매 계약(Power Purchase Agreement, 이하 PPA)을 통한 직접 조달 방법 활용이 점차 부각되고 있는 추세다.[2] RE100은 기업의 재생에너지 조달을 더욱 용이하게 추진할 수 있도록 관련 기관과의 협력 관계를 확대하고 있다. 로키 마운틴

RE100 기업 사례 - 구글

구글은 2017년부터 자사 데이터 센터와 사무실에서 소비하는 전력을 100% 재생에너지로 공급할 것으로 예상된다. 이미 전 세계 위치한 회사에서 소비 전력의 44%를 풍력과 태양광에서 구입했고, 구입량은 5.7TWh로 샌프란시스코 연간 소비 전력과 비슷한 규모다. 안정적이고 지속적인 전력을 공급받는 것이 구글의 사업 영위에 매우 중요하기 때문에 태양광·풍력 발전의 가격이 점차 하락하고 있음에도 모든 저탄소 전원을 대상으로 장기구입계약(PPA)하는 방안을 검토하고 있다.

구글의 재생에너지 100% 조달 이행 방법

1. 고정가격 PPA
구글은 사전에 협의된 태양광, 풍력 단지에서 재생에너지 전력과 REC를 묶어서 구매한다.

2. 개방된 도매시장 판매
구글은 재생에너지 전력을 유동적인 시장 가격으로 경쟁하는 도매시장에 판매한다. 도매시장에서는 풍력, 태양광, 수력, 석탄, 원자력 등 여러 에너지원이 모두 거래된다.

3. 규제된 소매시장 구매
구글 데이터 센터는 구글이 소유한 유틸리티로부터 규제된 요금으로 전기를 구입한다. 재생에너지 PPA 전력을 판매한 동일한 전력망에서 데이터 센터에 전기를 공급한다. 구글이 소유한 유틸리티는 전력망을 통해 간헐성을 조정하고, 항상 안정적인 전기를 보낸다.

4. REC 적용
구글은 1단계 PPA에서 구입한 REC를 상쇄하고, 데이터 센터에서 구입한 소매 전력량과 일치시킴. 1년 동안 구글이 적용하는 REC의 합계가 데이터 센터의 총전력 소비와 같다.

5. 재무적 흐름
구글은 PPA 형태로 재생에너지 프로젝트 개발자로부터 직접 전력을 구매
전력을 해당 지역 도매 가격으로 다시 전력망에 판매
현재는 재생에너지 발전 단가가 소매 요금보다 상대적으로 비싸기 때문에 구글에 약간의 순손실이 발생할 수 있음
시간이 지남에 따라 재생에너지 발전 단가가 소매 요금보다 낮아져서 결국 수익을 올릴 것으로 기대

비즈니스 리뉴어러블 센터(Rocky Mountain Institute Business Renewables Center, 이하 RMI-BRC)와의 파트너십 구축을 통해 구매자의 재생에너지 수요 확대와

2 미국의 경우 직접 조달이 차지하는 비중이 1% 미만으로 미미한 수준이지만, 2014년 1.2GW와 비교해 2015년에 3.5GW가 보급되는 등 활용이 급속도로 증가하고 있는 추세다.

〈표 11-6〉 RE100에 참여하는 주요 기업의 공급 목표와 진행 현황

기업	재생에너지 전력 공급 목표	진행률		방법
		2015년	2014년	
Adobe	2035년 100%	0%	7%	자가 발전, PPA
Apple	-	93%	87%	자가 발전, PPA, 직접 투자 및 직접 조달
BMW	2020년 2/3	42%	40%	공급자 계약, 직접 조달, 재생에너지 공급 인증서
Coca-Cola	2020년 100%	18%	10%	태양광 설치, 공급자 계약
Facebook	2018년 50% (데이터 센터)	35%	n/a	PPA
General Motors	2050년까지 100%	1%	n/a	태양광 설치, PPA
H&M	-	78%	27%	재생에너지 공급 인증서
Hewlett Packard	2025년까지 50%	25%	n/a	태양광, 풍력 자가발전, PPA
IKEA	2020년까지 100%	42%	77%	자가 발전, 공급자 계약
ING Group	-	86%	77%	태양광 설치, 공급자 계약, 재생에너지 공급 인증서
Johnson & Johnson	2050년까지 100%	2%	3%	자가 발전, 재생에너지 공급 인증서
Microsoft	-	100%	100%	태양광 설치, PPA, 재생에너지 공급 인증서
Nestle	-	8%	5%	태양광 설치, 단지 구매, 직접 조달, 공급자 계약
Nike	2025년까지 100%			재생에너지 공급 인증서
Philips Lighting	-	58%	55%	자가 발전, PPA, 공급자 계약, 재생에너지 공급 인증서
Starbucks	-	100%	59%	자가 발전, 공급자 계약, 재생에너지 공급 인증서
Tata Motors	2030년까지 100%	4%	8%	자가 발전, 직접 조달
Unilever	2030년까지 100%	45%	45%	PPA, 공급자 계약, 직접 조달, 재생에너지 공급 인증서
Walmart	2025년까지 50%	25%	26%	자가 발전, PPA

자료: The Climate Group(2017).

판매자의 재생에너지 사업 기회 창출을 지원하고 연결하는 역할을 수행하고 있다. 또한 국제 에너지 시장이나 PPA 등 특정 주제를 다루는 일련의 세미나 개최를 통해 참여 기업들의 역량 강화를 지원하고 있다. 또한 저탄소 기술 파트너십 이니셔티브(Low Carbon Technology Partnerships initiative, 이하 LCTPi)와의 파트너십을 통해 PPA에서 발생하는 현실적 문제점 분석과 해결책을 제시하는 등 재생에너지 조달을 위한 접근 방법의 활용성을 높이고 있다. 아울러 국제재생에너지기구(IRENA), 재생에너지구매자협회(REBA) 등과의 협력을 통한 재생에너지 인식 제고 활동을 통해 기업의 참여를 독려하고 있다.[3]

(2) REBA

REBA는 다국적 기업들의 재생에너지 전력 사용을 강화시키기 위한 목적으로 4개의 비영리 기관의 이니셔티브를 통합해 운영되고 있는 협의체로 재생에너지 시장으로 변화의 장애 요인 파악과 기업의 수요를 충족하는 솔루션을 개발하고 있다. 각 기관의 이니셔티브는 개별 기업들과 파트너십을 맺고 있으며, REBA란 테두리에서 이들이 서로 협력하는 형태로 운영되고 있다. REBA는 RE100 캠페인과 공동으로 참여 기업에 대한 지원을 실시하는 등의 협력을 추진하고 있으며, 궁극적으로는 2025년까지 미국 기업들이 60GW의 재생에너지를 추가적으로 구입하도록 지원하는 것을 목표로 한다. REBA의 주요 파트너는 재생에너지에 대해 대규모 수요가 필요한 60개 이상의 상징적인 다국적 기업이다.

---

3 LCTPi는 세계지속가능발전기업협의회(World Business Council for Sustainable Development, 이하 WBCSD)에서 주도적으로 발족한 이니셔티브다.

〈표 11-7〉 재생에너지구매자연합(REBA)의 구성 기관

	WWF	WRI	BSR	RMI
NGO명*	WWF	WORLD RESOURCES INSTITUTE	BSR	BUSINESS RENEWABLES CENTER
이니셔티브	기업 재생에너지 구매의 원칙		인터넷 파워의 미래	기업 재생에너지 센터
주요 초점	시장 전환		데이터 센터	거래의 간소화

* WWF: 세계야생생물기금(World Wildlife Fund), WRI: 세계자원연구소(World Resources Institute), BSR: 기업의 사회공헌활동(Business for Social Responsibility), RMI: 로키 마운틴 연구소(Rocky Mountain Institute).

자료: REBA 홈페이지.

2) 기업의 재생에너지 PPA

(1) PPA의 현황

PPA는 전력을 사용하는 기업들이 장기간에 걸쳐서 발전사업자와 전력 구매 계약을 별도로 맺어 재생에너지 전력을 구매하는 형태로, 최근 미국의 대표적 IT 기업이나 유통 소매기업들 사이에서 기후변화 시대 기업의 사회 공헌의 일환으로 재생에너지 전력의 직접 구매가 활성화되고 있다. 직접 구매 계약은 기업 소비자의 전력 소비처에 근접한 재생에너지 발전소의 전력을 직접 구매하거나 지역의 전력망을 이용해 전력망을 통해 재생에너지 전력을 구매하는 방식이 있다. 미국의 기업 소비자들은 발전사업자나 전력 회사의 재생에너지원에서 나온 전력을 구매하는 계약을 맺

〈그림 11-6〉 미국 기업들의 재생에너지 계약 현황 (2017년 6월 14일 기준)

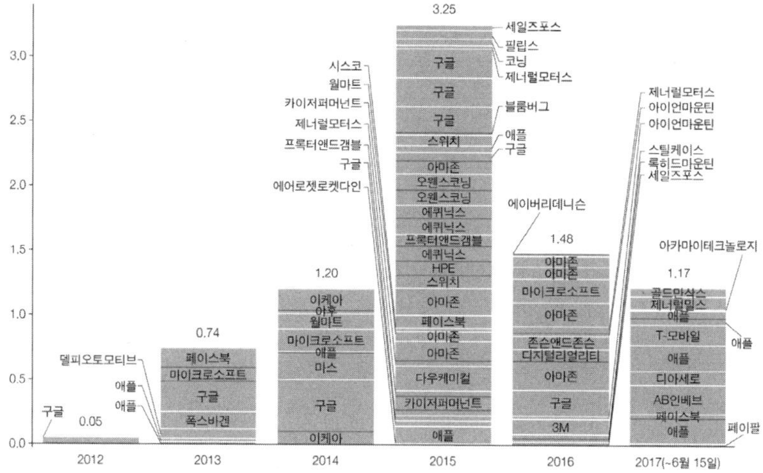

주: 미국과 멕시코에서 공식적으로 발표된 녹색 전력 구매 계약(PPA), 녹색요금제, 재생에너지 프로젝트를 통한 직접적인 전력 조달량(자가 발전용 전력은 제외).
자료: Rocky Mountain Institute(2017).

거나, 재생에너지 전력을 사업장이나 부지에서 직접 생산하는 방식으로 100% 재생에너지 목표를 달성하고 있다. PPA에 의한 재생에너지 전력 구매에는 가격 경쟁력(안정성)과 정책 지원이 매우 중요한 요인으로 작용하고 있다. 미국대기오염기금(American Clean Skies Foundation)의 조사 결과, 미국 주요 기업이 재생에너지 PPA를 추진하는 가장 큰 이유는 경제성이며, 환경성 및 지속가능성은 그다음으로 고려되는 대상이었다. PPA의 경우 재생에너지 발전사업자와 구매 기업 모두에게 상당한 편익이 돌아갈 수 있으나, 계약 시 전력 가격의 변동성, 거래 상대의 신용 리스크, 회계 처리 방법 및 관련 정부 규제와 보조금 정책을 주의 깊게 고려해야 하는 등의 복잡함이 수반된다.

(2) 기업의 재생에너지 PPA의 구조

전력 시장의 규제 제도와 기업 구매자의 참여 전략 및 구매량 수준에 따라 기업 구매자가 활용할 수 있는 다양한 유형의 PPA 형태가 존재한다. 재생에너지 전력을 직접 공급받는지 여부에 따라 크게 물리적(Physical) PPA와 가상(Virtual) PPA로 구분할 수 있으며, 이는 다시 세부 계약 조건에 따라 다양한 형태로 나타나고 있다. EU에서는 물리적 PPA의 특수한 형태인 연결(Sleeved) PPA가 주로 활용되고 있으나, 이와 다르게 미국에서는 가상 전력 구매 계약(가상 PPA 또는 합성(Synthetic) PPA)를 많이 활용하는 것으로 조사되었다.[4]

〈표 11-8〉 PPA의 형태에 따른 주요 차이점

	물리적 PPA	가상 PPA
관리 기관	전력 소매시장의 개방 또는 기업 구매자의 도매시장 참여 권한 필요	스와프 계약에 대한 등록, 보고 및 관리 등이 제도적으로 요구
운송	기업구매자가 전력이 필요한 지점까지의 송배전 방법을 직접 모색	고려 X
위치	경쟁적 소매시장에서 가능	위치 의존성 X

자료: Penndorf(2016).

4 RMI-BRC의 연구에 따르면, 2015년 1분기에 미국의 PPA 중 약 4분의 3이 합성 PPA 형태로 나타난다.

3) 재생에너지 전력 거래 지원 제도

(1) 녹색요금제

녹색요금제(Green Tariffs)와 유사한 형태인 미국의 녹색요금제 프로그램은 유틸리티가 고객을 대신해 재생에너지 사업자와 계약을 체결하는 방식으로 운영되고 있다. 대부분의 녹색요금제는 대량 구매자를 주 대상으로 진행되며, 미국에서 진행 중인 모든 사업이 대규모 비주거 부분을 대상으로 하고 있다. 특정 재생에너지 프로젝트 또는 재생에너지 생산자를 소비자가 스스로 선택할 수 있다는 점, 일정 형태의 가격 확실성을 얻을 수 있다는 점 및 계약 기간이 좀 더 장기라는 점이 일반적인 녹색요금제와의 주요한 차이점이다.[5] 2015년까지 약 350MW의 재생에너지가 녹색요금제를 통해 조달되었으며, 이 중 250MW는 네바다주에서 진행되었다. 이는 약 38만 MWh의 녹색 전력 판매량으로 계산된다. 2016년 9월까지 최소 12개의 재생에너지 프로젝트가 녹색요금제 프로그램으로 허가된 상태이며, 추가로 일부 프로젝트가 비공개로 진행되고 있어 전체 용량은 더 증가할 것으로 예상되고 있다.

녹색요금제 운영의 편익은 소비자 입장에서는 규제 전력 시장에서 대량 구매자가 지역의 묶음 상품(전력+REC)을 구입할 수 있는 기회가 제공된다. 이는 녹색 전력 및 비규제 전력 시장의 재생에너지 장기 고정가격 구조에 대한 대량 소비자의 구매 요구라고 볼 수 있다. 유틸리티 입장에서는 규제 전력 시장에서 녹색 전력과 고객의 장기 전력 고정가격에 대한 수요를 수용할 수 있게 한다. 또한 유틸리티는 기업과 같이 대량으로 전력을

---

5 녹색요금제는 월 기반의 가입 및 해지가 보편적이나, 녹색요금제는 최소 2년 이상의 계약 기간이 요구된다.

〈그림 11-7〉 미국 녹색요금제의 기본 운영 방식

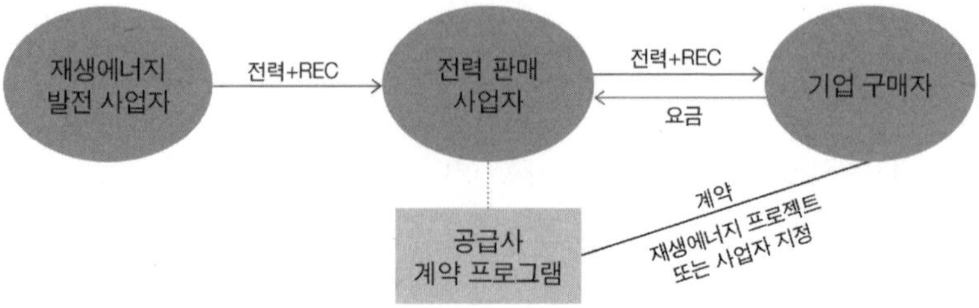

자료: NREL(2016) 재작성.

소비하는 고객과의 장기 계약을 체결해 재정적 안정성을 추구할 수 있으며, 이는 장기적인 설비 투자 계획의 개선으로 이어질 수 있다.

(2) CCA

커뮤니티 초이스 어그리게이션(Community Choice Aggregation, 이하 CCA)은 대체 전력 공급사로부터 전력을 조달받고 모집한 전력 소비자에게 전기를 공급하게 되는 방식인데, 기본적으로 재생에너지 전력을 제공하며 화석연료 기반 전력의 포함 여부는 선택 사항이다. 해당 지역의 전력 소비자는 자동적으로 CCA가 선정한 서비스에 등록이 되며, 원치 않을 경우 개별적으로 CCA 참여를 거절할 수 있다. 미국 7개 주에서 CCA 특별 구역을 허가하는 법안이 통과되었으며, 각 주의 CCA는 운영 경험이 상이해 독특한 특징이 존재한다.

캘리포니아주의 CCA는 지속적으로 증가하고 있으며 2015년 마린 청정 에너지(Marin Clean Energy), 소노마 청정 발전(Sonoma Clean Power) 및 랭커스터 초이스 에너지(Lancaster Choice Energy)의 녹색 전력 판매량은 약 165만 MWh를 기록했다. 캘리포니아 샌프란시스코에서 신규로 운영되는 클린파워SF(CleanPowerSF) CCA에서는 35%의 재생에너지를 제공하는 '그린(Green)'을 기본 서비스 프로그램으로 제공하고 있으며, 추가의 프리미엄

〈그림 11-8〉 CCA의 일반적 운영 형태

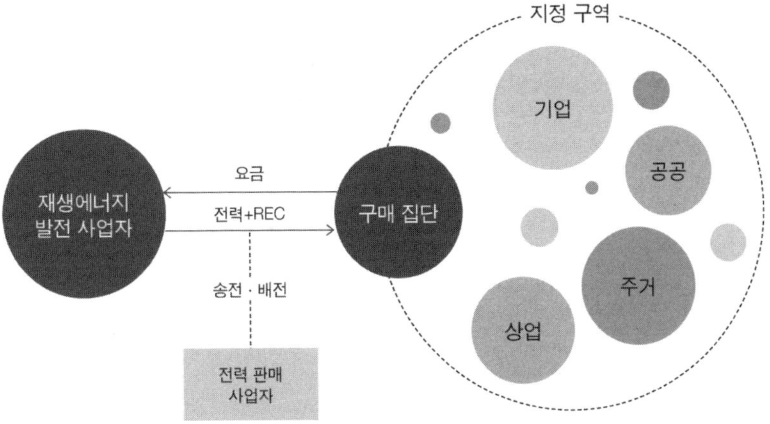

주: CCA 프로그램에 따라 다양한 운영 형태가 존재한다.
자료: NREL(2016).

($0.02/kWh)을 지불하면 '슈퍼그린(SuperGreen)'으로의 전환이 가능하다. 지불된 프리미엄은 지역의 재생에너지 프로젝트나 에너지 효율 사업에 재투자되고 있다. 샌디에이고 카운티를 포함한 최소 20개의 캘리포니아 관할 지역에서 CCA 구현을 추진하고 있다.

(3) 아쿠아프리미엄

일본 도쿄전력은 164개의 수력 발전소를 운영하고 있고, 총발전 규모는 986만 kW에 달하고 있다. 도쿄전력은 수력 발전으로 발전한 전력만 공급하는 친환경요금제인 아쿠아 프리미어를 출시했다. 친환경요금제는 계약한 전력이 500kW 이상인 이용자 중 전체 시설 사용 전기의 10% 이상 또는 연간 100만 kWh 이상을 해당 요금제의 전기로 사용하는 경우에 한해 적용되고 있다. 기업이나 지자체는 필요한 전력을 아쿠아 프리미엄을 통해서만 구매하거나, 사용 전력 중 일정량을 아쿠아 프리미엄으로 구입하는 등의 방법을 선택할 수 있다. 전력 사용량이 많은 기업이나 지자체의 경우에는 일정 부분의 아쿠아 프리미엄을 구입하는 형식이 적합한 것으로 나타났다. 아쿠아 프리미엄 요금제는 일반 기본 요금 및 종량제의 전력량 요금 이외에 이산화탄소를 배출하지 않는 부가가치 분량을 매월 사용량에 따라 가산하는 체계로, 추가 요금은 도쿄전력과 이용자가 개별적으로 협의해 결정한다.

(4) 국내 재생에너지 전력 거래 제도 현황

국내 재생에너지 사업자는 한전이나 전력거래소를 통해 전력을 거래하거나 의무할당제도(Renewable Portfolio Standard: RPS) 의무사업자(발전 회사)와 쌍방 계약을 맺어 전력을 공급하거나, 재생에너지 자가용 설치자가 잉여 전력을 상계 거래를 통해 한전에 판매하는 경우가 있다. 최근에는 소규모 전력 자원을 모집해 전력 거래소와 거래하는 소규모 전력 중개 시장과 잉여 전력을 이웃 간 거래하는 프로슈머 등이 생겨나고 있다. 단, 한전이 전력 판매를 독점하고 있으며, 소비자는 한전으로부터 재생에너지 전력을 구입할 수는 없다.

- 상계 거래(10kW 이하): 일반용 발전 설비를 설치한 자가 생산한 발전량을 한전에서 공급받는 전력량에서 상계하는 제도.
- PPA(1000kW 이하): 발전 설비를 설치한 자가 생산한 발전량(자가용의 경우 50% 이내)을 한전에 판매.

2016년 정부는 에너지 신산업 육성을 위해 기업형(2단계) 프로슈머를 도입했다. 대형 프로슈머(학교, 상가 등)는 재생에너지 설비에서 생산된 전력을 전력 시장이나 한전에서만 판매가 가능하게 했으나, 제도 도입 이후 아파트와 상가 등 대형 전기 소비자에게도 판매가 가능해졌다. 학교에서 아

〈표 11-9〉 요금 상계와 전력 구매 계약 비교

	요금 상계	전력 구매 계약(PPA)	
		자가용	사업자
사업자 지위	일반용 발전 설비 설치자	자가용 발전 설치 설치자	발전사업자
설비 구분	일반용 전기 설비	자가용 발전 설비	전기 사업용 전기 설비
설비 용량	10kW 이하 (태양광 50kW 이하)	사업용 및 일반용 외	제한 없음
거래 방법	발전량과 수전량 상계(잉여 발전량 판매 불가)	연간 총발전량의 50% 미만 한도 내 잉여 전력량 판매 가능	전량 판매 (소내 전력 제외)
수익 구조	전력량 요금에서 차감	SMP*	SMP+REC**

* 계통한계가격(System Marginal Price: SMP)이란 발전사업자와 한국전력 간 전력 거래 가격을 말한다. 물론 발전사업자와 한전 사이에 전력거래소가 있어 전력 거래 업무를 도맡아 하고 있지만 일반 가정이나 산업체에 책정하는 전력 요금은 SMP에 다시 한전이 붙인 가격을 말하는 것이다.

** 신·재생에너지 공급인증서(Renewable Energy Certificate: REC)는 신재생에너지 설비를 이용해 전력을 생산했다는 증명서를 말한다. 에너지공단에서 발급받고 전력거래소에서 판매를 진행한다.

파트로 전기를 판매하는 모델은 옥상 등에 대규모 태양광을 설치할 수 있는 학교에서 생산한 전력을 동일 배전망 내에 있으며 높은 누진제 요금을 적용받는 아파트에 판매한다. 빌딩에서 주택으로 전기를 판매하는 모델에서는 빌딩에 설치한 태양광에서 생산한 전기를 주변에 전력 사용량이 많은 다수의 주택에 판매한다.

4. 국내 에너지 프로슈머 관련 논의 및 한계

우리나라는 2001년에 전력 산업 구조 개편을 실시했지만, 아직까지 과도한 가격 규제로 도매시장 가격 및 정산 시스템 등을 포함해 적절한 자원 배분이 이루어지기 어려운 구조적 문제점을 갖고 있어 수익 모델 창출이 어려운 상황이다. 신·재생에너지 발전사업, 전기차 관련 사업 등 과거에 없었던 새로운 사업 모델들이 등장하고 있는 반면에, 현행 법 제도는 대형 전기 사업자 중심으로 구성되어 있어 법적 한계가 존재한다. 이러한 새로운 유형의 산업들의 확산을 위해서는 기존의 대형 전기사업자들에게 적용되던 것과는 다른 형태로 에너지 신산업을 뒷받침할 수 있는 법체계가 필요하다. 국내에도 에너지 소비자이면서 동시에 에너지를 생산하고 나아가 판매할 수 있는 에너지 프로슈머가 증가하고 있으나 전력 판매자로서 에너지 프로슈머는 아직 시장에 등장하지 못한 상태다. 소규모로 전기를 생산하는 신·재생에너지 발전사업자들은 생산한 전기를 한전에 판매하거나 전력 시장에 참여해야만 판매할 수 있다. 현재 재생에너지 프로슈머 사례로 이웃 간 전력 거래 실증 사업이 수원 솔대마을, 홍천 친환경 에너지타운 2개 지역에서 시범사업이 진행 중이다. 정부는 에너지신산업 성과 확산 및 규제 개혁 종합 대책(2016년 7월)을 통해 기업형 프로슈머 육성의 일환으로 태양광, 풍력 등 신·재생에너지를 활용해 생산한 전력을 일반 소비자 또는 기업에 직접 판매할 수 있는 여건을 구축하고자 했다. 태양광 발전을 통해 생산한 전력을 일반소비자 또는 기업에 바로 판매하는 '기업형 프로슈머'에 대해서는 발전과 판매 겸업 제한을 완화해 등록만으로 사업자 자격이 부여되게끔 했고, 판매 가능한 지역의 범위는 동일 배전망을 사용하는 타운 또는 아파트, 법령 지정 일정 구역 등으로 지정했다.

'전기사업법' 개정안이 시행되면 전력 시장을 통하지 않고 판매자가 전기를 소비자에게 직접 판매할 수 있다. 즉, 태양광 발전을 통해 생산한 전력을 일반 소비자 혹은 기업 소비자에게 직접 판매할 수 있다는 의미다. 기업형 프로슈머의 전력 직판 제도는 향후 재생에너지 발전사업자가 기

〈그림 11-9〉 기업형 프로슈머

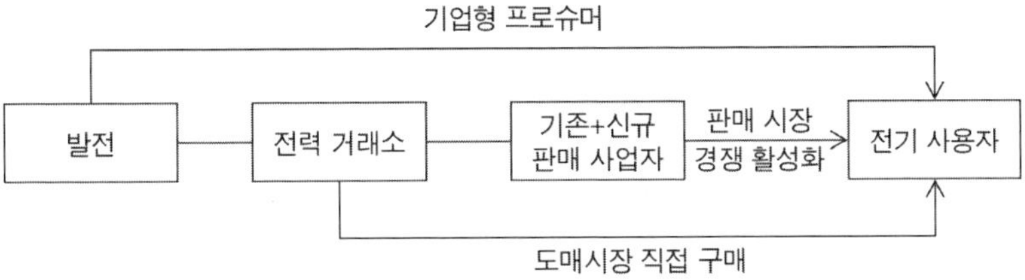

업소비자와 직접 구매 계약을 맺어 전력을 판매하는 미국식 재생에너지 전력 거래로 발전할 가능성이 있다. BMW에 전기자동차 배터리를 납품하는 삼성 SDI 같은 경우 2020년까지 약 50MW 용량의 재생에너지 이용이 요구되어, 자가 생산으로 충당할 수 없다면 초과 비용이 들더라도 기업형 프로슈머의 전력을 구매해야 되는 상황이다.

기존 전력을 대신해 재생에너지 전력을 구매하는 것이 상당히 큰 요금 증가 요인이 된다면 새로운 재생에너지 전력 시장은 형성되기 어렵다. 현행 주택용 누진 요금제의 틀이 유지되는 상황에서 상위 단계 전력 소비량을 감소시키는 신·재생에너지 전력 상품은 제한적으로 시장 경쟁력을 확보할 수 있으나 전반적으로 산업용, 일반용 전기 요금이 저렴해 지출이 늘어나는 신재생 전력 구매에 대해서는 기업들의 참여 동기가 부족할 수밖에 없다. 국내 전기 요금 체계에서 산업용 전기 요금은 상대적으로 저렴하기 때문에 기업의 입장에서는 재생에너지 설비를 추가하거나 재생에너지 전기를 활용할 동기가 매우 약하다. 또한 주택용 전기 요금 누진제가 개선(누진제 구간을 5단계에서 3단계로 조정)되면서 상위 구간의 구간 요금이 인하되어 현행 이웃 간 거래를 통한 재생에너지 직간접 판매 사업은 경쟁력이 오히려 약화되었다. 월 500kWh의 전기를 사용해 누진제 5단계였던 구매자가 프로슈머에게 100kWh의 전력을 구매해서 4단계로 낮추면 kWh당 137원의 인하 효과를 거둘 수 있었지만, 누진제 구간이 3단계로 조정됨으로써 프로슈머에게 전력을 구매해서 누진 단계를 낮추기가 어려워졌다.

5. 결론

신기후체제 출범에 따라 에너지 분야를 중심으로 과감한 탈탄소 정책이 요구되고, 에너지 패러다임 전환에 따라 에너지 산업의 새로운 시장이 창출되고 있다. 해외에서는 전력 판매 시장이 개방되어 민간 회사들 간에 경쟁이 존재하고 녹색 전력을 판매하거나 재생에너지를 직거래하는 재생에너지 전력 판매 사업이 활발하게 진행 중이다. 미국에서는 다양한 정책 및 프로그램하에 기업 소비자들이 재생에너지를 직접 생산하거나 구매하는 활동이 활발히 전개되고 있다. 우리나라도 세계 최고 수준의 ICT 기술과 에너지 산업과의 접목 시도, 신·재생에너지 발전사업, 전기차 관련 사업 등 과거에 없었던 새로운 사업 모델들이 등장하고 있으나 현행의 법제도는 대형 전기사업자 중심으로 구성되어 있어 이러한 새로운 유형의 산업들이 확산하는 데 어려움이 존재하고 있는 상황이다. 기존의 대형 전기사업자들과는 다른 형태로 에너지 신산업을 뒷받침할 수 있는 법체계 마련이 필요하다는 공감대를 바탕으로 논의가 진행되고 있다.

에너지 프로슈머는 에너지를 직접 생산하면서 소비하는 주체를 일컫는 말로 환경 개선 인식에 공감하는 분산형 전력 공급 체계로의 발전과 새로운 에너지 서비스 활성화에 영향을 주는 유인으로 인식되고 있다. 에너지 프로슈머 모델은 상계 거래, 이웃 간 거래, 도매시장 참여로 분류할 수 있다. 상계 거래 제도는 미국에서 콜롬비아 특구를 포함해 약 42개 주에서 시행 중이고 참여 고객은 약 48만 2000호이며, 이 중 98%가 태양광을 소유하고 있다. 유럽은 스위스, 터키, 우크라이나를 포함한 31개국에서 태양광 촉진을 진행하면서 상계 거래, 넷빌링, 자가 소비 등의 인센티브 정책에 대한 관심이 증가했다. 이웃 간 거래는 독일에서 태양광 설비와 에너지 저장 시스템(ESS)를 패키지로 제공하는 서비스와 일본에서 태양광, 전기 자동차(EV), 계통 전력을 동시에 연계하는 서비스를 제공하고 있다. 호주도 태양광과 배터리를 연계하는 다양한 시범사업을 진행 중이고 영국에서는 P2P 전력 거래를 가능하게 하는 피클로, 네덜란드에서는 풍력 전력 거래를 가능하게 하는 반데브론 등 다양한 플랫폼이 운영되고 있다. 이 밖에도 소규모 재생에너지 발전사업자가 도매시장에 전력을 판매할 수 있도록 미국, 독일, 호주 등에서 분산 자원 중개 시장을 운영하고 있다.

기업 참여 프로슈머의 주요 사례로는 RE100, 직접구매계약(PPA), 재생에너지 전력 거래 등을 들 수 있다. RE100은 2014년에 시작된 캠페인으로 현재 재생에너지 보급과 기후변화대응을 위한 주요 이니셔티브로 발전해 2017년 기준, 전 세계 87개 기업들이 RE100에 동참하고 있고, 이 프로그램으로 약 107TWh의 재생에너지 전력을 생산하고 있다. RE100 초기에는 미국이나 유럽의 기업이 구성원의 대부분을 차지했으나 최근에는 중국과 인도 기업들의 참여가 늘어나고 있다. 재생에너지 전력 조달을 위해 REC를 구매를 가장 많이 활용하고 있으나, 점차적으로 재생에너지 전력의 직접 구매와 관련 프로젝트에 투자하는 방식으로의 전환이 이뤄지고 있는 상황이다. 재생에너지 PPA는 전력을 사용하는 기업들이 장기간에 걸쳐서 민간 전력 생산자와 전력 구매계약을 별도로 맺어 전력을 구매하는 형태로 전력 직접 공급 여부에 따라 크게 물리적 PPA와 가상 PPA로 구분할 수 있다. 그 밖에 주요국에서 재생에너지 전력 거래 제도로 녹색요금제도, 지역사회선택집합체(Community Choice Aggregation), 아쿠아 프리미엄 등이 운영되고 있다.

해외의 에너지 프로슈머 사례를 살펴본바, 국내에서는 다음과 같은 방안들을 제안해볼 수 있겠다. 현재 상태에서 이웃 간 거래를 활성화하려면 전력 소비가 많은 주택지에서 전기사용자가 태양광 전기를 포함한 전력을 경제적이면서도 안정적으로 소비할 수 있는 구조를 구축해야 하고, 전기사용자가 태양광 전기를 소비하는 것이 불이익이 되지 않도록 주택용 누진제 상위 구간에 비해 저렴한 태양광 전기를 공급해야 한다. 이를 위해서는 거래 비용과 전력망 사용료를 최소화하는 한편 경제성이 우수한 태양광 발전소와 전력 다소비 마을을 연결할 수 있도록 이웃 간 전력 거래의 범위를 확대하는 방안을 고려해볼 수 있다. 아울러 동일한 배전망 사용은 전력 거래 범위가 좁아 프로슈머 확대에 제약 요건으로 작용할 수 있기 때문에 가상 PPA가 도입될 필요가 있다. 기업 참여 프로슈머 활성화 방안으로는 기업들이 자발적으로 참여할 수 있도록 시장 여건을 조성하는 것이 우선 필요하다. 일반 전력 상품과 기업형 프로슈머로 생산한 전력 상품의 가격 차이를 줄일 수 있는 경제적 인센티브를 제공하거나 재생에너지 거래가 확대됨에 따라 재생에너지 특징을 반영한 재생에너지 중심 요금 제도를 도입하는 것을 생각해볼 수 있다. 아울러 RE100에 국내 기업도 참여할 수 있도록 한국형 재생에너지구매자연합(Renewable Energy Buyers Alliance: REBA)을 설립해 재생에너지를 인증하고, 녹색 전력 구매 모니터링을 통해 지원하는 것이 필요하다. 전력 시장 개편에 논의와 시간이 걸리는 것을 고려하면 우선 사회적 분위기를 조성하기 위해 사회 공헌 차원에서 기업의 RE100 참여를 유도하는 것도 의미 있는 시도가 될 수 있겠다. 마지막으로 가정, 기업 등 재생에너지 전력 자가 발전자를 대상으로 하는 자발적 재생에너지 시장을 마련하고, 재생에너지 전력의 부가가치를 인정하는 증서를 발급 및 거래하는 시스템을 만들면 기업과 기관은 증서 구입을 통해 발전설비를 구입하거나 소유하지 않아도 증서에 기재된 전력량(kWh) 상당의 재생에너지 보급에 기여할 수 있을 것이다. 재생에너지 발전 실적 및 인증이 필요한 기업은 사전에 협의했거나 직접 구축한 태양광·풍력 단지와 PPA 계약을 통해 REC 구매하는 제도를 도입하는 것도 고려했을 수 있다. 참여 기업은 구입한 REC를 전력 시장에 판매해 수익을 얻거나 재생에너지 발전 실적으로 인증을 받을 수도 있을 것이다. 재생에너지 발전 실적이 필요한 기업 혹은 기관이나 자발적으로 친환경 재생에너지 전력을 사용하고 싶은 가정을 위해 녹색 요금 제도를 도입해 실시하는 것도 필요하겠다.

참고문헌

관계부처 합동. 2015. 「신기후체제 대응을 위한 2030 에너지 신산업 확산 전략」.

김신아. 2016. 「에너지프로슈머 사업 에너지비지니스의 새로운 기회」. LG경제연구원.

대한무역투자진흥공사(KOTRA). 2016. "일본, 재생에너지 거래하는 전력시장 만든다"(검색일: 2016.10.27).

________. 2016. "일본, 재생에너지 거래하는 전력시장 만든다". KOTRA 해외시장뉴스.

산업통상자원부. 2015. 「소규모 발전자원, 묶어서 전력시장에 팔 수 있도록 제도화 검토」.

________. 2016. 「2020년까지 에너지신산업에 총 42조원 투자」.

________. 2016. 「프로슈머 이웃간 전력거래 실증사업 실시」(검색일: 2016.3.11).

산업통상자원위원회. 2016. 「전기사업법 일부개정법률안 검토보고서」.

에너지경제연구원. 2015. 「우리나라 P2P 전력거래 가능성 연구」.

________. 2016. 「세계 에너지시장 인사이트 제16-31호」.

________. 2016. 「세계 에너지시장 인사이트 제16-33호」.

전력거래소. 2014. 「해외전력산업 경쟁정책 추진동향」.

한국신·재생에너지학회. 2015. 「신·재생에너지 보급에 따른 소비자 수용성 확보방안 연구」.

한국전력공사. 2012. 「전력산업 저탄소 녹색성장 추진비용에 대한 소비자 의식 및 지불의사 연구」.

한전경제경영연구원. 2017. 「KEMRI 전력경제 REVIEW」. 2017년 제8호.

________. 2015. 「KEMRI 전력경제 REVIEW」. 2015년 제39호.

________. 2016. 「KEMRI 전력경제 REVIEW」. 2016년 제7호.

________. 2016. 「KEMRI 전력경제 REVIEW」. 2016년 제20호.

________. 2016. 「KEMRI 전력경제 REVIEW」. 2016년 제27호.

________. 2016. 「KEMRI 전력경제 REVIEW」. 2016년 제30호.

Bloomberg. 2016. "Corporate Renewable Energy Procurement Monthly4."

________. 2017. "2017 Impact Report."

Corporate Eco Forum and WWF. 2016. "Corporate Renewable Energy Procurement."

DLA Piper. 2016. "The Year of PPAs and the Corporate Green Agenda."

EDF. 2015. "Facts & Figures."

EPA. 2015. "Understanding Renewable Energy Certificates(RECs) and the Green Power Procurement process."

________. 2016. "Introduction to Virtual Power Purchase Agreements."

Galen Barbose. 2016. "U.S. Renewables Portfolio Standards 2016 Annual Status Report."
Google. 2016. "Google Environmental Report."
GreenPower. 2015. "National GreenPower Accreditation Program Status Report."
North Carolina Clean Energy Technology Center. 2016. "The 50 States of Solar."
NREL. 2016. "Status and Trends in the U.S. Voluntary Green Power Market."
________. 2016. "Top Ten Utility Green Pricing Programs."
Open Utility. 2016. "A Glimpse Into the Future of Britain's Energy Economy."
Orrick. 2016. "Corporate PPAs Market Trends and Opportunities."
Penndorf, Sarah. 2016. "An Introduction to Renewable Energy Procurement." https://3degreesinc.com/latest/onsite-generation-procurement-ppa/
PWC. 2015. "Financing US Residential Solar: Owning, Rather Than Leasing, Will Bode Well for Homeowners."
Ren21. 2015. "Renewables 2015 Global Status Report."
Renewable Choice Energy. 2017. "Accelerate Your Energy Strategy with Power Purchase Agreements."
________. 2017. "The Definitive Guide to Global Energy Attribute Certificates for Commercial, Industrial, and Institutional Buyers."
Rocky Mountain Institute. 2017. "Streamlining Off-Site Corporate Renewables Transactions."
SolarPowerEurope. 2017. "Solar PV Business Models from across Europe and How to Implement Them."
Solar Trade Association. 2016. "Making Solar Pay, the Future of the Solar PPA Market in the UK National Implementation Guidelines."
The Climate Group. 2016. "RE100 Annual Report 2016."
________. 2017. "RE100 Annual Report 2017."
University of Otago. 2016. "Prosumer Collectives: A Review."
WBCSD. 2016. "Corporate Renewable Power Purchase Agreements."
World Resources Institute. 2016. "Emerging Green Tariffs in U.S. Regulated Electricity Markets."
________. 2016.5.13 "The Rise of the Urban Energy "Prosumer" Sarah Martin and Bharath Jairaj."
________. 2017. "U.S. Renewable Energy Map: A Guide for Corporate Buyers."
BRC 홈페이지. http://www.businessrenewables.org/
COREM 홈페이지. http://www.corem.org.au/
Corporate Renewable Energy Buyers' Principles. http://buyersprinciples.org/
EPA 홈페이지. http://www.epa.gov/greenpower

NREL 홈페이지. https://www.nrel.gov
Piclo 홈페이지. https://piclo.uk/
REBA 홈페이지. http://rebuyers.org/
Sonnen Community 홈페이지. https://www.sonnenbatterie.de/
Vandebron 홈페이지. https://vandebron.nl/
WRI 홈페이지. http://www.wri.org

12

기술 정책 관점에서 바라본 발전용 연료전지 산업

안희민

1. 국제 가스 시장에서 분산 전원으로서 연료전지의 경제성

1) 분산 전원으로서 연료전지의 장점과 단점

최근 분산 전원의 한 종류로서 연료전지가 주목받고 있다. 태양광 발전 설비보다 적은 토지를 점유하며 간헐성이 있는 태양광과 풍력의 단점을 보완할 수 있을 것이라는 기대 때문이다. '전기를 담는 그릇'이라고 불리는 에너지저장장치(Energy Storage System, 이하 ESS)가 발전기가 생산한 전기를 저장하기만 한다면 연료전지는 전기를 직접 생산하는 것이 특징이다.[1]

---

1 '전지'라는 단어가 공통으로 포함되지만 연료전지와 이차전지는 종류가 다른 기기(device)다. 연료전지는 전기를 생산하는 발전기인 데 반해 이차전지는 전기를 저장하기만 한다. 참고로 전지(battery)는 일차전지와 이차전지로 나뉜다. 일차전지는 방전만 할 뿐 충전이 불가능하다. 시중에서 흔히 구할 수 있는 전지로 전기가 다 소모되면 버린다. 반면 이차전지

연료전지는 수소를 연료로 사용한다.[2] 수소를 공급받아 공기 중의 산소와 반응시켜 전기를 생산하고 물을 부산물로 내놓는다. 이때, 수소는 다양한 방법으로 얻을 수 있다. 수소는 ① LNG 개질(reforming)을 통해 수소를 추출하는 방식 ② 공장의 부생수소를 활용하는 방식 ③ 물 전기 분해(수전해) 방식으로 생산된다. 이 가운데에서는 LNG 개질 방식이 가장 값싸다. 채취가 쉽고 일본과 한국이 세계 수위의 LNG 수입국이기 때문이다. 다만 LNG에서 수소를 추출할 때 온실가스인 이산화탄소와 일산화탄소도 동시에 발생하는데, 일산화탄소는 포집해 산업용 가스로 활용할 수 있지만 이산화탄소는 사용이 불가해 그대로 대기 중에 배출된다. 하지만 이 이산화탄소는 지구온난화를 불러오는 온실가스 가운데 가장 큰 비중을 차지한다. 따라서 LNG 개질 방식으로 추출한 수소를 사용하는 연료전지를 친환경적이라고 부르기는 어렵다.

그런 이유로 미국 캘리포니아는 바이오가스에서 추출한 수소를 연료로 사용하는 연료전지에만 재생에너지 보조금을 지급하고 있다. 일본은 연료전지와 태양광 - 풍력 발전소가 동시에 설치될 경우(더블 발전)에만 국가 보조금을 지급하고 있다.[3] 미국은 100% 신·재생에너지로 건물, 공장, 제조 시설 등을 운영하는 'RE100' 운동을 펼쳐왔다. 최근엔 '진정한 RE100'

는 충전과 방전 두 가지가 모두 가능하다. 방전으로 인해 전기가 없어지면 충전기로 충전해 재사용할 수 있다.

2 아직까지 수전해 방식은 비용이 많이 드는 것으로 알려졌다. 개질을 통해 LNG의 메탄(CH_4)이 물과 반응해 수소와 일산화탄소로 변한다. 화학식은 $CH_4+H_2O \rightarrow 3H_2+CO$이다. 메탄에 뜨거운 수증기를 뿜어주는 방식으로 개질이 이뤄지는데 이러한 방식은 연료전지가 생산하는 에너지보다 수증기를 만드는 데 드는 비용이 더 드는 것이 아니냐는 시비로 번져 연료전지의 경제성 논란으로 이어진다.

3 일본은 세계 최대 LNG 수입국으로 2017년 LNG 수입은 2016년 116.5Bcm 수준에서 1.2Bcm 감소한 115.3Bcm 규모를 기록했다. 일본의 세계 LNG 수입 점유율은 2015년 35.1%, 2016년 33.4%, 2017년 28.8% 등으로 3년 연속 하락세를 보인다(에너지경제연구원, 2018; 김현제·박명덕, 2017).

운동이 논의되며 바이오가스에서 추출한 수소를 이용해 연료전지를 운영할 것을 적극 권장하고 있다.

바이오가스는 나무나 생물의 사체에서 발생하는 가스다. 주성분은 메탄(CH_4)으로 석유에서 추출한 LNG와 성분이 다를 것이 없으나 발생원이 생물이라는 점 때문에 '탄소 중립(Carbon Neutral)'이라고 불린다. 이때, 탄소 중립은 이산화탄소를 흡수했다가 배출하는 나무 등에 적용하는 개념이다. 땅에 떨어진 나무가 썩으면 또 다른 온실가스인 메탄가스가 발생한다. 하지만 나무는 살아 있을 때 대기 중의 이산화탄소를 흡수해 성장하기 때문에 썩을 때 메탄가스를 발생해도 결과적으로 '같다(even)'고 과학자들은 생각한다. 나무가 광합성을 통해 공기 중의 탄소(이산화탄소)를 흡수해 목질화해 대기로부터 분리했기 때문에 썩어서 탄소(메탄가스)를 발생하더라도 지구 탄소의 총량이 변하지 않기 때문이다. 이러한 과학자들의 생각이 '탄소 중립'이다. 그 때문에 바이오가스에서 추출한 수소를 친환경적이라고 간주하는 것이다. '진정한 RE100' 활동가들이 연료전지가 기후변화 대응과 온실가스 감축 활동에 기여하려면 바이오가스에서 추출한 수소를 사용해야 한다고 생각하는 이유도 마찬가지다. 진정한 RE100 운동에 동참하는 대표적인 기업은 바로 스티브 잡스와 아이폰, 사과 모양 로고로 유명한 '애플'이다.[4] 애플은 최근 아이폰XS를 소개하며 애플이 100% 재생에너지로 아이폰을 제조한다고 발표했다. 태양광과 바이오가스, 연료전지를 이용해 제조는 물론 건물의 불을 밝히고 제품을 유통하는 등 '진정한 RE100'을 실현했다는 내용이다.

4 정보통신기술진흥센터, "최신 ICT 이슈", 주간기술동향(2018.7.11).

2) 국제 가스 시장 전망과 가스 가격 추세

에너지경제연구원(2017)은 공급인증서(REC) 가격이 1kWh당 90원일 경우 가스 가격은 643.9원/Nm^3이고, REC 가격이 1kWh당 85원일 경우는 가스 가격이 596.425원/Nm^3이며, REC 가격이 1kWh당 80원일 경우에는 가스 가격이 548.95원이라고 밝혔다(김현제·박명덕, 2017).[5] 더불어 이 모든 경우에 연료전지가 경제성이 있다는 분석 결과도 함께 내놓았다.[6]

한편, 가스 가격은 별다른 이변이 없는 한 계속 오를 전망이다. 특히 2020년 가스 공급이 수요를 따라잡지 못해 가스 생산국에 유리한 조건으로 계약이 단행되는 가스 쇼크가 발생하고 가스 가격 고공 행진이 2030년까지 지속할 것이라는 전망이 힘을 얻고 있다. '가스 쇼크'를 예견한 이는 피터 클라크(Peter Clarke) 엑손모빌(Exxon Mobil) 가스 부문 사장이다. 그는 2018년 9월 17일 가스텍 2018에 참석해 "2020년 초중반부터 세계에선 본격적으로 LNG 수급 전쟁이 발발할 것"이라며 "급증하는 LNG 수요를 공급이 따라잡지 못해 2030년을 전후해 상당 기간 생산국들에 유리한 계약이 이뤄지는 공급자 시장(Seller's Market)이 펼쳐진다"고 단언했다(≪머니투데이≫, 2018). 클라크 사장은 실제 가스 가격의 최신 동향을 바탕으로 예측했다. 가스 가격은 국제 유가와 연동되는 경향이 있는데 오름세인 현재 유가는 클라크 사장의 예측에 힘을 실어주고 있다.

한편 ≪에너지수요전망≫ 2018 여름호는 LNG가 국제 유가 상승에 편

---

5 김현제·박명덕(2017) 연구보고서에 따르면 당시의 가스 가격은 1Nm^3당 547.1원이다.

6 Nm^3를 건설업계는 '루베'라 부른다. 루베는 '입방미터'를 의미하는 일본어 立米의 일본식 발음을 따라 한 이름이다. 2017년 7월 가스공사 도시가스 공급 예상 열량 기준으로 1Nm^3=42.944MJ이며 1MJ=947.9735MMBtu이다. 더불어 2018년 10월 4일 현재 REC 가격은 1kWh에 평균 8만 2489원이다.

승해 올랐다고 기록하고 있다. 실제로 2018년 1분기 국제 유가(두바이유)는 전기 대비 7.7% 상승해 배럴당 63.9달러를 기록했다. 이에 따라 천연가스의 국제 가격이 전년 동기 대비 각각 15.0% 상승했다(에너지경제연구원, 2018). 물론 국제 유가가 마냥 오르지만은 않을 것이라는 분석도 있다. 미국이 셰일 오일[7] 생산을 증가시킬 것이기 때문에 국제 유가가 떨어질 수도 있다는 예측이다.

미국에너지정보청(EIA)이 2018년 4월 발간한 보고서에 따르면 최근의 국제 유가 상승으로 미국의 셰일 오일 생산이 지속적으로 증가해 2018년 1분기 생산량은 전기 대비 2.6% 증가한 1020만 b/d를 기록하고 있다. 향후에도 미국의 원유 생산은 꾸준히 증가해 2018년 평균으로는 전년 대비 137만 b/d 증가한 1070만 b/d에 달할 것으로 예상된다. 이러한 분석은 앞으로 국제 유가가 떨어지고 덩달아 LNG 가격도 떨어질 것이라고 예측한다. 하지만 떨어지는 폭이 제한적이어서 저유가 상황으로까지 치닫지는 않을 것이라는 것이 전문가들의 예상이다.

3) 가스 가격과 연료전지의 경제성

현재 연료전지는 LNG에서 수소를 추출해 연료로 공급하는 방법이 가장 경제적이다. 가스공사 등 가스업계는 대량으로 도입되어 값싸게 공급

---

7 셰일 오일은 진흙이 굳어져 생긴 지층 사이에 스며 있는 기름이다. 전통적인 오일이 우물(井)처럼 고여 있다면 셰일 오일은 지층 가운데 스며 있다고 해서 '비전통 오일'이라고 부른다. 셰일 오일은 셰일층까지 파고 내려가 셰일층을 따라 물을 고압으로 수평적으로 분사해 추출하기 때문에 생산 비용이 많이 든다. 그래서 저유가 시대엔 경제성을 이유로 관심받지 못하다가 고유가 시대가 도래하자 채굴되기 시작했다. 전통적인 오일이 중동이나 러시아에서 주로 채굴됐다면 비전통 오일은 미국, 호주, 중국 북부, 동유럽에서도 생산이 가능해 세계 오일 생산 지도를 바꿨다는 평가를 받는다.

〈표 12-1〉 연료전지의 종류

		고분자연료전지 (PEFC)	인산염연료전지 (PAFC)	용융탄산염연료전지 (MCFC)	고체산화물연료전지 (SOFC)
전해질		고체 (폴리머 전해질 멤브레인)	액체 (인산염)	액체 (용융탄산염)	고체 (안정화된 지르코니아)
이온		H+	H+	CO32-	O2-
작동 온도(℃)		60~100	150~200	600~650	750~1000
효율 (LHV* %)	독립	약 35~40	약 38~42	약 45	약 50
	결합	-	-	50~60	55~70
비고		자동차와 가정용	분산발전 (매전용)	발전소(열병합발전 대용) 분산 전원과 산업용	

* 저발열량(Low Calorific Power, 이하 LHV)의 약어로 연소 생성물 중의 수분의 상태가 수증기인 상태를 말한다. 이와 반대로 물을 연소 생성물로 생산하면 고발열량(Higher Calorific Power, 이하 HHV)라고 한다.

자료: Yuichiro Kitagawa(2016).

되는 LNG에서 수소를 추출해 연료전지 연료로 사용하는 방법이 가장 현실적인 대안이라고 말하고 있다.

김현재·박명덕(2017)도 "연료전지 발전 비용의 높은 비중을 차지하는 천연가스 가격이 저렴하게 유지될 경우 경제성을 확보한다"며 "연료전지 경제성 분석에서 가장 중요한 부분이 LNG 단가"라고 밝혔다. 수소를 주로 LNG에서 추출하면 연료전지의 경제성은 국제가스 가격의 등락에 영향을 받을 수밖에 없다. 국제가스 가격이 급등하지 않더라도 LNG에서 수소를 추출해 연료로 사용하는 연료전지는 '진정한 RE100' 운동에서 소외될 전망이다.

한편, 진정한 RE100 운동이 바이오가스를 선호하지만 바이오가스는 생산이 풍부하지 않다는 단점이 있다. 위키피디아는 바이오가스를 산소가 없는 환경에서 유기물이 분해되며 생산되는 다양한 기체의 혼합물로 정의하고 있다. 주로 농업 쓰레기, 두엄, 일반 쓰레기, 식물 물질, 오물, 음식물 쓰레기와 같은 원료에서 제조되며, 특히 생분해성 물질의 발효 과정인 혐기성 박테리아의 혐기성 소화에 의해 만들어진다. 주로 메테인과 이산화탄소가 주성분이며 적은 양의 황화수소, 수분, 실록산이 포함된다. 바이오가스를 추출하는 원료로 목질계 바이오매스, 해조류, 미세조류가 연구되고 있다(이원욱·안희민, 2015). 그러나 바이오가스를 대량으로 공급하기 위해서는 대량의 바이오가스 원료가 필요한 만큼 상용화까지는 상당한 시일이 걸릴 전망이다.

한국에선 김영훈 회장이 이끄는 대성그룹이 미세조류를 이용한 수소 추출 등 지식을 선도적으로 보급하고 있으나 김영훈 회장도 "2047년경에야 미세조류가 글로벌 에너지 시장에 차지하는 비중이 3분의 1"이 될 것이라고 밝혔다. 이는 바이오가스가 상용화되기까지 상당한 시간이 필요할 것을 시사하고 있다(≪데일리한국≫, 2017).

2. 일본의 발전용 연료전지 시장 현황

1) 일본의 가정용 연료전지 시스템 연혁[8]

일본의 가정용 연료전지 역사는 1999년까지 거슬러 올라간다. 1997년 교토 프로토콜이 발표된 지 2년 후 1999년 일본 정부가 연료전지를 지구

8 이 항의 내용은 마사카즈 히시누마의 세미나 발표 자료(Masakazu Hishinuma, 2016)를 발췌해 번역·정리했다.

온난화를 방지하는 차세대 기술로 간주하고 개발하는, '밀레니엄 프로젝트' 사업을 발표한 것이 그 시작이다. 이후 2001년엔 일본 연료전지 상용화 컨퍼런스가 개최됐다. 2002년엔 고이즈미 준이치로 일본 수상이 3년 안에 가정용 연료전지 시스템을 실증하겠다는 목표를 발표하고 2004년엔 가정용 중심으로 연료전지를 다양화하겠다고 말했다.

신에너지재단(NEF)은 2002~2004년간 고정형 연료전지(Stationary Fuel Cells) 실증 연구 프로젝트를 마련했다. 2005~2008년간 신에너지재단은 고정형 연료전지의 대규모 실증을 실시하고 실제 가정에서 대여, 설치, 데이터 수집을 진행했다. 아베 신조(安倍 晋三) 수상은 이후 '시원한 지구 50(Cool Earth 50)'을 선포하고 고정형 연료전지를 '시원한 지구 혁신 에너지 기술'로 선택했다.

2008년 후쿠다 야스오(福田康夫) 수상은 '후쿠다 비전'을 발표했다. 같은 해 일본에서 연료전지협회(FCA)가 발족되었고, G8 홋카이도 토야코 서미트에서 가정용 연료전지가 운영되는 모습이 시현됐다. 2009년 일본 연료전지협회는 '소비자 연료전지 소개 지원 프로젝트'를 시작하며 에네팜(ENE-FARM)에 대한 보조금을 마련했다. 에네팜은 일본 기업이 생산한 가정용 연료전지의 통합 브랜드이다. 일본 기업이 생산한 연료전지에는 모두 에네팜이라는 이름을 붙일 수 있다. 에네팜은 2009년 1월 28일 상용화 이래 2009~2014년간 7억 3000만 달러의 정부 지원과 2015년 1억 8000만 달러의 지원을 받았다. 에네팜의 판매 시장은 매년 성장해 2015년 말에는 15만 대가 팔렸다.

2014년 아베 수상은 '일본 재생 전략(Japan Revitalization Strategy)'을 각의에서 결정하며 2030년까지 330만 가정용 연료전지 시장을 조성하기로 결의했다. 이는 열 가구 중 한 가구가 가정용 연료전지를 구비할 수 있게 만들겠다는 말과 같은 것이었다. 더불어 2014년 일본 에너지 기본 계획은

2020년에는 1억 4000만 대, 2030년에는 5300만 대의 에네팜을 팔겠다는 목표를 세웠다.

2) 에네팜 개발 로드맵[9]

1999년부터 시작한 연료전지 개발 계획은 2003년경 상용화 단계를 거치고 2005년 대규모 실증 사업을 진행한 뒤 2009년부터 판매에 돌입했다. 먼저 도쿄가스(Tokyo Gas)파나소닉(Panasonic)이 협업해 '에네팜'이라는 브랜드로 연료전지를 처음 개발했다. 일본 정부는 신에너지산업기술종합개발기구(New Energy Development Organization, 이하 NEDO)를 통해 에네팜의 기술 개발과 사업 개발을 진행하고 일본 신에너지재단을 통해 대형화 실증 사업을 진행했다. 산업계에서는 연료전지실용화추진협의회(FCCJ), 연료전지보급촉진협회(FCA) 등이 참여했다.

한편, 2013년 5월에는 에네팜 파트너가 설립되어 에네팜 확산을 위해 노력하기로 결의했다. 에네팜 파트너는 '에네팜'이라는 이름을 걸고 연료전지 사업을 영위하는 기업들의 모임이다. 이를 토대로 아이신 세이키(Aisin Seiki), 파나소닉, 도시바(Toshiba) 3개 기업이 에네팜 브랜드로 연료전지를 출시했다. 연료전지의 출력은 700W이며 각각 90리터, 140리터, 200리터 등으로 3종의 열수를 공급할 수 있다.

수소와 산소를 결합하는 과정에서 전기를 생산하는 연료전지는 동시에 열도 함께 생산한다. 이때, 생산된 열은 온수가 되어 난방과 목욕 등에 활용될 수 있었다. 이렇듯 일본에서 연료전지 산업이 활성화된 이유는 전기와

---

9 이 항의 내용은 마사카즈 히시누마의 세미나 발표 자료(Masakazu Hishinuma, 2016)를 발췌해 번역·정리했다.

〈표 12-2〉 연료전지 기업과 제품의 성능들

제조사		아이신 세이키	파나소닉	도시바
연료전지 타입		SOFC	PEMFC	PEMFC
출력		700W	700W	700W
열수 저장		90리터, 약 70도	140리터, 약 60도	200리터, 약 60도
효율	발전	46.5%(LHV)	39%(LHV)	39%(LHV)
	총	90%(LHV)	95%(LHV)	95%(LHV)
내구성		10년	10년	10년

자료: Kazuhisa Okamoto(2016).

열을 동시에 생산하는 연료전지의 특성 때문이라고 보는 전문가도 있다. 일본은 목욕 문화가 발달했기 때문에 연료전지가 유용하다는 분석이다.

나아가 도쿄가스는 에네팜이 ① 에너지와 환경 정책에 공헌하고 ② 사용자와 사회 이익을 증대시키며 ③ 국내 산업을 촉진한다고 분석했다. 도쿄가스에 따르면 에네팜은 가정용 분산 에너지 시스템으로 에너지 보호와 전력 절감에 공헌할 뿐만 아니라 계통에 걸리는 부하는 낮춘다. 그런 이유로 도쿄가스는 에네팜 확산이 에너지 안보와 저탄소 사회를 실현하려는 일본 사회의 요구를 충족시킨다고 보고 있다.

아베 정부는 일본 재생 전략(New Revitalization Strategy)의 중심에 에네팜을 두었다. 에네팜은 일본 정부가 추진하는 '에너지 제로 하우스(Net Zero Energy Houses)'에 설치되어 에너지를 공급한다. 이를테면 도쿄가스는 에네팜이 매년 5만~6만 엔의 에너지 비용을 감소시키고 가정용 전력 소비의 50% 충당한다는 분석을 내놓았다. 에네팜은 또한 피크 절감에 기여하고 매년 1300kg의 이산화탄소를 저감하는 데 기여한다. 이 외에도 지진 등으로 정전이 발생할 경우 비상 전원으로 활용될 수도 있다.

이러한 에네팜은 2015년 12월 기준 전국적으로 15만 대가 보급된 것으로 추산됐으며 이 가운데 5만 대는 도쿄가스가 직접 보급했다고 발표했다. 특히 도시 지역의 공동주택(house complex)에서 에네팜의 수요가 폭증한 것으로 보고되었다. 도쿄가스에 따르면 2012~2016년 에네팜은 일본 전국에 93만 6330만 대가 보급되었는데 이 중 63%가 단독주택에 설치됐고 37%가 공동주택에 보급됐다. 같은 기간 에네팜 14만 232대가 설치된 도쿄의 경우는 63%가 공동주택, 37%가 단독주택에 설치됐다. 가나가와의 경우 공동주택과 단독주택에 보급된 비율이 각 50%였다. 도쿄가스는 에네팜의 선전에 대해 일본의 공동주택은 태양광모듈을 설치하기엔 공간과 표준 등에 많은 제약이 있는데, 에네팜이 이러한 틈새를 파고들어 공동주택용 에너지 솔루션으로 자리매김했다고 분석했다.

에네팜은 밤 혹은 낮에 최대 0.75kW를 공급한다. 태양광발전량이 높을 때 각 가정에 설치된 에너지 시스템은 전지를 충전해 가전기기에 전력을 공급한다. 구름이나 비 등으로 태양광발전이 불안정할 때 에너지 시스템은 에네팜이나 ESS로부터 전력을 공급받아 가전기기에 공급한다. 태양광이 발전되지 않는 밤에는 ESS가 최대 0.85W의 전력을 공급한다. 에네팜은 ESS가 충분히 제 역할을 다하지 못했을 때 역할을 수행한다. ESS에 저장된 전력이 소진되었을 경우나 낮에 강수량이 많아 태양광이 제대로 전력을 생산하지 못할 때 에네팜이 문제 해결사로 나서는 것이다. 즉, 평상시에는 자연의 무한한 에너지인 햇빛을 이용해 연료비 걱정 없이 발전해 전력을 이용하고 일부는 저장해뒀다가 밤에 다시 한번 이용하고 모자라면 에네팜을 가동해 전력 공급을 연속적으로 이어나가는 것이 에네팜이 설치된 태양광 - ESS 마이크로그리드의 기본 개념이다. 이러한 에네팜은 단독으로 쓰이는 것이 아니라 가정용에너지관리시스템(HEMS), 에너지저장장치(ESS) 스마트미터와 결합되어 쓰인다. 특히 태양광 발전 설비, 에너지저장장치와 같이 연결될 때 정전 등 비상시에 제 성능을 발휘하는 것으로 분석됐다.

에네팜은 실제 사이트에도 적용됐다. 에네팜을 이용해 운영되는 후지(Fuji)사와 지속가능 스마트타운이 대표적인 사례다. 후지사와 지속가능 스마트타운은 태양광, ESS와 에네팜을 이용해 제각각의 집에서 에너지를 창조해 소비한다는 개념을 제시했다. 에네팜을 이용한 스마트타운은 개인의 집 등 개별단위인 '유닛(units)'에서 빌딩 등의 '그룹(group)'으로 확장되고 공동체 '지역'으로 진화되고 있다. 후지사와 지속가능 스마트타운은 이산화탄소 발생량을 70% 감축하고 물 소비를 30% 줄이며, 재생에너지 비중을 30% 높이고, 정전 시 3일 동안 자체적으로 에너지를 공급하겠다는 목표를 설정했다.

에네팜은 수소연료전지차와도 연계되고 있다. 이 둘의 연계는 수소연료전지차가 연료전지와 전지의 결합이라는 점에서 착안되었다. 이때 연료전지의 출력은 80kW이다. 자동차 소유주의 1%인 60만 명이 연료전지차를 소유할 경우 4800만kW의 연료전지 용량이 확보된 셈인 것이다.

3) 에네팜의 확대[10]

일본의 장기 온실가스 배출 전망에는 가정이 차지하는 비중이 큰 것으로 알려졌다. 일본 정부는 1990년부터 2013년까지 전체적으로 17%의 온실가스가 배출될 것으로 봤는데, 그중에 가정에서만 54%가 배출될 것이라고 판단했다. 이러한 분석은 가정이 에너지 절감과 친환경 제품 사용에

10 이 항의 내용은 소이치로 시모토리의 세미나 발표 자료(Soichiro Shimotori, 2016)를 발췌해 번역·정리했다.

솔선수범해야 한다는 생각으로 연결됐다. 가정용 연료전지인 에네팜은 에너지 효율이 95%이기 때문에 친환경 제품으로 소비자의 뇌리에 각인되어 있다.

일본의 에네팜 제조 기업들은 이러한 소비자의 의식을 형성한 일등공신이다. 이를테면 2016년 도시바는 차세대 에네팜으로 불리는 TM1-AG를 출시했다. TM1-AG는 총효율이 95%에 이르고 소음이 37데시벨에 불과하며 내구성은 10년이고 88시간 연속 운전이 가능하다. 한 대의 무게는 90kg에 불과하며 설치를 위한 공간의 높이는 650mm이다.

도시바는 지속적인 혁신을 통해 연료 제작 비용을 절감했다. 연료전지 환경제어장치(Environmental Control System, 이하 ECS) 기판의 크기를 기존 6층 크기(220×330mm)에서 4층 크기(185×325mm)로 단순화하고 경량 소재를 이용해 프레임을 제작했으며 파이프를 플라스틱으로 교체했다. 셀 스택에서도 백금을 8% 감축했다. 연료전지 모델도 ① 계통 독립형, ② 콘도미니엄 설치형, ③ 해외 수출용으로 다각화해 비용 절감에 기여했다. 그 결과, 2세대 모델은 1세대 모델에 비해 비용이 30% 감축됐으며 3세대 모델은 2세대 모델보다 50%, 4세대 모델은 3세대 모델보다 60% 줄었다.

도시바가 개발한 연료전지 시스템은 전기적 효율이 55%, 열을 포함한 총효율이 95%에 달하는 에네팜 기술에 기초한 고분자연료전지(Polymer Electrolyte Fuel Cell, 이하 PEFC)이다. 기타큐슈 수소타운에 700W 12대, 휴나토큐야마주에 700W 2대, 도쿄 이와타니초 수소스테이션에 700W 2대가 설치되어 있다. 이 수소연료전지 시스템은 가정용 700W, 3.5kW, 100kW 등으로 다양한 모델이 있다.

도시바는 또한 야마구치현에 수소연료전지 시스템을 설치했다. 야마구치 산업 전략 연구 개발 보조금을 활용해 순수 수소를 활용한 연료전지 시스템을 개발하며 야마구치현 곳곳에 다양한 시스템을 설치했다. 도시바

〈표 12-3〉 도시바의 에네팜 성능 개량 역사

	TM1-Z (1세대)	TM1-AD (2세대)	TMI-AE (3세대)	TM1-AG (4세대)
전기적효율	36%(LHV)	38.5%	39%	39%
총효율	86%(LHV)	94%	95%	95%
유지 간격	2년	3.5년	3.5년	5.2년
내구성	46000시간	80000시간	80000시간	88000시간
무게(대당)	104kg	94kg	94kg	86kg
		자가 발전 설비용		
			콘도미니엄 어플리케이션용	

자료: Soichiro Shimotori(2016).

는 슈난 도매 시장에 수소연료전지를 2015년 3월 설치해 도매 시장 건물에 열과 전력을 공급하고 있다. 특히, 슈난 도큐야마 동물원에서는 수소연료전지를 이용해 코끼리 등 동물들에게 온수를 공급하고 있다. 지금도 연료전지에서 생산된 온수에서 코끼리들이 목욕하는 모습을 볼 수 있다고 도시바는 자랑하고 있다.

나아가 도시바는 연료전지 시스템을 이용해 탄소 배출 제로를 실현하는 스마트 커뮤니티를 구현할 계획이다. 더불어 에네팜이 스마트 커뮤니티의 중요한 부분이라고 강조하고 있다. 다양한 설치 장소에 맞는 제품과 LNG, 순수소 등 다양한 연료를 사용하는 제품을 개발할 계획이며 또한 사물인터넷에 에네팜을 연결해 스마트 커뮤니티에서 최적으로 작동하도록 시스템 개발에 역점을 둘 전망이다.

〈표 12-4〉 도시바의 700W 수소연료전지 시스템

	700W 수소연료전지 시스템
유형	CHP
연료	순수 수소
전기 산출	700W/AC
열 공급	500W
전기적 효율	55% LHV
열 효율	44% LHV
시스템 형태	연료전지 유닛 / 탱크 유닛
사이즈 / 무게	323(넓이)× 492(면적)×1342(높이) / 90kg

자료: Soichiro Shimotori(2016).

4) 오사카가스의 가정용 SOFC[11]

오사카가스(Osaka Gas)는 2009년 에네팜 브랜드의 연료전지 시스템을 판매하기 시작했다. 이미 1970년대 인산염연료전지(Phosphoric Acid Fuel Cell, 이하 PAFC)[12]를 개발한 이래 1980년대엔 중대형 고체산화물연료전지(Solid Oxide Fuel Cell, 이하 SOFC)[13]를 개발한 바 있다. 2000년에는 일본 정부의 밀레니엄 프로젝트에 참여했고 2005년에는 대형 가정용 연료전지 실증

11 이 항의 내용은 신 이타와의 세미나 발표 자료(Iwata, 2016)를 발췌해 번역·정리했다.

12 PAFC는 인산염을 전해질로 쓰는 연료전지로 1970년대 개발된 초창기 연료전지다. 백금 촉매와 카본지 전극을 사용한다. 인산염 전해질은 전도성이 낮지만 안정적이고 연료전지에 적합한 수명이 특징이다. 인산염연료전지의 운전 온도는 150~200도로 전기 효율 40% 내외 열병합발전 시 최대 85%의 효율을 보인다.

13 SOFC는 고효율과 다양한 연료 사용이 가능한 점, 높은 내구성이 특징이다. 천연가스(LNG)와 석탄가스화가스 둘 다 사용 가능하다. LNG의 경우 효율이 LHV인 상황에서 70%이며 석탄가스화가스를 사용할 경우 같은 상황에서 50~60%이다.

〈표 12-5〉 SOFC와 PEFC의 특징

	SOFC	PEFC
전해질	Zr 세라믹	폴리머
작동 온도	700~800도	70~90도
발전 효율	45~60%	35~40%
백금 촉매	불필요	필요
일산화탄소 내성	일산화탄소를 연료로 사용 가능	10ppm 이하
구동 시간	2~24시간	1시간

자료: Shin Iwata(2016).

에 참여했다. 또한 2007년엔 SOFC 실증에 나섰고 2009년에는 에네팜 브랜드로 PEFC를 출시했고 2012년에는 에네팜에 SOFC 라인업을 추가했다.

오사카가스는 교세라(Kyosera)와 함께 SOFC를 공동 개발하기도 했다. 2005년에는 실험을 진행하고 2006년에는 SOFC 연료전지 유닛을 1kW에서 700W로 줄였다. 2007년에는 NEDO와 신에너지재단이 진행하는 SOFC 실증 연구에 참여하고 가정에 120대를 설치하기도 했다. 이후 2009년 교세라, 도요타(Toyota), 아이신 세이키 등과 함께 조인트 개발 프레임워크를 강화했으며 2012년에는 본격적인 판매를 시작하고 이듬해 독립형 모델을 출시했으며 2014년에는 비용 절감을 이뤄 차세대 SOFC 판매를 시작했다.

오사카가스는 NEDO와 신에너지재단이 진행하는 'SOFC 실증 연구'에 참여해 2007~2010년간 121대의 SOFC를 설치하며 실증을 진행했다. 이 과정에서 SOFC 제작 초기 단계에서 단일 셀의 내구성이 10년에 이른다는 사실을 확인했다. 오사카가스는 또한 SOFC의 작동 온도가 700도이고 산화 방지를 위해 크롬 도금을 해야 하는 등의 취약점을 발견했다. 이러한 단점을 보완하기 위해 오사카가스는 메탈 소재에 세라믹 코팅을 하는 방법

〈표 12-6〉 기존 연료전지와 콘덴싱 보일러 연결 연료전지의 특징

	기존 연료전지	콘덴싱 보일러와 연결된 연료전지
전기 효율	46.5%	52%
블랙아웃에서 최대 출력	350W	700W
총효율	90%	87%
물 저장	90리터	28리터
목표	단독주택	단독주택, 다가구 공동주택

자료: Shin Iwata(2016).

을 개발했다. 한편 이때 미국 에너지부는 연간 250MW의 SOFC 연료전지가 보급될 경우 SOFC 셀 가격을 1kW당 150달러, 25MW가 보급될 경우에는 360달러로 책정했다(SOFC는 수가 많아질수록 단가가 낮아지는 것이 특징이다).

SOFC의 열 탱크 크기 또한 점차 축소되고 있다. 저장 탱크 유닛이 제거되면 비용 절감과 다운사이징이 가능하기 때문이다. 오사카가스는 작은 열저장 장치를 장착한 고효율 연료전지가 콘덴싱 보일러와 연결될 수 있다는 사실에 주목했다. 콘덴싱 보일러와 연결된 연료전지를 차세대 연료전지로 본 것이다. 또한 오사카가스는 에네팜 생산 전력을 계통으로 공급하는 역송공급(back feeding) 방식을 소비자들에게 제시했다. 차세대 연료전지 모델로 수명이 12~15년이고 사물인터넷과 연결되어 스마트폰 등 모바일 기기로 조정할 수 있는 모델도 더불어 제시하고 있다. 오사카가스는 에네팜이 계통을 통해 건물과 주택으로 전기와 열을 공급하는 방안도 구상 중이다. 연료전지가 열병합발전, 재생에너지와 함께 계통을 이루는 주요 발전 구성원으로 역할을 하면 역송공급을 통해 이산화탄소 감축을 100%까지 끌어 올리고 전력피크 절감도 70% 늘릴 것으로 기대하고 있다. 남는 전력을 다른 계통과 연결된 송전선로를 통해 다른 지역에 판매하는

개념도 강구하고 있다. 이 개념들은 연료전지의 역할을 피크 컷 외에 역송 공급까지 확장한 결과 생겨난 것으로 독특한 발상으로 주목받고 있다.

5) MHPS의 대형 SOFC 개발[14]

미쓰비시와 히타치는 풍력 중심의 재생에너지 사업과 원전 사업과 열병합발전을 공통으로 진행하고 있다. 이런 배경으로 2014년 2월 1일에는 미쓰비시 히타치 파워 시스템즈(Mitsubishi Hitachi Power Systems Ltd, 이하 MHPS)이라는 합작 회사를 설립했다. MHPS는 차세대 하이브리드 SOFC 시스템과 미래 대형 SOFC 플랜트 등을 개발 중이다. SOFC 모듈과 마이크로 가스터빈을 결합한 SOFC 하이브리드 시스템도 선보였다.

규슈 대학은 출력 250kW, 적용 면적 $40m^2$을 차지하는 하이브리드 SOFC(모델 15)를 이미 개발한 바 있는데 MHPS는 모델 15를 바탕으로 멀티 에너지 스테이션인 콰트로젠(Quatrogen)을 선보였다. MHPS의 콰트로젠은 소화 가스(digestion gas)[15]를 공급받아 수소를 분리해 전기와 열을 생산하는데, 가령 하수종말처리장에 콰트로젠이 설치되면 혐기성 소화 가스를 분해해 열과 전기를 생산할 수 있게 된다. 콰트로젠은 하수 플랜트, 슬러지 소화 가스 설비에서 나온 소화 가스를 메탄 정화 과정을 거쳐 전기와 열을 생산한다. 이때 콰트로젠에 내부에 설치된 SOFC의 전기 효율은 55%이며 출력은 250kW이다. MHPS는 일본 내 1900개의 하수종말처리장에서 발생하는 연간 $1843Mm^3$의 소화 가스에서 연간 3TWh의 전력을 생산

14 이 항의 내용은 유이치로 기타가와의 세미나 발표 자료(Kitagawa, 2016)를 발췌해 번역·정리했다.

15 소화 가스는 소화조에서 혐기성 분해를 할 때 발생하는 가스를 말한다. 메탄가스가 70%를 차지하고 발열량이 5500~6500kcal/m^3이다.

할 수 있다고 추산했다.

더불어 MHPS는 미래 대형 SOFC 플랜트가 SOFC와 가스 터빈, 증기터빈을 결합한 것이라고 보고 있다. 이 시스템에서는 LNG나 석탄 기화 가스를 연료로 SOFC가 전기를 생산하고 여기서 생산된 열로 증기 터빈을 구동해 한 번 더 전력을 생산한다. 이 시스템은 가스 터빈의 연소 가스를 한 번 더 SOFC에 공급해 버려지는 메탄가스가 없도록 만들어 효율을 극대화하는 것이 특징이다. 미래 대형 SOFC 플랜트는 용량은 40~110MW로 전력효율은 LHV 60%, 가스 용기 압력은 1.5MPaG이며 출력비는 SOFC가 50, 가스 터빈이 35, 증기 터빈이 15이다.

6) SOFC 연료전지 개발 붐 일어난 일본[16]

2016년 기준 일본 블룸 에너지 저팬(Bloom Energy Japan, 이하 BEJ)가 200W급 SOFC를 완성하고 교세라(Kyosera), 미우라(Miura), 덴소(Denso), 히츠(Heets), 후지전기(Fuji Electric), MHPS가 새로운 SOFC를 개발 중인 것으로 파악되고 있다.

BEJ의 200kW 연료전지는 전기효율 52%로 많은 수가 이미 미국에 설치됐다. 일본에선 1.8MW급 대형 SOFC 부지가 4곳에서 구동 중이다. 교세라는 가정용으로 쓰이는 전기효율 50% 이하 3kW급 SOFC를, 미우라는 스미토모(Sumitomo)와 함께 48% 이하 4.2kW급 SOFC를, 덴소는 전기효율 50% 이하 5kW급 SOFC를, 히츠는 전기효율 50% 이하 20kW급 SOFC를, 후지전기는 전기효율 50%, 이하 50kW급 SOFC를, MHPS는 효율 55%의

16 이 항의 내용은 가즈히사 오카모토의 세미나 발표 자료(Okamoto, 2016)를 발췌해 번역·정리했다.

250kW SOFC를 개발 중인 것으로 알려졌다. 모델 10 SOFC 하이브리드 시스템의 경우는 도쿄가스에서 이미 4000시간을 운영한 것으로 알려져 SOFC 시장 전망을 밝게 하고 있다.

3. 유럽연합의 발전용 연료전지 시장 현황[17]

1) 수소 인프라 선도하는 유럽

EU는 수소 인프라 소개에 적극적이며 역내의 기술을 국제 표준화하는 데 앞장서고 있다. 2008년에는 수소에너지를 촉진하기 위해 연료전지-수소 산업 동맹(Fuel Cells and Hydrogen Joint Undertaking: FCH JU)을 설립했다. EU는 2015년 기준 49대의 연료전지 버스와 37대의 연료전지차를 배치하고 13개 수소충전소를 설치했다. 13억 유로를 2014~2020년간 FCH JU에 투입할 계획이다. 수송을 위한 수송용 수소 인프라(Hydrogen Infrastructure for Transport: HIT)를 수립해 2013년부터 수소 인프라 구축에 나섰다.

먼저 EU는 네덜란드와 덴마크에서 수소스테이션 건설에 착수했다. 이 계획은 독일의 H2 모빌리티와 영국의 H2 모빌리티를 참조했다. 또한 EU는 하이파이브(HyFIVE)라는 이름의 연료전지차 계획을 수립했다. FCH JU가 제안한 하이파이브는 2014년에 시작되어 2017년까지 진행됐다. 영국, 덴마크, 오스트리아에서는 110대의 연료전지 자동차와 여기에 연료를 공급할 수소충전소를 설치하기로 계획했다. 주목할 점은 EU가 전력을 가스

17 이 장의 내용은 코지 토야마의 세미나 발표 자료(Koji Toyama, 2016)를 발췌해 번역·정리했다.

로 저장하는 '전력가스화 기술(Power to Gas, 이하 P2G)'에서 국제 표준을 선점하려고 노력하고 있다는 점이다. 유럽 표준화 위원회(European Committee for Standardizatin: CEN), 유럽 전기 표준화 위원회(Committee European de Normalisation Electrotechnique: CENELEC)은 EU P2G 기술의 표준화를 위해 서로 협력 관계를 구축하고 있어 활동이 주목된다.

EU 회원국 가운데에서도 특히 독일은 연료전지와 수소를 온실가스 감축을 위한 전략적 수단으로 삼고 있다. 수소와 연료전지 분야에서 연료전지/수소(FC/H2)라고 불리는 국가 혁신 프로그램을 운용하며 수송과 관련한 수소 인프라를 다루고 있다. 더불어 독일 정부는 BMWi의 연구 개발을 지원하는 한편 BMWi의 양산을 추진하고 있다. 수송, 수소 인프라에 방점을 두고 정책을 펼치는 것이 특징이다. 이러한 추세를 감안하면 가까운 시일 내 P2G, 연료전지, 모빌리티가 유럽 수소 경제의 중심이 될 전망이다. 재생에너지 보급의 글로벌 리더인 독일에선 재생에너지 발전량이 팽창하기 때문에 잉여 전력을 수소로 저장하고 손쉽게 운송하는 방안이 민관 협력으로 적극적으로 강구되고 있다. 정부와 일반 기업이 진행하는 수소 프로젝트 실증 사업은 하나의 트렌드로 자리 잡고 있다.

P2G 기술은 장거리 수송 수단에 유용하게 쓰일 전망이다. 독일에선 2016년 한 해에 20여 개에 달하는 P2G 실증이 진행됐다. 이 과정에서 연료전지가 광범위하게 소개되는 가운데 특히 가정용과 상업용 연료전지가 부각되었다. 지금은 정부, 산업, 학계가 실증 사업에 나서는 가운데 가정용과 상업용 연료전지 모두에 큰 관심이 모이고 있다.

2) P2G 실증 사업

독일은 에너지 전환을 진행하며 수소 에너지 저장 기술 개발도 병행하고 있다. 특히 재생에너지가 증대함에 따라 잉여 전력을 저장하는 기술이 필요하고 지리적으로 재생에너지와 소비처가 원거리에 있다는 이유 때문에 P2G 기술이 각광받고 있다. P2G는 재생에너지에서 생산되는 전력을 수해전 등의 방법으로 수소로 전환·보관했다가 수요처로 운송하거나 필요할 때까지 저장하는 방법이다. 경제성 있는 기술 개발이 P2G 실증 사업의 성공 열쇠다.

P2G를 에너지 이슈 해결을 위한 솔루션으로 인식한 독일 정부는 P2G를 이용해 에너지 전환을 촉진할 계획이다. 이 계획의 일환으로 독일은 북쪽의 재생에너지 설비에서 생산된 전력을 이용해 수소를 생산한 후 고압으로 압축해 연결망을 통해 남서쪽으로 운송한다는 아이디어를 선보였다. 다만 이를 실현하려면 파이프가 필요한데, 신규 파이프 설치는 지역주민의 저항을 불러일으킬 것이 명약관화하기 때문에 기존에 설치된 가스 수송 파이프를 이용할 계획이다. 또 독일은 P2G가 태양광과 풍력 중심의 에너지 전환을 성공적으로 마무리할 것이라고 기대하고 있다.

독일은 전체 에너지발전량에서 재생에너지가 차지하는 비중이 80%에 이르면 2050년까지 80TWh의 에너지를 저장할 수 있는 수단이 필요하다고 추산하며 유력한 솔루션 중의 하나로 P2G를 꼽고 있다. 용량이 제한적이어서 단기적인 에너지저장장치로 꼽히는 전지는 물론 지리적인 제약이 있는 양수 발전보다도 P2G가 낫다고 분석된다. 나아가 독일 정부는 연장거리 45만 km에 달하는 LNG 운송 통로와 23.5bcm에 달하는 에너지저장장치를 활용하는 방안을 찾고 있다.

현재 독일은 전력 수요가 늘지도 줄지도 않는 상황에서 재생에너지가 생산하는 전력이 늘어나는 현실에 직면하고 있다. 따라서 수요와 공급의 차이에서 오는 전력 가격의 급락을 막기 위해 P2G를 활용할 수도 있다. 2016년 기준으로 독일은 1개의 P2G 프로젝트를 수행하고 있으며 진행하는 프로젝트는 22개, 계획 중인 프로젝트는 3개인 것으로 파악됐다.

독일의 여러 기업 역시 P2G 기술 개발 사업에 적극적이다. 한국인에게 자동차 기업으로 친숙한 아우디(Audi)는 사실 독일 P2G 프로젝트의 선구자다. 아우디는 고압으로 수소와 이산화탄소, 합성연료를 압축해 전력을 액체로 바꿔 저장하고 있다. 이 액체를 e디젤이라고 부른다. 이른바 'e디젤'은 석유에 의존하지 않는 경제 구조를 만들 수 있으며 이산화탄소 절감의 폭을 넓히는 효과가 있다고 여겨진다. 아직까지는 P2G 제조 시스템의 용량이 부족하고 제조 비용이 높다는 것이 단점이지만 대규모로 설비를 건설하면 이러한 문제점들이 해결될 것으로 전문가들은 분석하고 있다.

또한 슈태트베르크라는 지방의 기반 시설 서비스 기업은 가스 파이프라인에 수소를 저장하는 방안을 사업 모델로 제시하고 있다. 이른바 슈가(Thuga) 프로젝트로 불리는 이 계획은 잉여 전력으로 수소를 만들어 낮은 압력의 가스 파이프에 직접 주입하는 사업 모델이다. 보조 서비스를 압축기 없이 수행하기 때문에 비용을 절감할 수 있다는 장점이 있다. 방법은 간단하다. 가스 파이프의 압력을 3분의 1가량 낮춘 후 수소를 주입하는 것이 전부다. 주입된 수소가 가스파이프 내부에서 자리를 차지하며 가스 파이프 내부의 압력을 정상으로 돌려 가스파이프가 제 기능을 다할 수 있게 정상화시키는 동시에 가스 파이프를 저장 공간으로 활용한다.

잉여 전력을 수소가 아닌 연료로 저장하는 '파워 투 퓨얼(Power2Fuel)' 프로젝트도 있다. 이 프로젝트는 이산화탄소를 저감하고 전해조(electrolyser)를 대규모로 생산할 수 있다는 장점이 있는데, 특히 이산화탄소를 대폭 줄일 수 있다는 측면에서 각광을 받고 있다. 2016년부터 지멘스, 도요타, 등 13개 글로벌 기업들이 참여해 기술 개발에 나섰다.

결론적으로 P2G 사업은 재생에너지가 생산한 잉여 전력을 저장하는 도구로 각광받고 있다. 경제성보다 이산화탄소 우선 감축의 명분을 우선시

<표 12-7> 유럽의 연료전지 프로젝트의 특징 비교

	칼룩스 프로젝트	에네필드 프로젝트
선도적 제도	공공섹터	개인섹터
회원국가	독일	12개국
기간	2011~2015년	2012~2017년
특징	연료전지 가격을 크게 낮추고 에너지 효율을 높이는 데 공헌	칼룩스보다 큰 프로젝트 칼룩스의 경험을 이용해 이익 추구

자료: Koji Toyama(2016).

하는 P2G는 재생에너지가 과잉 발전을 할 때 계통에 무리를 주지 않기 위해 잉여 전력을 수소, 연료, 액체로 저장하는 개념이다. 이는 재생에너지의 비중이 높아질 미래에 스마트그리드와 마이크로그리드에 활용되어 유용하게 쓰일 전망이다. 여기서 한 가지 주목할 점은 EU가 P2G를 언급할 때 경제성보다 기후변화 대응과 온실가스 감축을 최우선으로 고려하고 있다는 점이다. 독일은 태양광과 풍력 등 재생에너지가 생산한 전력이 기존 계통에서 여러 가지 문제를 일으키고 때로는 비싼 전기료를 소비자에게 전가하는 듯 보이지만 사실은 지구온난화에 특효라는 사실 때문에 위험을 감수하고 있는 것이다.

독일의 사례는 이제 막 '전기사업법'에 전력 사업이 경제성 외에 환경성과 안전성을 추구해야 한다고 명시한 한국 사회에서 하나의 지표가 되고 있다. 경제성과 환경성, 안전성을 명시한 '전기사업법'을 가진 한국 사회가 여전히 개발 시대에 최우선 과제로 삼던 경제성만을 최우선시하며 재생에너지가 가진 미덕을 간과하고 있지 않은지 스스로 성찰할 필요가 있다.

3) 유럽의 연료전지 시장 현황

2016년 현재 유럽은 연료전지 상용화를 목표로 정부와 산업계가 실증 사업을 진행하고 있다. 현재 유럽은 일본에 비하면 가정용 연료전지가 활발하게 보급되지 않은 편이다. 2015년 NEDO 자료에 따르면 일본에 가정용 연료전지가 8만 4000대 보급된 반면 유럽은 1만 9500대 보급되었다. 일본을 제외한 아시아에는 4200대가 보급됐고 북미는 통계가 잡히지 않는 수준이다. 하지만 유럽은 열병합발전(CHP) 300만 개소가 참여하는 칼룩스(Callux) 프로젝트를 진행해 효율을 증대하고 가격과 이산화탄소 배출량을 줄였다.

칼룩스 프로젝트로 인해 연료전지 가격은 60%, 이산화탄소 배출은 30% 줄어들었다. 발전 효율은 28.8%에서 33.1%로 늘어났으며 에너지 융합률은 84.9%에서 96.3%로 늘었다. 물론 연료전지 가격이 시장 가격보다 높고 독일 연료전지 발전 효율이 일본보다 낮은 사실을 고려하면 이러한 수치를 크나큰 성과로 액면 그대로 받아들이기엔 무리가 있다. 가령 도시바의 연료전지의 전기 효율이 독일 연료전지보다 높기 때문에 독일 연료전지가 시현하는 에너지 절감량이 일본의 연료전지와 같을 수 없는 것이다.

이러한 칼룩스 프로젝트는 에네필드(Ene.field) 프로젝트로 확대되었다. 에네필드 프로젝트는 독일의 경험이 12개국으로 확대된 프로젝트로 가정용 연료전지 사업의 성격이 강하다. 에네필드 프로젝트는 칼룩스 프로젝트보다 규모가 몇 배 큰 프로젝트다. 이 프로젝트는 열병합발전 공급자뿐만 아니라 다른 산업까지 광범위하게 사업 이익과 국경을 가로지르는 공급 체인을 시험하고 있다. 선행 실증 사업에서 기술을 통한 비용 감소를 수행한 에네필드 프로젝트는 규모의 경제를 이룩해 비용 절감을 도모했다.

또한 에네필드 프로젝트는 대규모 실증 사업을 통해 소형 열병합발전기

(mCHP)[18]가 주는 환경적인 영향을 시험했다. EU는 에네필드 프로젝트에 2000만 유로를 투자했으며 여기에는 칼룩스 프로젝트에 참여했던 11개 소형 열병합발전기 사업자와 함께 에너지 기업과 연구 기관이 참여했다. 그 결과 1000개 이상의 가정용 연료전지가 에네필드 프로젝트에서 관리 감독하에 놓여 모니터링되고 있다. EU는 이러한 프로젝트가 성공하면 기존 분산 발전 체제에서 연료전지의 비중이 높아질 것이라고 전망하고 있다. 가정용 연료전지를 EU 소속 4개국(영국, 독일, 프랑스, 이탈리아)에 걸쳐 2.6GW를 설치하는 것이 이들의 목표다. 상업용 연료전지의 경우는 10.8GW를 설치하는 것을 목표로 하고 있다.

4. 한국의 연료전지 정부 정책

1) 산업부의 연료전지 보급 정책

산업부는 2019년 신·재생에너지보급 주택지원사업에서 480건의 연료전지를 설치하겠다며 104억 9500만 원을 국회에 요구했다. 연료전지 한 대당 3123만 5000원씩 산정했으며 정가의 70%를 요구했다. 태양광의 경우 단독주택, 공동주택의 옥상, 미니태양광 등에 이용될 명목으로 총 635억 500만 원을 요구했다. 태양광의 산정 기준은 한 대당 580만 원이며 정가의 50%로 계산되었다. 또한 산업부는 신·재생에너지보급 건물지원사업에서 연료전지 10건에 대해 20억 원을 요구했다. 10kW급 연료전지 10건에 대

18 mCHP는 소형 열병합 발전기를 말한다. 최대 50kW 범위의 단독 가구 혹은 다가구주택, 소규모 사무실이 들어선 건물에 설치된 열병합 발전기를 말한다.

해 대당 2500만 원을 요구했다. 평균 보조율은 80%이다. 태양광의 경우 25kW급 태양광 640건을 설치해 160억 원을 요구했다. 25kW급 태양광 640건, 대당 200만 원이며 평균 보조율은 50%이다.

2) 보조금 부과율이 높은 연료전지[19]

산업부는 연료전지에 부여한 가중치를 2.0로 유지하고 있는데, 이는 태양광보다 높은 보조금 부과율이다. 올해 5월 REC 가중치 조정 시 임야 태양광의 경우 0.7까지 가중치를 떨어뜨렸지만 연료전지는 2012년 부여한 가중치 2.0을 그대로 유지하고 있다.

또한 2019년 산업부가 요구한 예산안에 따르면 신·재생에너지 보급 사업의 주택 부문에서 단독주택과 공동주택 옥상 태양광의 평균 보조율은 50%, 미니태양광은 25%에 그치는 반면 연료전지의 경우는 70%에 이른다(≪데일리한국≫, 2018.9.21; 산업통상자원부, 2018a).

평균 보조 단가 역시 단독주택 태양광 580만 원, 공동주택 옥상 태양광 75만 원, 미니태양광 60만 원인 데 비해 연료전지는 3123만 원으로 월등히 높다. 건물 부문도 평균 보조 단가의 경우 태양광이 200만 원 수준인 반면 연료전지는 2500만 원이며 평균 보조율의 경우 태양광은 50%인 데 비해 연료전지는 80%에 이른다.

19 산업부는 연료전지의 평균 이용률을 65.5%로 잡고 있고 태양광의 경우 13.7%로 산정했다.

3) 연구개발비 줄어든 연료전지[20]

산업부의 연료전지 R&D의 기본 방향은 ① 경제성 향상과 산업 생태계 강화를 위한 기술 개발, ② 신규 시장 창출을 위한 고부가가치 비즈니스모델 실증, ③ 국내 보급 및 해외시장 진입을 위한 부품과 시스템 기술 개발과 제품 트랙 레코드 확보다.

한편, 2019년 산업부가 국회에 요구한 예산은 214억 5600만 원으로 전년보다 66억 9000만 원(23.8%)이 줄었다. 이 가운데 계속되는 사업에는 187억 7800만 원이 투입되었고 신규 사업에는 26억 7800만 원이 투입되었다. 이에 산업부는 "전체 예산이 줄었으나 우수성과의 시장 확대를 위해 시장경쟁력 향상 기술 개발 관련 신규 예산 집중 투자가 필요하다"는 사유를 적시했다.

산업부의 2019년 수소 R&D 추진 방향은 친환경 자동차 보급·확산을 위한 수소 공급 기반 기술과 에너지 신산업 시장 창출을 위한 융합 기술을 중점적으로 추진하는 것이다. 2019년 요구 예산안은 82억 7100만 원으로 전년 대비 44억 7900만 원에 비해 35.1% 줄었다. 산업부는 예산이 줄어든 이유를 "2019년 일몰로 계속 과제만 지원을 추진"했기 때문이라고 밝혔다. 이 말은 사업이 자동적으로 일몰되었기 때문에 연장을 위한 추가 예산을 투입하지 않고 진행하고 있던 계속 사업만 하겠다는 의미다.

태양광 R&D를 위한 2019년 연구개발 예산은 725억 3300만 원으로 전년에 비해 107억 2500만 원(17.4%) 늘어났다. 산업부는 태양광을 에너지신산업의 대표 분야로 인식하고 있으며 태양광 분야의 내수시장 확대와 글

---

20 이 항의 내용은 산업통상자원부의 사업설명자료(산업통상자원부, 2018a)를 참고해 정리했다.

로벌 시장 진출을 위해 집중 투자한다는 방침이다.

4) 가스공사의 1조 원대 천연가스 신산업 투자 대부분 LNG 벙커링에 집중[21]

한국가스공사가 천연가스 신사업에 1조 원을 투자한다[22]는 계획에서 연료전지에 대한 투자 비용은 일부에 불과하다. 한국가스공사는 미래 혁신 성장을 위해 수소 분야 가치 사슬(value chain) 구축과 연료전지, LNG벙커링, LNG화물차 등 친환경 연료 전환 사업에 1조 원을 투자해 미래 성장동력을 확보할 계획이라고 2018년 9월 4일 밝혔다.

한국가스공사는 또한 전 세계적으로 선박 배출 가스에 대한 규제가 점점 강화되고 있는 추세 속에서 선박 연료로 LNG를 공급하는 'LNG 벙커링' 사업[23]에 집중 투자할 계획이다. 특히 2022년 동남권 벙커링 설비 건설 등 선도적 설비 투자로 수요를 견인해 미세먼지를 2022년까지 연간 2000 톤 저감하는 데 기여할 계획이다.

더불어 한국가스공사는 국내 교통·수송 분야 미세먼지 배출의 63%를 차지하는 경유 화물차 연료를 친환경 연료인 LNG로 공급해 육상 대기 질을 개선하는 'LNG 화물차 사업' 역시 추진하고 있다. 이 사업을 위해 2018~2019년간 법제도 개선을 통해 사업 기반을 마련하고 타타대우상용차와 공동으로 고(高)마력(400hp) LNG 화물차를 시범 제작해 운행할 예정

---

21 이 장의 내용은 ≪데일리한국≫의 기사를(≪데일리한국≫, 2018.9.5)를 참고해 정리했다.

22 가스공사는 지난 8월 17일, '장기경영계획 KOGAS 2025'를 발표하며, 선박용 LNG 연료를 공급하는 LNG 벙커링, 육상 대기 질 개선을 위한 LNG화물차, 수소차 보급 확대를 위한 충전 인프라 구축, 연료전지와 가스 냉방 사업 등 다양한 친환경 연료 전환 사업에 향후 1조 원을 투자하고 2025년까지 천연가스 신수요를 200만 톤 창출하겠다는 의지를 밝힌 바 있다.

23 가스공사에 따르면 해양 환경 규제와 맞물려 국내 LNG 벙커링 수요는 2022년 연간 31만 톤, 2030년 연간 136만 톤 등으로 꾸준히 증가할 전망이다.

이다.[24]

이 외에도 8월 29일 호주의 자원 개발 업체인 우드사이드(Woodside)사와 수소 분야 협력 강화를 위한 MOU를 체결했고, 현대자동차, SK가스 등 18개 기업·기관이 참여하는 수소 충전소 설치 운영 특수목적법인 설립에도 나서 2022년까지 수소충전소 100기를 구축할 예정이다. 수소 관련 미래 핵심 선도 사업과 연계해 대구에 지역 경제 활성화를 위해 실증 센터, 유통 센터, 홍보, 교육 등의 기능을 수행할 수소 복합단지를 구축하는 계획도 추진 중이다. 나아가 주택과 건물에서 가스 발전기를 구동시켜 전기와 열을 동시에 생산하는 대표적인 분산형 전원 시스템인 '자가열병합발전'과 '연료전지' 사업 활성화를 위해 설치 장려금 증액, 부담금 면제 등 경제적 지원을 확대할 예정이며, 기록적인 폭염 속에 주목받고 있는 '가스 냉방'[25] 사업도 중점 추진할 예정이다.

5) 재생에너지 장주기 저장 및 전환을 위한 P2G 기술개발사업 R&D[26]

한국에서 P2G 사업은 올해 처음 신설되어 54억 원의 예산을 요구한 사업으로 2023년까지 진행될 예정이다. 아직 총사업비[27]와 사업 규모가 정해지지 않은 상태로 단지 사업 기간만 2019~2023년간이라고 설정되어 있

---

24 가스공사는 2020년까지 항만과 화물터미널의 LNG 충전소 구축 및 시범 보급을 시행하고, 2021년부터 본격적인 양산 유도 등 세부 계획을 수립해 구체화해나갈 방침이다.

25 가스냉방은 전기 대신 가스를 열원으로 냉방을 하는 것으로, 하나의 기기로 냉방은 물론 난방도 가능해 기기의 효율적 이용이 가능하다.

26 이 항의 내용은 산업통상자원부의 사업설명자료(산업통상자원부, 2018b)를 참고해 정리했다.

27 다만 연도별 투자 계획 및 추진 경과로 2019년 54억 1000만 원, 2020년 65억 원, 2021년 50억 원, 2022년 70억 원이 기입되어 있다.

는 상황이다. 사업 시행 주체는 산업부(에너지기술평가원)이며 사업 시행 방법은 출연으로 민간 매칭과 연구 수행 형태에 따라 전체 연구 예산의 33~100%에 해당하는 정부 지원을 받았다. 사업 수혜자는 기업, 연구소, 대학 등이다.

산업부는 2018년에 수립한 에너지 기술 실증 연구 활성화 추진 방안에서 계획 입지 기반의 대규모 재생에너지 발전 단지와 P2G를 연계한다는 계획을 표방했다. 산업부는 '가스 및 연료화 전환 핵심기술 개발'에 2019년 52억 2700만 원을 요구하고 이 사업에 대한 기획평가관리비로 1억 8300만 원을 별도로 국회에 요구했다. 사업비는 수소와 메탄 생산을 위한 핵심 기술 확보 및 모듈화, 가스와 전력망 연계 에너지 믹스 최적화 기술 개발을 위해 요구됐다. 산업부는 신규 5개 과제에 각 13억 9390만 원을 9개월 동안 사업비로 지원한다는 계획이다. 신규 5개 과제는 ① 재생에너지 연계 수소 생산,[28] ② 대용량 장기 수소 저장 시스템[29] 개발, ③ 열화학적 메탄화 시스템[30] 개발, ④ 생물학적 메탄화 시스템[31] 개발, ⑤ 통합 설계 및 엔지니어링[32] 구축이다.

산업부는 P2G 사업을 통해 2019년 이후 재생에너지와 연계한 MW급 P2G 플랜트 구축, 운전 및 실증으로 국산화, 경제성을 확보하며 재생에너지 확대에 대비한 수요 공급 균형화(계통연계 안정화) 및 에너지 이용 효율 향상(대용량 장기 저장, 활용)[33]과 같은 기대 효과를 예상하고 있다. 이 외에도 산

---

28 대용량 수소 생산이 가능한 최적의 수전해 기술을 확보한다(알칼라인 수전해, 고분자 전해질 수전해 등).

29 대용량·고효율·저가 수소 저장, 운송 기술을 확보한다(액체수소 저장, 고체수소 저장 등).

30 열화학적 이산화탄소 메탄화 공정 확보(파일럿 플랜트, 촉매 연구 등).

31 미생물 활용 기초 원천 요소 기술을 활용해 생물학적 이산화탄소 메탄화 공정을 확보한다(파일럿 플랜트, 메탄화미생물 연구 등).

32 2019년은 플랜트 적용 지역 및 환경 분석을 수행한다.

업부가 예상하는 성과물로는 ① 핵심 기술 확보,[34] ② 통합 시스템 실증을 통한 트랙 레코드 확보,[35] ③ 플랜트 적용 지역 및 여건에 따른 단위 기술의 조합, ④ 가스 및 전력 그리드 연계[36]가 있다.

산업부는 향후 추진 방향 및 추진 계획으로 가스 및 연료화 전환 핵심 기술 개발(2019~2022년) 단계에서 수소 생산, 메탄 생산을 위한 핵심 기술 개발과 모듈화, 가스 및 전력망 연계를 통한 에너지 믹스 최적화 기술 개발을 추진한다는 내용을 1단계[37]로 설정했다. 2단계 계획으로는 그리드 연계 실증 기술 개발(2022~2023년) 단계에서, 1단계에서 개발한 핵심 기술과 가스 및 전력망 연계 통합 시스템의 실증을 통한 라이선스 확보를 설정했다.[38]

---

33 구체적으로는 ① 전력 부하 안정성을 확보해 재생 전력 발전 비중 10% 초과에 따른 전력 품질 교란을 대비하고, ② 대용량 - 중장기 에너지 저장 기술을 확보해 재생 전력 수급 불안정에 따른 미유용 전력을 저장 및 활용하며, ③ 이산화탄소를 활용한 메탄 전환과 이용을 통해 온실가스 감축과 천연가스 수입 대책 효과를 보고, ④ 고압송전선 대신 도시가스 배관을 활용해 분산 전원의 주민 수용성을 제고하는 내용이다.

34 이때의 핵심 기술이란 재생에너지 연계 하이브리드 수전해 공정, 수소 저장 기술 열화학적·생물학적 이산화탄소 메탄화 공정, 재생전력 연계 통합엔지니어링 기술을 의미한다.

35 비교적 큰 규모인MW급 플랜트를 건설해 운행 이력(Track Record)를 쌓고 주요 설비를 국산화하는 작업에 나서야 한다.

36 발생되는 연료, 열, 부산물 활용을 기반으로 통합 시스템의 설계 수준에 따라 기술의 적용 가능성 및 경제성이 달라질 수 있으므로 핵심기술개발 단계부터 사업 모델(국내·국회, 산업별 최적화 모델 등)을 도출했다.

37 이 과정에서 산업부는 ① 수소 생산을 통해 재생에너지 부하 변동을 대응하고 하이브리드 수전해 공정을 개발하며 수소 저장 기술 개발과 실증을 진행하고 ② 이산화탄소 메탄화를 위해 열화학적 이산화탄소 공정과 촉매 개발, 생물학적 이산화탄소 메탄화 공정을 개발하고 ③ 통합엔지니어링 사업 모델 개발을 위해 재생 전력 연계 단위 기술 통합 엔지니어링 및 최적화를 통해 경제성 분석 사업화 모델을 개발했다(국내·국회, 중국, 미국, 동남아 등).

38 MW급 P2G 플랜트 구축·운전 및 실증(재생에너지 연계) → 국산화, 경제성 확보(향후 해외 사업 진출 및 적용).

5. 한국 기업의 연료전지 사업

1) 경동도시가스

경동도시가스는 남양산 연료전지 발전사업 공동 개발 협약을 체결했다.[39] 또한 한국도로공사, 한국중부발전, SK건설과 2018년 6월 28일 서울 종로구 SK건설 본사에서 '남양산 연료전지 발전사업'을 위한 협약을 체결했다고 2018년 7월 5일 밝혔다. 이 협약에 따르면 남양산 연료전지 발전사업은 고속도로 톨게이트 유휴 부지를 활용한 사업이다. 여기에 연료전지 약 20MW가 설치된다. 한국도로공사는 사업부지를 제공하고 인허가를 지원하며 경동도시가스에서는 연료를 공급한다. SK건설에서 기자재 조달 및 시설 건설을 맡고, 이때 필요한 신·재생에너지공급인증서(REC)는 중부발전이 구매한다.

2) ㈜두산

㈜두산은 2017년 시점에서 국내 최대 규모 연료전지 공장을 준공했다(≪데일리한국≫, 2017.5.23). 또한 전라북도 익산시 제2 일반 산업 공단 내 1만 744m^2 부지에 약 400억 원을 투자해 연료전지 생산 공장을 건설하고 2017년 5월 23일 준공식을 거행했다. 익산 공장 준공으로 ㈜두산은 연간 440kW용 144대, 총 63MW 규모의 국내 최대 연료전지 생산 기지를 확보했다.[40] 익산 공장은 연료전지에서 핵심적 역할을 하는 스택(Stack)[41] 생산

39 "중부발전, 남양산 연료전지 발전사업 공동개발 협약 체결", ≪데일리한국≫, 2018.7.5.

40 ㈜두산은 미국 코네티컷 주에서도 연료전지 공장을 운영하고 있다.

41 스택은 수소와 산소를 결합해 물과 전기를 생성하는 장치다.

라인을 자동화해 품질과 생산 능력을 대폭 개선했으며, 미국 현지에서 생산하던 보조설비 (Balance of Plant, 이하 BOP)를 국산화해 원가 경쟁력을 갖췄다고 ㈜두산은 평가했다.

3) 포스코에너지

포스코에너지는 '적자 누적' 연료전지 사업 합작 법인화을 추진하고 있는 것으로 알려졌다(연합뉴스, 2018.8.16a). 국회 산업통상자원 중소벤처기업위원회 소속 자유한국당 김규환 의원실은 포스코에너지가 적자가 누적된 연료전지 제조 사업을 분리해 조인트벤처를 설립하는 방안을 추진하고 있다고 주장했다. 김 의원실은 '포스코에너지 연료전지 사업 자료'를 인용해 포스코에너지가 2018년 연말까지 연료전지 사업 분리 작업을 구체화하기 위해 태스크포스(TF)도 운영하고 있다고 주장했다. 김 의원실은 또한 포스코에너지가 제조업에 특화된 국내 기업을 전략적투자자(SI)로 선정하고, 포스코에너지의 인적·물적 자원과 미국 퓨어셀에너지(FCE)의 연료전지 관련 기술에 투자해 신규 회사를 설립할 것이라고 내다봤다.

포스코에너지는 2007년 2월 연료전지 사업에 참여하기 위해 퓨어셀에너지에 2900만 달러를 출자하고, 이후 5500만 달러를 추가 출자한 것으로 알려졌다. 포스코에너지의 용융탄산염연료전지(Molten Carbonate Fuel Cell, 이하 MCFC)는 연료전지 발전기의 핵심 부품인 스택에서 결함이 발견되면서 초기 제품 물량에서 불량 스택을 교체하기 위한 비용이 크게 발생해 적자 규모가 커진 것으로 알려졌다. 연료전지 사업으로 인한 적자는 2014년 447억 원, 2015년 830억 원, 2016년 925억 원, 2017년 645억 원으로 전해졌다.

4) ㈜한프

㈜한프는 충북 진천에 80MW급 친환경 연료전지 발전소를 건설하기 위해 노력하고 있다(≪데일리한국≫, 2018.7.6). 충청북도, 진천군, ㈜한프, 한국서부발전, KB증권은 2018년 7월 6일 충북도청 회의실에서 진천 그린에너지발전소 건립 사업 공동 개발 업무 협약을 맺었다. 이 사업은 진천군 덕산면 용몽리와 합목리에 있는 한프 공장 2만 7000여 m^2에 80MW급 연료전지 발전소를 설치했다. 2018년 9월 공사에 들어가 2019년 9월 준공이 목표다. 한프와 한국서부발전, KB증권이 특수목적법인을 설립하고, 총 5250억 원을 투자해 이 사업을 추진할 예정이다.

이 발전소가 가동되면 충북 전력사용량의 2.9%, 진천군 전력사용량의 23%인 24만 여 가구에 전력을 공급할 수 있는 656GWh의 전력이 생산될 전망이다. 이때 연간 전력 판매액은 1820억 원이고, 발전소가 운영되는 20년간 총매출액은 3조 4400억 원으로 예상된다.

5) 한화에너지

한화에너지는 50MW 수소연료전지를 2018년 8월 16일에 착공했다(≪데일리한국≫, 2017.8.28; ≪데일리한국≫, 2018.8.16b). 한화에너지가 수소연료전지 발전사업에 진출해 준비한 지 1년 반만의 일이다. 이후 한화에너지는 2016년 12월 한국동서발전, ㈜두산, SK증권과 함께 공동 개발에 관한 MOU을 체결했다. 그리고 2017년 8월 25일 대산산업단지에 50MW 수소연료전지 발전사업을 위한 특수목적법인인 대산그린에너지를 설립하고 지분 49%를 취득했다.

2만여 m^2 규모의 부지에 세워질 수소연료전지 발전소는 전체 사업비가 약 2550억 원에 달한다. 2020년 6월부터 상업 생산을 시작해 충남지역 약 17만 가구가 사용할 수 있는 40만 MWh의 전기를 생산할 예정이다. 이 사업은 세계 최초로 부생수소를 연료로 사용하는 초대형 연료전지 발전사업이라 의미가 있다. 수소연료전지 발전사업을 토대로 한화에너지는 기존 집단에너지 사업, 태양광 발전사업과 함께 친환경 종합에너지기업으로서의 입지를 다질 계획이다.

6. 결론

1) 가스 가격 상승 전망에 따라 LNG 기반 연료전지의 경제성 하락 예상

우리는 엑손모빌 가스 부문 최고책임자가 2020년에 가스 쇼크가 올 것이라고 예측했다는 사실을 주목할 필요가 있다. 가스 가격은 유가와 연동되어 있는데, 유가가 오를 전망이기 때문에 연료전지의 경제성은 그만큼 취약해질 전망이다. 연료전지의 경제성이 향후 연료전지 보급 및 판매량과 직결될 것이기 때문에 가스 가격 전망을 유념해야 한다.

이미 유가 급등으로 가스 가격이 오른 상태이며 2017년 상반기 기준 기가줄(GJ)당 1만 2000원에서 2018년 상반기 1만 4000원으로 가격이 상승한 것으로 파악된다(≪데일리한국≫, 2018.8.20). 천연가스 가격이 상승한 가운데 한국의 천연가스 수입량도 12.4% 늘어 수입금액이 28.3% 늘어나 유연탄 가격 상승과 함께 한국전력의 적자 요인으로 꼽히고 있는 점도 유념해야 한다.

2) 국내 연료전지의 보급과 R&D 예산은 태양광에 비해 열세

연료전지의 보조금 부과율이 높지만 보조금 규모는 태양광에 비해 열세이다. 신규 연료전지 R&D 자금 규모가 26억 원에 불과하고 대부분 계속 사업 위주로 R&D 개발이 이뤄지고 있으며 수소 R&D의 경우 수소차 보급이 목적이라고 산업부는 적시하고 있다. 그나마 이 사업들은 2019년 일몰될 예정으로 다른 신규 사업은 없다. 한국가스공사가 1조 원 규모로 투자하겠다는 천연가스 신산업도 대부분 LNG 벙커링[42]에 집중되고 있다. 한국가스공사의 예산 가운데 연료전지에 할당하는 예산은 상대적으로 소액에 불과할 전망이다.

3) 지구온난화 관점에서 연료전지의 가치 재평가하기

연료전지는 분산형 전원으로 각광받고 있으나 원료인 수소를 LNG가 아닌 바이오가스에서 추출해야 재생에너지로 인정받을 수 있다. 미국 캘리포니아는 바이오가스 이용 연료전지에만 재생에너지 보조금을 지급하고 있으며 '진정한 RE100'운동도 연료전지의 연료를 바이오가스에서 추출할 것을 요구했다. 최대 가스 수입국인 일본도 '더블 발전'이란 개념을 도입해 연료전지와 태양광 - 풍력발전을 연계해야 보조금을 지급했다. 현실적으로는 LNG에서 수소를 추출하는 것이 경제성이 있다고 평가받으며 수전해 방식 등은 아직 연구개발이 많이 필요한 상태다.

산업부는 이를 위해 2019~2023년까지 '재생에너지 장주기 저장 및 전환을 위한 P2G(Power to Gas) 기술개발사업 R&D' 사업을 진행하기 위해 관

---

42 LNG 벙커링은 천연가스를 이용한 가스엔진으로 움직이는 선박을 위해 건설되는 구조물이다.

련 예산을 요구했다. 한 가지 주목할 것은 독일이 P2G를 꾸준히 개발하고 있다는 점이다. 재생에너지를 선도적으로 보급하며 관련 기술을 개발하는 독일은 값싼 전기 공급보다 기후변화대응과 온실가스 감축을 명분으로 내세우고 있다. 태양광, 풍력 확대로 인한 잉여 전력 문제가 불거져도 계속 태양광과 풍력을 보급하며 경제적으로 아직 검증되지 않은 P2G 기술을 개발하고 있다.

국민 세금으로 에너지를 수입·생산해 산업체에 값싸게 보급하는 방법으로 한국산 제품의 원가 경쟁력을 보조하고 수출을 통해 외화를 벌어들여 다시 에너지를 수입·생산하는 모델을 취해왔던 한국으로서는 독일의 사례는 이해하기 힘든 내용이다. 하지만 한국도 2018년 근대 기상 관측사상 가장 심한 혹서를 겪고 잦은 태풍으로 영덕에서 돌발적인 침수 피해가 났다는 점을 상기한다면 독일의 사례가 더 이상 낯설지 않은 상황이 올 수 있다. 즉, 지구온난화 방지가 한국에 경제적 측면이나 대의명분상 이득을 가져온다는 점을 한국 스스로가 자각한다면 태양광과 풍력을 바라보는 시각과 P2G 기술에 주어지는 평가가 달라질 수 있다.

태양광과 풍력이 무한한 자연에너지를 이용해 연료 비용이 없고 이산화탄소를 발생하지 않는다는 장점이 부각된다면 태양광과 풍력이 생성할 수 있는 잉여 전력을 해소하는 해결책으로 P2G가 각광받을 수 있다. P2G는 이러한 특징 때문에 종래엔 스마트그리드의 일원으로 받아들여질 전망이다.

참고문헌

산업통상자원부. 2018a. 2019년도 예산안 및 기금운용계획안 사업설명자료(Ⅱ-1): 에너지및자원사업특별회계

________. 2018b. 2019년도 예산안 및 기금운용계획안 사업설명자료(Ⅱ-1): 전력산업기반기금

김현제·박명덕. 2017. 「분산형전원 활성화 방안: 연료전지를 중심으로」. 에너지경제연구원 정책이슈페이퍼 17-19.

≪데일리한국≫. 2017.5.23. "㈜두산, 국내 최대규모 연료전지 공장 준공".

________. 2017.6.22. ""미생물에 미래가 달려 있다" … 김영훈 대성그룹 회장의 '역발상'".

________. 2017.8.28. "한화에너지 50MW 수소연료전지 발전사업 진출".

________. 2018.7.5. "중부발전, 남양산 연료전지 발전사업 공동개발 협약 체결".

________. 2018.7.6. "충북 진천에 80MW급 친환경 연료전지 발전소 건설".

________. 2018.8.16a. "포스코에너지 적자 누적 연료전지사업 조인트벤처 만들어 분리".

________. 2018.8.16b. "한화에너지, 세계 최초 초대형 부생수소연료전지 발전소 착공".

________. 2018.8.20. "세계적 소비 증가로 가격 오른 유연탄에 직격탄 맞은 한전".

________. 2018.9.21. "'음지에 놓인 태양광산업 ∴ 태양광업계와 산업부' 신경전".

________. 2018.9.5. "가스공사, 신에너지 사업에 1조원 투자 … LNG 벙커링, LNG 화물차 등".

≪머니투데이≫. 2018.10.2. "2020년 가스쇼크 온다 … 韓 직도입 규제 풀어야".

에너지경제연구원. 2018. ≪에너지수요전망≫, 20권 2호(2018 여름호).

________. 2018.9. ≪에너지통계월보≫, Vol.34-09(2018년 6월 자료).

________. 2018.10.8. ≪세계에너지시장인사이트≫, 제18-35호.

이원욱·안희민. 2015. 『미래에너지백과사전』. KPBooks.

정보통신기술진흥센터. 2018.7.11. "(최신 ICT 이슈) '진정한 RE100' 캠페인 참여 확산, 실제 재생에너지 설비 투자 확대". ≪주간기술동향≫, 제1854호.

Hishinuma, Masakazu. 2016. "The Present Status and the Future View of Residential Fuel Cell Co-generation System". Tokyo Gas, FC EXPO 2016 in Japan 세미나 발표자료.

Iwata, Shin. 2016. "The Recent Status of Residential Solid Oxide Fuel Cell Co-generation System at Osaka Gas". Osaka Gas, FC EXPO in Japan 2016 세미나 발표자료.

Kitagawa, Yuichiro. 2016. "Development of the Next Generation Large Scale SOFC toward Realization of Hydrogen Society". MHPS, FC EXPO 2016 in Japan 세미나 발표자료.

Okamoto, Kazuhisa. 2016. "Expectations for High Efficiency Fuel Cell Systems in Commercial

Congeneration Market". Tokyo Gas, FC EXPO 2016 in Japan 세미나 발표자료.
Shimotori, Soichiro. 2016. "Status of Next Generation "ENE-FARM" and Effort to Contribute to the Hydrogen Society". Toshiba, FC EXPO 2016 in Japan 세미나 발표자료.
Toyama, Koji. 2016. "Market trend and prospect for Hydrogen/Fuel Cell market in Europe". Principal Roland Berger, FC EXPO 2016 in Japan 세미나 발표자료.

13

서울시 에너지 자립 마을의 지속가능성에 관한 고찰

김정원

1. 서론

인류는 전통적으로 화석연료에 의존해 일상생활 및 경제 활동을 영위해왔다. 그러나 화석연료의 과도한 사용은 유한한 자원의 고갈 위험과 함께 연소 과정에서 발생하는 온실가스로 인한 기후변화의 심화라는 이중의 우려를 낳았으며, 결과적으로 좀 더 지속가능하고 청정한 에너지원에 대한 수요를 창출했다(Droege, 2008; Rae and Bradley, 2012). 이러한 도전에 대처하기 위해 전 세계적으로 화석연료에 대한 의존을 낮추고 기후변화를 저감하려는 정책이 수립되고 있다. 특히 이러한 노력은 국가 차원에서뿐만 아니라 도시 차원에서도 활발히 진행 중이다. 2016년 기준, 전 세계 인구의 54.5%에 해당하는 약 40억 명이 도시에 거주하고 있으며, 이 비율은 2030년까지 60%에 달할 것으로 예상된다(UNDESA, 2016; UN-HABITAT, 2016). 도시의 인구 집중은 자연스레 에너지와 자원의 대량 소비로 이어졌고, 그 결과 도시는 전 세계 온실가스 배출량의 70%를 배출하는 주요 온실가스 배출원이 되었다(UN-HABITAT, 2011). 이에 2000년대 후반부터 기후변화 대응을 위해 도시가 적극적인 노력을 해야 한다는 공감대가 형성되었고, 도시의 에너지 수요를 충족하면서 온실가스 감축에 기여할 수 있는 다양한 도시 차원의 정책들이 등장했다. 즉, 신·재생에너지 비중 확대 및 에너지 효율 개선을 통해 도시의 에너지 불안을 극복하는 동시에 기후변화를 저감하고자 하는 정책들이 도시 에너지 정책의 핵심으로 자리 잡았다(Allen et al., 2012; Bulkeley, 2010; Droege, 2008; Späth and Rohracher, 2012).

이러한 정책들이 궁극적으로 도달하고자 하는 목표는 도시의 에너지 전환(urban energy transition)을 통한 에너지 자립 달성이다. 에너지 전환은 화석연료 및 원자력 발전, 중앙 집중화된 공급 중심의 에너지 정책, 시장 의존적 에너지 관리로 대변되는 전통적인 에너지 수급 패턴에서 신·재생에너지에 기반을 둔 분산 발전 시스템, 수요 관리, 시민이 참여하는 에너지 거버넌스 등으로 특징지을 수 있는 좀 더 지속가능한 에너지 시스템으로의 변화를 의미한다(최병두, 2013: 654). 도시의 에너지 전환이 성공적으로 이행되면 에너지 수요를 도시 내 생산 에너지로 충당할 수 있는 에너지 자립을 이루게 된다. 지역의 에너지 자립은 친환경에너지 확대에 따른 기후변화 저감과 환경의 질 제고라는 생태적 효과를 넘어 지역 내 에너지 생산에 따른 고용 창출, 에너지 부문 및 생태 관광 부문에서의 지역 경제 활성화, 강한 지역 정체성 형성, 주민들의 유대감과 관계 강화 등 다양한 경제적·사회적 효과를 통해 해당 지역의 지속가능한 발전에 기여한다(Müller et al., 2011: 5804~5806)는 점에서 많은 도시들의 주목을 받고 있다.

한국 역시 에너지 자급률 향상과 온실가스 배출량 감소라는 문제를 해결하기 위해 2008년 저탄소 녹색 성장 비전을 선언하고 중앙정부 차원에서의 온실가스 감축 정책과 신·재생에너지 활성화 정책을 수립하는 한편,

각 지자체 차원에서 에너지 및 기후변화 정책 시행을 촉구했다. 서울시는 한국에서 도시 수준에서의 저탄소 사회 비전을 선포한 첫 번째 도시이다(이태화, 2016: 62). 서울시는 2007년 4월, 2020년까지 서울의 온실가스 배출량을 1990년 대비 25% 감축하고 신·재생에너지 비중을 10%까지 확대한다는 내용을 담은 '서울 친환경에너지 선언'을 발표했으며, 같은 해 10월 기후변화 기금을 설치한 이래 다양한 정책을 시행해왔다. 서울시의 기후변화·에너지 분야 정책은 2012년부터 시행 중인 에너지 전환 사업, 즉 원전하나줄이기 사업으로 대표된다. 원전하나줄이기는 에너지 수요 절감과 신·재생에너지 생산 확대를 통해 2014년까지 원자력 발전소 1기의 전력 생산량에 해당하는 200만 TOE(8760GWh)의 에너지 대체 효과를 달성하겠다는 사업으로(서울특별시, 2012), 현재는 2020년까지 서울의 전력 자립률 20% 달성을 목표로 2단계 사업이 추진되고 있다(서울특별시, 2014b).

원전하나줄이기는 신·재생에너지 생산, 에너지 효율화, 에너지 절약과 관련된 세부 사업을 포함하는데, 그중 하나가 에너지 자립 마을 조성이다. 이 사업은 기후변화와 에너지 위기에 대처하고자 에너지 소비 감소와 생산 증가로 마을 단위 에너지 자립도를 제고하는 사업으로, 공모를 거쳐 선정된 마을은 최대 3년간 서울시의 지원을 받아 마을의 에너지 자립 기반을 조성하게 된다. 2012년 7개 마을을 시작으로 2017년 12월까지 총 80개소의 에너지 자립 마을이 조성되었다(서울특별시, 2018). 서울시는 2015년까지 조성된 30개 에너지 자립 마을의 경우, 2015년 전력 사용량이 2012년 대비 12.2% 감소했으며(서울특별시, 2017d), 2016년에는 3년 차 마을의 전력 소비량이 전년 대비 15% 감소했다고(서울특별시, 2018) 에너지 자립 마을의 효과를 홍보하고 있다. 또한 이러한 효과를 확대하고자 2018년에는 에너지 자립 마을을 100개소까지 늘리겠다고 발표했다(서울특별시, 2018).

저탄소녹색마을, 친환경에너지타운 등 정부 주도 에너지 자립 마을 조성 시도 가운데 많은 사례가 주민 참여 배제 혹은 명목적 주민 참여로 인한 한계점을 노출(성지은·조예진, 2013; 이유진·진상현, 2015; 장영배 외, 2014; 정종선, 2013)했다는 점을 고려할 때, 주민들의 자발적 노력과 참여를 바탕으로 하는 서울시 에너지 자립 마을 조성은 더욱 효과적이고 지속가능한 에너지 전환에 대한 기대를 갖게 한다. 그러나 서울시의 에너지 자립 마을들에서 에너지 전환을 통한 실질적인 에너지 자립이 가능할 것인지, 정부 지원이 끝난 후에도 에너지 전환을 위한 시도가 지속될 것인지에 대한 종합적인 분석은 부족한 실정이다. 지금까지는 서울시 에너지 자립 마을을 사례로 한 많은 연구가 성공적인 마을 조성 사례로 평가받는 소수의 마을에 집중해 해당 사례의 의의와 유망성을 평가하는 데 그치고 있다(고재경 외, 2017: 165~170; 박종문·윤순진, 2016; 성지은 외, 2016: 16~21; 윤순진·박종문, 2017; 조미성·윤순진, 2016). 이에 이 장에서는 더욱 거시적인 관점에서 2017년까지 최소 2년 차 사업을 완료한 44개 에너지 자립 마을들을 대상으로 지속가능성을 고찰하려 한다.

2. 서울시 에너지 자립 마을의 지속가능성 평가를 위한 기준 설정

1) 에너지 자립 마을의 개념과 사례

에너지 자립 마을은 말 그대로 '에너지 자립'을 꾀하는 마을이다. 에너지 자립(energy autarky 또는 energy autonomy)은 학자들마다 약간의 차이는 있지만 "특정 지역에서 발생하는 재화 및 서비스의 생산, 소비, 수출에 사용되는 에너지 서비스를 해당 지역 내의 재생가능에너지원으로부터 도출하는 상태(Müller et al., 2011: 5802)", "특정 지역의 에너지 시스템이 외부의 도움 없이 지역 내의 에너지 생산·저장·분배 시스템만으로 기능할 수 있는 능력(Rae and Bradley, 2012: 6499)" 등으로 정의된다. 즉, 한 지역의 에너지 자립이란 외부 지역으로부터의 에너지 유입 없이 지역 내부의 재생가능에너지원 및 에너지 저장 시스템을 활용해 해당 지역의 에너지 수요를 충족시킬 수 있는 상태를 말한다. 한편, 지역 내 생산 에너지로 에너지 수요를 충당하는 방안은 두 가지 관점에서 생각할 수 있는데 첫째는 생산을 늘려 기존의 수요를 충당하는 것이고, 둘째는 불필요한 에너지를 절약하고 에너지 효율을 개선함으로써 수요를 감소시키는 것이다. 이를 적용해 에너지 자립 마을을 정의해보면 마을 내부의 신·재생에너지 생산 증가 및 에너지 저장 시스템 활용, 에너지 절약 및 효율 향상을 통한 수요 감소로 외부로부터의 에너지 유입 없이 마을의 에너지 수요를 충당하는 마을이라 할 수 있다. 에너지 자립 마을은 소극적 관점과 적극적 관점에서 정의되기도 한다. 소극적 관점의 에너지 자립 마을은 마을 단위에서 필요한 전체 에너지를 해당 마을에서 생산해 소비하는 마을을 의미하고, 적극적 관점의 에너지 자립 마을은 에너지 절약, 에너지 효율 증대, 신·재생에너지 활용을 통한 마을의 에너지 수요 충족, 온실가스 감축, 지역 에너지 확보 및 에너지 판매, 관광 산업 등을 통해 에너지로써 경제적 수익을 창출하는 마을이다(김태윤·황인평, 2015: 11).

에너지 자립 마을의 개념은 몇 가지 사례를 통해 더욱 구체적으로 파악할 수 있다. 독일은 성공적인 에너지 자립 마을 조성 사례가 가장 빈번하게 보고되는 국가다. 독일 최초의 바이오에너지 마을인 윤데(Jühnde)는 2002년에 마을 주민 70%가 가입해 협동조합을 만들고 조합원들의 출자와 정부의 지원금으로 바이오가스 생산 시설, 우드칩 보일러, 열 공급망 등을 구축했다. 그 후 마을 내에서 생산한 열을 지역난방을 통해 각 가정에 공급하는 프로젝트를 추진, 2006년에는 난방열을 거의 100% 자급하는 동시에 마을에서 필요한 전력의 두 배에 해당하는 전기를 열병합 발전으로 생산할 수 있게 되었다. 그 결과 가구당 500~700유로의 난방비를 절감할 수 있었으며 마을에서 생산된 전기를 판매해 수입을 얻을 수 있었다(김태윤·황인평, 2015: 15; 박진희, 2009: 165~166). 한편, 자에르벡(Saerbeck)시는 2008년 노르트라인 - 베스트팔렌주 정부의 '노르트라인 - 베스트팔렌의 미래 기후타운' 선발대회에 참가하면서 시의 에너지 비전을 정립했다. 그 핵심 내용은 재생가능에너지 비중 확대, 에너지 절약 및 에너지 효율 향상, 주민들의 참여 극대화 등을 통해 2030년까지 시에서 필요한 에너지를 모두 재생가능에너지로 충당하겠다는 것이었다. 자에르벡시는 이를 위해 세 가지 핵심 프로젝트를 추진했는데, 먼저 독일군 탄약고 부지에 태양광 파크, 바이오매스 플랜트 2기, 풍력 발전기 7기, 에너지 저장 시설을 건설했다. 또한 주민들에게 건물 지붕에 태양광 패널 설치를 독려해 민간 건물, 농장, 학교 지붕에 약 400개의 태양광 패널을 설치했다. 마지막으로 에너지 절약과 재생가능에너지에 대한 교육을 위해 에너지체험길을 조성하고, 경험 및 지식 교류, 전문가의 에너지 자문을 제공하는 모임을 매달 운영했다. 이러한 노력을 바탕으로 자에르벡은 마을에서 필요한 전력량의 두 배 이상을 재생가능에너지로 생산할 수 있게 되었다(장영배 외, 2014: 63~67).

오스트리아의 귀싱(Güssing)시는 1990년 전까지 화석연료 소비에 연간 1500만 유로를 지출하던 도시였으나 1990년 시 의회에서 도시의 에너지 공급을 전량 재생가능에너지로, 특히 목재 바이오매스 에너지로 대체하겠다는 목표를 수립했고, 이 목표에 회의적이었던 시민들을 설득하기 위해 공공건물에 지역난방 시스템을 설치해 기술적으로 목표 달성이 가능함을 시연하고 에너지를 절약해 시의 에너지 예산을 절반으로 감축했다. 그 결과 1996년 첫 번째 바이오매스 발전 설비와 시 전체를 아우르는 지역난방 설비를 구축했고 2001년에 바이오매스 가스화 설비를 완공하면서 열에너지 분야에서 자립을 이루어갔다. 이러한 성과로 귀싱시에 약 50개의 기업들이 이주해오거나 창업했고, 약 1000개의 일자리가 창출되었다.

또한 귀싱시는 에너지 자립 사례를 관광 산업과 결부해 수입을 발생시켰다. 각종 환경상을 수상하고 에너지 자립 도시로서 얻게 된 명성을 바탕으로 매주 약 400명의 방문객이 귀싱시를 방문해 숙박업 수입 및 일자리가 증가한 것이다(박진희, 2009: 163~164; Müller et al., 2011: 5808).

마지막으로 에너지 자립섬으로 유명한 덴마크의 삼쇠섬(Samsø Island)은 1997년 재생에너지섬으로 지정된 이후 10년 만에 전기 100%와 난방 70%를 재생가능에너지원으로 공급하는 에너지 자립을 달성했다. 삼쇠섬의 전력은 주로 풍력 발전으로 공급되는데, 11기의 육상 풍력 발전기에서 생산되는 전력으로 섬의 전력 수요를 충당하며, 10기의 해상 풍력 발전기에서 발생하는 전력을 덴마크 본토 전력망에 공급한다. 난방에 필요한 열 역시 밀짚, 태양열 패널, 우드칩 등의 재생가능에너지로부터 얻고 있다. 2007년 삼쇠섬은 삼쇠 에너지아카데미를 설립해 이곳을 재생가능에너지 및 에너지 절약 공간, 에너지 효율 개선에 대한 교육 및 전시, 상담 공간으로 이용하고 있다. 에너지아카데미에서는 각국에서 에너지 자립섬 사례를 배우려 섬을 방문하는 사람들에게 워크숍과 세미나를 개최하기도 한다(이인희, 2013).

이상의 사례에서 확인할 수 있듯이, 에너지 자립 마을은 기본적으로 마을에서 필요로 하는 에너지의 거의 100%를 마을 내에서 생산한 재생가능에너지로 공급하고 있다. 이에 더해 주민 및 방문객들에게 재생가능에너지에 대한 인식 제고와 에너지 절약 및 에너지 효율 향상을 위한 교육을 실시함으로써 에너지 수요를 감소하려는 노력을 하고 있으며, 잉여 에너지 판매, 관광 상품 개발 등을 통해 마을에 새로운 수입을 창출하고 있다.

2) 도시 에너지 전환 프로젝트 성공 요인으로서의 주민 참여

에너지 전환을 가능하게 할 기술이 충분히 발전되었다는 전제하에, 커뮤니티 및 지역 주민의 참여가 도시 에너지 전환 프로젝트 성패의 결정 요인이 될 수 있다는 연구 결과가 증가하고 있다. 주민 참여는 커뮤니티 구성원들을 단합하게 해 지속적인 행동 변화를 이끌어냄으로써 에너지 자급 및 에너지 효율 목표 달성을 가능하게 하기 때문이다(Allen et al., 2012). 그러나 주민 참여율을 낮게 만드는 요인들이 다수 존재한다. 먼저, 에너지 전환 프로젝트에 대한 개인의 태도 및 인식을 포함한 개인적·심리적 요인을 들 수 있는데, 주민들의 관심 부족(Allen et al., 2012; Rogers et al., 2008), 개인의 노력이 큰 변화를 만들지 못할 것이라는 회의적인 태도(Burch, 2010), 에너지 전환 노력에는 동참하지 않은 채 그 혜택만을 누리려 하는 무임승차(Bomberg and McEwan, 2012; Burch, 2010) 문제가 이에 해당한다.

이러한 개인적 차원의 문제들은 커뮤니티 소유권(community ownership) 보장으로 어느 정도 해결이 가능하다. 커뮤니티 소유권은 다음과 같은 이점을 바탕으로 에너지 전환 프로젝트에 주민 참여 유인으로 작용한다. 첫째, 해당 지역에 수입을 발생시켜 지역 경제를 활성화한다. 즉, 커뮤니티가 소유한 발전 시설은 투자 금액에 대한 회수 및 이자, 생산한 전기나 열의 판매, 고용 창출 등으로 소득을 창출해 해당 지역에 경제적 이익을 가져다준다(Walker, 2008). 예를 들어, 세계에서 가장 유명한 친환경도시 중 하나인 독일의 프라이부르크(Freiburg)시의 경우, 대부분의 태양광 패널이 주민의 투자로 설치되어 주민들은 태양광 발전으로부터 얻는 수익을 분배받을 수 있다(임성진, 2011: 189). 둘째, 재생가능에너지 프로젝트에 대한 커뮤니티의 반감을 완화시켜 지역수용성을 제고할 수 있다. 독일과 스코틀랜드 풍력 발전 단지 개발 사례를 살펴보면 민간 기업이 소유한 풍력 발전 단지 개발에 비해 커뮤니티가 소유하거나 공동 소유하는 풍력 발전 단지를 건설할 때 단지 인근 지역 주민들이 에너지 생산 및 소비 패턴을 더욱 잘 이해하고 환경 및 지속가능성, 에너지 자급에 대한 좀 더 적극적인 관점을 보유하게 되어 해당 프로젝트에 대한 긍정적인 태도를 이끌어낼 수 있었다(Musall and Kuik, 2011; Rae and Bradley, 2012; Warren and Birnie, 2009).

한편, 개인들이 프로젝트 참여에 대한 의지를 보이더라도 종종 제도적 문제가 이를 저해하는 경우도 있다. 도시 에너지 전환 프로젝트에서 가장 흔하게 나타나는 문제점은 정보 획득, 의사소통 및 갈등 조정을 위한 적절한 제도가 확립되어 있지 않다는 점이다. 지역 주민들은 해당 지역의 에너지 잠재량, 에너지 전환 프로젝트 시행으로부터 얻을 수 있는 기회와 편익, 커뮤니티의 정확한 수요, 사용할 수 있는 재생가능에너지 기술 등에 관한 충분한 데이터를 보유하고 있지 않지만 이를 해결할 제도적 채널이 없는 경우가 종종 존재한다(Allen et al., 2012; Walker, 2008). 또한 프로젝트를 진행하면서 발생하는 갈등을 완화시키고, 주민들의 건의 사항을 반영할 수 있는 제도가 미비한 경우도 많다(Allen et al., 2012; Rogers et al., 2008). 따라서 이러한 문제를 방지하고 주민 참여를 제고하기 위해 프로젝트 개시 전과 추진 과정에서 주민들이 궁금한 점을 해소하고 의견을 개진할 수 있는 토론의 장이 필수적으로 마련되어야 한다.

이와 같은 논의는 〈그림 13-1〉과 같이 도식화될 수 있다. 〈그림 13-1〉은 원래 고든 워커(Gordon Walker)와 패트릭 드바인-라이트(Patrick Devine-Wright)가 커뮤니티 에너지 프로젝트를 분류하기 위해 제시한 모형(Walker and Devine-Wright, 2008)이지만 이상적 형태의 커뮤니티 에너지 프로젝트를 규정하고 있다는 점에서 도시 에너지 전환 프로젝트의 성공을 위한 함의를 제공하기도 한다. 이들에 따르면 커뮤니티 에너지 프로젝트는 과정과 결과라는 두 가지 주요 차원으로 구성된다. 과정은 프로젝트를 개발하고 운영하는 주체가 누구인지, 또 어떤 행위자들이 프로젝트에 관련되어 있고 프로젝트 추진에 영향을 미칠 수 있는지를 포함하는 개념이고, 결과는 프로젝트의 결과가 공간적·사회적으로 어떻게 분배되는지, 즉 누가 프로젝

〈그림 13-1〉 커뮤니티 에너지 프로젝트의 두 가지 차원

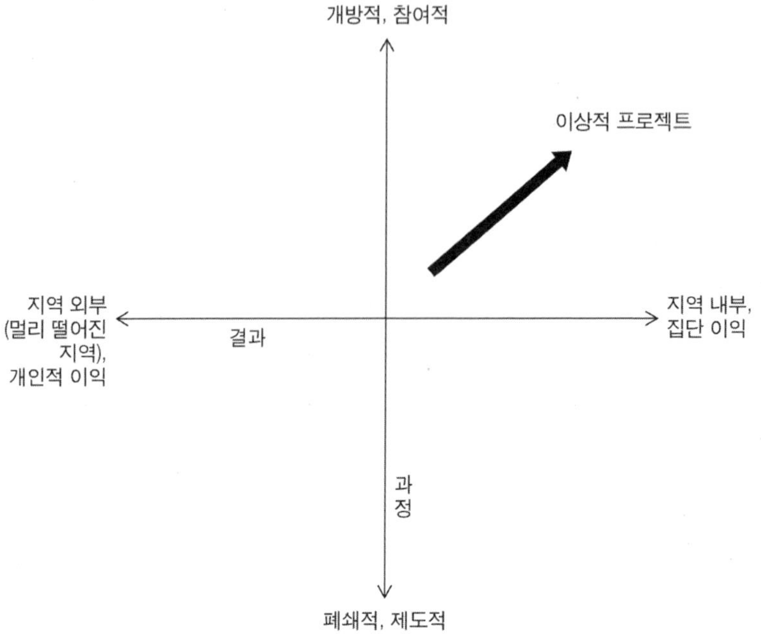

자료: Walker and Devine-Wright(2008: 498).

트의 혜택을 받게 되는지를 포함하는 개념이다. 이 두 차원의 조합 정도에 따라 커뮤니티 에너지 프로젝트를 사분면에 위치시킬 수 있다. 예를 들어, 가장 왼쪽 하단에는 '전통적인 발전소 건설'을 위치시킬 수 있다. 통상적으로 발전소 건설 프로젝트들은 지역 주민들의 참여가 배제된 채 폐쇄적인 제도에 의해 개발된다. 또한 발전소가 위치하는 지역의 이용을 위해서 건설되기보다는 발전소에 연결된 전력망 전체를 위한 에너지를 생산하는 것을 목적으로 두고, 수익 역시 지역 주민들이 아닌 발전소 건설지역 외부 지역에 거주하는 투자자들에게 돌아간다. 반대로, 가장 오른쪽 상단에는 지역 주민들에 의해 수행되고 해당 지역에 집단적인 혜택을 가져다주는 프로젝트들이 위치하는데, 이를 '이상적'인 커뮤니티 프로젝트라고 지칭했

다. 이 사분면을 도시 에너지 전환 프로젝트의 성공과 연결시켜 보면 좀 더 많은 주민들이 프로젝트의 혜택을 누릴수록(결과 축의 오른쪽에 위치할수록), 그리고 주민들이 프로젝트 운영에 참여할 수 있는 기회가 많을수록(과정 축의 위쪽에 위치할수록) 주민 참여를 보장할 수 있고 더 나아가 성공 가능성이 높은 '이상적'인 에너지 전환 프로젝트가 될 수 있음을 알 수 있다.

3) 서울시 에너지 자립 마을 지속가능성 평가를 위한 기준

이상의 논의들을 토대로 서울시 에너지 자립 마을의 지속가능성을 평가하기 위한 기준을 〈그림 13-2〉와 같이 설정했다. 첫째, 지금까지 지원해왔던 마을들의 활동이 에너지 자립이라는 목적에 부합하는가를 살펴본다. 마을공동체 형성의 여러 장점이 있더라도 에너지 자립 마을이라는 명칭에 부합하기 위해서는 에너지 자립을 위한 적극적 노력이 마을 활동의 주요 활동이 되어야 하고, 그 성과 또한 나타나야 하기 때문이다. 둘째, 〈그림 13-1〉의 도식에 기반을 두고 지속적으로 주민 참여를 보장할 수 있는지 살펴본다. 즉, 사업 내용에 개방적·참여적인 과정과 지역 내부·집단 이익적 결과를 도출할 수 있는 요소들이 설계되어 있는지를 살펴봄으로써 이상적인 프로젝트가 될 수 있는 가능성에 대해 고찰한다. 마지막으로, 위에서 논의된 요소 외에 사업 추진 예산이 충분한지 추가로 살펴본다. 도시 에너지 전환 프로젝트를 진행하는 데 있어서 충분한 재정은 필수적인 요소이며, 재정이 불충분할 시 프로젝트 수행에 큰 장애가 된다(Bomberg and McEwan, 2012; Warren and Bimie, 2009). 독일의 윤데 역시 협동조합에 가입한 주민들의 출자금만으로는 바이오에너지 설비 구축을 감당할 수 없었기 때문에 주 정부와 독일 연방정부의 지원을 받아 사업을 추진할 수 있었다(박진희, 2009: 166). 이러한 측면을 고려해 3절에서는 에너지 자립 마을

〈그림 13-2〉 서울시 에너지 자립 마을 지속가능성 평가를 위한 기준

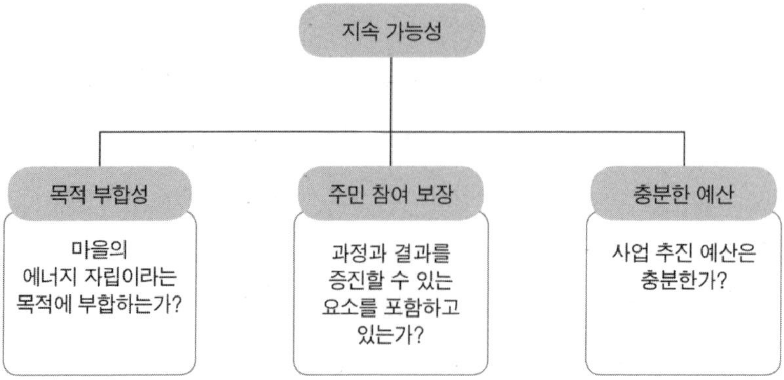

자료: 저자 작성.

에 소요되는 서울시의 예산이 충분한지 살펴보고자 한다.

3. 서울시 에너지 자립 마을

1) 서울시 에너지 자립 마을 도입 배경 및 목표

서울은 에너지 생산량보다 훨씬 많은 에너지를 소비하고 다량의 온실가스를 배출하는 전형적인 대도시다. 서울의 전력 소비량은 지속적인 증가 추세를 보여 원전하나줄이기가 시행되기 직전인 2011년, 전국 전력 소비량의 10.3%에 해당하는 4만 6903GWh를 기록했다. 이에 비해 전력 생산량은 1384GWh인 데 그쳐 당시 도시의 전력자급률은 2.95%에 불과했다(서울특별시, 2013a: 6). 이러한 가운데, 2010년대 초반 서울시가 낮은 전력자급률의 심각성을 인지하고 좀 더 지속가능한 에너지를 이용함으로써 이 상황을 타개하고자 노력하게끔 하는 일련의 사건들이 발생했다. 2011년 3월 발생

한 후쿠시마 원자력 발전소 사고, 같은 해 9월 발생한 대규모 정전, 밀양 송전탑 건설을 둘러싼 갈등 상황이 그 내용이었다. 이러한 일련의 상황들은 다른 지역 주민들의 희생을 최소화시키면서 서울의 에너지 안보를 보장하기 위해 전력자급률을 높이는 것이 필수적이며, 이때 전력 생산은 당시 중앙정부가 강조하고 있던 원자력 발전소가 아닌 신·재생에너지에 기반해야 한다는 인식을 촉발했다(Lee and Kim, 2017). 이에 서울시는 2012년 5월부터 온실가스 배출을 감축하고[1] 후속 세대에게 바람직한 환경을 물려주기 위해 에너지 수요를 줄이고 신·재생에너지원을 확대하는 것을 골자로 하는 원전하나줄이기 사업을 시행했다(서울특별시, 2014a: 122). 원전하나줄이기라는 사업명은 원자력 발전소 1기의 전력 생산량에 해당하는 만큼의 에너지[200만 TOE(8760GWh)]를 신·재생에너지로 생산해, 더욱 효율적인 에너지 사용과 에너지 절약을 도모하겠다는 의미를 갖는다(서울특별시, 2015a).

에너지 자립 마을 조성 사업도 원전하나줄이기의 일환으로 시작되었다. 2012년 2월과 4월에 열린 시민대토론회에서 에너지 자립 마을에 대한 구상이 제기되었고, 2012년 5월 '원전하나줄이기 종합 대책'에 에너지 자립 마을 조성이 명시되었다. 이때, 에너지 자립 마을의 모델이 된 사례가 영국 토트네스(Totnes)의 전환마을 프로젝트였다. 2010년, 전환마을 창시자인 롭 홉킨스(Rob Hopkins)는 토트네스 주민들과 함께 '에너지하강행동계획 2030(Energy Descent Action Plan 2030)'을 수립했다. 이 계획에는 2030년까지 토트네스가 달성할 여러 가지 목표가 담겼는데, 식량과 에너지 생산 자립도 60% 달성, 2009년의 9분의 1 수준인 석유 소비, 재생가능에너지로 현재 에너지 수요의 50% 공급 등이 이에 해당한다(고재경·주정현, 2014: 120). 이 목

1 2011년 당시, 에너지 부문의 온실가스 배출량은 4452만 tCO_2로, 서울시 온실가스 총배출량(4900만 tCO_2)의 90.9%에 해당했다(서울특별시, 2014a).

표를 실현하기 위해 석유 의존도를 낮추기 위한 전환거리 프로젝트가 수행되었다. 이 프로젝트의 활동 주체는 6~10개 가구로 구성된 '함께 전환하기(Transition Together)' 그룹이며 3단계의 전환 활동을 진행한다. 1단계로는 에너지와 자원 절약을 생활화하고, 2단계로는 주택 단열 개선 사업을 공동으로 추진함으로써 에너지 효율 개선을 통해 에너지 비용을 절감하고, 마지막 3단계로는 태양광 발전을 통해 에너지를 직접 생산한다(이유진, 2015: 41).

서울시는 주민과 지역사회가 주도해 성공적인 전환 모델을 보여준 토트네스의 전환마을 프로젝트에 영향을 받아 이와 유사하게 에너지 자립 마을 사업을 설계했다. 에너지 자립 마을을 "기후변화와 에너지 위기에 대한 문제 인식을 바탕으로 마을공동체에서 에너지 소비를 줄이고, 생산을 늘려 자립도를 높여가는 마을(서울특별시, 2015a: 2)"로 정의하고 서울시 주도가 아닌 각 마을이 직접 기획한 활동에 대한 지원을 결정했다. 또한 토트네스와 같은 방식으로 3단계에 걸쳐 사업을 수행하도록 설계했는데, 1단계에서는 에너지를 최대한 아끼는 절약 활동을 실천하고 2단계에서는 새는 열과 에너지를 최소화하도록 에너지 이용 효율화 작업을 실시하며 3단계에서는 신·재생에너지 생산을 증가시키도록 했다(서울특별시, 2013a). 이를 통해 마을의 에너지 자립도를 높이고, 더 나아가 에너지 관련 일자리와 소득을 창출해 마을 경제를 살릴 것을 기대했다(서울특별시, 2015a: 2).

2) 서울시 에너지 자립 마을 조성 계획

서울시의 에너지 자립 마을 조성 계획은 원전하나줄이기의 단계별 계획에 나타나 있다. 원전하나줄이기 1단계 사업은 신·재생에너지 생산 확대, 건물 부문 에너지 효율화, 친환경 고효율 수송 시스템 구축, 에너지 분야 녹색 일자리 창출, 에너지 저소비형 도시 공간 구조로의 개편, 에너지

〈표 13-1〉 서울시 에너지 자립 마을 조성 계획 (누적)

계획	2012	2013	2014	2015	2016	2017	2018
원전하나줄이기 1단계(2012)	25	25	25	-	-	-	-
원전하나줄이기 2단계(2014)	-	-	15	35	70	120	200
에너지 자립 마을 조성 사업 개선 계획(안)(2017)	-	-	15	35	55	75	100

자료: 서울특별시(2012); 서울특별시(2014b); 서울특별시(2017a).

저소비 실천 시민 문화 창출 등 6개 정책 분야로 구성되었는데, 첫 번째 분야인 신·재생에너지 생산 확대의 '도시 전체가 태양광 발전소인 햇빛도시 건설' 사업에 에너지 자립 마을 조성이 포함되어 있다. 이 계획에서 서울시는 2012~2014년까지 에너지 자립 마을 시범마을을 매년 25개소 선정하고 그중 에너지 자립도 50%인 곳을 모범 마을로 선정하는 계획을 밝혔다. 모범 마을의 경우, 2013년 3개소, 2014년 25개소를 목표로 설정했다(서울특별시, 2012).

이후 2014년 8월 발표된 원전하나줄이기 2단계 계획인 '저탄소 녹색 성장을 위한 에너지살림도시, 서울 종합 계획'에서는 에너지 자립 마을 조성을 따뜻한 에너지 나눔공동체의 세부 사업으로 포함했다. 2020년까지 서울의 전력자립률을 20%까지 제고하는 것을 목표로 하는 이 계획은 에너지 분산형 생산 도시, 효율적 저소비 사회 구조, 혁신을 통한 좋은 에너지 일자리, 따뜻한 에너지 나눔공동체 등 4개의 정책 목표로 구성되어 있다. 서울시는 이 계획에서 에너지 자립 마을을 2014년 15개소에서 점차 조성을 확대해 2018년까지 200개소까지 조성한다는 목표를 제시했다(서울특별시, 2014b). 하지만 이후 2018년까지 100개소의 에너지 자립 마을을 조성하는 것으로 목표가 축소 조정되었다(서울특별시, 2017a).

3) 서울시 에너지 자립 마을 조성 현황

서울시는 2012년 7월 최초로 에너지 자립 마을 조성 사업 참여 마을 공모를 시작해 첫 해 강동구 둔촌한솔솔파크, 강동구 십자성마을, 금천구 새재미마을, 도봉구 방학우성2차아파트, 도봉구 방아골마을, 동작구 성대골마을, 성북구 돋을볕마을 등 7개 마을을 선정한 이래 2016년 12월까지 총 55개소의 에너지 자립 마을을 조성했다(서울특별시, 2017d). 그러나 이는 3년을 채우지 못하고 중도에 사업을 중단한 마을을 제외한 수치이고[2], 2016년 12월까지 한 번이라도 서울시의 지원을 받은 에너지 자립 마을은 총 61개소이다. 또한 서울시가 발표한 55개소 에너지 자립 마을 가운데는 2017년부터 사업을 중단한 15개 마을이 포함되어 있어, 2016년 12월까지 조성된 실질적 에너지 자립 마을 수는 총 40개소로 집계되었다(〈표 13-2〉 참조). 〈그림 13-3〉은 구별 에너지 자립 마을 분포 현황을 나타낸다. 61개소 기준으로 서대문구에서 가장 많은 에너지 자립 마을(12개소)이 선정되었고, 강동구, 구로구, 도봉구, 동대문구, 동작구 등 5개 구에서 5개소씩, 성동구에서 3개소, 광진구, 노원구, 마포구, 성북구, 송파구, 종로구 등 6개에서 2개소씩, 강북구, 강서구, 관악구, 금천구, 서초구, 양천구, 영등포구, 용산구, 은평구 등 9개소에서 1개소씩 선정되었다. 강남구, 중구, 중랑구에서는 에너지 자립 마을이 조성되지 않았다. 40개소를 기준으로 할 경우, 서대문구에서 역시 가장 많은 에너지 자립 마을(9개소)이 선정되었고, 강동구와 동작구에서 4개소, 구로구에서 3개소, 광진구, 도봉구, 동대문구, 마포구, 성동구, 성북구, 송파구, 종로구 등 8개 구에서 2개소, 관악구, 금천구, 영등포구, 은평구 등 4개 구에서 1개소가 선정되었다. 강남구, 강북구, 강서구, 노원구,

---

2 서울시는 공모를 거쳐 선정된 마을에 최대 3년간 예산을 지원한다.

〈그림 13-3〉 서울시 에너지 자립 마을 구별 조성 현황 (2016년 12월 기준)

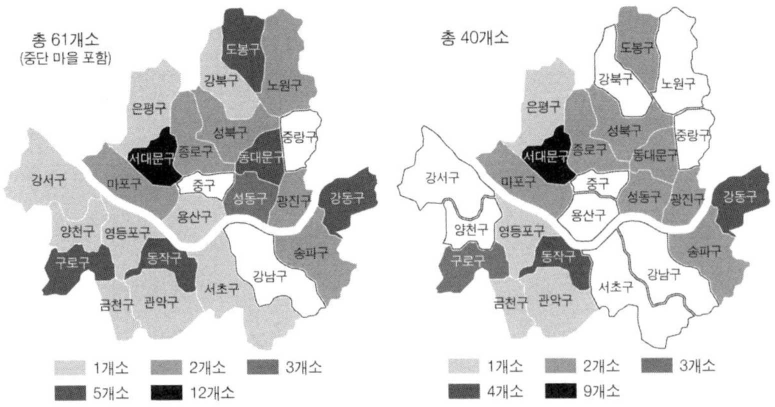

자료: 저자 작성.

서초구, 양천구, 용산구, 중구, 중랑구 등 9개 구에서는 에너지 자립 마을이 조성되지 않았다.

〈표 13-2〉는 2016년 12월 기준, 1년이라도 사업을 수행한 경험이 있는 61개 에너지 자립 마을의 현황을 나타낸다. 2016년 보조금을 지원받은 마을 중 2016년을 끝으로 사업을 중단한 사례를 확인하고자 보조금 지원액은 2017년까지 표기했다. 에너지 자립 마을 조성 보조금을 한 번이라도 받은 61개소 마을 중 단독주택형은 26개소(42.7%), 공동주택형은 35개소(57.4%)로 나타났으며,[3] 도중 중단한 마을을 제외한 40개소 마을 중에서는 단독주택형이 17개소(42.5%), 공동주택형이 23개소(57.5%)로 나타나 주거 유형이 사업 중단에 큰 영향을 미치지는 않는 것으로 해석되었다. 2017년

3 서울시는 다음과 같이 주택 유형에 따라 에너지 자립 마을 유형을 구분하고 있다.

구분	사업 추진 규모
단독주택형	단독주택(다가구, 다세대 등 포함): 50가구 내외 참여
공동주택형	공동주택(아파트, 연립주택): 100세대 이상 참여
기타 공동체형	학교, 종교시설, 단체 등을 중심으로 50명(건물, 가구, 상가 등) 이상 참여

〈표 13-2〉 서울시 에너지자립마을 조성 현황 (2016년 12월 기준)

No.	마을 이름	유형	참여 가구	추진 상태	지원액(단위: 100만 원)							세부 프로그램		
					계	2012	2013	2014	2015	2016	2017	절약	효율화	생산
1	강동구 둔촌한솔솔파크	공동	132세대	완료	37	7	17	13	-	-	-	O	O	O
2	강동구 상일동아아파트	공동	186세대	계속	19	-	-	-	-	9	10	O	O	O
3	강동구 성내코오롱2차	공동	78세대	완료	41.9	-	-	-	13.9	16	12	O	O	O
4	강동구 성안청구	공동	349세대	3년 차 중단	23	-	-	-	9	14	-	O	O	O
5	강동구 십자성마을	단독	101가구	완료	114	8	55	51	-	-	-	O	O	O
6	강북구 삼각산재미난마을	단독	123가구	2년 차 중단	8	-	-	8	-	-	-	O	X	X
7	강서구 마곡엠밸리7단지	공동	1,004세대	2년 차 중단	13	-	-	-	-	13	-	O	X	O
8	관악구 에코마을	단독	150세대	계속	45	-	-	-	18	27	0	O	O	O
9	광진구 긴고랑길	단독	950가구	완료	72	-	8	29	35	-	-	O	O	O
10	광진구 자양마을	단독	50세대	계속	27	-	-	-	-	14	13	O	O	O
11	구로구 고척LIG리가	공동	421세대	계속	23.6	-	-	-	-	8.6	15	O	O	X
12	구로구 구로5동	단독	50세대	2년 차 중단	10	-	-	-	-	10	-	O	X	X
13	구로구 쌍용플래티넘노블아파트	공동	219세대	완료	45.1	-	6	25	14.1	-	-	O	O	O
14	구로구 연지타운2단지	공동	1,018세대	계속	23	-	-	-	-	8	15	O	X	X
15	구로구 천왕이펜하우스5단지	공동	522세대	2년 차 중단	9.3	-	-	-	-	9.3	-	O	X	X

No.	마을 이름	유형	참여 가구	추진 상태	지원액(단위: 100만 원)							세부 프로그램		
					계	2012	2013	2014	2015	2016	2017	절약	효율화	생산
16	금천구 새재미마을	단독	400가구	완료	99	30	47	22	-	-	-	O	O	O
17	노원구 상계한일유앤아이	공동	305세대	2년 차 중단	7.8	-	-	-	7.8	-	-	O	O	X
18	노원구 중계청구3차	공동	780세대	2년 차 중단	12	-	-	-	-	12	-	O	O	O
19	도봉구 방아골마을	단독	400가구	3년 차 중단	26	8	18	-	-	-	-	O	O	X
20	도봉구 방학3동	단독	50세대	2년 차 중단	9.1	-	-	-	9.1	-	-	O	X	X
21	도봉구 방학대원그린	공동	220세대	3년 차 중단	32.3	-	-	-	11.3	21	-	O	O	O
22	도봉구 방학우성2차 아파트	공동	558세대	완료	28	8	10	10	-	-	-	O	O	O
23	도봉구 창동태영데시앙	공동	958세대	계속	23.5	-	-	-	6	13	4.5	O	O	O
24	동대문구 답십리시장	단독	50세대	2년 차 중단	10	-	-	-	-	10	-	O	X	X
25	동대문구 래미안아름숲	공동	719세대	완료	45.8	-	8	20	17.8	-	-	O	O	O
26	동대문구 장안마을	단독	50세대	2년 차 중단	4.4	-	-	-	4.4	-	-	O	O	X
27	동대문구 제기이수브라운스톤	공동	299세대	3년 차 중단	33.8	-	-	-	10.8	23	-	O	O	O
28	동대문구 휘경주공1단지	공동	1,224세대	계속	21.8	-	-	-	-	10	11.8	O	O	O
29	동작구 경동윈츠리버	공동	272세대	계속	26.6	-	-	-	-	9.6	17	O	O	O
30	동작구 노량진2동	단독	50세대	계속	45.4	-	-	-	9.4	19	17	O	O	O
31	동작구 성대골	단독	500세대	완료	142	32	55	55	-	-	-	O	O	O

No.	마을 이름	유형	참여 가구	추진 상태	지원액(단위: 100만 원)							세부 프로그램		
					계	2012	2013	2014	2015	2016	2017	절약	효율화	생산
32	동작구 한성아파트	공동	272세대	2년 차 중단	10	-	-	-	-	10	-	O	O	X
33	동작구 현대푸르미아파트	공동	880세대	완료	72.4	-	-	5	32.4	35	-	O	O	O
34	마포구 성미산마을	단독	150가구	완료	55.3	-	-	10	21.3	24	-	O	O	O
35	마포구 소금꽃마을	단독	100세대	계속	44	-	-	-	15	23	6	O	X	O
36	서대문구 가재울마을	단독	60세대	계속	23	-	-	-	-	8	15	O	X	O
37	서대문구 남가좌2동	단독	50세대	2년 차 중단	10	-	-	-	-	10	-	O	O	O
38	서대문구 녹색마을	단독	70세대	계속	34	-	-	-	-	16	18	O	O	O
39	서대문구 돈의문센트레빌	공동	561세대	계속	57.9	-	-	-	12.9	21	24	O	O	X
40	서대문구 미성아파트	공동	300세대	2년 차 중단	9	-	-	-	-	9	-	O	O	O
41	서대문구 북가좌2동	단독	60세대	계속	29	-	-	-	-	14	15	O	O	O
42	서대문구 신촌전환마을	단독	50세대	계속	33	-	-	-	8	13	12	O	X	O
43	서대문구 연희동	단독	50세대	계속	57	-	-	-	10	23	24	O	X	O
44	서대문구 호박골	단독	50세대	계속	48.3	-	-	-	9.3	14	25	O	O	O
45	서대문구 홍제3동	단독	50세대	2년 차 중단	8.9	-	-	-	8.9	-	-	O	X	X
46	서대문구 홍제성원	공동	242세대	계속	47.9	-	-	-	9.9	14	24	O	O	O
47	서대문구 DMC래미안e-편한세상	공동	3,293세대	계속	25	-	-	-	-	14	11	O	X	O

No.	마을 이름	유형	참여 가구	추진 상태	지원액(단위: 100만 원)							세부 프로그램		
					계	2012	2013	2014	2015	2016	2017	절약	효율화	생산
48	서초구 양재우성	공동	794세대	3년 차 중단	21	-	-	-	8	13	-	O	O	O
49	성동구 금호대우	공동	1,181세대	계속	34	-	-	-	10	14	10	O	O	O
50	성동구 성수동아이파크	공동	524세대	계속	26.5	-	-	-	-	9.5	17	O	X	X
51	성동구 행당대림아파트	공동	1,005세대	2년 차 중단	10	-	-	-	-	10	-	O	O	O
52	성북구 돋을볕마을	단독	-	완료	77	12	28	37	-	-	-	O	O	O
53	성북구 석관두산아파트	공동	2,001세대	완료	58	-	-	9	30	19	-	O	O	O
54	송파구 거여1단지	공동	1,004세대	계속	29	-	-	-	-	13	16	O	O	X
55	송파구 한라비발디	공동	1,139세대	계속	33.3	-	-	-	8.3	14	11	O	O	O
56	양천구 수명산롯데캐슬	공동	215세대	2년 차 중단	8	-	-	-	-	8	-	O	X	X
57	영등포구 양평동 6차현대	공동	770세대	계속	35	-	-	-	-	12	23	O	O	O
58	용산구 후암동202종점마을	단독	300세대	2년 차 중단	13	-	-	-	-	13	-	O	O	O
59	은평구 산골마을	단독	100가구	완료	42.7	-	8	10	24.7	-	-	O	O	O
60	종로구 창신두산마을	공동	529세대	완료	49	-	-	8	19	22	-	O	O	O
61	종로구 창신쌍용2차	공동	919세대	계속	41.2	-	-	-	8.2	13	20	O	O	O

자료: 서울시의 연도별 에너지 자립 마을 사업추진 현황(2013~2017), 마을별 성과 발표 자료의 내용을 토대로 저자 작성.

〈표 13-3〉 에너지 절약, 효율화, 생산 프로그램 예시

프로그램 유형	예시
에너지 절약	교육 및 워크숍, 녹색장터, 사랑방, 소등행사, 에코마일리지 가입, 절약 인증 스티커, 절약대회, 절전소, 에너지 진단 및 컨설팅, 홍보물 제작 등
에너지 효율화	LED 조명 설치 및 교체, 단열 개선, 창호 교체 등
에너지 생산	옥상태양광 설치, 주택태양광·미니태양광 설치, 태양열보일러 설치 등

까지 3년간 지원을 받고 사업을 종료한 마을 중에서 동작구 성대골마을과 강동구 십자성마을, 금천구 새재미마을이 3년간 각각 1억 4200만 원, 1억 1400만 원, 9900만 원을 지원받아 가장 많은 금액을 지원받았으며, 도봉구 창동태영데시앙 아파트, 서대문구 신촌전환마을, 송파구 한라비발디 아파트가 각각 2350만 원, 3300만 원, 3330만 원을 받아 가장 적은 금액을 지원받은 것으로 나타났다. 세부 프로그램은 서울시가 공개한 연도별 에너지 자립 마을 사업 추진 현황과 마을별 성과 발표 자료의 내용을 바탕으로 에너지 1단계인 에너지 절약, 2단계인 에너지 효율화, 3단계인 에너지 생산으로 구분해 제시했다. 각각의 프로그램에 해당하는 내용은 〈표 13-3〉에 제시된 바와 같다. 모든 마을에서 에너지 절약 관련 프로그램을 진행했고, 에너지 효율화 프로그램을 시행한 마을은 46개소(75.4%)로, 신·재생에너지를 생산하는 마을은 45개소(73.8%)로 나타났다.

4. 서울시 에너지 자립 마을의 지속가능성

서울시 에너지 자립 마을의 지속가능성을 살펴보고자, 〈표 13-2〉에 제시된 61개소의 에너지 자립 마을 중 최소 2년간 사업을 시행한 경험이 있

는 44개 에너지 자립 마을을 대상으로 기 설정된 기준에 따라 분석을 시행했다. 1년 차 사업 후 사업을 중단한 마을 17개소는 에너지 자립 마을 조성에 대한 의지가 부족한 것으로 판단해 분석에서 제외했다.

1) 목적 부합성

에너지 자립 마을의 가장 주된 조성 목적은 마을의 에너지 자립도를 향상시키는 것이다. 앞서 살펴본 에너지 자립 마을의 개념과 사례를 통해 에너지 자립 마을이라 명명되기 위해서는 기본적으로 마을 에너지 수요의 대부분을 마을 내에서 생산한 신·재생에너지로 충당할 수 있어야 한다는 것을 확인했다. 물론, 에너지 절약과 에너지 효율 향상을 통해 수요를 조절하는 것도 중요하지만 이 두 가지 방안만으로 에너지 수요를 0으로 만들 수는 없기 때문에 신·재생에너지를 통한 에너지 생산이 반드시 뒷받침되어야만 한다. 마티아스 뮐러(Matthias O. Müller) 등은 에너지 자립의 세 가지 원칙으로 지역 내 존재하는 재생가능에너지원으로부터의 에너지 생산, 에너지 시스템의 분권화, 에너지 효율의 증가를 제시하면서 다른 지역으로부터 에너지를 공급받기보다 지역 내에서 에너지 공급을 해결할 수 있어야 한다고 강조했다(Müller et al., 2011).

서울시 에너지 자립 마을이 이와 같은 개념에 충실하고 있는지 확인하기 위해 각 마을들이 조성 계획에 제시한 세부 프로그램들을 확인했다. 그 결과, 44개 마을 전체에서 에너지 절약 관련 프로그램을 진행하고 있었으며, 37개 마을(84.1%)에서 에너지 효율화 프로그램을 시행했고 38개 마을(85.4%)에서 재생에너지를 통해 에너지를 생산했다는 것을 알 수 있었다. 〈그림 13-4〉는 좀 더 상세한 세부 프로그램 시행 현황을 보여준다. X축은 가구 수 대비 주택태양광 혹은 미니태양광을 설치한 비율을 나타내고 Y

〈그림 13-4〉 에너지 자립 마을의 프로그램 분포

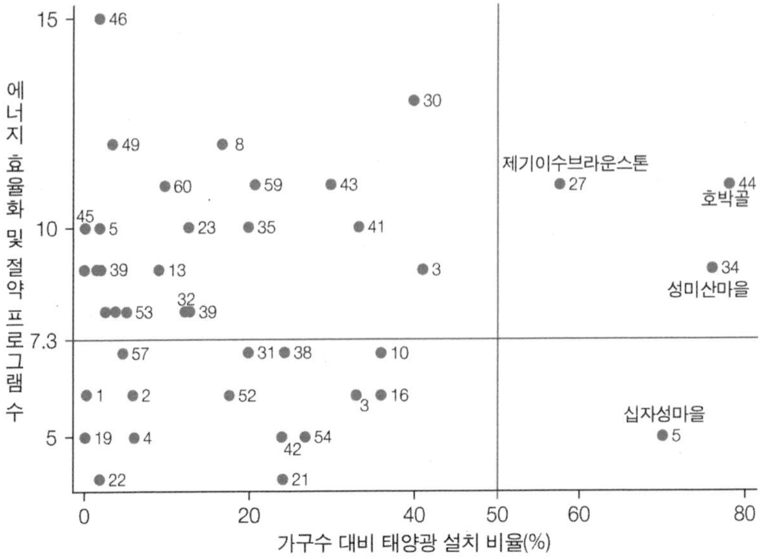

자료: 저자 작성.

축은 에너지 절약 및 효율화와 관련된 사업 수를 나타낸다.[4] 44개 마을의 평균 태양광 설치 가구 비율은 19%로 나타났으며 평균 7종류의 에너지 절약 및 효율화 사업을 진행하는 것으로 나타났다.

이를 통해 알 수 있는 것은 서울시 에너지 자립 마을은 아직 에너지 절약 활동에 중점을 두고 있는 1단계 수준에 머무르고 있다는 것이다. 먼저, 에너지 절약 프로그램은 전체 마을에서 시행되고 있으나, 에너지 자립 마

4 에너지 절약 및 효율화 프로그램은 서울시의 에너지 자립 마을 사업 추진 현황, 마을별 성과 발표 자료에 포함된 프로그램의 수를 파악했다. 태양광 설치 비율은 각 마을별 성과 발표 자료와 관련 신문기사에 나타난 태양광 설치 가구 수를 이용해 산정했으나, 이를 찾을 수 없는 경우 마을이 제출한 조성 계획에 표기된 설치 목표를 기준으로 작성했기 때문에 실제 설치율과 차이가 있을 수 있음을 밝혀둔다. 각 마을에서 실제로 수행한 결과 데이터를 사용하는 것이 최선이겠으나, 데이터 접근의 한계 아래에서 마을이 제시한 계획상의 수치를 활용해 마을의 에너지 자립 마을 조성 의지를 평가하는 것 또한 그 의의가 있을 것이다.

을임에도 신·재생에너지 생산을 시행하거나 계획하지 않은 마을들이 6개소(13.6%) 존재한다. 또한 신·재생에너지를 생산하는 마을이라 하더라도 그 양이 마을의 에너지 수요를 충당하기에는 매우 부족한 수준이다. 〈그림 13-4〉에서 보는 바와 같이 태양광 설치 비율이 가구의 50% 이상을 차지한 마을은 은평구 호박골, 은평구 성미산마을, 강동구 십자성마을, 동대문구 제기이수브라운스톤 등 단 4개 마을에 불과했다. 4개 마을 중 십자성마을의 에너지 자립률은 2013년 26%에서 점차 상승해 2016년 46%까지 올랐다는 보고가 있는데(≪중앙일보≫, 2017.11.22), 이는 서울시를 기준으로 봤을 때는 높은 수준의 자립도이지만 세계적인 에너지 자립 마을과 비교했을 때는 아직 한참 낮은 수준이다.

더욱이 미니태양광 발전량이 가구의 총에너지 수요를 충당하기에는 턱없이 부족하기 때문에 50% 이상의 가구가 주택태양광과 미니태양광을 설치하더라도 별도의 신·재생에너지 생산 시설이 더 필요하다는 점을 고려하면 에너지 자립 가능성은 더욱 요원해 보인다. 주택태양광·미니태양광 설치 비율이 높지 않더라도 마을에 신·재생에너지를 충분히 공급할 수 있는 대형 발전 시설이 있을 경우 에너지 자립이 가능하지만 서울시 에너지 자립 마을 중 이러한 경우는 발견되지 않았다. 한편, 태양광 설치 비율이 50%에 미치지 못하면서 평균 프로그램 수를 상회하는 에너지 절약 및 효율화 프로그램을 시행하는 마을은 25개소(56.8%)에 달하는 것으로 집계되었다. 이는 대다수의 마을들이 신·재생에너지 생산 확대보다는 에너지 절약 활동 교육 및 홍보에 더 집중하고 있는 것으로 해석할 수 있다. 한 가지 희망적인 것은 최근에 선정되고 있는 에너지 자립 마을들에서 미니태양광이 적극적으로 설치되고 있다는 점이다(서울특별시, 2016b). 도시의 높은 인구밀도를 고려할 때 외부 지역의 에너지 유입 없이 필요한 에너지를 100% 스스로 충당하는 것은 어렵지만(서울연구원, 2015: 81), 에너지 자립 마을을 표방한다면 마을 내 에너지 생산을 위해 가능한 최대한의 노력을 기울일 여지가 커질 것이다.

이와 같은 현상을 개선하기 위해서는 서울시의 인식 변화도 필요하다. 서울시는 에너지 자립 마을의 목표를 마을의 에너지 자립도를 높이는 것이라 규정하고 이를 달성하기 위해 태양광, 풍력을 이용한 신·재생에너지 생산은 늘리고 에너지 절약이나 효율성 향상으로 화석연료나 원자력에 기반을 둔 에너지의 소비는 줄이는 것이 핵심이라고 이야기한다(서울특별시, 2015c). 그러나 최근의 에너지 자립 마을 운영을 살펴보면 서울시 자체가 마을의 에너지 생산에 대한 한계를 인식하고 에너지 절약이나 효율 개선에 중점을 두고 있는 것처럼 보인다. 서울시에서 최근 홍보하고 장려하는 사업 중 하나가 절전소 운동인데, 이는 '절약이 곧 생산'이라는 가치를 내세우며 에너지 효율 향상 및 소비 감소로 절약되는 전력의 중요성을 강조한다(조미성·윤순진, 2016: 196). 또한 서울시는 2015년 에너지 자립 마을 신규 모집 시 기존의 3단계 지원 대신 마을 여건에 맞는 활동을 집중적으로 지원하겠다는 방침을 밝혔다. 즉, 마을 입지에 따라 에너지 생산이 적합한 경우에는 생산 부문을 집중 지원하지만, 에너지 생산이 불가능한 경우에는 에너지 절약 및 효율화에 집중한다는 것이다(서울특별시, 2015c). 한편 서울 같은 대도시의 경우, 건물들이 밀집되어 있어 신·재생에너지 생산 설비를 설치할 공간이 충분하지 않은 곳이 많으며 일사 조건도 열악하다(서울연구원, 2015: 81). 따라서 에너지 생산이 적합한 마을보다 에너지 절약 및 효율화를 추진하는 것이 용이한 마을이 더 많을 것이라는 예상을 쉽게 할 수 있기에, 서울시의 지원 방안 변경에 따라 마을들이 신·재생에너지 생산보다는 수요 조절에 집중할 가능성이 높다.

더구나 에너지 자립 마을이 서울시에서 진행하고 있는 마을공동체 사업의 일환이기 때문에 순수하게 에너지 자립에 집중하기보다 마을공동체

〈표 13-4〉 원전하나줄이기 2단계 중 따뜻한 에너지 나눔공동체 사업 구성

<table>
<tr><th>정책 목표</th><th>과제명</th><th>세부 사업</th></tr>
<tr><td rowspan="5">따뜻한
에너지
나눔
공동체</td><td>시민 참여 에너지
복지 기금 구축</td><td>시민이 직접 만들고 운영, 배분하는 시민 참여 에너지 복지 기금</td></tr>
<tr><td>에너지 기본권 보장</td><td>에너지복지 조례를 제정해 에너지 취약계층 지원 제도화</td></tr>
<tr><td>에너지 비용을
줄이는 전환·효율화
사업</td><td>사회복지시설 에너지 효율화 사업
취약계층 LED 무상교체 지원을 통한 전기료 부담 인하
저소득층 주택 에너지 효율화 사업
노후 공공 임대주택 단열효율 개선</td></tr>
<tr><td>에너지 취약 계층
특별 대책</td><td>기초적 에너지 이용권 보장, 혹한에 대비한 난방 연료비 지원 등
긴급지원사업</td></tr>
<tr><td>에너지 공동체 사업</td><td>지역 에너지 거버넌스의 거점 에너지 자립 마을 지속 확대
(마을별 특성화 사업을 브랜드화해 집중 홍보 및 모범 사례 확산)
시민절전소: 마을공동체 에너지 선순환 생태계 조성
지역공동체 에너지 활동가 육성
에너지 착한 가게 인증
에너지 절약 거리 조성
기업과 연계해 1사 1거리, 따뜻한 에너지 나눔 운동 전개
맑은 아파트 만들기와 에너지 절약 효율화 사업 연계</td></tr>
</table>

자료: 서울특별시(2014b).

형성 측면이 강조되는 경향도 있다. 이는 원전하나줄이기 종합 계획에서 에너지 자립 마을 조성 사업의 분류 위치 변화에서도 드러난다. 1단계 계획에서 신·재생에너지 생산 확대에 포함되어 있던 에너지 자립 마을 조성은 2단계 계획에서는 따뜻한 에너지 나눔공동체 사업으로 이동했다. 〈표 13-4〉는 따뜻한 에너지 나눔공동체의 세부 사업들을 나타내고 있는데, 에너지 자립 마을이 신·재생에너지 생산의 거점이 아니라 지역공동체 형성에 기여할 수 있는 에너지 거버넌스의 거점으로 인식되고 있음을 확인할 수 있다. 에너지분산형 생산 도시라는 정책 범주가 있는데도 에너지 자립 마을이 따뜻한 에너지 나눔공동체 사업으로 편성된 것은 서울시가 에너

지 자립 마을의 에너지 생산 기능보다 공동체 형성 기능에 주목하는 것이 아닌가 하는 의문을 갖게 한다. 실제로 서울시에서는 에너지 자립 마을 조성 예산이 한정되어 있기 때문에 양적인 평가도 중요하지만 에너지공동체 활동을 통한 에너지 시민 성장, 에너지 전환 스토리 발굴, 서울시 에너지 정책 실행의 테스트베드 역할 수행, 지역 에너지 거버넌스 형성이라는 정성적 요소에 집중할 필요가 있음을 강조하기도 하기 때문이다(서울특별시, 2017b). 물론 이러한 요소들도 지속가능한 에너지 전환에 필수적인 요소들이지만, 에너지 자립 마을이 다른 유형의 마을들에 비해 '에너지 자립'이라는 비교적 확실하고 가시적인 목표를 가지고 있다는 점을 고려하면 서울시가 에너지 자립 도시 조성 과정에서 더욱 적극적인 에너지 생산을 촉구할 필요가 있다.

2) 주민 참여 보장

지속적인 주민 참여를 유도해 프로젝트의 성공 가능성과 지속 가능성을 높이기 위해서는 주민들이 프로젝트 운영에 참여할 수 있는 기회가 많아야 하고, 더욱 많은 주민들이 프로젝트의 집단적 혜택을 누릴 수 있어야 한다. 그렇다면 서울시 에너지 자립 마을들은 이를 보장하기 위해 어떠한 프로그램 요소들을 가지고 있을까? 해당 내용을 〈그림 13-5〉에 나타내 보았다. 먼저, 과정 축의 측정을 위해 각 마을들을 대상으로 주민들이 자신의 의견을 개진함으로써 프로젝트 운영에 참여하고, 정보를 습득함으로써 궁금증을 해소할 수 있는 채널을 구축하고 있는지 파악하고, 해당 채널의 수를 산정했다. 이에 해당하는 요소로 주민협의체 구성 및 간담회, 에너지 사랑방 운영, 에너지 교육 및 워크숍을 선정했다. 그 결과, 전체 마을에서 간담회 및 교육·워크숍 프로그램을 진행하고 있었으며, 15개 마을

〈그림 13-5〉 에너지 자립 마을의 주민 참여 보장 요소

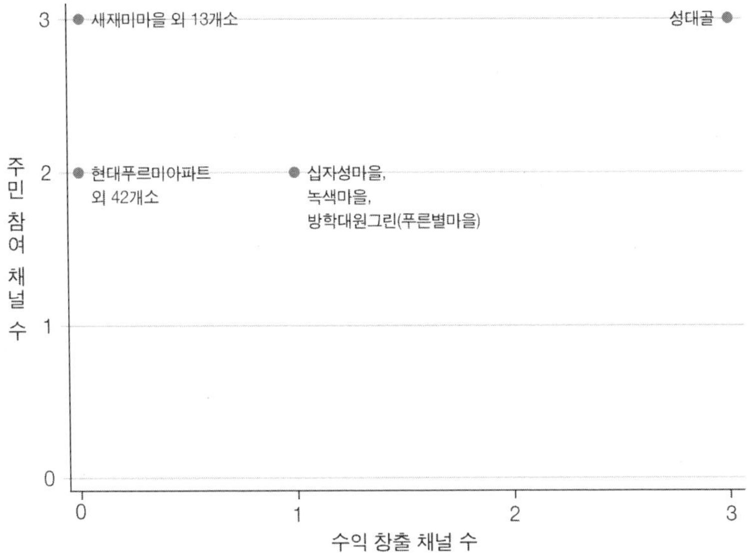

자료: 저자 작성.

(34.1%)에서 에너지 사랑방을 운영해 주민들 간 의견 및 정보 교환의 장소로 활용하고 있었다. '과정' 측면에서 서울시 에너지 자립 마을의 지속 가능성은 비교적 높은 것으로 판단되는데, 이는 정부 주도가 아닌 마을 단위의 자발적인 노력을 전제로 하는 사업의 성격이 그대로 반영된 결과라 할 수 있다. 즉, 서울시의 지원을 받기 위해 공모를 준비하는 과정과 사업 추진 과정에서 마을의 수요를 파악하고 마을 주민들의 동의와 참여를 얻기 위해서는 주민들과의 의사소통이 필수적이기 때문에 '과정'과 관련된 요소들이 많이 포함될 수밖에 없는 것이다.

다음으로 결과 축을 측정하기 위해 에너지 자립 마을 조성 프로젝트를 통해 수익 창출이 가능한 경우를 파악했다. 서울시 에너지 자립 마을의 경우, 가장 직접적인 경제적 편익은 주택태양광·미니태양광 설치와 에너지 절약을 통한 전기 요금 감소이다. 그러나 이 두 가지는 집단적 편익이라기

보다는 개인의 선택에 따른 개인적 편익이기 때문에 결과 축을 측정하는 요소로 삼기에는 어려운 점이 있다. 따라서 협동조합 및 마을 기업을 통한 수익 창출, 금융모델 개발, 관광코스 개발을 통한 방문객 유치를 수익 창출 채널로 선정해 시행되고 있는 수를 산정했다. 그 결과 대부분의 마을에서 아직 수익 창출 모델은 구축되지 않은 것으로 나타났다. 다만 동작구 성대골은 세 가지 채널 모두 구축하고 있는 것으로 파악되었고, 강동구 십자성마을과 도봉구 방학대원그린아파트는 에너지 자립 마을 투어 코스를 보유하고 있거나(십자성마을) 조성할 계획이 있는 것(방학대원그린아파트)으로 파악되었다. 그리고 서대문구 녹색마을은 마을 기업으로 형태의 에너지 협동조합을 결성할 계획을 가지고 있다.

오른쪽 상단을 향할수록 이상적인 프로젝트임을 가정할 때, 가장 지속가능성이 높은 에너지 자립 마을은 동작구 성대골로 파악된다. 성대골은 서울시 에너지 자립 마을 중 가장 성공적인 사례로 꼽히고 다른 마을들의 벤치마킹 대상이 되는 마을이기도 하다. 성대골은 주민협의체 구성 및 간담회, 에너지 사랑방 운영, 에너지 교육 및 워크숍, 협동조합, 금융모델, 관광코스 모두를 보유하고 있는데, 다른 에너지 자립 마을들과 비교해 확연히 다른 점으로 수익 창출 채널의 다양성을 꼽을 수 있다. 성대골 주민들은 마을 기업인 마을닷살림 협동조합을 만들어 단열 공사, LED 조명 교체, 보일러 수리 등 주택 에너지 효율화 사업을 수행하고 에너지 슈퍼마켓을 운영하고 있다. 또한 기업 및 연구소와의 공동 연구를 통해 미니태양광 DIY 제품을 출시했으며, 지역 내 동작신협과 함께 '우리집솔라론'이라는 금융 상품을 개발했다. 이 상품은 태양광 설비를 설치할 때 동작신협에서 설치비용을 먼저 지불하면, 무이자로 이 금액을 상환하는 상품이다(서울특별시, 2017e). 이와 더불어 성대골이 에너지 자립 마을로 유명해지고 서울시에서 성대골을 에너지 자립 투어 코스로 개발하자, 서울시 내외의 많은 방문객들이 에너지 자립 마을 조성 노하우를 습득하기 위해 성대골을 방문했다. 이 과정에서 성대골 상점들의 수입이 증가했으며, 이와 같은 지역 경제 활성화는 에너지 자립 마을 사업에 부정적이었던 주민들로 하여금 점차 호의적인 태도를 갖도록 했다(≪한겨레≫, 2015.2.9).

이렇듯 신규로 선정되는 에너지 자립 마을을 중심으로 수익 창출 모델이 개발되는 사례가 종종 발견되는데, 분석 대상에 포함되지는 않았지만 2017년 에너지 자립 마을로 선정된 양천구 목2동 에너지 자립 마을의 경우는 지역 주민 투자자와 일반 개인 투자자에게 각각 8%와 7.5%의 수익을 분배하는 '양천 햇빛 공유 발전소' 건설을 추진하고 있다(서울특별시, 2017e). 이와 같은 수익 창출 모델은 서울시의 보조금 지원이 3년을 초과할 수 없다는 점에서 더욱 중요하다. 3년간의 지원을 받고 사업을 완료한 마을들이 마을 내부의 자본만으로 지속적으로 에너지 자립을 추구하기 위해서는 예산을 충당할 수 있는 마을의 수입원이 필수로 마련되어야 하기 때문이다. 서울시 역시 수익 창출 모델의 중요성을 강조하고, 성대골의 모델을 확산하는 한편 에너지 자립 마을의 활동을 에너지 절약에 국한하는 것이 아니라 수익을 발생시키고 그 수익을 재투자하는 장으로 조성하려는 목표를 밝힌 바 있다(서울특별시, 2015c).

3) 충분한 예산

에너지 자립 마을 조성에 사용된 예산 수준을 평가하고자 서울시의 2012 회계연도부터 2016 회계연도까지의 결산서(서울특별시, 2013b; 2014c; 2015b; 2016a; 2017c)를 토대로 에너지 자립 마을을 비롯한 주요 신·재생에너지 생산, 에너지 절약 및 효율화 사업의 예산과 실지출액을 조사했다. 〈표 13-5〉는 2012년부터 2016년까지 서울시가 에너지 자립 마을 조성에

〈표 13-5〉 에너지 자립 마을 조성사업 예산 (단위: 백만 원)

분류	2012	2013	2014	2015	2016	합계
총예산	200	300	380	485	706	2,071
실지출액	183	277	342	470	692	1,964
마을 1개소당 지원액	15	23.6	20.8	11.5	11.9	14.1

자료: 서울특별시(2013a; 2014a; 2015a; 2016a; 2017a)를 참고해 저자 작성.

배정한 예산과 실지출액을 나타낸다. 서울시는 2012년 2억 원의 예산으로 사업을 시작한 이래 2013년 3억 원, 2014년 3억 8000만 원, 2015년 4억 8500만 원, 2016년 7억 600만 원으로 점차 예산을 증액해 5년간 총 20억 7100만 원의 예산을 배정했고, 19억 6400만 원을 사업에 소진했다. 매년 예산이 증가하는 것은 긍정적인 현상이나, 주목해야 할 사실은 지원 대상 마을 역시 증가했다는 것이다. 이에 마을 1개소당 지원액을 기준으로 보면 2015년과 2016년의 보조금 액수는 약 1200만 원으로 오히려 사업 초창기인 2012년 1500만 원에 비해 낮은 수준인 것으로 나타났다.

에너지 자립 마을은 저비용으로 가능한 사업이 아니다. 주민들의 에너지 소비 패턴을 변화시키는 데는 비용이 많이 소요되지 않을지 몰라도 기존의 저효율 에너지 설비를 고효율 에너지 설비로 교체하고 신규 신·재생에너지 발전 시설 설치에 많은 비용이 투입되어야 하기 때문이다. 일례로 노원구에 121세대의 제로에너지주택 실증 단지를 조성하는 사업의 총예산이 442억 원이었으며, 그중 연구 개발비 예산만 240억 원에 달했다(서울연구원, 2015a: 86). 하지만 마을 1개당 지원액을 줄이면서 마을의 개수만 늘리는 것은 바람직한 방향이라고 하기 어렵다. 마을 주민들 역시 지원 금액에 맞추어 비용이 적게 드는 활동에 집중할 가능성이 크기 때문이다. 사업을 종료한 마을들 중 성공 사례로 가장 많이 언급되는 동작구 성대골마을

〈그림 13-6〉 2012~2016 서울시 주요 에너지 사업 예산 비교

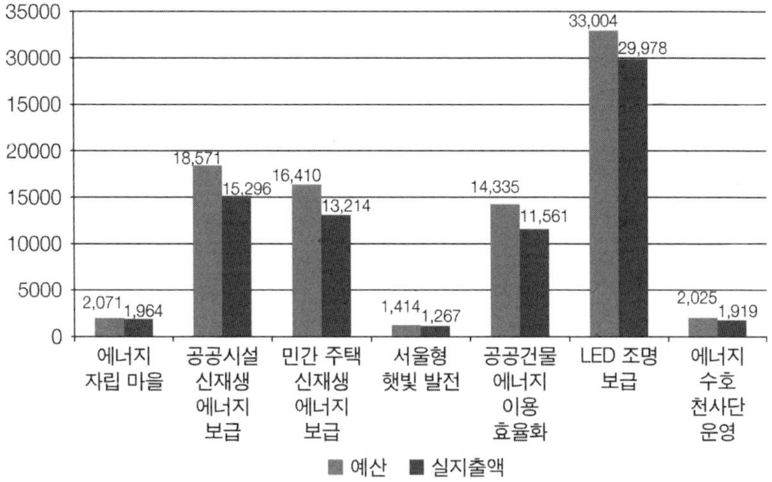

자료: 서울특별시(2013a; 2014a; 2015a; 2016a; 2017a)를 참고해 저자 작성.

과 강동구 십자성마을이 각각 1억 4200만 원, 1억 1400만 원으로 에너지 자립 마을들 중 가장 많은 금액을 지원받았다는 사실 또한 더욱 성공적인 에너지 자립 마을 조성을 위해서 일정 수준의 정부 보조금이 뒷받침되어야 한다는 점을 시사한다.

에너지 자립 마을 조성에 책정된 총예산 또한 높은 수준은 아니다. 〈그림 13-6〉은 서울시에서 추진하고 있는 주요 에너지 생산·효율화·절약 사업의 2012~2016년 예산 및 실지출액을 나타낸다. 에너지 자립 마을에 책정된 예산은 공공시설 및 민간 주택 신·재생에너지 보급, 공공건물 에너지이용 효율화, LED 조명 보급 사업 등에 비해 월등히 낮은 수준으로, 초·중·고등학교 학생들을 중심으로 에너지 절약을 교육하고 지원하는 에너지수호천사단 운영 예산과 비슷한 수준이었다. 에너지 생산 설비에 대한 투자가 필수적이어야 하는 사업의 예산이 비교적 적은 비용이 소요되는 에너지 절약 운동 사업의 예산과 다르지 않다는 점 역시 신·재생에너지

생산에 기반을 둔 진정한 의미의 '에너지 자립' 마을 조성을 어렵게 하고, 사업의 지속가능성을 불투명하게 만드는 요소라 할 수 있다.

5. 결론

주민들의 자발적인 노력과 참여를 바탕으로 하는 서울시 에너지 자립 마을 조성은 기존의 일방적인 정부 주도로 진행되던 에너지 전환 사업들에 비해 좀 더 효과적이고 지속가능한 에너지 전환을 가능하게 하는 잠재력을 보유하고 있다. 실제로 에너지 자립 마을 조성 과정에서 에너지 시민성이 형성되고 에너지 절약 문화가 정착되는 등 강제적으로 만들어내기 어려운 의미 있는 성과가 나타나고 있다(서울연구원, 2015; 박종문·윤순진, 2016; 조미성·윤순진, 2016).

그러나 서울시 에너지 자립 마을의 지속가능성에 관한 고찰 결과 사업 및 마을의 지속가능성을 보장하기 위해 여러 가지 개선점과 앞으로의 사업 운영에 고려해야 할 점을 발견할 수 있었다. 이러한 점들은 최근 에너지 자립 마을 조성을 발표한 부산시, 대전시, 인천시 등 여러 광역시에도 함의점을 줄 수 있을 것이다. 첫째, 아직까지 서울시 에너지 자립 마을은 진정한 의미의 에너지 자립 마을이라기보다는 에너지 자립을 위한 문화를 확산시키고 있는 마을에 가깝다. 즉, 신·재생에너지 생산으로 해당 마을의 에너지 수요를 충당함으로써 에너지 자급률을 높은 수준으로 제고하지는 못하고 있는 실정이며, 에너지 절약 프로그램 및 효율화 프로그램에 집중하고 있는 경향이 발견된다. 이를 해결하기 위해 마을 차원에서 태양광 설치 비율을 지속적으로 높이는 등 신·재생에너지 확대 노력을 경주하는 동시에 서울시도 지금보다 적극적인 관점에서 에너지 자립 마을 조성을 독려해야 한다. 둘째, 서울시 에너지 자립 마을은 주민 의견이 반영될 수 있는 요소는 비교적 많이 포함하고 있으나, 해당 사업으로 수익을 창출해 주민들에게 분배할 수 있는 방안은 부족하다. 에너지 자립 마을 조성을 통한 마을의 수익 창출은 보조금 지원이 완료된 후 마을의 지속가능성과 지속적인 주민 참여의 바탕이 되므로 마을에 적합한 수익 창출 모델을 개발할 필요가 있다. 셋째, 에너지 자립 마을의 총예산이 비교적 적은 수준이고, 마을 1개가 수령하는 지원 금액도 감소하고 있는 추세다. 총예산을 늘리는 것은 여러 가지 이해관계를 고려하고 갈등을 조정해야 하는 복잡한 작업이므로 당장의 변화를 바라는 것은 무리다. 그러나 한정된 예산 조건 아래에서 선택과 집중을 할 것인지, 에너지 자립 마을의 개수를 늘려갈 것인지에 대한 고민은 필요하다.

참고문헌

고재경 외. 2017. 「경기도 공동체 에너지 활성화 방안 연구」. GRI 정책연구 2017-51. 경기연구원.

고재경·주정현. 2014. 「유럽 에너지자립마을 중간지원조직의 역할과 특징 연구」. ≪환경정책≫, 22(2), 101~135쪽.

김태윤·황인평. 2015. 「신재생에너지를 활용한 에너지 자립마을 조성 사례와 제주의 시사점」. JDI 정책이슈브리프, 233. 제주발전연구원.

박종문·윤순진. 2016. 「서울시 성대골 사례를 통해 본 도시 지역공동체 에너지 전환운동에서의 에너지 시민성 형성 과정」. ≪공간과 사회≫, 26(1), 79~138쪽.

박진희. 2009. 「지역의 에너지 자립, 어떻게 가능한가? - 전북 부안 하서면을 사례 지역으로」. ≪환경과 생명≫, 61, 157~177쪽.

서울연구원. 2015. 『서울시 에너지자립마을 조성방안 및 운영 매뉴얼』. 서울특별시 기후환경본부.

서울특별시. 2012. 「에너지 수요절감과 신재생에너지 생산확대를 통한 원전하나줄이기 종합대책」. 서울특별시.

________. 2013a. 「원전하나줄이기 2012」. 서울특별시 기후환경본부 환경정책과.

________. 2013b. 「2012 서울특별시 회계연도 결산서」. 서울특별시.

________. 2014a. 『서울의 환경: 2014 환경백서』. 서울특별시 기후환경본부 환경정책과.

________. 2014b. 「저탄소 녹색성장을 위한 에너지살림도시, 서울 종합계획」. 서울특별시.

________. 2014c. 「2013 서울특별시 회계연도 결산서」. 서울특별시.

________. 2015a. 「에너지자립마을 만들기 매뉴얼」. 서울특별시 기후환경본부 에너지시민협력과.

________. 2015b. 「2014 서울특별시 회계연도 결산서」. 서울특별시.

________. 2015c. 「서울시, 에너지 자립 꿈꾸는 마을 35개 추가로 만든다」. 서울특별시.

________. 2016a. 「2015 서울특별시 회계연도 결산서」. 서울특별시.

________. 2016b. 「다섯 살된 에너지자립마을, 55개소로 확대한다」. 서울특별시.

________. 2017a. 「2017 에너지자립마을 조성 사업 개선계획(안)」. 서울특별시 기후환경본부 에너지시민협력과.

________. 2017b. 「2017 에너지자립마을 사업설명회 자료집」. 서울특별시 기후환경본부 에너지시민협력과.

________. 2017c. 「2016 서울특별시 회계연도 결산서」. 서울특별시.

________. 2017d. 「서울시, 에너지 줄여 행복 더하는 에너지자립마을 조성 지원」. 서울특별시.

________. 2017e. 「서울시, 에너지자립마을 제2회 포럼 개최」. 서울특별시.

________. 2018. 「서울시, 올해 에너지자립마을 최대 100개소까지 늘린다」. 서울특별시.

성지은·조예진. 2013. 「시스템 전환과 지역 기반 전환 실험」. ≪과학기술정책≫, 23(4), 27~45쪽.
성지은·한규영·박인용. 2016. 「국내 리빙랩의 현황과 과제」. ≪STEPI Insight≫, 184, 2~35쪽.
윤순진·박종문. 2017. 「공간성을 통해 본 아파트 에너지 전환 운동의 확산 양상: 서울시 아파트 단지 에너지자립마을 사례를 중심으로」. ≪공간과 사회≫, 27(3), 190~242쪽.
이유진. 2015. 「전환도시 서울과 에너지자립마을 만들기」. ≪세계와도시≫, 8, 41~47쪽.
이유진·진상현. 2015. 「에너지자립마을의 사회적 자본에 관한 연구 - 정부·주민 주도형 사례를 중심으로」. ≪지방정부연구≫, 19(3), 153~176쪽.
이인희. 2013. 「신·재생에너지를 활용한 에너지 자립마을 삼쇠섬(Samsø Island)」. ≪열린충남≫, 63, 61~65쪽.
이태화. 2016. 「파리협정과 도시에너지 전환: 서울시 에너지·기후변화대응정책에 주는 함의」. ≪공간과 사회≫, 26(1), 48~78쪽.
임성진. 2011. 「태양의 도시 프라이부르크의 에너지전환」. ≪사회과학논총≫, 27(1), 179~198쪽.
장영배·이정필·조보영. 2014. 『친환경에너지타운 조성을 위한 새로운 정책개입 방안』. STEPI 조사연구 2014-03. 세종: 과학기술정책연구원.
정종선. 2013. 「에너지자립마을 조성사업의 문제점과 개선방안」. ≪이슈와논점≫, 653.
조미성·윤순진. 2016. 「에너지전환운동 과정에서의 생태시민성 학습: 서울시 관악구 에너지자립마을에 대한 질적 사례 연구를 바탕으로」. ≪공간과 사회≫, 26(4), 190~228쪽.
≪중앙일보≫. 2017. "'해병대 상륙작전처럼' … 강동구 십자성마을 '태양의 마을'로 변신"(검색일: 2019.1.22).
최병두. 2013. 「대구의 도시 에너지 전환과 에너지 자립」. ≪한국경제지리학회지≫, 16(4), 647~669쪽.
≪한겨레≫. 2015. "'에너지 절전소' 성대골 … 평범한 동네가 '절약 메카'로"(검색일: 2018.2.9).

Allen, Joshua, William R. Sheate and Rocio Diaz-Chavez. 2012. "Community-based Renewable Energy in the Lake District National Park- Local Drivers, Enablers, Barriers and Solutions." *International Journal of Justice and Sustainability*, 17(3), pp.261~280.
Bomberg, Elizabeth and Nicola McEwen. 2012. "Mobilizing Community Energy." *Energy Policy*, 51, pp.435~444.
Bulkeley, Harriet. 2010. "Cities and the Governing of Climate Change." *The Annual Review of Environment and Resources*, 35, pp.229~253.
Burch, Sarah. 2010. "In Pursuit of Resilient, Low Carbon Communities: An Examination of Barriers to Action in Three Canadian Cities." *Energy Policy*, 38, pp.7575~7585.
Droege, Peter. 2008. "Urban Energy Transition: An Introduction." In Urban Energy Transition: From Fossil Fuels to Renewable Power, edited by Peter Droege, pp.1~14. Amsterdam,

Netherlands: Elsevier.

Lee, Jae-Seung and Jeong Won Kim. 2017. "The Factors of Local Energy Transition in the Seoul Metropolitan Government: The Case of Mini-PV Plants." *Sustainability*, 9(3), p.386.

Müller, Matthias O., Adrian Stämpfli, Ursula Dold and Thomas Hammer. 2011. "Energy Autarky: A Conceptual Framework for Sustainable Regional Development." *Energy Policy*, 39, pp.5800~5810.

Musall, Fabian D. and Onno Kuik. 2011. "Local Acceptance of Renewable Energy - A Case Study from Southeast Germany." *Energy Policy*, 39, pp.3252-3260.

Rae, Callum and Fiona Bradley. 2012. "Energy Autonomy in Sustainable Communities - A Review of Key Issues." *Renewable and Sustainable Energy Reviews*, 16, pp.6497~6506.

Rogers, Jennifer C., Eunice Simmons, Ian Convery, and Andrew Weatherall. 2008. "Public Perceptions of Opportunities for Community-based Renewable Energy Projects." *Energy Policy*, 36, pp.4217~4226.

Späth, Philipp and Harald Rohracher. 2012. "Local Demonstrations for Global Transitions - Dynamics Across Governance Levels Fostering Socio-technical Regime Change Towards Sustainability." *European Planning Studies*, 20(3), pp.461~479.

UNDESA. 2016. The World's Cities in 2016 - Data Booklet (ST/EAS/SER.A/392). New York, NY, USA: United Nations Department of Economic and Social Affairs, Population Division.

UN-HABITAT. 2011. Global Report on Human Settlements 2011 - Cities and Climate Change. Nairobi, Kenya: United Nations Human Settlements Programme.

________. 2016. World Cities Report 2016 - Urbanization and Development: Emerging Futures. Nairobi, Kenya: United Nations Human Settlements Programme.

Walker, Gordon. 2008. "What Are the Barriers and Incentives for Community-owned Means of Energy Production and Use?" *Energy Policy*, 36, pp.4401~4405.

Walker, Gordon and Patrick Devine-Wright. 2008. "Community Renewable Energy: What Should It Mean?" *Energy Policy*, 36, pp.497~500.

Warren, Charles R. and Richard V. Birnie. 2009. "Re-powering Scotland: Wind Farms and the 'Energy or Environment?' Debate." *Scottish Geographical Journal*, 125(2), 97~126.

지은이 (가나다순)

김소희(shkay@climatechangecenter.kr)
덕성여자대학교 영어영문학 학사, 런던대학교 SOAS 개발학 석사, 서울대학교 농경제사회학부 지역정보 전공 박사과정, 현 재단법인 기후변화센터 사무총장

김연규(YOUN2302@hanyang.ac.kr)
서울대학교 노어노문학 학사, 터프츠대학교 국제관계학 석사, 퍼듀대학교 정치학 박사, 현 한양대학교 국제학부 교수, 현 한양대학교 에너지거버넌스센터 센터장

김정원(jwonkim81@gmail.com)
고려대학교 환경생태공학 학사, 시카고대학교 정책학 석사, 고려대학교 에너지환경정책학 박사, 현 싱가포르국립대학교 에너지연구소 연구원

류지철(jcryu53@gmail.com)
서울대학교 수학 학사, 서울대학교 통계학 석사, 호주국립대학교 경제학 박사, 현 천연가스산업연구회 회장, 미래에너지전략연구협동조합 이사

박상철(scpark@kpu.ac.kr)
기센대학교 정치학 박사, 고텐버그대학교 경제학 박사, 현 한국산업기술대학교 지식기반기술·에너지대학원 교수

박혜윤(hypark911@gmail.com)
이화여자대학교 사회학 학사, 인디애나대학교 정치학 석사, 이화여자대학교 국제학 석사·박사, 현 이화여자대학교 국제대학원 초빙교수

박희원(phw007@gmail.com)
서울대학교 자원공학 학사·석사·박사, 현 에너지홀딩스그룹 대표

벤저민 소바쿨(Benjamin K. Sovacool)(B.Sovacool@sussex.ac.uk)
존 캐롤대학교 철학·언론학 학사, 버지니아 폴리테크닉주립대학교 과학기술학 석사·박사, 현 서섹스대학교 과학정책연구부 에너지정책학 교수

안희민(statusquo@shinsung.co.kr)
국민대학교 정치외교학 학사, 부경대학교 경영학 석사, 세종대학교 기후변화협동과정 정책학 박사수료, 현 신성이엔지 전략기획팀 부장

이광호(leekh@stepi.re.kr)
서울대학교 재료공학 학사·석사·박사, 현 과학기술정책연구원 연구위원

이소영(soyoung.lee@forourclimate.org)
변호사. 현 사단법인 기후솔루션 부대표, 전력시장감시위원회 위원, 신재생에너지정책심의회 위원

이태동(tdlee@yonsei.ac.kr)
연세대학교 정치외교학 학사, 서울대학교 환경계획학 석사, 워싱턴대학교 정치학 박사, 현 연세대학교 정치외교학과 교수

정하윤(hayoonj@gmail.com)
이화여자대학교 사학 학사, 이화여자대학교 지역연구협동과정(미국정치 전공) 박사, 현 건국대학교 산림조경학과 산림사회학연구실 연구원

조정원(cjwsun2007@gmail.com)
국민대학교 중어중문학 학사, 중국인민대학교 국제정치학 석사, 중국인민대학교 경제학 박사, 현 연세대학교 미래사회통합연구센터 연구교수

한희진(polhan@pknu.ac.kr)
강원대학교 영어교육학 학사, 노던일리노이주립대학교 정치학 석사·박사, 현 부경대학교 글로벌자율전공학부 교수

한울아카데미 2091

한국의 에너지 전환
관점과 쟁점

엮은이 **김연규** | 펴낸이 **김종수** | 펴낸곳 **한울엠플러스(주)** | 편집 **김지하**

초판 1쇄 인쇄 **2019년 4월 10일** | 초판 1쇄 발행 **2019년 4월 25일**

주소 **10881 경기도 파주시 광인사길 153 한울시소빌딩 3층** | 전화 **031-955-0655** | 팩스 **031-955-0656**
홈페이지 **www.hanulmplus.kr** | 등록번호 **제406-2015-000143호**

Printed in Korea.
ISBN 978-89-460-7091-2 93300(양장)
978-89-460-6638-0 93300(반양장)

※ 이 저서는 2015년 정부(교육부)의 재원으로 한국연구재단의 지원을 받아 수행된 연구임(NRF-2015S1A3A2046684).